2011年国家社科基金西部项目（批准号：11XZS006）最终研究成果
陕西师范大学2019年优秀著作出版基金资助出版

隋唐北部边疆治理研究

艾 冲 ◎著

陕西师范大学出版总社

图书代号　ZZ20N2295

图书在版编目（CIP）数据

隋唐北部边疆治理研究 / 艾冲著 . —西安：陕西师范大学出版总社有限公司，2023.4
ISBN 978-7-5695-2023-1

Ⅰ.①隋… Ⅱ.①艾… Ⅲ.①边疆地区—行政管理—研究—中国—隋唐时代 Ⅳ.①D691

中国版本图书馆CIP数据核字（2020）第238403号

隋唐北部边疆治理研究
SUI-TANG BEIBU BIANJIANG ZHILI YANJIU

艾　冲　著

策划编辑	刘　定
责任编辑	王淑燕
责任校对	刘　定
封面设计	张潇伊
出版发行	陕西师范大学出版总社
	（西安市长安南路199号　邮编 710062）
网　　址	http://www.snupg.com
印　　刷	西安市建明工贸有限责任公司
开　　本	720 mm×1020 mm　1/16
印　　张	20.75
插　　页	2
字　　数	315千
版　　次	2023年4月第1版
印　　次	2023年4月第1次印刷
书　　号	ISBN 978-7-5695-2023-1
定　　价	98.00元

读者购书、书店添货或发现印装质量问题，请与本公司营销部联系、调换。
电话：（029）85307864　85303629　传真：（029）85303879

目　　录

绪言 ………………………………………………………………… 001

第一章　隋文帝朝治理北部边疆的军政举措 ………………… 007
　第一节　隋初北疆的政治形势 ………………………………… 008
　第二节　隋文帝经略北疆的"远交近攻"战略思想及实践 … 012
　第三节　隋文帝朝北疆的行政管理建制 ……………………… 028
　第四节　隋朝北疆的军事驻防体系与战守活动 ……………… 032
　第五节　隋朝北疆地带交通道路的开辟及管护 ……………… 053
　第六节　隋文帝朝北疆民族关系的调节与管理 ……………… 056

第二章　隋炀帝朝治理北部边疆的军政举措 ………………… 063
　第一节　隋炀帝朝治理北疆的举措及巡视北疆的行动 … 063
　第二节　隋炀帝朝北疆的行政建制变革与新体系 …………… 068
　第三节　隋炀帝朝北疆的军事驻防体系与交通整治 ………… 072
　第四节　隋炀帝朝北疆民族关系与北疆政局变化 …………… 079

第三章　隋朝治理北部边疆的经济举措 ……………………… 082
　第一节　隋朝开皇、仁寿年间屯田农业的开发 ……………… 082
　第二节　隋朝大业年间屯田农业的管治 ……………………… 085

— 1 —

第四章　唐朝前期治理北部边疆的军政举措 …… 089
　　第一节　唐朝初期北疆的政治形势 …… 089
　　第二节　唐朝前期北疆的正规行政建制与管理措施 …… 116
　　第三节　唐朝前期北疆的特殊行政建制与管理措施 …… 152
　　第四节　唐朝前期北疆的军事驻防体系与战守活动 …… 183
　　第五节　唐朝前期北部边疆地带交通道路的开辟与维护 …… 205
　　第六节　唐朝前期北疆的三次重大事变及应对方略 …… 213

第五章　唐朝后期治理北部边疆的军政举措 …… 246
　　第一节　唐朝后期北疆的行政建制与管理措施 …… 246
　　第二节　唐朝后期北部边疆的军事驻防体系与战守活动 …… 256
　　第三节　唐朝后期北疆地带交通道路的开辟与维护 …… 271
　　第四节　唐朝后期北疆的重大事变及应对方略 …… 275

第六章　唐朝治理北部边疆的经济举措 …… 283
　　第一节　唐朝北疆"营田"经济的发展与管理 …… 283
　　第二节　唐朝保障北疆驻军粮食供给的"和籴"政策 …… 295

第七章　隋唐治理北部边疆的思想与方针的形成及变化 …… 299
　　第一节　隋朝治边思想与方针的形成及变化 …… 299
　　第二节　唐朝前期治边思想与方针的确立与变化 …… 303
　　第三节　唐朝后期治边思想与方针的形成及变化 …… 308

第八章　隋唐两朝治理北部边疆的历史启示 …… 311
　　第一节　隋朝治理北疆的历史遗产 …… 311
　　第二节　唐朝治理北疆的历史经验与教训 …… 315

后记 …… 324

绪　言

隋唐时期是继南北朝之后国家政治统一的重要历史阶段，在中国历史上占据着重要地位。本书探讨这个历史时期隋、唐两朝如何治理北部边疆，旨在以史为鉴、古为今用，还原历史真相、总结古人治理边疆的历史经验与教训，为今天的边疆治理与建设提供借鉴和启示。为达此目标，特在此就若干基本问题予以说明。

一、专题研究的时空范围

本书主要对隋唐时期北部边疆治理进行专题研究。因此，其时间界限和空间范围首先应当表述清楚，以便突出研究重心。

（一）时间界限

本专题研究的时间范围包括隋朝、唐朝存续的全部时间，简称为"隋唐时期"。隋朝历时约三十八年（开皇元年至大业十四年，581—618），唐朝历时约二百九十年（武德元年至天祐四年，618—907）。两朝前后持续约三百二十七年，即从隋文帝开皇元年（581）起始至唐哀帝天祐四年（907）终止。这就是本书研究内容的时间范围。

在实际探讨北部边疆治理过程中，出于追根探源的需要，会上溯至北朝时期，而为了交代唐朝北疆的后续流变，会下延至五代时期。这也是应当说明的事项之一。

依据隋、唐两朝治理北部边疆的思想、政策和举措的明显差异及北部边疆政局的变化，拟将隋代划为开皇和仁寿年间、大业和义宁年间两个阶段，唐代大体划为唐前期、唐后期两个阶段，以便于专题论述。

（二）空间范围

本专题研究的空间范围局限于隋、唐两朝的北部边疆地带，包括历史文献记载的"碛南"地区和"碛北"地区。"碛"（或称大碛、沙碛），即指今蒙古国南部的戈壁地带。虽然在不同时期北部边疆的北缘界限位置存在差异，但其宏观的地理位置保持不变。其东、西两侧的自然地理界限十分明显，隋唐时期北部边疆东限于今大兴安岭山脉，西限于今阿尔泰山脉。两道高耸的山脉之间，就是现今广阔的蒙古高原，即隋唐北部边疆地带。

至于大兴安岭山脉以东地域属于隋唐时期的东北边疆，阿尔泰山脉以西以南地域则属于隋唐时期的西北边疆，不在本专题探讨的空间范围内。

二、几个概念的厘清

边疆治理和边疆管理，两者内涵不同，外延之义也有区别。厘清这两个基本概念，有助于正确论述边疆治理的相关问题。

（一）边疆治理

一般说来，边疆治理的内涵要大于边疆管理。所谓"边疆治理"，是指国家采取一系列有效举措将被敌对势力侵占的，或秩序动荡混乱的，或遭受巨大自然灾害破坏的边疆地带，转化为中央政府和地方政府实效控制的稳定有序的边疆社会的过程。其中，政治军事人物的政治军事活动是最活跃、最重要的推进因素。这些政治军事活动包括对既定边疆地区的政治经略、军事进取、行政建置、军事建置、交通建设、经济开发等制度性安排与举措。影响边疆治理效率的因素较多，大体可分为政治、军事、经济，以及决策者个人素质等方面。

（二）边疆管理

边疆管理，则是指在边疆局势稳定后，建立在边疆地带的行政管理、军事镇戍、经济管理和交通管理等机构，遵照中央政府和上级地方政府的政策与制度规定而实施的日常管理行为。其中，边疆地方行政管理是主要的常规性社会管理，直接关系着特定边疆区域社会的稳定和发展；边疆军事驻防机构的军事管理，包括突发事件能否及时平息、驻军部署是否合理，皆与边疆管理直接关联；经济机构和交通机构则是基础管理系统，发挥着支撑前两者行使管理职能的基石作用。

（三）边疆军政建制

边疆军政建制，分为边疆行政建制和边疆军事建制。前者指的是在边疆地带建立的行政管治组织体系，以及具体的行政单位在体系中的上下隶属关系和左右前后的并存关系。这种关系形成之后，一般维持相对稳定。在此基本稳定的行政体系中，每一个具体的行政单位被称作建制单位，例如建制州、建制县。每一个行政建制单位都有其相对明确的行政区域。后者指的是在边疆地带建立的军事驻防组织体系，以及具体的军事驻防单位在该体系中的上下隶属关系和左右前后的并存关系。这种军事关系形成之后，一般维持相对稳定。在此种相对稳定的军事驻防体系中，每一个具体的驻防单位被称作建制单位，例如建制军、建制镇、建制戍。每一个军事驻防建制单位也都有其明确的驻防责任区域。边疆军政建制的两套系统，是隋、唐两朝治理北部边疆的两套管治模式，各有其特定的职能。

在此特别说明，"建制"和"建置"两词的词性和功能是不同的。"建制"一般作为名词使用，以表达不同的隶属与并列的关系。"建置"一般作为动词使用，以表达一种制度、一个体系、一个机构或单位被设置。在某种特定条件下，"建置"也可能被赋予名词性质。

三、研究思路与方法

运用恰当的研究方法，设计出清晰的研究思路，是研究隋唐北部边疆的治理思想、方针、政策和措施等专题极其重要的前提条件。

（一）研究思路

首先，澄清隋唐时期不同历史阶段的北部边疆地带客观形势，包括对立两方的态势。因为任何国家制定边疆治理的思想与政策，都是因应特定时段、特定区域的客观情势而采取具体举措。

其次，探明特定边疆地带的民族构成及其部族政权的地理区位、发展状态（控制范围）、统治集团内部结构，以及军事政治状况。

再次，梳理中央政府在不同时段的治边思想及方案、治边政策（包括民族政策）、治边机构及空间配置，以及其他基础性边疆管理设施情况。

接着，研究特定时段中央政府相关边疆治理方针、政策的实际效果，包括近中期的效果和长远期的影响、局限性与可延续性。

最后，剖析隋唐时期北部边疆治理的得与失（可资借鉴的历史经验与历史教训）。循此思路当可达致专题研究之既定目标。

（二）研究方法

毋庸详论，边疆治理实乃一个国家的中央政府及其地方政府的官方行为。因此，最重要的环节就是再现特定历史时期中央政府因应边疆政治局势而制定的治理思想、方针、政策，实际采取的军事、政治举措。首先，要搜集这些历史信息，当然离不开历史文献。因此，文献分析就成为最基本的研究方法。其次，本专题研究的推进，也需要历史遗迹、古代文物予以验证或强化，因此，需要文物学、考古学及博物学等方面的资料予以支撑。这就必然要关注考古学的新发现、新资料和新理论。再次，研究者需要奔赴边疆地区（即研究区域）开展田野调查，采集相关数据。此外，还需要依托高科技手段，诸如航拍图片与卫星图片资料的判读、遥测遥感技术的应用（小型无人机空中摄像拍照）、激光测距仪的使用等。

因此，本专题研究的推进和研究目标的实现，需要运用历史文献分析、古今地图对照、考古学资料收集与分析、田野考察与社会调查、高科技数据采集等多样化研究方法与手段。通过多重证据的收集、整理、分析与判断，尽可能真实再现隋唐时期北部边疆复杂的治理过程，分析其实施过程中产生的客观效果。

四、学术价值与现实意义

本书探究的专题具有重要的学术价值，也具有非常显著的现实意义。

（一）学术价值

本专题研究的学术价值表现在两个方面，即系统地再现隋、唐两朝治理北部边疆的复杂过程与真相，探究影响隋唐治理北疆的政治、社会及自然因素。

1. 系统地再现隋唐治理北疆的复杂过程与真相

迄今为止，历史学界虽然已有论述中国历代治理边疆的著作与论文问世，诸如《中国边疆通史》丛书中的《北疆通史》、《中国历史地图集》第五册等等，但存在分散、视角小、浅显、空泛等缺点。深入探讨隋、唐两朝治理北部边疆之思想、方针、政策和实际举措及其变化的专门著作尚未问世，系统地探究隋、唐两朝治理北部边疆实践之得失功过的成果也有待来者。本专题研究聚焦于隋唐时期治理北部边疆的过程与真相的重建，探讨隋、唐两朝治理北部边疆的成败得失，总结政治智慧和深刻教训。本专题研究的宏观性、系统性、深入性和细节性，应是现有诸种相关学术成果所不具备的，具有填补研究空白的学术价值。

2. 深入地探究隋唐治理北疆的政治、社会及自然因素

在隋、唐两朝的不同阶段，北部边疆空间范围变化的根源在于中央政府治边思想观念是否务实、政治军事实力是否强大、人才资源储备是否充分、决策者是否励精图治、社会经济是否支持等等。既有的研究成果论"其然"者多，而论"其所以然"者少之又少。本专题研究旨在为现实的边疆治理、领土主权完整服务，因此，较为深入地探究隋、唐两朝治理北部边疆成败的影响因素是不可或缺的内容与环节。其影响因素可分为政治因素，如地方行政管制体系；军事因素，诸如军队训练有素与否、战略战术得当与否、将帅军事素养高低、军事装备条件、军事部署等等；社会因素，包括人心向背、社会经济发展状况、道路条件、全国人口总数等；自然条件，包括气候（季节）条件、水源条件、地形地势等等。深入探究影响隋唐边疆治理的各种因素，显然是本专题的一个重要学术研究方向。

（二）现实意义

研究隋唐治理北部边疆的历史经验与教训，目的是古为今用、服务现实社会。其现实意义可分为如下两点。

1. 为当代中国稳定边疆、发展边疆经济文化服务

中央政府要具备快速、准确、有效、果断的反应能力和多种应对方略，才能稳定边疆局势，使边疆地区各族人民安居乐业，边疆社会秩序和谐稳定。这符合边疆地区各族人民的根本利益。同时，边疆地区与内地、边疆地区之间客观上存在着经济、社会、文化、交通发展不平衡的状况，国家欲实现边疆各地区、各民族的均衡式发展，必须有侧重地扶持边疆地区的经济建设事业，推动边疆地区经济社会快速、可持续发展。本专题研究通过梳理隋唐治边、安边的具体措施和历史进程，为今人提供历史治边智慧，比如隋、唐两朝都相当重视交通道路的开辟与管理。推动当代中国边疆地区经济社会不断进步、可持续发展，自然也要以发展水陆交通为前导，从而带动经济的发展。

2. 为当代中国解决历史遗留疆界问题提供历史学支撑

鉴古知今、古为今用，汲取古人的政治智慧，为解决现代领土纠纷提供历史学支持。毋庸讳言，当代中国与极少数邻国仍然存在尚未完全解决的边界争端，包括陆地疆域、海洋疆域。通过研究、探查隋、唐两朝经略北部边疆的真实情势，我们可获得重要的历史启示。

第一章　隋文帝朝治理北部边疆的军政举措

公元6世纪是中国北方边疆政局剧烈变动的一个时段。北魏统治中国北部地域后，通过建立军事管治性质的诸镇，有效地统辖着漠南地带。其北方边界推移至大漠一线而趋稳定。但是，6世纪20年代——即北魏孝明帝正光、孝昌、武泰年间（520—528）及孝庄帝永安年间（528—530），北部边疆七镇出现战乱，引起漠南地带各族纷纷南迁内地。战乱之后，沃野、怀朔、武川、抚冥、柔玄、怀荒和御夷七镇呈现出一派人去城废的残破景象，军镇建制自行罢撤。其后三四年间，北魏政乱，皇帝频繁更替。继之形成东魏、西魏对峙，北齐与北周争战，无暇顾及北部边疆。西魏废帝元钦元年（552），原居于漠北地区的柔然部族政权被其属部突厥击败，其残部庵罗辰、邓叔子两股人马分别逃奔东魏和西魏。新兴的突厥部族势力以武力征服漠北地区的铁勒诸部，建立其政权。通过伊利可汗阿史那土门、其子乙息记可汗阿史那科罗和木杆可汗阿史那俟斤两代的征战，控制着东至辽海、西达西海、北至北海、南至大碛的地域，并不时越碛而南下碛南地区。隋朝建立伊始，就面临着如何挫败突厥诸部数路南侵及如何经略北部边疆的艰难局面。

第一节　隋初北疆的政治形势

隋朝建立伊始，就面临着来自北方的突厥势力的严重军事威胁，形势非常危急。开皇元年（581），北方边疆地带存在两股政治势力，其一是盘踞营州地区的以高宝宁为首的北齐残部，其二是已进入漠南地区的突厥部族政权。同年，突厥与北齐残部联合南下，越过燕山山脉，攻占临渝镇等地。突厥大可汗——沙钵略可汗摄图又召集突厥各部共四十万骑兵，分成数道大规模南侵。

一、突厥部族政权的渊源与北周末期的北疆政治格局

突厥部族政权在北魏末年出现，至北周后期，其势力已相当强大，后击败柔然，崛起于碛北地区。

突厥原先是建立在漠北地区的柔然部族政权的属部，其"居金山之阳，为茹茹铁工。金山形似兜鍪，其俗谓兜鍪为'突厥'，遂因以为号焉"①。即"世居金山，工于铁作"也。所谓"金山之阳"的"金山"，指的是今阿尔泰山脉。至北魏末期，突厥部落在其首领阿史那土门的领导下，势力快速增长。史载："当后魏之末，有伊利可汗，[后] 以兵击铁勒，大败之，降五万余家，遂求婚于茹茹。茹茹主阿那瓌大怒，遣使骂之。伊利斩其使，率众袭茹茹，破之。"② 所谓"后魏之末"，即指北魏孝武帝统治时期（532—534）。关于突厥部落附属柔然部族政权的早期情况，《周书》记载较为详细。《周书》云："其后曰土门，部落稍盛，始至塞上市缯絮，愿通中国。大统十一年，太祖（按：西魏丞相宇文泰）遣酒泉胡安诺槃陀 [为] 使 [者赴突厥] 焉。其国皆相庆曰：'今大国使至，我国将兴也。'十二年，土门遂遣使献方物。[是] 时铁勒将伐茹茹，土门率所部邀击，破之，

---

① [唐] 令狐德棻等：《周书》卷五十《突厥传》，中华书局，1971年，第907—908页。柔然，史书存在不同的称呼，如蠕蠕、茹茹等。
② [唐] 魏徵、令狐德棻：《隋书》卷八十四《突厥传》，中华书局，1973年，第1864页。

尽降其众五万余落。恃其强盛,乃求婚于茹茹。茹茹主阿那瓌大怒,使人骂辱之曰:'尔是我锻奴,何敢发是言也?'土门亦怒,杀其使者。遂与之绝,而求婚于我。太祖许之。[大统]十七年六月,以魏长乐公主妻之。是岁,魏文帝崩,土门遣使来吊[唁],赠马二百匹。"①

西魏废帝元年(552)正月,突厥与柔然部族政权的矛盾激化,便发兵击垮柔然政权。即"魏废帝元年正月,土门发兵击茹茹,大破之于怀荒[镇]北。阿那瓌自杀,其子菴罗辰奔齐,余众复立阿那瓌叔父邓叔子为主"。其年,突厥部落遂在漠北建立其统治。"土门遂自号'伊利可汗',犹古之单于也。号其妻为'可贺敦',亦犹古之阏氏也。"②然而就在击溃柔然部族政权同年(552)的下半年,土门去世。其长子阿史那科罗继承突厥可汗之位,号"乙息记可汗"。科罗再次发兵打败柔然主邓叔子于沃野[镇]北方的木赖山(今地待考)。西魏废帝二年(553)三月,科罗遣使[西魏]献马五万匹。科罗于此年下半年去世,可汗之位由其弟阿史那俟斤接任,号为"木杆可汗"。③

突厥木杆可汗于西魏废帝二年继位,大约至北周武帝宇文邕建德元年(572)去世,在位二十年。④在木杆可汗统治时期,突厥部族政权控制的地域迅速扩张。史称:"木杆勇而多智,遂击茹茹,灭之。西破挹怛,东走契丹,北方戎狄悉归之,抗衡中夏。后与西魏师入侵东魏,至于太原。"⑤《周书》则载:"俟斤一名燕都……性刚暴,务于征伐。乃率兵击邓叔子,灭之。[邓]叔子以其余烬来奔[西魏]。俟斤又西破嚈哒,东走契丹,北并契骨,威服塞外诸国。其地东自辽海以西,西至西海万里,南自沙漠以

---

① 《周书》卷五十《突厥传》,第908页。
② 《周书》卷五十《突厥传》,第909页。
③ 科罗之弟俟斤,其名称在古籍中记载存在歧异。《周书》谓"俟斤一名燕都"。在《通典》卷一百九十七中,"燕都"被写作"燕尹"。《隋书》则将"俟斤"写作"俟斗"。俟斤继任可汗后,其汗号在史书中也存在歧异。《周书·突厥传》作"木汗可汗",《周书·皇后传》则作"木扞可汗",《隋书·突厥传》作"木杆可汗",《北史·突厥传》作"木杆可汗"。当以"木杆"为正。
④ 《隋书》卷八十四《突厥传》,第1864页。
⑤ 《隋书》卷八十四《突厥传》,第1864页。

北，北至北海五六千里，皆属焉。"①

北周与突厥建立良好的交往关系，人员相互往来频仍。"时与齐人交争，戎车岁动，故每连结之，以为外援。"西魏恭帝二年（555），西魏与突厥联军奔袭吐谷浑，获得成功。②北周保定三年、四年（563、564），北周与突厥曾经两度组成联军，进攻北齐。③天和三年（568），周武帝宇文邕迎娶突厥木杆可汗之女为皇后，双方政治关系进一步巩固。④北周政府每年赠送突厥可汗大量的物资。"自俟斤以来，其国富强，有凌轹中夏志。朝廷既与和亲，岁给缯絮锦彩十万段。突厥在京师者，又待以优礼，衣锦食肉者，常以千数。齐人惧其寇掠，亦倾府藏以给之。"⑤而突厥也定期赴北周京城朝贡。如西魏废帝二年，木杆可汗"俟斤部众既盛，乃遣使请诛［柔然］邓叔子等。太祖许之"。北周明帝二年（558），俟斤遣使来献方物。保定元年（561），又三辈遣使贡其方物。

俟斤临死遗言传位于其弟，号为"佗钵可汗"（史佚其名）。建德二年（573），佗钵可汗遣使献马。大象元年（579），"他钵［可汗］复请和亲。帝册赵王招女为千金公主以嫁之，并遣执［高］绍义送阙……大象二年（580），始遣使奉献，且逆公主，而绍义尚留不遣。帝又令贺若谊往谕之，始送绍义云"。⑥佗钵可汗死于次年。

在此时期，北周在北疆地带实际控制的区域包括瓜州、甘州、凉州、灵州、盐州、夏州、银州、绥州、云州、朔州、蔚州、燕州、幽州、玄州和营州。对于阴山、漠南地区，尚未能完全控制。只是建立起若干个军事据点。比如"贺葛［真］城""连谷戍［城］"等城镇。史载：段"永历任内外，所在颇有声称。……天和四年，授小司寇，寻为右二军总管，率兵北道

---

① 《周书》卷五十《突厥传》，第909页。
② 《周书》卷二十八《史宁传》，第468页；卷五十《吐谷浑传》，第912—913页。
③ 《周书》卷五十《突厥传》，第911页；卷十九《杨忠传》，第318—319页。
④ 《周书》卷九《皇后传》，第143—144页；卷三十三《杨荐传》，第570—571页，《王庆传》，第575—576页；卷五十《突厥传》，第911页。
⑤ 《周书》卷五十《突厥传》，第911页。
⑥ 《周书》卷五十《突厥传》，第912页。

讲武。遇疾，卒于贺葛［真］城，年六十八"①。连谷戍［城］，创置于西魏大统八年（542）。是年，宇文测被委任以"行绥州事"。此前，"每岁［黄］河冰合后，突厥即来寇掠。先是常预遣居民入城堡以避之。［宇文］测至，皆令安堵如旧。乃于要路数百处并多积柴，仍远斥候，知其动静。是年十二月，突厥从连谷入寇，去界数十里。测命积柴之处，一时纵火。突厥谓有大军至，惧而遁走，自相踩践，委弃杂畜及辎重不可胜数。测徐率所部收之，分给百姓。自是突厥不敢复至。测因请置戍兵以备之"②。

佗钵可汗于北周武帝宇文邕建德元年（572）继位，北周静帝宇文阐大定元年（581）病逝，在位十年。在他去世后，突厥统治集团内部围绕着大可汗之位究竟由谁继承的问题发生尖锐对立，埋下了分裂的隐患。经过几番内讧，乙息记可汗科罗之长子摄图被突厥贵族推戴为大可汗——沙钵略可汗。③此外，还有几个小可汗：第二可汗菴罗（佗钵可汗之子）、阿波可汗大逻便（木杆可汗之子）、达头可汗玷厥（摄图之叔父）、贪汗可汗（史佚其名）。

二、开皇元年北疆地带的军事局势

开皇元年，隋朝与突厥诸部的关系尚算平和。是年八月，突厥阿波可汗遣使贡方物。九月，突厥沙钵略可汗遣使贡方物。突厥诸部南侵的动因有二：首先是意欲扼杀新生的隋朝；其次是抢劫农业地区的物资。史载："至开皇元年，摄图曰：'我周家亲也。今隋公自立而不能制，复何面目见可贺敦乎？'因与高宝宁攻陷临渝镇，约诸面部落谋共南侵。"④ "沙钵略［之］妻，宇文氏之女，曰千金公主，自伤宗祀绝灭，每怀［报］复隋［朝］之志，日夜言之于沙钵略。由是悉众为寇，控弦之士四十万"大规模南侵。隋文帝调兵遣将分道防御，"上令柱国冯昱屯乙弗泊，兰州总管叱李

---

① 《周书》卷三十六《段永传》，第637页。
② 《周书》卷二十七《宇文测传》，第454页。
③ 《隋书》卷八十四《突厥传》，第1865页。
④ 《隋书》卷五十一《长孙晟传》，第1330页。

长叉守临洮,上柱国李崇屯幽州,达奚长儒据周槃,皆为虏所败。于是[突厥]纵兵自木硖、石门两道来寇,武威、天水、安定、金城、上郡、弘化、延安[七郡]六畜咸尽"。①

突厥沙钵略可汗调动四十万骑兵分数路南下,给隋朝北境诸州造成极其惨重的破坏,令隋朝的安全和稳定遇到空前危机。

但是,突厥统治阶级内部也存在着不可弥合的裂缝,只是尚未公开化而已。正如隋文帝杨坚在其诏书中所称:突厥"近者尽其巢窟,俱犯北边,朕分置军旅,所在邀截,望其深入,一举灭之。……且彼渠帅,其数凡五,昆季争长,父叔相猜,外示弥缝,内乖心腹,世行暴虐,家法残忍"②。与此同时,漠北地区遭遇空前严重的自然灾害,旱灾、蝗灾、饥荒、瘟疫接踵而来。所谓"每冬雷震,触地火生。种类资给,惟藉水草。去岁四时,竟无雨雪,川枯蝗暴,卉木烧尽,饥疫死亡,人畜相半。旧居之所,赤地无依,迁徙漠南,偷存晷刻"③。

第二节 隋文帝经略北疆的"远交近攻"战略思想及实践

隋文帝作为隋朝的开国君主,针对突厥诸部大规模南侵的严重局面,采取了一系列切实有效的应对方略,逐步稳住了北疆的秩序。隋朝首先推行坚决抵抗的军事方针,其次树立军事进攻与政治分化招抚并重的战略思想,再次积极布设军事防御据点、创立行政建制和营造北疆长城等长效举措。

一、确立"远交近攻、离强合弱"的战略思想

开皇元年二月,北周、隋政权顺利完成交接。隋朝甫一宣告成立,就面

---

① 《隋书》卷八十四《突厥传》,第1865—1866页。需要说明:《隋书》将隋炀帝大业三年(607)后的郡级行政区划误用于开皇初年的历史事件。开皇初年地方政区应以"州"相称,并非"郡"。
② 《隋书》卷八十四《突厥传》,第1866页。
③ 《隋书》卷八十四《突厥传》,第1867页。

临突厥沙钵略可汗与北齐残部高宝宁联合南侵临渝镇区域的军事威胁。隋朝决策层采纳其智库谋士——奉车都尉长孙晟的建议，针对突厥内部的潜在矛盾推行"远交近攻、离强合弱"的战略指导思想。这个正确的战略构想之渊源来自长孙晟对突厥内部真实信息的准确掌握与分析判断。

长孙晟历事北周、隋两朝，擅长观察北疆边情。"晟，字季晟，性通敏，略涉书记，善弹工射，矫捷过人。时周室尚武，贵游子弟咸以相矜，每共驰射，时辈皆出其下。年十八，为司卫上士，初未知名，人弗之识也。"北周"宣帝时，突厥摄图请婚于周，以赵王［宇文］招［之］女妻之。然周与摄图各相夸竞，妙选骁勇以充使者，因遣［长孙］晟副汝南公宇文神庆送千金公主至其牙［帐］。前后使人数十辈，摄图多不礼，见晟而独爱焉，每共游猎，留之竟岁……其弟处罗侯号突利设，尤得众心，而为摄图所忌，密托心腹，阴与晟盟。晟与之游猎，因［观］察山川形势、部众强弱，皆尽知之。时高祖作相，晟以状白高祖。高祖大喜，迁奉车都尉"。① 然而引文所谓"宣帝时，突厥摄图请婚于周"有误，据《周书》载，"请婚于周"者实乃佗钵也。②

开皇元年，长孙晟先知摄图、玷厥、大逻便、处罗侯等叔侄兄弟"各统强兵，俱号可汗，分居四面，内怀猜忌，外示和同，难以力征，易可离间。因上书曰：'臣闻丧乱之极，必致升平，是故上天启其机，圣人成其务。伏惟皇帝陛下当百王之末，膺千载之期，诸夏虽安，戎场尚梗。兴师致讨，未是其时，弃于度外，又复侵扰。故宜密运筹策，渐以攘之，计失则百姓不宁，计得则万代之福。吉凶所系，伏愿详思。臣于周末，忝充外使，匈奴倚伏，实所具知。玷厥之于摄图，兵强而位下，外名相属，内隙已彰，鼓动其情，必将自战。又处罗侯者，摄图之弟，奸多而势弱，曲取于众心，国人爱之，因为摄图所忌，其心殊不自安，迹示弥缝，实怀疑惧。又阿波首鼠，介在其间，颇畏摄图，受其牵率，唯强是与，未有定心。今宜远交而近攻，离强而合弱，通使玷厥，说合阿波，则摄图回兵，自防右地。又引处罗，遣连奚、

---

① 《隋书》卷五十一《长孙晟传》，第1329—1330页。
② 《周书》卷五十《突厥传》，第912页。

雷，则摄图分众，还备左方。首尾猜嫌，腹心离阻，十数年后，承衅讨之，必可一举而空其国矣。'上省表大悦，因召[来]与语。晟复口陈形势，手画山川，写其虚实，皆如指掌。上深嗟异，皆纳用焉"。^①于此，隋朝决策层确立起应对突厥部族政权的指导思想和基本方针。

在此战略思想指导下，隋朝秘密施行分化瓦解突厥统治阶层的政治方策，取得显著成效，使突厥内部矛盾日渐尖锐。隋文帝"因遣太仆元晖出伊吾道，使诣玷厥，赐以狼头纛，谬为钦敬，礼数甚优。玷厥使来，引居摄图使上。反间既行，果相猜贰"。与此同时，隋文帝"授[长孙]晟车骑将军，出黄龙道，赍币赐奚、霫、契丹等，遣为向导，得至处罗侯所，深布心腹，诱令内附"。^②此后数年，在坚持军事防御的同时，隋朝继续施行分化离间之策。开皇二年（582），摄图总率突厥四十万骑兵经由兰州入犯内地，进至周槃，击败隋军达奚长儒部，更欲深入。却遭到暗中与隋朝建立联系的西面达头可汗玷厥的反对，"玷厥不从，引兵而去。[是]时，晟又说染干诈告摄图曰：'铁勒等反，欲袭其牙。'摄图乃惧，回兵出塞"。继而在开皇三年（583），摄图再次发动大规模武装南侵期间，长孙晟成功说服推进至凉州区域的突厥北面阿波可汗违背其号令，大逻便"因[滞]留塞上，使人随晟入朝"。而就在此时，摄图指挥的突厥骑兵却在阴山白道遭到隋军卫王杨爽（杨坚之弟）部的沉重打击，"败走至碛。闻阿波怀贰，乃掩[击]北牙，尽获其众而杀其母"。"阿波还无所归，西奔玷厥，乞师十余万，东击摄图，复得故地，收散卒数万，与摄图相攻。阿波频胜，其势益张。"^③与此同时，"又有贪汗可汗，素睦于阿波，沙钵略夺其众而废之，贪汗亡奔达头。沙钵略从弟地勤察别统部落，与沙钵略有隙，复以众叛归阿波"^④。于是，突厥统治集团内部矛盾与裂隙终于公开化，玷厥、大逻便、地勤察和贪汗可汗形成一派，而摄图、处罗侯形成一派，其内讧也就减弱了

---

① 《隋书》卷五十一《长孙晟传》，第1330—1331页。
② 《隋书》卷五十一《长孙晟传》，第1331页。
③ 《隋书》卷五十一《长孙晟传》，第1331—1332页。
④ 《隋书》卷八十四《突厥传》，第1868页。

对隋朝的军事威胁。突厥内部各支政治力量展开争斗,"连兵不已,各遣使诣阙,请和求援。上皆不许"。正因内部矛盾的激化,摄图不得不软化了其对隋朝的政治态度和立场。

隋朝由此掌握了两大敌对势力博弈的主动权,北疆政治局势出现关键性的转折。同年,"摄图又遣使朝贡,[千金]公主自请改姓,乞为帝女,上许之"。即摄图之妻千金公主上书隋朝皇帝,"请为一子之例"①。这就发出一个明显的信号,即摄图不再与隋朝为敌。隋文帝审时度势,许之,"高祖遣开府徐平和使于沙钵略",继而派遣尚书仆射虞庆则和长孙晟携诏书前往突厥,册封北周千金公主为隋朝"大义公主",赐姓杨氏,编之属籍,确立双方间的翁婿姻亲关系。是时,摄图既受到西方的玷厥、大逻便、地勤察组成的军事势力困扰,又被东方的契丹威胁,遂向隋朝"遣使告急,请将[其]部落度漠南[徙],寄居白道川内。有诏许之。诏晋王[杨]广以兵援之,给以衣食,赐以车服鼓吹"。摄图得到隋朝援助,遂"因[之]西击阿波,破擒之",隋军则保护其后方免受洗掠。摄图对此感激涕零,"乃立约,以碛为[大隋与突厥之]界"。②

开皇五年(585)七月壬午,摄图主动上表称臣,奉隋文帝为天子,降附隋朝。摄图在奏表中诚恳地表示:

> 臣摄图言:大使尚书右仆射虞庆则至,伏奉诏书,兼宣慈旨,仰惟恩信之著,逾久愈明,徒知负荷,不能答谢。伏惟大隋皇帝之有四海,上契天心,下顺民望,二仪(按:指天地)之所覆载,七曜之所照临,莫不委质来宾,回首面内。实万世之一圣,千年之一期,求之古昔,未始闻也。
>
> 突厥自天置以来,五十余载,保有沙漠,自王蕃隅。地过万里,士马亿数,恒力兼戎夷,抗礼华夏,在于北狄,莫与为大。顷者气候清和,风云顺序,意以华夏其有大圣兴焉。况今被沾德义,仁化所及,礼让之风,自朝满野。窃以天无二日、土无二王,伏惟大隋皇帝,真皇帝

---

① 《隋书》卷八十四《突厥传》,第1868页。
② 《隋书》卷八十四《突厥传》,第1868—1869页。

也。岂敢阻兵恃险，偷窃名号，今便感慕淳风，归心有道，屈膝稽颡，永为藩附。虽复南瞻魏阙，山川悠远，北面之礼，不敢废失。当令侍子入朝，神马岁贡，朝夕恭承，唯命是视。至于削衽解辫，革音从律，习俗已久，未能改变。阖国同心，无不衔荷，不任下情欣慕之至。谨遣第七儿臣窟含真等奉表以闻。①

八月丙戌，摄图遣子库含真特勤来朝，抵达长安城。隋文帝对此举予以充分肯定："沙钵略称雄漠北，多历世年，百蛮之大，莫过于此。往虽与和，犹是二国，今作君臣，便成一体。情深义厚，朕甚嘉之。""自是诏答诸事并不称其名以异之。……沙钵略大悦，于是岁时贡献不绝。"②

由此时起，突厥部族政权成为隋朝北疆的藩属政权，其控制地域遂成为隋朝北疆的组成部分。这种中央与地方的政治隶属关系维持了摄图、处罗侯、雍虞闾三任可汗时期。正如隋朝尚书左仆射高颎对隋文帝所云："自轩辕以来，獯粥多为边患，今远穷北海，皆为臣妾，此之盛事，振古未闻，臣敢再拜上寿。"③所谓"北海"，乃指今贝加尔湖。

至开皇七年（587），摄图遣其子入贡方物，因请猎于恒、代[两州]之间。隋文帝又许之，仍遣人赐其酒食。摄图率部落再拜接受赏赐。同年（587），摄图病逝，其弟处罗侯继任突厥大可汗之位，号"莫何可汗"。摄图之子雍虞闾则受任为管制局部的"叶护可汗"。史载："[开皇]七年，摄图死，遣[长孙]晟持节拜其弟处罗侯为莫何可汗，以其子雍闾为叶护可汗。"④突厥汗位的继承得到隋朝皇帝的认可，即莫何可汗"遣使上表言状，上赐之鼓吹幡旗"⑤。开皇八年（588），处罗侯在率军西征达头可汗为首的反对势力时，"中流矢而卒"。雍虞闾继任突厥大可汗，号为"都蓝可汗"。雍虞闾继任后立即遣使诣阙报告。隋文帝予以认可，"赐物三千

---

① 《隋书》卷八十四《突厥传》，第1869—1870页。
② 《隋书》卷一《高祖帝纪上》，第23页；卷八十四《突厥传》，第1870页。
③ 《隋书》卷八十四《突厥传》，第1871页。
④ 《隋书》卷五十一《长孙晟传》，第1332页。雍虞闾，《隋书·长孙晟传》写作"雍闾"，实指同一人。
⑤ 《隋书》卷八十四《突厥传》，第1870—1871页。

段"。雍虞闾遂"每岁遣使朝贡"。"明年（589），突厥诸部大人相率遣使贡马万匹、羊二万口、驼、牛各五百头。寻遣使请缘边置市［场］，与中国贸易，诏许之。"

开皇十年（590），因发生"陈国屏风题诗"事件，隋文帝决意铲除隐患，再次施行离间计。十三年（593），雍虞闾于盛怒中杀死大义公主。①

是时，在突厥统治集团内讧中，阿波、贪汗相继败灭，尚存都蓝、达头、突利三支政治势力。其中，达头可汗与都蓝可汗出现严重对立，争战不断。史载："其后，突厥达头可汗与都蓝可汗相攻，各遣使请援。上使［长孙］平持节宣谕，令其和解，赐缣三百匹、良马一匹而遣之。平至突厥所，为陈利害，遂各解兵。可汗赠平马二百匹。及还，平进所得马，上尽以赐之。"②

在"陈国屏风题诗"事件和"杨钦事件"后，隋朝对都蓝可汗产生严重不信任，转而扶持处罗侯之子染干。开皇十三年，"［长孙］晟又奏曰：'臣观雍［虞］闾，反复无信，特共玷厥有隙，所以依倚国家。纵与［之］为婚，终当必叛。今若得尚公主，承藉威灵，玷厥、染干必又受其征发。强而更反，后恐难图。且染干者，处罗侯之子也，素有诚款，于今两代。臣前与相见，亦乞通婚，不如许之，招令南徙，兵少力弱，易可抚驯，使敌雍［虞］闾，以为边捍。'上曰：'善'。又遣［人］慰喻染干，许尚公主。［开皇］十七年，染干遣五百骑随晟来逆女，［隋文帝］以宗女封安义公主以妻之。［长孙］晟说染干率众南徙，居度斤旧镇"。③ 此举使得雍虞闾十分恼怒。他说："我，大可汗也，反不如染干！""于是朝贡遂绝，数为边患。"④而"染干伺知［其］动静，辄遣［使］奏闻，是以贼来每先有备"。

开皇十九年（599），雍虞闾与此前的宿敌玷厥达成和解，连兵进攻染

---

① 《隋书》卷八十四《突厥传》，第1871—1872页。
② 《隋书》卷四十六《长孙平传》，第1255页。
③ 《隋书》卷五十一《长孙晟传》，第1333页。
④ 《隋书》卷八十四《突厥传》，第1872页。

干。史载:"雍[虞]闾大惧,复共达头同盟,合力掩袭染干,大战于长城下。染干败绩,杀其兄弟子侄,而部落亡散。"染干夜以五骑与隋使长孙晟"逼夜南走,至旦,行百余里,收得数百骑"。既入伏远镇,晟留其达官执室以领其众,自将染干驰驿入朝。隋文帝大喜,进授长孙晟为左勋卫骠骑将军,持节护突厥。隋朝以汉王杨谅为元帅,分兵三道出灵州、朔州和幽州,以击都蓝部突厥。同年六月,隋将高颎、杨素反击玷厥部突厥,大破之。其后,隋文帝册封染干为"启民可汗"①,并在朔州地界构筑大利城使染干居之,即"寻遣[长孙晟]领五万人,于朔州筑大利城以处染干"。是时,隋朝安义公主已去世,隋文帝又册宗室之女为"义成公主",以妻之。在这种形势下,各地突厥部落络绎不绝地归降启民可汗。但是,启民可汗频频受到雍虞闾的袭击,不安其居,"上复令入塞",即进入隋朝长城之南,却依然遭受雍虞闾的连续侵掠,启民可汗又受命"迁于河南,在夏、胜二州之间,发徒掘堑"。这个迁移的动议是由长孙晟提出的,隋文帝采纳了,即"晟又奏:'染干部落归者既众,虽在长城之内,犹被雍闾抄略,往来辛苦,不得宁居。请徙五原,以河为固,于夏、胜两州之间,东西至河,南北四百里,掘为横堑,令处其内,任情放牧,免于抄略,人必自安'。上并从之"②。开皇二十年(600),隋军"师未出塞,而都蓝为其麾下所杀,达头自立为步迦可汗,其国大乱"。就在此年,长孙晟复被遣回大利城,安抚新降附之突厥部落。此后二年,隋军连年出击步迦可汗控制的突厥部落,相继告捷。

仁寿三年(603)是北疆形势转折的关键节点。仁寿二年,"[长孙]晟又教染干分遣使者,往北方铁勒等部招携取之。[至]三年,有铁勒、思结、伏利具、浑、斛萨、阿拔、仆骨等十余部,尽背达头,请来降附。达头[因其]众大溃[散],西奔吐谷浑"。"是岁,泥利可汗及叶护俱被铁勒所败。步迦寻亦大乱,奚、霫五部内从,步迦奔吐谷浑。启民遂有其

---

① 《隋书》卷五十一《长孙晟传》,第1333—1334页;卷八十四《突厥传》,第1872—1873页。
② 《隋书》卷五十一《长孙晟传》,第1334页。

众。"① 启民可汗接管大漠南北两区之后，长孙晟护送其北上，安置于碛口地区。此年，作为突厥部族政权的大可汗——步迦可汗玷厥逃亡吐谷浑后，突厥遂真正地分裂为东、西两部分，即东突厥（亦称北突厥）和西突厥，两者大体以金山山脉为限。启民可汗接管大漠南北后，实际成为东突厥大可汗，而泥利可汗则是西突厥的大可汗，"卒，子达漫立，号泥撅处罗可汗"。② 启民可汗于大业四年（608）"朝于东都，礼赐益厚。是岁，疾终，上为之废朝三日，立其子咄吉世，是为始毕可汗。表请尚公主，诏从其俗。十一年，来朝于东都"。③ 隋朝的政治分化政策取得显著成效。

二、坚决抵御、反击突厥诸部的南掠行径

隋朝建立伊始，就面临着来自北方高原的突厥部族政权的军事进攻。刚刚经历兼并北齐和攻取陈朝淮南地区的隋朝决策者，果断调兵遣将，坚决抵御。其间虽有一些军事挫折，但最终挫败了突厥的南侵势头。隋朝的军事行动完成由被动防御向主动出击的转变，达到了"近攻"的目的。

开皇元年（581），摄图与高宝宁联军进攻平州，攻陷临渝镇，并派人联系诸面部落首领"谋共南侵"。隋"高祖新立，由此大惧，修筑长城，发兵屯北境，命阴寿镇幽州，虞庆则镇并州，屯兵数万人以为之备"。④ 是时，柱国于仲文奉诏率兵屯白狼塞以备胡。⑤

开皇二年（582），突厥"由是悉众为寇，控弦之士四十万"汹涌南下。四月，隋将韩僧寿击破突厥南侵骑兵于鸡头山，李充打败突厥骑兵于河北山。同年六月，李充再度击破突厥于马邑。而于仲文被任命为行军元帅，率部北征。史载：于仲文于"明年（按：开皇二年），拜行军元帅，统十二总管以击胡。出服远镇，遇虏，破之，斩首千余级，六畜巨万计。于是从金河出白道，遣总管辛明瑾、元滂、贺兰志、吕楚、段谐等二万人出盛乐道，

---

① 《隋书》卷八十四《突厥传》，第1874页；卷五十一《长孙晟传》，第1335页。
② 《隋书》卷八十四《西突厥传》，第1876页。
③ 《隋书》卷八十四《突厥传》，第1876页。
④ 《隋书》卷五十一《长孙晟传》，第1330页。
⑤ 《隋书》卷六十《于仲文传》，第1454页。

趋那颉山。至护军川北，与虏相遇，可汗见仲文军容齐肃，不战而退。仲文率精骑五千，踰山追之，不及而还"。① 与此同时，隋朝任命上柱国叱李长叉为兰州总管府总管、窦荣定为秦州总管府总管，皇太子杨勇屯兵于咸阳，虞庆则屯兵于弘化，分头抵御突厥南侵。② 但是，此次军事防御接连失利。史载：摄图指挥四十万突厥骑兵取道河西走廊，经兰州深入内地，至于周盘，接连在乙弗泊、临洮、周槃击败隋军。突厥"于是纵兵自木硖、石门两道来寇，武威、天水、安定、金城、上郡、弘化、延安［七郡］六畜咸尽"。突厥此次侵掠，给上述七州居民的生命与财产造成十分严重的损害。隋朝通过长孙晟施行欺诈谋略，使摄图"乃惧，回兵出塞"。③

同年，虞庆则率部防御，指挥失当，导致失利。据载，开皇"二年冬，突厥入寇，庆则为元帅讨之。部分失所，士卒多寒冻，堕指者千余人。偏将达奚长儒率骑兵二千人别道邀贼，为虏所围，甚急。庆则案营不救。由是长儒孤军独战，死者十［之］八九。上不之责也。寻迁尚书右仆射"。④《隋书·达奚长儒传》载："开皇二年，突厥沙钵略可汗并其弟叶护及潘那可汗众十余万，寇掠而南，诏以长儒为行军总管，率众二千击之。遇于周槃，众寡不敌，军中大惧，长儒慷慨，神色愈烈。为虏所冲突，散而复聚，且战且行，转斗三日，五兵咸尽，士卒以拳殴之，手皆见骨，杀伤万计，虏气稍夺，于是解去。长儒身被五创，通中者二；其战士死伤者十［之］八九。突厥本欲大掠秦、陇，既逢长儒，兵皆力战，虏意大沮。明日，于战处焚尸恸哭而去。高祖下诏曰：'突厥猖狂，辄犯边塞，犬羊之众，弥亘山原。而长儒受任北鄙，式遏寇贼，所部之内，少将百倍。以昼通宵，四面抗敌，凡十有四战，所向必摧。凶徒就戮，过半不反，锋刃之余，亡魂窜迹。自非英威奋发，奉国情深，抚御有方，士卒用命，岂能以少破众，若斯之伟？言念勋庸，宜隆名器，可上柱国，余勋回授一子。其战亡将士，皆赠官三转，子

---

① 《隋书》卷六十《于仲文传》，第1454页。
② 《隋书》卷一《高祖帝纪上》，第17—18页；卷五十二《韩僧寿传》，第1342页。
③ 《隋书》卷五十一《长孙晟传》，第1331页；卷八十四《突厥传》，第1866页。
④ 《隋书》卷四十《虞庆则传》，第1174页。

孙袭之。'其年，授宁州刺史，寻转鄜州刺史，母忧去职。"① 使持节、上柱国、上大将军豆卢勣也率部抗御突厥南侵。据载，因"突厥犯塞，以［豆卢］勣为北道行军元帅，以备边。岁余，拜夏州［总管府］总管"。②

至开皇三年（583）二月，突厥再次大规模南侵。突厥阿波可汗率部进攻河西走廊，摄图率部经由阴山南侵，高宝宁进攻幽州地区。隋朝"发八道元帅分出拒之"，即委任河间王杨弘、上柱国豆卢勣、窦荣定、高颎、虞庆则等人"并为元帅，出塞击之"。③

隋朝政府军行军元帅窦荣定率部于此年五月在甘州、凉州阻止了阿波部突厥的进攻，多次击败之，并由长孙晟说服阿波于六月罢战遣使入朝。④ 史载：窦荣定"寻除秦州总管，赐吴乐一部。突厥沙钵略寇边，以为行军元帅，率九总管，步骑三万，出凉州。与虏战于高越原，两军相持，其地无水，士卒渴甚，至刺马血而饮，死者十有二三。荣定仰天太息，俄而澍雨，军乃复振。于是进击，数挫其锋，突厥惮之，请盟而去"。⑤ 宇文㢸参与此次军事行动，即开皇"三年，突厥寇甘州，以行军司马从元帅窦荣定击破之。还除太仆少卿，转吏部侍郎"。⑥

此年五月，河间王杨弘率部北伐也取得胜利。史载：杨弘"及上受禅，拜大将军，进爵郡公。……其年立弘为河间王，拜右卫大将军。岁余，进授柱国。时突厥屡为边患。［弘］以行军元帅，率众数万，出灵州道，与虏相遇，战，大破之，斩数千级。赐物二千段，出拜宁州总管，进位上柱国。弘在［宁］州，治尚清静，甚有恩惠"。杨弘受任宁州总管府总管是在开皇三年六月己丑。⑦ 右武候将军贺若谊也参加此次杨弘北伐，即"河间王弘北

---

① 《隋书》卷五十三《达奚长儒传》，第1350页。
② 《隋书》卷三十九《豆卢勣传》，第1156页。据本传，豆卢勣病逝于开皇十年，享年五十五。
③ 《隋书》卷八十四《突厥传》，第1867页。
④ 《隋书》卷五十一《长孙晟传》，第1331页；卷一《高祖帝纪上》，第18—19页。
⑤ 《隋书》卷三十九《窦荣定传》，第1151页。窦荣定卒于开皇六年（586），时年五十七。
⑥ 《隋书》卷五十六《宇文㢸传》，第1390页。
⑦ 《隋书》卷四十三《河间王弘传》，第1211—1212页；卷一《高祖帝纪上》，第19页。

征突厥，以［贺若］谊为副元帅。军还，转左武侯大将军。坐事免"。①庞晃也参加这次作战，即"河间王弘之击突厥也，［庞］晃以行军总管从至马邑。别路出贺兰山，击贼破之，斩首千余级"。②此外，行军总管李晃也在五月击败突厥骑兵于摩那渡口（其位置待考，当在今宁夏段黄河上）。③这支被打败的突厥骑兵当是突厥贪汗可汗所管部落武装。

与此同时，隋朝行军元帅、卫王杨爽率军于四月在白道击败突厥大可汗摄图所统骑兵，后者"败走至碛"，遂奔袭阿波可汗的牙帐驻地——北牙。由此引发突厥内部两大派数年的武力争斗，至开皇七年（587），摄图死亡、阿波被擒才得以结束。④史载：卫王杨爽于开皇二年"进位上柱国，转凉州总管。……其年，以爽为行军元帅，步骑七万以备胡，出平凉，无虏而还。明年（按：开皇三年），大举北伐，又为元帅。河间王弘、豆卢勣、窦荣定、高颎、虞庆则等分道而进，俱受爽节度。爽亲率李充等四将出朔州，遇沙钵略可汗于白道，接战，大破之，虏获千余人，驱马牛羊钜万。沙钵略可汗中重创而遁。……六年，复为元帅，步骑十五万，出合川。突厥遁逃，而返"。⑤据《隋书·李彻传》载："明年（按：开皇三年），突厥沙钵略可汗犯塞，上令卫王爽为元帅，率众击之，以［李］彻为长史。遇虏于白道，行军总管李充言于爽曰：'周、齐之世，有同战国，中夏力分，其来久矣。突厥每侵边，诸将辄以全军为计，莫能死战。由是突厥胜多败少，所以每轻中国之师。今者沙钵略悉国内之众，屯据要险，必轻我而无备，精兵袭之，可破也。'爽从之。诸将多以为疑，唯［李］彻奖成其计，请与同行。遂与［李］充率精骑五千，出其不意，掩击大破之。沙钵略弃［其］所服金甲，潜草中而遁。以功加上大将军。沙钵略因此屈膝称藩。未几，沙钵

---

① 《隋书》卷三十九《贺若谊传》，第1160页。据本传，约在开皇四年，"时突厥屡为边患，朝廷以谊素有威名，拜灵州刺史，进位柱国。谊时年老，而筋力不衰，犹能重铠上马，甚为北夷所惮"。
② 《隋书》卷五十《庞晃传》，第1322页。
③ 《隋书》卷一《高祖帝纪上》，第19页。
④ 《隋书》卷一《高祖帝纪上》，第19页；卷五十一《长孙晟传》，第1332页。
⑤ 《隋书》卷四十四《卫昭王爽传》，第1223—1224页。

略为阿拔[部]所侵，上疏请援。以彻为行军总管，率精骑一万赴之。阿拔闻而遁去。及军还，复领行军总管，屯平凉以备胡寇，封安道郡公。开皇十年，进位柱国。……其后突厥犯塞，彻复领行军总管击破之。"①而隋朝政府军另一行军元帅高颎也在白道击败突厥骑兵。开皇三年，"突厥犯塞，以[高]颎为元帅，击贼破之。又出白道，进图入碛，遣使请兵。近臣缘此言颎欲反，上未有所答，颎亦破贼而还"。②

而隋朝幽州总管阴寿率军穿越燕山"破高宝宁于黄龙"，消灭割据营州地区的分裂势力（阴寿于同年五月戊申去世，周摇于七月继任幽州总管），控制该区域。史载：北周大象二年，平定尉迟迥之变后，阴寿"以功进位上柱国。寻以行军总管镇幽州，即拜幽州[总管府]总管，封赵国公。时有高宝宁者，齐氏之疏属也，为人桀黠，有筹算，在齐久镇黄龙。及齐灭，周武帝拜为营州刺史，甚得华夷之心。高祖为丞相，遂连结契丹、靺鞨举兵反。高祖以中原多故，未遑进讨，以书喻之而不得。开皇初，又引突厥攻围北平[郡]。至是（按：开皇三年），令[阴]寿率步骑数万，出卢龙塞以讨之。宝宁求救于突厥。时卫王爽等诸将数道北征，突厥不能援。宝宁弃城奔于碛北，黄龙诸县悉平。寿班师，留开府成道昂镇之。宝宁遣其子僧伽率轻骑掠城下而去。寻引契丹、靺鞨之众来攻，道昂苦战连日乃退。寿患之，于是重购宝宁，又遣人阴间其所亲任者赵世模、王威等。月余，世模率其众降，宝宁复走契丹，为其麾下赵修罗所杀，北边遂安。赐物千段。未几，卒官，赠司空"。③据载，幽州总管阴寿卒于开皇三年五月戊申。④

隋军在开皇三年数路出兵，击败突厥诸部的进犯。其后，达头、阿波皆遣使朝隋，沙钵略兄弟遭到孤立，遂也积极向隋朝停战示好，至开皇五年正式奉表称臣。北疆形势趋于稳定。直至开皇十七年（597）才出现新的变化。此年，都蓝可汗因不满隋朝扶持突利可汗染干而绝贡、犯塞，并与达头解仇

---

① 《隋书》卷五十四《李彻传》，第1368页。
② 《隋书》卷四十一《高颎传》，第1182页。
③ 《隋书》卷三十九《阴寿传》，第1148—1149页。
④ 《隋书》卷一《高祖帝纪上》，第19页。

联合，掩击染干部落。在这种形势下，隋军复连年出动，征讨都蓝、达头，并册封染干为启民可汗，支持他稳定北部边疆政治秩序。隋军先后发动三次北伐，打击达头为首的突厥部众。

第一次军事征伐始于开皇十九年（599），隋军分东、西两路北征。东路军总指挥是汉王杨谅，实际由将军史万岁指挥。杨谅于开皇十七年出任并州总管府总管，"自山以东，至于沧海，南拒黄河，五十二州尽隶焉。特许以便宜，不拘律令。……十九年，突厥犯塞，以谅为行军元帅，竟不临戎"。①《隋书·长孙晟传》则曰"十九年，染干因晟奏，雍闾作攻具，欲打大同城。诏发六总管，并取汉王节度，分道出塞讨之"。②《隋书·高祖纪下》曰：开皇十九年"夏四月丁酉，突厥突利可汗内附。达头可汗犯塞，遣行军总管史万岁击破之"。同年冬十月甲午，"以突厥[突]利可汗为启民可汗，筑大利城处其部落。……十二月乙未，突厥都蓝可汗为部下所杀"。③关于史万岁率军征伐突厥达头可汗的战役，《隋书·史万岁传》载："开皇末，突厥达头可汗犯塞，上令晋王广及杨素出灵武道、汉王谅与[史]万岁出马邑道。万岁率柱国张定和、大将军李药王、杨义臣等出塞，至大斤山，与虏相遇。达头遣使问曰：'隋将为谁？'候骑报：'史万岁也。'突厥复问曰：'得非敦煌降卒乎？'候骑曰：'是也。'达头闻之，惧而引去。万岁驰追百余里乃及，击大破之，斩数千级，逐北入碛数百里，虏遁逃而还。杨素害其功，因谮（谗）万岁云：'突厥本降，初不为寇，来于塞上畜牧耳。'遂寝其功。万岁数抗表陈状，上未之悟。会上从仁寿宫初还京师，废皇太子，穷东宫党与。上问万岁何在，万岁实在朝堂，杨素见上方怒，因曰：'万岁谒东宫矣。'以激怒上。上谓为信然，令召万岁。时所将士卒在朝称冤者数百人，万岁谓之曰：'吾今日为汝极言于上，事当决矣。'既见上，言将士有功，为朝廷所抑，词气愤厉，忤于上。上大怒，令

---

① 《隋书》卷四十五《庶人谅传》，第1244页。
② 《隋书》卷五十一《长孙晟传》，第1333页。
③ 《隋书》卷二《高祖帝纪下》，第44页。此页文献佚"突"字，因避讳改"民"为"人"。今更正之。

左右撮杀之。既而悔，追之不及，因下诏罪万岁曰……死之日，天下士庶闻者，识与不识，莫不冤惜。"① 李景、段文振也参与此次战役。史载：李景"寻从史万岁击突厥于大斤山，别路邀贼，大破之。后与上明公杨纪送义成公主于突厥，至恒安［镇］，遇突厥来寇。时代州总管韩洪为虏所败，景率所领数百人援之。力战三日，杀虏甚众。赐物三千段，授韩州刺史。以事［汉］王故，不之官。仁寿中，检校代州总管"。② 开皇"十九年，突厥犯塞，文振以行军总管拒之，遇达头可汗于沃野，击破之。文振先与王世积有旧，初，文振北征，世积遗以驼马。比还，世积以罪被诛，文振坐与交关，功遂不录。明年，率众出灵州道以备胡，无虏而还"。③ 开皇"十九年，突厥达头可汗犯塞，［周罗睺］从杨素击之。虏众甚盛，罗睺白素曰：'贼阵未整，请击之。'素许焉。与轻勇二十骑直冲虏阵，从申到酉［时］，短兵屡接，大破之。进位大将军"。④ 是时，鱼俱罗"还至扶风［郡］，会杨素率兵将出灵州道击突厥，路逢俱罗，大悦，遂奏与同行。及遇贼，俱罗与数骑奔击，瞋目大呼，所当皆披靡，出左入右，往返若飞。以功进位柱国，拜丰州总管。初，突厥数入境为寇，俱罗辄擒斩之。自是突厥畏惧屏迹，不敢畜牧于塞上"。⑤

西路军总指挥则是杨素。《隋书·杨素传》载：开皇"十八年，突厥达头可汗犯塞，以［杨］素为灵州道行军总管，出塞讨之，赐物二千段、黄金百斤。先是，诸将与虏战，每虑胡骑奔突，皆以戎车步骑相参，舆鹿角为方阵，骑在其内。素谓人曰：'此乃自固之道，非取胜之方也。'于是悉除旧法，令诸军为骑阵。达头闻之大喜，曰：'此天赐我也。'因下马仰天而拜，率精骑十余万而至。素奋击，大破之，达头被重创而遁，杀伤不可胜计，群虏号哭而去。优诏褒扬，赐缣二万匹，及万钉宝带"。⑥ 又载：开皇

---

① 《隋书》卷五十三《史万岁传》，第1355—1357页。
② 《隋书》卷六十五《李景传》，第1530页。
③ 《隋书》卷六十《段文振传》，第1458—1459页。
④ 《隋书》卷六十五《周罗睺传》，第1525页。
⑤ 《隋书》卷六十四《鱼俱罗传》，第1517页。
⑥ 《隋书》卷四十八《杨素传》，第1285—1286页。

十八年,"突厥犯塞,以[李]安为行军总管,从杨素击之。安别出长川,会虏渡河,与战破之"。又见:"数岁,[韩僧寿]复拜蔚州刺史。突厥甚惮之。十七年,屯兰州以备胡。明年,辽东之役,领行军总管,还,检校灵州总管事。从杨素击突厥,破之,进位上柱国,改封江都郡公。"①

第二次军事征战展开于开皇二十年(600),由晋王杨广任总指挥。《隋书·高祖纪下》曰:"[开皇二十年]夏四月壬戌,突厥犯塞,以晋王广为行军元帅,击破之。"②即"后突厥犯塞,晋王为元帅,以仲文将前军,大破贼而还。仁寿初,拜太子右卫率"。③在此役中,史祥"后以行军总管从晋王广击突厥于灵武[郡],破之。迁右卫将军。仁寿中,率兵屯弘化以备胡"。④此役详情见于《隋书·长孙晟传》,即开皇"二十年,都蓝大乱,为其部下所杀。晟因奏请曰:'今王师临境,战数有功,贼内携离,其主被杀。乘此招诱,必并来降,请遣染干部下分头招慰。'上许之,果尽来附。达头恐怖,又大集兵。诏晟部领降人,为秦川行军总管,取晋王广节度出讨。达头与王相抗,晟进策曰:'突厥饮泉,易可行毒。'因取诸药毒水上流,达头人畜饮之多死,于是大惊曰:'天雨恶水,其亡我乎?'因夜遁。晟追之,斩首千余级,俘百余口,六畜数千头。王大喜,引晟入内,同宴极欢。有突厥达官来降,时亦预坐,说言突厥之内,大畏长孙总管,闻其弓声,谓为霹雳,见其走马,称为闪电。王笑曰:'将军震怒,威行域外,遂与雷霆为比,一何壮哉!'师旋,授上开府仪同三司,复遣还大利城,安抚新附"。⑤

第三次军事行动发生在仁寿元年至仁寿三年(601—603),前期作战由代州总管韩洪指挥,后期战事则由杨素主持。前期交战时间是在仁寿元年

---

① 《隋书》卷五十《李安传》,第1323页;卷五十二《韩僧寿传》,第1342页。
② 《隋书》卷二《高祖帝纪下》,第45页;卷四十八《杨素传》载:"二十年,晋王广为灵朔道行军元帅,素为长史。王卑躬以交素。及为太子,素之谋也。"此处"灵朔道"应作"灵州道",参见该书第1286页。
③ 《隋书》卷六十《于仲文传》,第1454页。
④ 《隋书》卷六十三《史祥传》,第1494页。
⑤ 《隋书》卷五十一《长孙晟传》,第1334—1335页。长孙晟辛于大业五年(609),时年五十八。

正月。《隋书·高祖纪下》曰："仁寿元年春正月……突厥寇恒安［镇］，遣柱国韩洪击之，官军败绩。"《隋书·韩洪传》载："时突厥屡为边患，朝廷以洪骁勇，检校朔州总管事。寻拜代州总管。仁寿元年，突厥达头可汗犯塞，［韩］洪率蔚州刺史刘隆、大将军李药王拒之。遇虏于恒安，众寡不敌，洪四面搏战，身被重创，将士沮气。虏悉众围之，矢下如雨。洪伪与虏和，围少解。洪率所领溃围而出，死者大半，杀虏亦倍。洪及药王除名为民，隆竟坐死。炀帝北巡，至恒安，见白骨被野，以问侍臣。侍臣曰：'往者韩洪与虏战处也。'帝悯然伤之，收葬骸骨，命五郡沙门为设佛供，拜洪陇西［郡］太守。"①在官军战败后，同年五月，突厥男女九万口来降，即投靠降附隋朝的启民可汗。九月，以柱国杜彦为云州总管。②

仁寿元年下半年，隋文帝采纳长孙晟关于"欲灭匈奴，宜在今日"之建议，"诏杨素为行军元帅，晟为受降使者，送染干北伐［步迦可汗玷厥］。二年，［杨素］军次北河，值贼帅思力俟斤等领兵拒战，晟与大将军梁默击走之，转战六十余里，贼众多降。晟又教染干分遣使者，往北方铁勒等部招携取之。三年，有铁勒、思结、伏利具、浑、斛萨、阿拔、仆骨等十余部，尽背达头（按：步伽可汗），请来降附。达头［之］众大溃，西奔吐谷浑"。③《隋书·杨素传》：谓"仁寿初……其年，以［杨］素为行军元帅，出云州击突厥，连破之。突厥退走，率骑追蹑，至夜而及之。将复战，恐贼越逸，令其骑稍后。于是亲将两骑，并降突厥二人，与虏并行，不之觉也。候其顿舍未定，趣后骑掩击，大破之。自是突厥远遁，碛南无复虏庭"。④

步伽可汗（达头）失位后，不知所终。突厥从此再无大可汗出现。于是，突厥分裂成东、西两部分，被冠以东突厥、西突厥。隋朝扶持的启民可汗接纳北部边疆各族诸部，成为隋廷管治下的边疆藩属政权。

---

① 《隋书》卷五十二《韩洪传》，第1342—1343页。韩洪约于大业四年平定朱崖郡王仲通叛乱期间病逝，时年六十三。
② 《隋书》卷二《高祖帝纪下》，第46页、第47页。
③ 《隋书》卷五十一《长孙晟传》，第1335页。
④ 《隋书》卷四十八《杨素传》，第1286页。

第三节　隋文帝朝北疆的行政管理建制

隋朝开国伊始，继承北周的地方行政区划体系与行政管理制度。在地方上，依旧实行总管府—州—郡—县四级行政区划体系。至开皇三年，隋文帝出于革除魏晋南北朝时期的行政区划积弊，接受大臣杨尚希的建议，推行行政区划大调整和改革，撤销了郡级行政建制。即开皇三年十一月"甲午，罢天下诸郡"。遂在地方推行总管府—州—县的三级地方行政区划和行政管理体系。这种简化行政层级后的政区体系在隋朝的北部边疆得到切实的贯彻。开皇中，隋朝为巩固北疆秩序，强化地方行政管理机构的建设。自开皇十九年起，同时在北部边疆游牧区域实行东突厥藩属国地方政权建制。这种双轨制乃为顺应北疆变化的政治形势。

一、在北疆地带重建行政管理体制

早在开皇二年，杨尚希就向皇帝提出精简地方行政区划的建议。史载：隋"高祖受禅，[杨尚希]拜度支尚书，进爵为公。岁余，出为河南道行台[尚书省]兵部尚书，加银青光禄大夫。尚希时见天下州郡过多，上表曰：'自秦并天下，罢侯置守，汉、魏及晋，邦邑屡改。窃见当今郡县，倍多于古，或地无百里，数县并置，或户不满千，二郡分领。具僚以众，资费日多，吏卒人倍，租调岁减。清干良才，百分无一，动须数万，如何可觅？所谓民少官多，十羊九牧。琴有更张之义，瑟无胶柱之理。今存要去闲，并小为大，国家则不亏粟帛，选举则易得贤才，敢陈管见，伏听裁处。'帝览而嘉之，于是遂罢天下诸郡"。① 于是在开皇三年，隋朝一刀切式地撤销全国的郡级行政建制单位，推行总管府统州、州领县的三级地方管理体制。

在隋开皇、仁寿年间，北疆地带配置着12个总管府建制单位及其管区，包括其属州及属县。

---

① 《隋书》卷四十六《杨尚希传》，第1253页。

（一）营州总管府

此地原是北齐的营州。公元577年，北周吞灭北齐政权，接管黄河下游地区。此时，北齐营州刺史高宝宁投降北周，依旧任营州刺史。隋开皇初，平定高宝宁割据势力，仍然建置营州，并在营州城（今辽宁省朝阳市）创置营州总管府，统辖1州——营州（大业中辽西郡）。营州领1县——柳城县，原名龙城，继而在开皇三年更名为龙山县，开皇十八年，改为柳城县。[①]

（二）玄州总管府

开皇六年（一说在十六年），玄州迁治至无终县城（今天津市蓟州区），并在州城建立玄州总管府，统2州——玄州（大业中渔阳郡）、平州。玄州领1县——无终县。平州治卢龙县城（今河北卢龙县），领1县——卢龙县。[②]

（三）幽州总管府

北周灭北齐，创置幽州总管府，治幽州城（今北京市东南隅）。隋继承之。幽州总管府统幽、燕、瀛、蒲、景、檀、易诸州。幽州（大业中涿郡）领9县——蓟、良乡、安次、涿、固安、雍奴、昌平、怀戎、潞。[③]燕州领1县——怀戎。瀛州领11县。檀州领2县——燕乐、密云。易州领6县——易、涞水、遒、遂城、永乐、飞狐。[④]蒲州，开皇十六年增置，治高阳县城，领1县——高阳；景州，开皇十六年增置，治长芦县城，领1县——长芦。

（四）朔州总管府

开皇初，创置朔州总管府，治朔州城（今山西朔州市朔城区）。统1州——朔州（大业中改为马邑郡）。朔州领4县——善阳、神武、云内、开阳诸县。[⑤]

大业元年（605），撤销总管府；三年，改朔州为马邑郡，仍领4县。

---

① 《隋书》卷三十《地理志中·辽西郡》，第859页。
② 《隋书》卷三十《地理志中·渔阳郡》，第858页。
③ 《隋书》卷三十《地理志中·涿郡》，第857页。
④ 《隋书》卷三十《地理志中·涿郡、河间郡、上谷郡、安乐郡》，第857页、第858—859页。
⑤ 《隋书》卷三十《地理志中·马邑郡》，第853页。

(五）代州总管府

开皇五年，改肆州为代州。同年，创置代州总管府，治代州城（今山西省代县），统2州——代州、蔚州。代州（大业中雁门郡）领雁门、繁畤、崞、五台4县。蔚州领1县——灵丘县。①

(六）云州总管府（榆关总管府）

开皇三年三月癸亥，"城榆关"。至四年三月，榆林关竣工，遂创立榆关总管府，初治榆林关城（今内蒙古自治区准格尔旗十二连城乡城坡村古城）。开皇五年，置云州（治榆林关城）。同年，在云州城改建云州总管府（原称榆关总管府）。开皇二十年，云州总管府及云州迁治黄河东侧的大利城（今内蒙古和林格尔县土城子古城）。统2州——云州、胜州。云州（大业中定襄郡）领1县——大利县。胜州（大业中榆林郡）置于开皇二十年，领3县——榆林、富昌、金河。②

(七）丰州总管府

开皇五年，创置丰州（治九原县城）。仁寿元年，创置丰州总管府，治丰州城（今内蒙古自治区五原县南部），统1州——丰州（大业中五原郡）。丰州领3县——九原、永丰、安化。③

(八）夏州总管府

北周创置夏州总管府，治夏州城（今陕西靖边白城子古城）。隋朝因之，统3州——夏州、银州、盐州。夏州（大业中朔方郡）领3县——岩绿、宁朔、长泽。银州领4县——儒林、真乡、开光、银城。盐州领1县——五原。④

(九）灵州总管府

北周创置灵州总管府，治灵州城（今宁夏吴忠市利通区古城湾村西侧）。隋朝因之。统2州——灵州、环州。灵州（大业中灵武郡）领5县——

---

① 《隋书》卷三十《地理志中·雁门郡》，第852页。
② 《隋书》卷二十九《地理志上·榆林郡》，第813页；卷三十《地理志中·定襄郡》，第853页。
③ 《隋书》卷二十九《地理志上·五原郡》，第813页。
④ 《隋书》卷二十九《地理志上·朔方郡、雕阴郡、盐川郡》，第811—812页。

回乐、弘静、怀远、灵武、丰安。环州领1县——鸣沙。①

（十）原州总管府

北周创立原州总管府，治原州城（今宁夏固原市原州区）。隋朝因之，仅统1州——原州。原州（大业中平凉郡）领5县——平高、百泉、平凉、会宁、默亭。②

（十一）凉州总管府

北周创置凉州总管府，治凉州城（今甘肃武威市），统3州——凉州、甘州、瓜州。隋因之，统4州——凉州、甘州、肃州、瓜州。凉州（大业中武威郡）领4县——姑臧、昌松、番和、邑次（允吾）。甘州（旧称西凉州）领2县——永平（酒泉/张掖）、山丹（删丹）。肃州领1县——福禄。瓜州领3县——鸣沙（敦煌）、常乐、玉门。③

（十二）兰州总管府

开皇初年，创置兰州总管府，治兰州城（今甘肃兰州市），统6州——兰州、河州、渭州、纪（交）州、鄯州、廓州。兰州（大业中金城郡）领2县——金城、狄道。河州领4县——枹罕、龙支、大夏、水池。渭州领5县——襄武、陇西、渭源、障、长川。纪州领2县——安阳、乌水。鄯州领2县——湟水、化隆。廓州领2县——河津、达化。④

二、突厥属国地方政权

东突厥属国地方政权，以隋朝册封的启民可汗及其继承汗位者为藩属政权的首脑，透过托管的方式管治隋朝北疆局部区域。突厥藩属政权成立于开皇十九年。此年，隋文帝册封突厥的贵族成员染干为"意利珍豆启民可汗"。在隋朝的扶持下，启民可汗快速地于仁寿三年控制大漠南北地区。

---

① 《隋书》卷二十九《地理志上·灵武郡》，第813页。
② 《隋书》卷二十九《地理志上·平凉郡》，第812页。
③ 《隋书》卷二十九《地理志上·武威郡、张掖郡、敦煌郡》，第815—816页。
④ 《隋书》卷二十九《地理志上·金城郡、枹罕郡、陇西郡、西平郡、浇河郡》，第814—815页。

东、西突厥分立并存的边疆格局自此时公开形成。①

隋朝仁寿四年（604）北部边疆地带总管府建制单位简表

序号	名称	治所	州数	州名	置年	废年
1	营州总管府	营州	1	营	开皇三年	大业元年
2	玄州总管府	玄州	2	玄、平	开皇六年	大业元年
3	幽州总管府	幽州	7	幽、燕、瀛、蒲、景、檀、易	北周	大业元年
4	朔州总管府	朔州	1	朔	开皇元年	大业元年
5	代州总管府	代州	2	代、蔚	开皇五年	大业元年
6	云州总管府	云州	2	云、胜	开皇五年	大业元年
7	丰州总管府	丰州	1	丰	仁寿元年	大业元年
8	夏州总管府	夏州	3	夏、银、盐	北周	大业元年
9	原州总管府	原州	1	原	北周	大业元年
10	灵州总管府	灵州	2	灵、环	北周	大业元年
11	凉州总管府	凉州	4	凉、甘、肃、瓜	北周	大业元年
12	兰州总管府	兰州	6	兰、河、渭、纪（交）、鄯、廓	开皇元年	大业元年
13	东突厥属国	碛口	—	—	开皇十九年	大业十一年
合计	13	13	32	31	—	—

第四节　隋朝北疆的军事驻防体系与战守活动

　　隋朝在打击突厥诸部的南掠之后，开始着手部署北部边疆的驻防体系，以巩固北疆的秩序和稳定。在第三节论及总管府建制的兴废。总管府作为北周、隋两朝管理地方的高级军政机构，具有地方集权的特点，即军民兼管的特征，尤其是隋朝配置在北部边疆地带的总管府，成为各行政区域驻防事务的最高军事指挥机构。

　　隋朝配置在北疆地带的总管府建制单位大体有12个（参见第三节）。这些总管府辖区也可视为北疆地带高层驻防区。其次，在各总管府区内，隋朝

---

① 在中国史学界，传统观点认为：隋开皇三年是突厥分裂为东、西两部之年份。此说欠妥，因为突厥汗国虽然出现裂隙与冲突，尚未公开分裂。开皇三年至仁寿三年间，摄图、处罗侯、雍虞闾、玷厥依次登上突厥政权大可汗之位。在玷厥失去大可汗之权后，突厥再未出现大可汗。因此，仁寿三年是突厥分裂成东突厥、西突厥的确定年份。

依据地理形势的冲、缓而建设为数众多的军事驻防城堡——镇。再次，在各镇之下，还有小型的军事驻防据点——戍、城、关。从而在隋朝北疆地带形成三级驻防体系，即总管府—镇—戍、关、城。

依据隋朝的规定，边疆地带的驻防诸镇，置镇将、镇副将各一人。边疆地带的诸戍，置戍主、戍副主各一人。边疆地带的诸关，置关令、关丞。"其制，官属各立三等之差。"又曰："州，置总管者，列为上中下三等。总管刺史加使持节。"①总管之职，属于"流内视品十四等"，"上总管、行台尚书仆射，为视从二品。中总管、行台诸曹尚书，为视正三品。下总管，为视从三品"。②

一、十二个总管府的军事职责

依由东往西的顺序，北疆地带的总管府建制单位主要包括营州总管府、玄州总管府、幽州总管府、朔州总管府、云州总管府（榆关总管府）、代州总管府、丰州总管府、灵州总管府、原州总管府、夏州总管府、凉州总管府、兰州总管府。

（一）营州总管府

营州总管府是隋朝北疆地带最东端的高级驻防区。韦艺是隋朝首任营州总管，其时在开皇四年或五年。史载："[韦]艺，字世文，少受业国子。……高祖受禅……在职数年，迁营州总管。艺容貌瑰伟，每夷狄参谒，必整仪卫，盛服以见之，独坐满一榻。番人畏惧，莫敢仰视。而大治产业，与北夷贸易，家资钜万，颇为清论所讥。开皇十五年卒官，时年五十八。"③韦艺在营州总管任上卒于开皇十五年三月丁亥。接任其职者，当是其弟韦冲也。韦冲于开皇十五年夏四月丁未，以开府仪同三司出任营州[总管府]总管。史载："寻拜营州总管。冲容貌都雅，宽厚得众心。怀抚靺鞨、契丹，皆能致其死力。奚、霫畏惧，朝贡相续。高丽尝入寇，冲率兵击走之。"韦冲出任营州总管府总管，至仁寿中"征拜民部尚书"，历时十

---

① 《隋书》卷二十八《百官志下》，第784页。
② 《隋书》卷二十八《百官志下》，第789页。
③ 《隋书》卷四十七《韦世康传附韦艺传》，第1269页。

年之久。①所谓仁寿三年"［九月］甲子，以营州总管韦冲为民部尚书"即指此事也。②

（二）玄州总管府

处在燕山南北交通孔道上。

（三）幽州总管府

幽州总管府是隋朝北疆防务体系的重要环节。开皇元年二月，北周幽州总管府总管于翼升任隋朝的太尉之职。③史载："阴寿，字罗云，武威人也。……及高祖为丞相，引寿为掾。……寻以行军总管镇幽州，即拜幽州［总管府］总管，封赵国公。时有高宝宁者，齐氏之疏属也，为人桀黠，有筹算，在齐久镇黄龙。及齐灭，周武帝拜为营州刺史，甚得华夷之心。高祖为丞相，遂连结契丹、靺鞨举兵反。高祖以中原多故，未遑进讨，以书喻之而不得。开皇初，又引突厥攻围北平。至是，令［阴］寿率步骑数万，出卢龙塞以讨之。宝宁求救于突厥。时卫王爽等诸将数道北征，突厥不能援。宝宁弃城奔于碛北，黄龙诸县悉平。寿班师，留开府成道昂镇之。宝宁遣其子［高］僧伽率轻骑掠城下而去。寻引契丹、靺鞨之众来攻，道昂苦战连日乃退。寿患之，于是重［金］购宝宁，又遣人阴间其所亲任者赵世模、王威等。月余，世模率其众降，宝宁复走契丹，为其麾下赵修罗所杀。北边遂安。赐物千段。未几，卒官，赠司空。"④杨坚作为北周的丞相是在大象二年五月庚戌至大定元年春二月甲子（580—581）。高宝宁侵犯平州入长城事件发生在开皇二年五月己未，阴寿平定高宝宁于黄龙之战是在开皇三年夏四月庚辰，阴寿去世于开皇三年五月戊申。⑤

其后，李崇"开皇三年，除幽州总管。突厥犯塞，崇辄破之。奚、霫、契丹等慑其威略，争来归附。其后突厥大为寇掠，崇率步骑三千拒之，转战十余日，师人多死，遂保于砂城。突厥围之。城本荒废，不可守御，晓夕

---

① 《隋书》卷四十七《韦世康传附韦冲传》，第1270页。
② 《隋书》卷二《高祖帝纪下》，第52页。
③ 《隋书》卷一《高祖帝纪上》，第14页。
④ 《隋书》卷三十九《阴寿传》，第1148页。
⑤ 《隋书》卷一《高祖帝纪上》，第3—13页、第17页、第19页。

力战，又无所食，每夜出掠贼营，复得六畜，以继军粮。突厥畏之，厚为其备，每夜中结阵以待之。崇军苦饥，出辄遇敌，死亡略尽，迟明奔还城者，尚且百许人。然多伤重，不堪更战。突厥意欲降之，遣使谓崇曰：'若来降者，封为特勤。'崇知必不免，令其士卒曰：'崇丧师徒，罪当死，今日效命以谢国家。待看吾死，且可降贼，方便散走，努力还乡。若见至尊，道崇此意。'乃挺刃突贼，复杀二人。贼乱射之，卒于阵，年四十八"。①

在李崇之后，周摇于开皇三年秋七月辛丑继任幽州总管府总管。史载："周摇，字世安，其先与后魏同源，初为普乃氏，及居洛阳，改为周氏。……开皇初，突厥寇边，燕、蓟多被其患，前［幽州总管府］总管李崇为虏所杀。上思所以镇之［者］，临朝曰：'无以加周摇者。'拜为幽州［总管府］总管六州五十镇诸军事。［周］摇修障塞，谨斥候，边民以安。"至十一年三月癸未，"以幽州总管周摇为寿州总管"。②仁寿三年八月前，上柱国燕荣也出任过幽州总管。③

（四）朔州总管府

其驻防区位于云州总管府偏东之位置。据《隋书》载，吐万绪出任朔州总管至开皇五年冬十月壬辰。其后，源雄于开皇五年十一月甲子受任为朔州总管府总管，负责抗御突厥诸部南扰。史称："［开皇五年］十一月甲子，以上大将军源雄为朔州总管。"其一度转任怀州刺史，至七年八月丙午，复"以怀州刺史源雄为朔州总管"。源雄本传亦载："后数岁，转怀州刺史，寻迁朔州总管。突厥有来寇掠，雄辄捕斩之，深为北夷所惮。"源雄担任朔州总管直至开皇十一年离任，前后历时约七年。④十九年春正月，"以并州总管长史宇文㢸为朔州总管"，至同年冬十月离职。⑤

---

① 《隋书》卷三十七《李穆传附李崇传》，第1123页。
② 《隋书》卷五十五《周摇传》，第1376页；卷二《高祖帝纪下》，第36页。
③ 《隋书》卷二《高祖帝纪下》，第52页。
④ 《隋书》卷一《高祖帝纪上》，第23页、第25页；卷三十九《源雄传》，第1154—1155页。源雄于平陈之后"复镇朔州，二岁，上表乞骸骨，征还京师，卒于家，时年七十"。隋朝平陈在开皇九年，源雄两年后离职，总共任职约七年时间。
⑤ 《隋书》卷二《高祖帝纪下》，第44页。

（五）云州总管府

因地扼边疆交通冲要，亦以军事防御职能为重。史载：自开皇四年始，贺娄子干转任榆关总管府总管，主持阴山东段的驻防。《隋书》载："［开皇四年夏四月］丁巳，以上大将军贺娄子干为榆关［总管府］总管。"至同年"［冬十一月］癸亥，以榆关总管贺娄子干为云州总管。""高祖以子干晓习边事，授榆关总管十镇诸军事。岁余，拜云州刺史，甚为虏所惮。后数年，突厥雍虞闾遣使请降，并献羊马。诏以子干为行军总管，出西北道应接之。还拜云州［总管府］总管，以突厥所献马百匹、羊千口以赐之，乃下书曰：'自公守北门，风尘不警。突厥所献，还以赐公。'母忧去职。朝廷以榆关［乃］重镇，非子干不可，寻起视事。［开皇］十四年，以病卒官，时年六十。高祖伤惜者久之。"①继贺娄子干之任者，乃杜彦也。史载："岁余，云州总管贺娄子干卒，上悼惜者久之，因谓侍臣曰：'榆林［乃］国之重镇，安得子干之辈乎？'后数日，上曰：'吾思可以镇榆林者，莫过杜彦。'于是征拜云州［总管府］总管。突厥来寇，彦辄擒斩之，北夷畏惮，胡马不敢至塞。"开皇十八年征辽东回师后，"及还，拜朔州总管。突厥复寇云州，上令杨素击走之。是后犹恐为边患，以［杜］彦素为突厥所惮，［仁寿元年九月癸未］复拜云州［总管府］总管。未几，以疾征还，卒，时年六十"。②据《隋书·高祖帝纪下》载，杜彦出任朔州总管是在开皇十八年三月乙亥。仁寿元年九月癸未，杜彦二度出任云州总管。仁寿四年秋七月，在隋文帝临终之前，己亥，"以大将军段文振为云州总管"。七月丁未，隋文帝崩于仁寿宫大宝殿，享年六十四岁。③

（六）代州总管府

该驻防区控扼由山西高原往华北平原的交通咽喉。开皇十九年冬十月，

---

① 《隋书》卷一《高祖帝纪上》，第21—22页；卷五十三《贺娄子干传》，第1353页。高祖帝纪谓子干卒于开皇十三年秋七月壬子。与其本传所谓十四年有所不同。两者必有一误。
② 《隋书》卷五十五《杜彦传》，第1372页。
③ 《隋书》卷二《高祖帝纪下》，第52页。

"庚子,以朔州总管宇文弼为代州总管",任至二十年正月离职。①

(七)丰州总管府

扼守阴山山脉西段地带。鱼俱罗曾出任丰州总管府总管。《隋书》载:"鱼俱罗,冯翊〔郡〕下邽人也。……从晋王广平陈,以功拜开府……每战有功,加上开府、高唐县公,拜叠州总管。以母忧去职。还至扶风〔郡〕,会杨素率兵将出灵州道击突厥,路逢俱罗,大悦,遂奏与〔俱罗〕同行。及遇贼,俱罗与数骑奔击,瞋目大呼,所当皆披靡,出左入右,往返若飞。以功进位柱国,拜丰州〔总管府〕总管。初,突厥数入境为寇,俱罗辄擒斩之,自是,突厥畏惧屏迹,不敢畜牧于塞上。"②鱼俱罗担任丰府总管直至隋炀帝大业中,因其弟鱼赞犯罪而被解职。所谓:"初,炀帝在藩,俱罗弟赞,以左右从,累迁大都督。及帝嗣位,拜车骑将军。赞性凶暴,虐其部下……帝以赞藩邸之旧,不忍加诛,谓近臣曰:'弟既如此,兄亦可知。'因召俱罗,谴责之,出赞于狱,令自为计。赞至家,饮药而死。帝恐俱罗不自安,虑生边患,转为安州刺史。岁余,迁赵郡太守。"③鱼俱罗跟随杨素出灵州道讨伐突厥达头可汗部的时间是开皇十八年,其任丰州总管府总管就在同年稍后。据隋炀帝在位期间地方政区变动情况,鱼俱罗转任安州刺史当在大业二年,转任赵郡太守之时应在大业四年前后。因此,鱼俱罗出任丰州总管年限当在开皇十八年至大业二年(598—606),历时约九年。

(八)灵州总管府

其驻防区地处抗御突厥南掠的前沿。开皇初年,王世积出任灵州总管府总管,至开皇十年离任,元胄继任灵州〔总管府〕总管。《隋书》:"〔开皇十年六月〕癸亥,以灵州总管王世积为荆州总管、淅州刺史元胄为灵州总管。"史载:"后数载……时突厥屡为边患,朝廷以〔元〕胄素有威名,拜灵州总管,北夷甚惮焉。"④大约在开皇五年或六年,贺若谊被委任为灵州刺

---

① 《隋书》卷二《高祖帝纪下》,第44—45页。
② 《隋书》卷六十四《鱼俱罗传》,第1517页。
③ 《隋书》卷六十四《鱼俱罗传》,第1517页。
④ 《隋书》卷二《高祖帝纪下》,第35页;卷四十《元胄传》,第1177页。

史，即"时突厥屡为边患，朝廷以谊素有威名，拜灵州刺史，进位柱国。谊时年老，而筋力不衰，犹能重铠上马，甚为北夷所惮。数载，上表乞骸骨，优诏许之。……卒于家，时年七十七"。①十六年夏五月丁巳，以"蔡阳县公姚辩为灵州总管"。②

（九）原州总管府

扼守自北而南下关中平原的交通要道。开皇二年六月壬午，委任雍州牧、卫王杨爽为原州总管府总管。③二十年二月己巳，"以上柱国崔弘度为原州总管"。④仁寿元年二月辛巳，"以上柱国独孤楷为原州总管"，至仁寿二年秋七月离职为止。其后，庞晃出任原州总管，至仁寿三年春二月去世。⑤

（十）夏州总管府

夏州总管府是雄踞"河曲"地域的军事重镇。开皇四年六月乙巳，以上柱国豆卢勣为夏州总管府总管。⑥十一年三月癸未，以朔州总管吐万绪为夏州总管。⑦吐万绪应是接任豆卢勣之职。十二年八月丁酉，上柱国、夏州总管、楚国公豆卢勣卒。十六年夏五月丁巳，"以怀州刺史庞晃为夏州总管"。⑧其后，上柱国王景出任夏州总管，至十七年十二月他以罪伏诛为止。⑨

（十一）凉州总管府

位于隋朝北疆西段前沿。自隋开皇元年起，贺娄子干出任凉州总管府主官，河西地区的防务逐步得到完善。即"[隋]高祖虑边塞未安，即令子干镇凉州。明年（按：开皇二年），突厥寇兰州，子干率众拒之，至可洛峐山，与贼相遇。贼众甚盛，子干阻川为营，贼军不得水数日，人马甚敝，纵击，大破之。……其年（按：开皇三年）……高祖以陇西频被寇掠，甚患

---

① 《隋书》卷三十九《贺若谊传》，第1160页。
② 《隋书》卷二《高祖帝纪下》，第40页。
③ 《隋书》卷一《高祖帝纪上》，第17页。
④ 《隋书》卷二《高祖帝纪下》，第45页。
⑤ 《隋书》卷二《高祖帝纪下》，第46页、第47页、第49页。
⑥ 《隋书》卷一《高祖帝纪上》，第21页。
⑦ 《隋书》卷二《高祖帝纪下》，第36页。
⑧ 《隋书》卷二《高祖帝纪下》，第40页。
⑨ 《隋书》卷二《高祖帝纪下》，第44页。

之。彼俗不设村坞,救子干勒民为堡,营田积谷,以备不虞。子干上书曰:
'……伏愿圣虑,勿以为怀。今臣在此,观机而作,不得准诏行事。且陇西、河右,土旷民稀,边境未宁,不可广为田种。比见屯田之所,获少费多,虚役人功,卒逢践暴。屯田疏远者,请皆废省。但陇右之民以畜牧为事,若更屯聚,弥不获安。只可严谨斥候,岂容集人聚畜。请[于]要路之所,加其防守。但使镇戍连接,烽候相望,民虽散居,必谓无虑。'高祖从之"。①经过贺娄子干的经营,河西走廊地带的驻防体系得以建立,即"镇戍连接,烽候相望"。其后,乞伏慧"迁凉州总管。先是,突厥屡为寇抄,慧于是严警烽燧,远为斥候。虏亦素惮其名,竟不入境"。②开皇十七年五月甲戌,以左卫将军独孤罗为凉州总管。③

(十二)兰州总管府

实为凉府驻防区的纵深区域,控扼进入河西地域的咽喉节点。开皇二年六月戊子,隋朝任命上柱国叱李长叉为首任兰州总管府总管。三年三月己酉,以上柱国达奚长儒为兰州总管。④六年闰八月己酉,"以河州刺史段文振为兰州总管"。⑤

二、北疆诸镇及戍、关、城

早在开皇元年,筹划北疆防务就提上议事日程。梁睿就首先提出"镇守十策"的建议。《隋书》载:"[梁]睿时见突厥方强,恐为边患,复陈镇守之策十余事,上书奏之曰:'窃以戎狄作患,其来久矣。防遏之道,自古为难。所以周无上算,汉收下策,以其倏来忽往,云屯雾散,强则骋其犯塞,弱又不可尽除故也。今皇祚肇兴,宇内宁一,唯有突厥种类,尚为边梗。此臣所以废寝与食,寤寐思之。昔匈奴未平,去病辞宅;先零尚在,充国自劾。臣才非古烈,而志追昔士。谨件安置北边城镇烽候,及人马粮贮战

---

① 《隋书》卷五十三《贺娄子干传》,第1352页。
② 《隋书》卷五十五《乞伏慧传》,第1378页。
③ 《隋书》卷二《高祖帝纪下》,第42页。
④ 《隋书》卷一《高祖帝纪上》,第17页、第18页。
⑤ 《隋书》卷一《高祖帝纪上》,第24页。

守事意如别，谨并图上呈，伏惟裁览。'上嘉叹久之，答以厚意。"①史书虽然未能全载梁睿"镇守十策"之具体内容，但已足以反映出隋朝政府对北疆地带军事驻防据点之重视。遂在打退突厥诸部的联合南侵后，以北周时期北疆驻防城为基础，建置隋朝的"镇""戍"两级驻防体系。

（一）北疆诸镇

对于隋代镇级驻防设施，虽然难以做出完全而精准的镇数统计，镇名也难以尽知，但若干总管府防区的诸镇概况尚可举出。历史文献明确记载着特定总管府管内镇级驻防单位数量者包括：幽州总管府防区配置着50个镇级建制驻防单位；云州（榆关）总管府境存在10镇；夏州总管府境有6镇。②

关于隋朝北疆驻防军镇的具体个案记载较多。举例如下：《隋书》载，郭衍于"［开皇］五年，授瀛洲刺史，遇秋霖大水，其属县多漂没，民皆上高树、依大冢。衍亲备船筏，并赍粮拯救之，民多获济。衍先开仓赈恤，后始闻奏。上大善之，选授朔州［总管府］总管。所部有恒安镇，北接蕃境，常劳转运。衍乃选沃饶地，置屯田，岁剩粟万余石，民免转输之劳。又筑桑乾镇，皆称旨。十年，从晋王［杨］广出镇扬州"③。可见，郭衍在担任朔府总管的开皇六至十年间，既维持原有的恒安镇，同时添建桑乾镇，以增强朔府管区的防务。

开皇二年，"未几，诏［于］仲文率兵屯白狼塞以备胡。明年，拜行军元帅，统十二总管以击胡。出服远镇，遇虏，破之，斩首千余级，六畜巨万计。于是从金河［镇］出白道"④。引文提及白狼塞、服远镇、金河镇等驻防据点，皆分布在北部边疆地带。

（二）北疆诸戍、关、城

关于隋朝在北疆建置驻防城的记载亦较多。开皇三年三月，建造榆林关

---

① 《隋书》卷三十七《梁睿传》，第1127—1128页。
② 《隋书》卷五十五《周摇传》，第1376页；卷五十三《贺娄子干传》，第1353页；卷五十三《达奚长儒传》，第1351页。
③ 《隋书》卷六十一《郭衍传》，第1469页。
④ 《隋书》卷六十《于仲文传》，第1454页。

城。^①开皇五年，司农少卿崔仲方一次工役就督筑起几十座城堡。《隋书》载："令［崔仲方］发丁三万，于朔方、灵武筑长城，东至黄河，西拒绥州，南至勃出岭，绵亘七百里。明年，上复令仲方发丁十五万，于朔方已东缘边险要筑数十城，以遏胡寇。丁父艰去职。"^②崔仲方在夏州以东北的"缘边险要"，督筑起数十座驻军城堡，以加强区域防务。所筑长城、驻防城，分别属于灵州总管府和夏州总管府。在此需要特别指出：早在开皇三年，隋朝就撤销地方行政区划体系中的郡级建制。据此，《隋书·崔仲方传》所载地方政区名称十分不妥。朔方郡应改称"夏州"，灵武郡应改称"灵州"。如此，才符合历史实际。

大业四年，御史大夫张衡因规劝隋炀帝放弃扩建汾阳宫的计划而受到谴责，即"……帝谴［张］衡以宪司皆不能举正，出为榆林［郡］太守。明年，帝复幸汾阳宫，衡督役筑楼烦城，因而谒帝。帝恶衡不损瘦，以为不念咎，因谓衡曰：'公甚肥泽，宜且还郡。'衡复之榆林"。^③楼烦城，也是北疆驻防城之一。此楼烦城，当指楼烦关。^④

关于隋朝在北疆构建小型驻防城——"戍"的记载虽然不多，但很重要。开皇二年，史万岁就曾在敦煌某戍做戍卒。《隋书》载："尔朱勋以谋反伏诛，万岁颇相关涉，坐除名，配敦煌为戍卒。其戍主甚骁武，每单骑深入突厥中，掠取羊马，辄大克获。突厥无众寡，莫之敢当。其人深自矜负，数骂辱万岁。万岁患之，自言亦有武用。戍主试令驰射而工，戍主笑曰：'小人定可。'万岁请弓马，复掠突厥中，大得六畜而归。戍主始善之，每与［之］同行，辄入突厥数百里，名詟北夷。"^⑤由此可知，河西走廊四州地域皆置"戍"。

（三）《隋书》等史籍所载北疆部分镇城

在此，将见于《隋书》等史籍记载的隋朝北部边疆部分镇城缕述如下：

---

① 《隋书》卷三《高祖帝纪上》，第19页。
② 《隋书》卷六十《崔仲方传》，第1448页。
③ 《隋书》卷五十六《张衡传》，第1392页。
④ 《隋书》卷三《炀帝纪上》，第70页。
⑤ 《隋书》卷五十三《史万岁传》，第1354页。

1. 怀远镇

位于辽西郡东部、辽水下游河道西侧，是东渡辽水必经之要冲。在《隋书》中屡见记载。大业九年（613），第二次征高句丽的战争因后方杨玄感叛乱而撤军，"[隋炀]帝至柳城，以[薛]世雄为东北道大使，行燕郡太守，镇怀远[城]"。大业十年（614）秋七月癸丑，隋炀帝在第三次征辽东时"车驾次怀远镇"，在此接受"高丽遣使请降，囚送斛斯政。上大悦"。遂乘机收兵，班师回朝，即"八月己巳，班师。……冬十月丁卯，上至东都。己丑，还京师"。第三次征伐高丽的军事行动结束。①

2. 泸河镇

位于辽西郡东部、辽水下游河道西侧，也是东渡辽水必经镇城之一。《隋书》载，在第一次征高丽的军事行动期间，杨雄进军至泸河镇病逝，即"辽东之役，[杨雄]检校左翊卫大将军，出辽东道。次泸河镇，遘疾而薨，时年七十一"。②显然，泸河镇是自辽西郡城东行必经之地。

3. 白狼塞

盖因白狼水（今辽宁省大凌河）得名，位于辽西郡北境，约当今辽宁省朝阳市北部大凌河流域。开皇二年，隋文帝"未几，诏[于]仲文率兵屯白狼塞，以备胡"。③

4. 服远镇

位于辽西郡北境，约当今辽宁省朝阳市北部。隋开皇三年，隋文帝遣于仲文出服远镇，征讨突厥部落，即"拜[于仲文]行军元帅，统十二总管以击胡。出服远镇，遇虏，破之，斩首千余级，六畜巨万计"。④

5. 临渝镇城

即临渝关城，位于平州北平郡卢龙县东部渝水西岸，即今河北省抚宁区东部的渝关镇。开皇初，突厥沙钵略可汗联合高宝宁攻陷临渝镇，即此城。

---

① 《隋书》卷六十五《薛世雄传》，第1534页；卷四《炀帝纪下》，第87—88页。
② 《隋书》卷四十三《观德王雄传》，第1217页。
③ 《隋书》卷六十《于仲文传》，第1454页。
④ 《隋书》卷六十《于仲文传》，第1454页。

在城内置"有关官",其北方"有长城"。隋炀帝征辽东时,曾于此建置临渝宫。大业十年三月壬子,隋炀帝在第三次征辽东时途经涿郡,于癸亥日东抵临渝宫,"亲御戎服,祃祭黄帝,斩叛军者以衅鼓"。①

6. 望海镇

位于平州北平郡卢龙县南部。大业七年,在第一次征辽东期间,隋炀帝曾经抵达望海镇,设坛祭祀黄帝。即"是岁也,〔隋炀帝〕行幸望海镇,于秃黎山为坛,祀黄帝,行祃祭"。②

7. 度斤旧镇

又名"旧镇",自然并非隋朝所建,但仍旧使用。其具体地望尚不明确,当在今内蒙古大青山以北的北魏长城一带。史载:"〔开皇〕十七年,染干遣五百骑随〔长孙〕晟来逆女,以宗女封安义公主以妻之。晟说染干率众南徙,居度斤旧镇。雍〔虞〕闾疾之,亟来抄略。染干伺知动静,辄遣〔使〕奏闻,是以贼来每先有备。"③

8. 紫河镇

其名称盖因附近的天然河流——紫河(今内蒙古清水河县境内的浑河,其上游称苍头河)。其位置当在今内蒙古清水河县北缘。据《隋书》载,开皇七年,归降隋朝的突厥沙钵略可汗狩猎于"恒、代之间","沙钵略一日手杀〔野〕鹿十八头,赍尾舌以献。还至紫河镇,其牙帐为火所烧,沙钵略恶之,月余而卒"。④

9. 伏远镇

其地望当在今内蒙古托克托县北境大青山区。史载:开皇十九年,"雍〔虞〕闾大惧,复共达头同盟,合力掩袭染干,大战于长城下。染干败绩,杀其兄弟子侄,而部落散亡。染干与晟独以五骑逼夜南走,至旦,行百余里,收得数百骑。乃相与谋曰……〔长孙〕晟知其携贰,乃密遣从者入伏远

---

① 《隋书》卷八十四《突厥传》,第1865页;卷三十《地理志中·北平郡》,第858页;卷四《炀帝纪下》,第87页。
② 《隋书》卷八《志第三·礼仪三》,第162页。
③ 《隋书》卷五十一《长孙晟传》,第1333页。
④ 《隋书》卷八十四《突厥传》,第1870页。

镇,令速举烽。染干见四烽俱发,问晟曰:'城上燃烽何也?'"①染干与长孙晟连夜南逃一百余里,抵达伏远镇城附近,以此距离推算,伏远镇当在今大青山山区或南侧。

10. 大利城

始筑于开皇十九年夏六月,位于朔州总管府北部(今内蒙古和林格尔县北部土城子古城)。其建筑情况见于史载:"上于朔州筑大利城以居之。""[长孙晟]寻遣领五万人,于朔州筑大利城以处染干。安义公主死,[晟]持节送义城公主,复以妻之。" 可见,大利城的建造时间、地理位置是十分清楚的。②

11. 万寿戍

位于云州总管府(故址即今内蒙古和林格尔县北部土城子古城)北境,大略在今内蒙古呼和浩特市北郊地带。大业四年夏四月乙卯,隋炀帝诏曰:"突厥意利珍豆启民可汗率领部落,保附关塞,遵奉朝化,思改戎俗,频入谒觐,屡有陈请。以毡墙毳幕,事穷荒陋,上栋下宇,愿同比屋。诚心恳切,朕之所重。宜于万寿戍置城造屋,其帷帐床褥已上,随事量给,务从优厚,称朕意焉。"③

12. 桑乾镇

当因处在桑干河流域北部而得名,位于朔州总管府东(今山西省阳高县北部南洋河发源地),大约始建于开皇七年。《隋书》载:开皇七年,郭衍"又筑桑乾镇,皆称旨"。大业十三年二月己丑,马邑郡校尉刘武周"举兵作乱","壬寅,刘武周破武贲郎将王智辩于桑乾镇,智辩死之"。④

13. 恒安镇

即北魏旧都平城,北朝至隋朝是防御北方游牧部落南下的重镇,位于朔州总管府治城东北,即今山西省大同市。大约在开皇六年,郭衍被隋文帝

---

① 《隋书》卷五十一《长孙晟传》,第1333页。
② 《隋书》卷八十四《突厥传》,第1873页;卷五十一《长孙晟传》,第1334页。
③ 《隋书》卷三《炀帝纪上》,第71页。
④ 《隋书》卷六十一《郭衍传》,第1469页;卷四《炀帝纪下》,第92页。

"选授朔州［总管府］总管。所部有恒安镇，北接蕃境，常劳转运。衍乃选沃饶地，置屯田，岁剩粟万余石，民免转输之劳"。①仁寿元年，代州总管府总管韩洪率军抗击突厥达头可汗犯塞，韩洪率部"遇虏于恒安［镇］，众寡不敌，洪四面搏战，身被重创，将士沮气。虏悉众围之，矢下如雨。……洪率所领溃围而出，死者大半，杀虏亦倍。［韩］洪及［大将军李］药王除名为民，［蔚州刺史刘］隆竟坐死。炀帝北巡，至恒安，见白骨被野，以问侍臣"。②

14. 楼烦关

其位置在今山西省宁武县恢河发源地，略当今恒山西端的阳方口。此关扼守由陉北进入句注山南地区的重要通道，战略地位相当重要。楼烦关在大业四年曾被大规模重建。据《隋书》载：大业四年，"［隋炀］帝幸汾阳宫"期间，张衡忤旨反对扩建汾阳宫，"帝谴衡以宪司皆不能举正，出为榆林［郡］太守。明年（按：大业五年），帝复幸汾阳宫，衡督役筑楼烦城，因而谒帝。帝恶衡不损瘦，以为不念咎，因谓衡曰：'公甚肥泽，宜且还郡。'衡复之榆林［郡］"。③

15. 大同城

位于丰州五原郡东部，即今内蒙古乌拉特前旗乌梁素海东南侧。这是隋朝北疆中段区域抵御突厥南犯的重要军事据点。《隋书》载："［开皇］十九年，染干因［长孙］晟奏，雍［虞］闾作攻具，欲打大同城。"④即指此城也。

16. 永丰镇

俗称"贺葛［真］城"。位于丰州五原郡治城西116里处。北周武帝保定三年，在此创置永丰镇。隋开皇五年，废永丰镇，改置永丰县。唐武德六年（623）省废，永徽元年（650）复置。其作为北部边疆诸多军事据点之

---

① 《隋书》卷六十一《郭衍传》，第1469页。
② 《隋书》卷五十二《韩擒虎传附韩洪传》，第1343页。
③ 《隋书》卷五十六《张衡传》，第1392页。
④ 《隋书》卷五十一《长孙晟传》，第1333页。

一,始终存在。①

17. 丰安镇

位于丰州五原郡治城东南40里处。开皇六年,在此创置丰安镇。唐麟德元年(664),改为丰安县。天宝末年,废县。其作为北部边疆诸多军事据点之一,隋、唐两朝都曾利用过。②

18. 榆林关(榆关)城

开皇三年三月,初建榆林关城。关城坐落在黄河大转弯的凸岸上,北、东两面下临滔滔大河,地势优越,易守难攻。其故址即今内蒙古准格尔旗十二连城乡城坡村古城址。③

19. 德静镇

位于夏州朔方郡治城(今陕西省靖边县白城村古城址)东北80里处。北周武帝在此创置弥浑戍,因南临弥浑水而得名。至隋代,改称德静镇,"寻废镇为[德静]县"。德静县建制延续至唐代犹存。④

20. 什贲城

即汉代朔方郡朔方县城,北朝时改称"什贲城"。史称,什贲城"自汉至今,常为关中根本。什贲之号,盖蕃语也"。此城是北周至隋抗御突厥南下的重要军事据点。北周保定三年,杨忠率军伐北齐期间,经过什贲城。即"[保定]三年,乃以[杨]忠为元帅,大将军杨纂、李穆、王杰、尔朱敏及开府元寿、田弘、慕容延等十余人皆隶焉。……[杨]忠乃留[尔朱]敏据什贲[城],游兵[于]河上"。⑤

21. 连谷镇

亦称连谷戍,西魏创置。大业三年六月辛巳,隋炀帝在北巡中途曾大猎

---

① 〔唐〕李吉甫撰,贺次君点校:《元和郡县图志》卷四《关内道四·丰州》,中华书局,1983年,第112—113页。
② 《元和郡县图志》卷四《关内道四·丰州》,第113页。
③ 《隋书》卷一《高祖帝纪上》,第19页。
④ 《元和郡县图志》卷四《关内道四·夏州》,第101页。
⑤ 《元和郡县图志》卷四《关内道四·夏州》,第101页。《周书》卷十九《杨忠传》,第318页。

于连谷镇附近区域。① 大业十三年，废戍。唐初在此置连谷县。②

22. 银城关

亦称"石城"，位于今陕西省神木市高家堡镇东侧的石峁村古城遗址。十六国时期，创筑此城。西魏在此置石城县。隋朝作为控制交通线的关塞。③

三、配置在北疆地带的长城与烽堠工程体系

隋朝建立伊始，就拉开了构筑长城的序幕。自开皇元年起，修缮、重建或新建北疆地带军事防御设施——长城与烽堠的工作就已启动，尤其是开皇二年突厥骑兵连续南犯，成为构筑长城、城堡和烽堠的重要驱动力。当年四月，突厥骑兵进至鸡头山与河北山；五月，突厥与高宝宁联军南犯平州；六月，突厥南犯至马邑城附近。隋朝长城大多是维修北魏、北齐长城而就，唯有三段是新建工程。其后，隋朝策划的筑城工役持续至开皇十年后才停止。构筑长城防御工程体系，旨在有效阻挡突厥骑兵的南下扰掠。

（一）长城与烽堠工程的建造

长城防御工程体系包括长城、城堡、关隘、烽堠、仓储和交通设施等要素，相辅相成，与长城防御组织体系相互配合。隋朝构筑这一防御工程体系历经数年之久。

开皇元年四月，"是月，发稽胡修筑长城，二旬而罢"。④

《隋书》载："[卫玄] 及高祖受禅，迁淮州总管，进封同轨郡公，坐事免。未几，拜岚州刺史。会起长城之役，诏玄监督之。俄检校朔州总管事。后为卫尉少卿。"卫玄在岚州刺史任期内曾督筑北方地带的长城，并因此升职为"检校朔州总管事"。⑤

《隋书》载：王韶，"高祖受禅，进爵项城郡公，邑二千户。……晋王

---

① 《隋书》卷三《炀帝纪上》，第69页。
② 《元和郡县图志》卷四《关内道四·麟州》，第109页。
③ 《元和郡县图志》卷四《关内道四·麟州》，第109页。
④ 《隋书》卷一《高祖帝纪上》，第15页。
⑤ 《隋书》卷六十三《卫玄传》，第1501页。

广之镇并州也,除行台右仆射,赐彩五百匹……韶尝奉使检行长城,其后王穿池,起三山。韶既还,自锁而谏,王谢而罢之"。①开皇元年二月丁丑,"以晋王[杨]广为并州总管"。杨广其年仅十三岁。开皇二年春正月"辛酉,置河北道行台尚书省于并州[城],以晋王[杨]广为尚书令"。杨广是年仅十四岁。据此,王韶"奉使检行长城"之行当在开皇二年。直至八年冬十月,杨广转任淮南道行台尚书省之尚书令为止(炀帝纪则作"六年")。②

开皇六年二月"丁亥,发丁男十一万修筑长城,二旬而罢"。③

开皇七年二月,"是月,发丁男十万余修筑长城,二旬而罢"。④

其后,还展开岚州北境的北朝长城修复工役。

"[韦]洸,字世穆,性刚毅,有器干,少便弓马。……时突厥寇边,皇太子屯咸阳,令洸统兵出原州道,与虏相遇,击破之。"又见开皇二年"十月癸酉,皇太子[杨]勇屯兵咸阳,以备胡"。⑤

开皇十五年"二月丙辰,收天下兵器,敢有私造者,坐之。关中缘边,不在其例"。⑥

开皇十五年"十二月戊子,敕盗边粮一升已上[者]皆斩,并藉没其家"。⑦

(二)长城与烽堠的地理分布

史称:"高祖新立,由是大惧,修筑长城,发兵屯北境,命阴寿镇幽州、虞庆则镇并州,屯兵数万人以为之备。"从此拉开频繁构筑长城的序幕。其分布地域限于北部边疆地带。

1. 开皇元年至三年(581—583)修缮北齐长城

公元581—582年,隋朝征发岚州(治今山西岚县岚城镇)、南汾州(治今山西吉县县城)、石州(治今山西吕梁市离石区)和朔州(治今山西朔州

---

① 《隋书》卷六十二《王韶传》,第1473—1474页。
② 《隋书》卷一《高祖帝纪上》,第14页、第16页;卷二《高祖帝纪下》第31页;卷三《炀帝纪上》,第60页。
③ 《隋书》卷一《高祖帝纪上》,第23页。
④ 《隋书》卷一《高祖帝纪上》,第25页。
⑤ 《隋书》卷四十七《韦世康传附韦洸传》,第1267页;卷一《高祖帝纪上》,第18页。
⑥ 《隋书》卷二《高祖帝纪下》,第39页。
⑦ 《隋书》卷二《高祖帝纪下》,第40页。

市朔城区）的稽胡人，修缮北齐外线长城，即总秦戍至海的长城。稽胡，或称山胡，是五胡十六国至北朝时期因各民族融合而形成的人口群体，散居在今山西省吕梁山以西、黄河以东地区。这项工程的主管者是岚州刺史卫玄。《隋书·卫玄传》载："及高祖受禅，……未几，拜岚州刺史，会起长城之役，诏玄监督之。俄检校朔州总管事。"①

至开皇二年，长城工役仍在进展中。《隋书·韦冲传》云："高祖践阼，征为兼散骑常侍，进位开府，赐爵安固县侯。岁余，发南汾州胡千余人北筑长城，在途皆亡。上呼冲问计，冲曰：'夷狄之性，易为反复，皆由牧宰不称之所致也。臣请以理绥静，可不劳兵而定。'上然之，因命冲绥怀叛者。月余皆至，并赴长城。上下书劳勉之，寻拜石州刺史，甚得诸胡欢心。"上述史实表明：这次所筑是穿过朔州北境的高齐外线长城，而民工来自今山西省吕梁山以西的稽胡人。②隋朝廷为确保工程质量，又派遣使者巡查长城工地。如开皇二年，晋王杨广出镇并州，开设河北道行台尚书省，不久，行台省右仆射王韶"奉使检行长城"。③

公元583年，幽州总管周摇赴任后，着手加强幽州、平州（治今河北卢龙）地区的防务，补修北齐、北周长城。《隋书·周摇传》云："开皇初，突厥寇边，燕、蓟多被其患，前总管李崇为虏所杀。上思所以镇之……拜为幽州总管、六州五十镇诸军事。摇修鄣塞，谨斥候，边民以安。"④周摇所修者，即燕州（治今河北涿鹿县西南）、幽州（治今北京西南隅）、檀州（治今北京密云东北）、玄州（治今天津蓟州区）和平州北境的齐周旧长城，西起今河北省万全县与张北县之间、东迄今山海关东五公里姜女坟礁石附近海滨。⑤是时，这道长城以北的营州地区（治今辽宁朝阳市）仍在北齐残部高宝宁控制中。不久，驻守幽州的行军总管阴寿，指挥数万步骑出卢龙

---

① 《隋书》卷六十三《卫玄传》，第1501页。
② 《隋书》卷四十七《韦世康传附韦冲传》，第1269—1270页。
③ 《隋书》卷六十二《王韶传》，第1473—1474页。
④ 《隋书》卷五十五《周摇传》，第1376页。
⑤ 艾冲：《北朝诸国长城新考》，见《长城国际学术研讨会论文集》，吉林人民出版社，1995年，第134—142页。

塞（今喜峰口），扫灭高宝宁，"黄龙诸县悉平"，从而控制了营州一带，但突厥之患依然存在。

2. 开皇五年至七年（585—587）营筑新长城

开皇中，隋朝新建的长城有下列三段。

（1）灵州至夏州的长城

公元585年，司农少卿崔仲方督筑灵州总管府、夏州总管府防区的长城。《隋书》称崔仲方"寻转司农少卿，进爵安固县公。令发丁三万，于朔方、灵武筑长城，东至黄河，西拒绥州，南至勃出岭，绵亘七百里"。① 必须指出的是，这段叙述有两点失误：其一是政区地名表述的不正确，因为开皇中并无朔方、灵武这样的行政区名称。开皇三年，隋文帝废除郡级政区，地方行政区划只有州、县两级。及至隋炀帝继位方改州为郡，夏州改称朔方郡、灵州改称灵武郡。前述"朔方、灵武"的出现是史官的疏忽所致。其二是地理方位的不正确，"东至黄河、西拒绥州"欠妥，应改为：西至黄河、东拒绥州，才跟灵州、夏州的方向相符合。这也是史官的失误。崔仲方督筑的长城，延亘于灵州（治今宁夏灵武市西南）、盐州（治今陕西定边县砖井堡）、夏州（治今陕西靖边县白城子），以及绥州（治今陕西绥德县）西境。勃出岭，大约在绥州西境上，相当今靖边县南部芦河与大理河的分水岭。大体说来，这段长城西北起自今宁夏灵武北面的黄河右岸，向东伸入今盐池县北部，其在盐池县境的遗迹至明代曾加利用，即今盐池北境"二道边"；伸入今陕西定边县境，历经今敬池东畔、周窑子、吴家高房子、草滩墩、蔡马场和瓦碴梁等地，再经吴起县北部抵达靖边县南部的白于山上。②

（2）夏州至榆关的长城

公元586年，崔仲方接着督筑夏州以东的长城。就其本传看，"明年（按：开皇六年），上复令［崔］仲方发丁十五万，于朔方已东缘边险要筑数十城，以遏胡寇"。似乎未筑长城。但《隋书·高祖纪上》载："是月

---

① 《隋书》卷六十《崔仲方传》，第1448页。
② 艾冲：《明代陕西四镇长城》，陕西师范大学出版社，1990年，第24页、第39页。

（开皇六年二月），发丁男十万余修筑长城，二旬而罢。"①两处记载都在同年同月，且征调民夫数量极其接近，必是同一项工程无疑。况且，投入十几万劳动力的工程，绝非仅筑数十城堡而已，而是绵延不断的高大长城。这段长城当在夏州境内连接着先年的工程，伸向东北穿过银州（治今榆林市鱼河堡附近）北境，抵达云州总管府界内。长城终端是黄河西岸的榆关。榆关，建于开皇三年。建关的同时，设立阳寿县（开皇十八年改称金河县），又在关城开设榆关总管府，至开皇五年改称云州总管府。直到开皇二十年，云州总管自榆关迁往大利城，而榆关改归新设的胜州管辖。榆关附近恰是战国时期秦北长城的终止处。②我们据此断定，开皇六年所筑长城系沿袭战国秦长城故基，历经今陕西省横山、榆阳、神木诸县区和内蒙古自治区准格尔旗等地，伸达云州总管府驻地榆关——今城坡村古城。

榆关，是隋王朝北方的军事重镇。它北连白道、南通夏绥诸州，是南北交通要冲、直趋内地之咽喉。隋文帝极度重视榆关的防务，称之为隋朝的"北门"。开皇四年四月，特派五十岁的上大将军贺娄子干出任榆关总管、十镇诸军事（后称云州总管）。贺娄子干晓习边事：镇守榆关，威名远扬。随后，老将军杜彦接任云州总管，亦是战功卓著，"突厥来寇，彦辄擒斩之。北夷畏惮，胡马不敢至塞"。③可见，榆关作为"国之重镇"，一直由久经沙场的勇将镇守，也表明开皇六年长城必定伸达榆关。有的著述将榆关视作临渝关、渝关，以今山海关当之，实在是一种误解。

（3）丰州至云州的长城

公元587年春天，隋朝又"发丁男十万余修筑长城。二旬而罢"。④关于长城的具体位置，史书失载，实际上位于当时丰州与云州的北境。丰州，治所在今内蒙古自治区五原县南、黄河北岸，设于开皇五年。云州，已见上文，先治榆关后迁大利城。丰州在军事上起初受云州总管节制，直到仁寿元

---

① 《隋书》卷六十《崔仲方传》，第1448页；卷一《高祖帝纪上》，第25页。
② 史念海：《鄂尔多斯高原东部战国时期秦长城遗迹探索记》，见《中国长城遗迹调查报告集》，文物出版社，1981年，第68—75页。
③ 《隋书》卷五十三《贺娄子干传》，第1353页；卷五十五《杜彦传》，第1372页。
④ 《隋书》卷一《高祖帝纪上》，第25页。

年(即公元601年)增设丰州总管府为止。两州北境是横亘于黄河以北的阴山山脉。因此这次工役应是重建阴山一带的故秦汉长城，而且工役"二旬而罢"，若无旧有基础可资利用，绝不会如此之快。这有一些间接的证据。①开皇十三至十七年，杜彦出任云州总管，"突厥来寇，彦辄擒斩之。北夷畏惮，胡马不敢至塞"。①塞，指云州北境阴山一线的秦汉长城，当时已修缮利用。②开皇十九年，云州总管段文振大破突厥达头可汗于沃野旧镇。沃野旧镇位于今乌拉特前旗乌梁素海东北，属云州辖区北境，正当故秦汉长城经行地。②③开皇十九年，突厥叶护可汗雍虞闾与达头可汗"合力掩袭染干，大战于长城之下。染干败绩……染干与(长孙)晟独以五骑逼夜南走，至旦，行百余里。……晟知其怀贰，乃密遣从者入伏远镇，令速举烽"。③伏远镇，云州境内的军事据点，位于今土默特左旗境。其北100余里处正是秦汉长城所在的今武川、固阳两县之地，可知"大战于长城之下"的长城，只能是重建后的秦汉长城。开皇初年，大将于仲文率军击突厥，经伏远镇，循金河(今大黑河)而上，出白道。④亦证明伏远镇位于今大青山南面的土默特左旗境，开皇七年利用秦汉长城旧基重建的长城则在大青山北，相距100余里。④染干南来后，被隋廷册封为"意利珍豆启民可汗"，居于朔州北境的大利城。不久，长孙晟奏称："染干部落归者既众，虽在长城之内，犹被雍闾抄略，往来辛苦，不得宁居。请徙五原，以河为固"。⑤大利城位于隋初修缮的北齐外线长城以外，故所谓"长城之内"的长城自然在大利城北方，无疑是指重建起来的故秦汉长城。⑤仁寿元年，鱼俱罗出任丰州总管。"初，突厥数入境为寇，俱罗辄擒斩之。自是突厥畏惧屏迹，不敢畜牧于塞上。"⑥塞上即塞外，近长城之地。丰州北境的"塞"，即指今乌加河以北、狼山与阴山上的长城。依据考察，建于开皇七年的长城，实际是重建阴

---

① 《隋书》卷五十五《杜彦传》，第1372页。
② 《隋书》卷六十《段文振传》，第1458页。
③ 《隋书》卷五十一《长孙晟传》，第1333页。
④ 《隋书》卷六十《于仲文传》，第1454页。
⑤ 《隋书》卷八十四《突厥传》，第1872—1873页；卷五十一《长孙晟传》，第1334页。
⑥ 《隋书》卷六十四《鱼俱罗传》，第1517页。

山山区的故秦汉长城而已。它西起自今乌拉特后旗南部的狼山、东达今卓资县与集宁区之间的山岭。

隋长城东起碣石（今山海关东五公里姜女坟礁石附近海岸），历经卢龙塞（今喜峰口）、库推戍（今古北口）、紫河（今内蒙古兴和县西部东洋河上游），再分为两条支线：北线长城由紫河循阴山、西达丰州（五原郡）西境的榆谷（今内蒙古乌拉特后旗南面狼山西段某山谷），南线长城历达速岭（今内蒙古凉城县南境）、总秦戍（今内蒙古清水河县西境）、榆关、勃出岭（今陕西靖边县南部白于山），西达灵州北境的黄河东岸。隋朝在长城沿线先后开置八大军镇，即玄州、幽州、代州、朔州、云州、丰州、夏州和灵州八个总管府，分地设防，以阻突厥。

第五节　隋朝北疆地带交通道路的开辟及管护

为有效治理北部边疆，修整交通道路成为改进基础设施必不可少的环节。隋朝在恢复北疆的社会秩序后，出于日常管理、行军北伐和皇帝出巡的需要，对北疆地带的道路进行了整治，通过拓宽、加固路面，建造桥梁等举措使北部边疆的交通状况得到大的改善。

隋朝北疆地带的道路是由中原地区进入北疆的交通干线，也是联结北疆各个军政城镇的主要交通网络。隋朝在这些交通干道沿线建置驿馆，委任驿吏、驿卒，配置驿马、驿车，并在交通要害之处置立津渡、关隘，以控制交通秩序。因而在边疆治理中，驿道、驿馆发挥着重要的基础作用。

一、自内地通往北疆的六条干道

在此依照由东往西的顺序，略述维系内地与北疆间交通的六条干道如下：

（一）自幽州城北上的交通线

此道起于东都洛阳城，循太行山东麓北上，历经诸州而抵达幽州总管府驻地——幽州城。由此往北穿越燕山山脉的库推戍，至契丹、库莫奚所在的潢水（今西辽河）流域，再继续北行，可抵霫、室韦等族游牧的草原区域

（今大兴安岭山脉西侧的黑龙江上游草原）。还有一道，由幽州城东行经由玄州、平州，往北穿越燕山山区的卢龙口、海滨（今辽西走廊），抵达营州总管府驻地——营州城（今辽宁朝阳市），再东抵辽水西岸。东去高句丽，东北往靺鞨地区。

（二）自并州城北上的交通线

自京师大兴城（即长安城）东行，渡渭水，经东雍州（今陕西大荔），渡黄河至蒲州城（今山西永济蒲州镇），循汾水河谷北行，抵达并州城（今山西太原市西南）。继续北行，经由代州楼烦关、雁门关穿越恒山山脉，过朔州城，北经云州城，循白道穿越阴山山脉（今大青山山脉），前往碛南草原；再经由碛口（今内蒙古二连浩特市西南）穿过大碛，前往突厥可汗牙帐所在地——于都斤山（郁督军山、乌德鞬山，今蒙古国杭爱山）东侧。

（三）自银州北上的交通线

自延州城东北行的道路，首先行经绥州城（今陕西绥德县城），循奢延水北经银州城（今陕西横山党岔古城），再转趋东北，经由连谷戍（今陕西神木北部黄羊古城）而至胜州城（今内蒙古准格尔旗十二连城古城）。再经由榆林关（今内蒙古准格尔旗城坡村古城），渡过黄河，循白道穿越阴山，北上碛南草原。

（四）自夏州北上的交通线

此道起于京师大兴城，往北渡过渭水，历经鄜州城、延州城，循延水北上，翻越今白于山而抵达夏州总管府驻地——夏州城。再继续北行至什贲城（汉代朔方县故城），北行渡黄河南河，溯黄河北河而上，抵旧沃野镇城。向北穿越大阴山（今狼山山脉乌不浪山口）赴碛南草原，经由鹈鹕泉而北越大碛，前往突厥可汗牙帐所在地——于都斤山下。

（五）经灵州城北上的交通线

此道先自京师大兴城溯泾河西北行，经由宁州、庆州北抵灵州总管府驻地——灵州城，或由宁州历经泾州（今甘肃泾川）、原州（今宁夏固原市），北抵灵州城。由灵州城循黄河西岸北行，抵达丰州总管府驻地——丰州城，继续北行穿越阴山高阙（今狼山石兰计山口），赴碛南草原。经由鹈鹈泉而北越大碛，前往突厥可汗牙帐所在地——于都斤山下。或从灵州城西行，穿过贺兰山，亦可北行。

（六）经肃州北上的交通线

这条通往北疆西段的交通线起于京师，西行经历岐州、秦州、兰州诸城，渡过黄河，进入河西走廊，历经凉州、甘州、肃州诸城，转而向北，循弱水（今额济纳河）而下，至居延泽绿洲，继续北行，经由涿邪山（今蒙古国西南部），前往碛北的突厥可汗牙帐所在地——于都斤山下。或由涿邪山西北行，前往坚昆诸部（黠戛斯诸部）游牧的青山（今蒙古国西北境唐努山脉）、剑水（今叶尼塞河上游）地区。

二、北疆地带诸城镇间的交通线

隋朝在北疆地带自然地理条件允许的地方，建立地方行政管理体系，从而形成总管府、州、县三级行政中心城镇群体，以及配置军事戍守体系而形成的军事城镇群体。这些城镇之间必然发生人员往来、信息传递、物资转运的沟通关系，从而形成固定的陆路交通线。

（一）营州总管府管区城镇交通线

营州总管府的城镇道路分布在潢水之南地区。以营州城为中心，辐射至管区各个镇、戍，东至怀远镇、西至卢龙口。

（二）幽州总管府管区城镇交通线

长城南侧的交通道路，以幽州城为交通中心。据隋炀帝北巡涿郡（幽州）的路径可知，自幽州城出发，经由玄州城、临渝关城（临渝镇）、平州，东至渤海之滨（今河北秦皇岛市）。自幽州城北去，可至檀州城，再往诸镇、城、关、戍等驻防点。幽州城西去，可至燕州城，然后联系各镇、城、关、戍。

（三）朔州总管府管区城镇交通线

朔州总管府管区北部阴山区域的驻防城镇数量较多，其间交通道路就显得更为重要。其陆路交通线东至桑乾镇、西至伏远镇。

（四）云州总管府管区城镇交通线

云州总管府管区跨越黄河东西与南北。城镇交通路线分布在州城、县城和军事城镇之间，主要分布在云州、胜州北部阴山南麓及山区。

（五）丰州总管府管区城镇交通线

丰州总管府管区位于今内蒙古中部后套平原及北侧狼山山区。其城镇交通是指州城与县城、驻防城镇间的道路。

（六）灵州总管府管区城镇交通线

灵州总管府管区相当于今宁夏平原及其周边的内蒙古局部区域。州城与县城、驻防城镇间的道路基本呈现南北纵向配置。

（七）凉州总管府管区城镇交通线

灵州总管府管区分布在河西走廊地域和内蒙古阿拉善高原局部。其府城与州城、县城、驻防城镇间的道路大体呈东西方向分布。

第六节　隋文帝朝北疆民族关系的调节与管理

隋文帝在经略北疆的过程中，十分重视从政治、经济、文化等层面笼络边疆民族的重要人物，并加强与各族各部的交往交流，增强民族间的和谐关系。自开皇元年起，隋朝一方面实施"远交近攻、离强合弱"的战略决策，一方面不断改善与突厥诸部、汉族与北疆民族间的关系。这些充分表现在隋朝与北疆诸族间的使者往来、招纳降附、政治安抚、册爵授职、救灾济困、军事震慑、经济交流等方面。

一、使者往来、招纳降附、政治安抚、册爵授职

据不完全统计，开皇元年至仁寿四年（581—604）间，突厥赴隋朝朝觐的使者有二十次之多。与之相对，隋朝派去交流的使者批次应超过之。与此同时，隋朝与北疆其他民族也建立经常性的交流关系，如契丹、奚、霫、室韦，以及铁勒的思结、伏利具、浑、斛萨、阿拔、仆骨等十余部落，都曾遣使朝贡。（参见表1-2）

表1-2　隋文帝时期突厥等族朝贡使者批次简表

序号	年号纪年暨公元纪年		突厥使者名称	内容	备注
1	开皇元年八月壬午	581		突厥阿波可汗遣使贡方物。玷厥使来。	P15 P1331
2	开皇元年九月壬申	581		突厥沙钵略可汗遣使贡方物。	P15
3	开皇三年四月甲午	583		突厥阿波可汗遣使来朝。	P19、P1331
4	开皇三年六月戊寅	583		突厥沙钵略可汗摄图遣使请和。	P19、P1332
5	开皇四年二月丁未	584		突厥苏尼部男女万余人来降。突厥可汗阿史那玷厥率其属来降。	P21
6	开皇四年五月癸酉	584		连兵不已，各遣使诣阙，请和求援，上皆不许。契丹主莫贺弗遣使请降，拜大将军。	P1868 P21
7	开皇五年四月甲午	585		契丹主多弥遣使贡方物。会千金公主上书，请为一子之例。突厥沙钵略遣使致书曰……沙钵略遣使告急，请寄居白道川内。	P22 P1868 P1868 P1869
8	开皇五年五月甲申			遣上大将军元契使于突厥阿波可汗。	P22
9	开皇五年七月壬午	585	库合真特勤	突厥沙钵略大喜，乃立约，以碛为界。因上表曰……突厥沙钵略上表称臣。八月丙戌，沙钵略可汗遣子库合真特勤来朝。沙钵略大悦，于是岁时贡献不绝。（按：多次）	P1869 P23 P23、P1870
10	开皇六年正月庚午	586		班历［法］于突厥。三月癸亥，突厥沙钵略遣使贡方物。	P23 P24
11	开皇七年	587		突厥沙钵略遣其子入贡方物，因请猎于恒、代之间，又许之。沙钵略一日杀鹿十八头，赏尾舌以献。突厥沙钵略可汗卒，其弟处罗侯册为莫何可汗、其子雍虞闾为叶护可汗。遣使上表言状，上赐之鼓吹幡旗。	P1870 P1870 P1332、P1871

续表

序号	年号纪年暨公元纪年		突厥使者名称	内容	备注
12	开皇八年	588		处罗侯遂生擒阿波,既而上书请阿波死生之命。上下其议。 其后,处罗侯又西征,中流矢而卒。 处罗侯死,其侄雍虞闾继汗位,是为都蓝可汗。雍虞闾遣使诣阙[言状],赐物三千段。 "每岁遣使朝贡。"	P1871 P1871 P1871 P1871
13	开皇九年	589	褥但特勤	突厥都蓝可汗执[杨]钦以闻,并贡苈布、鱼胶。 其年,遣其母弟褥但特勤献于阗玉杖。上拜褥但为柱国、康国公。	P1871 P1871
14	开皇十年	590		突厥部落大人相率遣使贡马万匹、羊两万口、驼五百头、牛五百头。 (按:多次) 寻遣使请[在]缘边置市[场],与中国[内地]贸易,诏许之。	P1871 P1871
15	开皇十一年二月己卯	591		突厥[都蓝可汗]遣使献七宝碗。 夏四月戊午,突厥雍虞闾可汗遣其特勤来朝。	P36 P36
16	开皇十一年十二月丙辰	591		靺鞨遣使贡方物。 处罗侯子染干遣使求婚。都蓝杀大义公主。	P36 P1872
17	开皇十二年十二月癸酉	592		突厥遣使来朝。 己酉,吐谷浑、靺鞨并遣使贡方物。	P37 P37
18	开皇十三年正月丙午	593		契丹、奚、霫、室韦并遣使贡方物。 七月戊申,靺鞨遣使贡方物。	P37—38 P38
19	开皇十七年七月戊戌	597		突厥[都蓝可汗]遣使贡方物。 十七年,突利遣使逆女。 十一月丁亥,突厥遣使来朝。 突厥突利可汗前后遣使入朝三百七十辈。 雍虞闾"于是朝贡遂绝,数为边患。"	P42 P1333、P1872 P43 P1872 P1872

续表

序号	年号纪年暨公元纪年		突厥使者名称	内容	备注
20	开皇十九年四月丁酉	599	突利可汗染干，雍虞闾使者因头特勤	突厥突利可汗内附，亲自入朝。"上令染干与雍虞闾使者因头特勤相辩诘，染干辞直。" 十月甲午，以突厥突利可汗为意利珍豆启民可汗。启民上表谢恩。于朔州筑大利城处其部落/以居之。 十二月乙未，突厥都蓝可汗为部下所杀。（一说在开皇二十年）	P44、P1334、P1872 P44、P1873 P44（P1334）、P1873
	开皇二十年	600		启民[遣使]上表陈谢中央政府提携之恩。	P1873
21	仁寿元年五月己丑	601		突厥男女九万口来降。	P46
22	仁寿三年	603		铁勒、思结、伏利具、浑、斛萨、阿拔、仆骨等十余部，尽背达头，请来降附。 "步伽寻亦大乱，奚、霫五部内徙。步伽奔吐谷浑。启民遂有其众，[每]岁遣[使]朝贡。"	P1335 P1874

注：表中资料来源于《隋书》。

在隋朝的北部边疆，除突厥族之外，还存在着铁勒族、奚族、契丹族、霫族及室韦等族。

关于铁勒族，据《隋书》载："铁勒之[祖]先，匈奴之苗裔也，种类最多。自西海之东，依据山谷，往往不绝。"其中，分布在北疆地带者，包括"独洛河（今蒙古国土拉河）北有仆骨（仆固）、同罗、韦纥、拔也古（拔野固）、覆罗并号俟斤，蒙陈、吐如纥、斯结、浑、斛薛等诸姓，胜兵可二万。……北海（今俄罗斯贝加尔湖）南则都波等。虽姓氏各别，总谓为铁勒。并无君长，分属东、西两突厥。……自突厥有国，东西征讨，皆资其用，以制北荒"。此外，还有契弊、薛延陀等等。开皇、仁寿中，附属于突厥，未尝直接通于隋朝。①

关于奚族，史称："奚本曰库莫奚，东部胡之种也，为慕容氏所破，遗落者窜匿松、漠之间。……自突厥称藩之后，亦遣使入朝，或通或绝，最为无信。大业时，岁遣使贡方物。"②

至于契丹族，史谓："契丹之先，与库莫奚异种而同类，并为慕容氏所破，俱窜于松、漠之间。其后稍大，居黄龙之北数百里。其俗颇与靺鞨同。……开皇四年，率诸莫贺弗来谒。五年，悉其众款塞，高祖纳之，听居其故地。六年，其诸部相攻击，久不止……其国遣使诣阙，顿颡谢罪。……开皇末，其别部四千余家背突厥来降。……固辞不去。部落渐众，遂北徙逐水草，当辽西［郡］正北二百里，依托纥臣水而居。东西亘五百里，南北三百里，分为十部。"③

室韦诸部与隋朝的关系。《隋书》称："室韦，契丹之类也。其南者为契丹，在北者号室韦，分为五部，不相总一，所谓南室韦、北室韦、钵室韦、深末怛室韦、大室韦。并无君长，人民贫弱，突厥常以三吐屯总领之。……北室韦时遣使贡献，［其］余无至者。"④

在招纳降附、政治安抚、册爵授职几方面，隋朝于开皇十年前，先后招降突厥汗国的达头可汗玷厥、阿波可汗大逻便、莫何可汗处罗侯、沙钵略可汗摄图。特别是在开皇十九年，突利可汗染干被隋文帝册封为"意利珍豆启民可汗"，此乃隋朝对他在突厥政治统治地位的支持与肯定。隋文帝时期在政治招抚策略的运用上，显得成熟专业，成效也十分突出。

二、救灾济困、经济交流、军事震慑

隋朝及时对突厥部众救灾济困。开皇四年二月，突厥苏尼部男女万余人来降。仁寿元年五月，突厥男女九万口来降。他们都得到隋朝中央政府的妥

---

① 《隋书》卷八十四《铁勒传》，第1879—1880页。
② 《隋书》卷八十四《奚传》，第1881页。
③ 《隋书》卷八十四《契丹传》，第1881—1882页。
④ 《隋书》卷八十四《契丹传附室韦传》，第1882—1883页。

善安置与救济。因为在这两个年份前后，正是碛北突厥、铁勒地域发生严重自然灾害之时。其后的开皇十九年，突厥贵族成员染干降附，隋朝对其部众的救济、安置和保障细致周全，真可谓不遗余力。

在经济交流领域，突出表现在朝贡贸易和边关贸易等方面。在开皇、仁寿年间20多次的突厥"贡方物"活动中，突厥朝贡使获得隋朝皇帝的回赐物品之价值远远超出贡品的价值。开皇十年，突厥部落大人相率遣使贡马万匹、羊两万口、驼五百头、牛五百头。毫无疑问，各部落进贡使者所获回赐皆相当丰厚。不仅如此，突厥诸部首领"寻遣使请［在］缘边置市［场］，与中国［内地］贸易，诏许之"。① 大业中，宇文智及"遂劝化及遣人入蕃，私为交易。事发，当诛，［宇文］述独证智及罪恶，而为化及请命。帝因两释"。② 此史例可反证合法的边关贸易的确存在。而在边关贸易活动中，汉族与突厥族的商民通过物资交换获得双赢，达到各自的经济目的。其中，不乏用于交换的珍贵物品。例如：开皇三、四年间，"突厥尝与中国交市，有明珠一箧，价值八百万。幽州总管阴寿白［独孤皇］后市之。后曰：'非我所须也。当今戎狄屡寇，将士罢劳，未若以八百万分赏有功者。'百僚闻而毕贺。高祖甚宠惮之"。③ 边关贸易的商品之丰富，于此可见一斑。

本章小结

隋朝首先推行坚决抵抗的军事方针，其次树立军事进攻与政治分化招抚并重的长期战略思想，再次积极布设军事防御据点、创立行政建制和营造北疆长城等常效举措。

开皇中，隋朝为巩固北疆秩序，强化地方行政管理机构建设。自开皇十九年起，同时在北部边疆游牧区域实行东突厥藩属地方政权建制。这种双轨制乃为顺应北疆变化的政治形势。

隋朝配置在北疆地带的总管府建制单位大体有12个。这些总管府辖区也

---

① 《隋书》卷八十四《突厥传》，第1871页。
② 《隋书》卷八十五《宇文化及传附智及传》，第1892页。
③ 《隋书》卷三十六《文献独孤皇后传》，第1108页。

可视为北疆地带高层军事驻防区。其次，在各总管府区内，隋朝依据地理形势的冲缓而建设为数众多的军事驻防城堡——镇。再次，在各镇之下，还有小型的军事驻防据点——戍、城、关。从而在隋朝北疆地带形成三级驻防体系，即总管府—镇—戍、城、关。

隋朝在恢复北疆的社会秩序后，出于日常管理、行军北伐和皇帝出巡的需要，对北疆地带的道路进行过整治，即拓宽、加固路面，建造桥梁等举措，从而使北部边疆的交通状况得到大的改善，有利于对北疆的治理。隋朝北疆地带的道路主要是由中原地区进入北疆的交通干线，以及北疆地带各个军政城镇间的交通道路。它们在北疆治理过程中发挥着无可替代的基础作用。

自开皇元年以来，隋朝一方面实施"远交近攻，离强合弱"的战略决策，一方面不断改善隋廷与突厥诸部、汉族与北疆民族间的关系。这些在隋朝与北疆诸族间的使者往来、招纳降附、政治安抚、册爵授职、救灾济困、军事震慑、经济交流等方面的各种举措中得到了充分表现。

第二章 隋炀帝朝治理北部边疆的军政举措

仁寿四年夏季,隋炀帝继位,照旧实行隋文帝在位期间治理北疆的既定政策。隋炀帝划定东突厥诸部游牧活动范围,数年间多次巡察北部边疆,安抚诸族部落。

第一节 隋炀帝朝治理北疆的举措及巡视北疆的行动

隋炀帝继续维持以启民可汗为代表的东突厥诸部的藩属地位。同时,出于稳定北疆的政治需要,隋炀帝就明确规定启民可汗为首领的突厥藩属政权的游牧区域,也高度尊重突厥族牧民的生产生活风俗习惯。当然,隋炀帝治理北疆的政治举措也有变革,其最重要的变革就是撤销总管府建制,改州政区为郡政区。值得注意的是,隋炀帝在大业中曾三度巡视北部边疆。

一、隋炀帝治理北疆的军政举措

隋炀帝执政期间,除继承其父时期的北疆治理方针之外,在调整地方行政区划的大背景下变更了北部边疆地带的常设行政管理体系,并划定归降的突厥牧民的游牧区域,也尊重突厥族的风俗习惯。

(一)明确突厥族牧民的游牧区域

隋炀帝明确划定启民可汗所领东突厥诸部游牧区域在长城之北的漠南草原。

《隋书》载:"炀帝践阼,复拜光禄少卿。大业初,启民可汗自以内附,遂畜牧于定襄、马邑[两郡]间。帝使[柳]䇒之谕令出塞。及还,奏事称旨,拜黄门侍郎。"①所谓"出塞",就是东突厥诸部前往阴山山脉隋朝长城以北的漠南草原地区。据此可知,隋朝划定的东突厥诸部游牧区为塞北漠南草原地带。

此一政治举措最初是由段文振等官员提出动议,隋炀帝决策,交给柳䇒之付诸实施的。段文振于"炀帝即位,征为兵部尚书,待遇甚重"。大业五年后,"[段]文振见高祖时容纳突厥启民[可汗]居于塞内,妻以公主,赏赐重叠;及大业初,恩泽弥厚。文振以[其]狼子野心,恐为国患,乃上表曰:'臣闻古者远不间近,夷不乱华,周宣[王]外攘戎狄,秦帝筑城万里,盖远图良算,弗可忘也。窃见国家容受启民,资其兵食,假以地利。如臣愚计,窃又未安。何则?夷狄之性,无亲而贪,弱则归投,强则反噬,盖其本心也。臣学非博览,不能远见,且闻晋朝刘曜、梁朝侯景,近事之验,众所共知。以臣量之,必为国患。如臣之计,以时喻遣,令出塞外。然后明设烽候,缘边镇防,务令严重,此乃万岁之长策也。'时兵曹郎斛斯政专掌兵事,文振知[斛斯]政险薄,不可委以机要,屡言于帝。帝并弗纳"。②

大业元年,史祥"寻迁鸿胪卿。时突厥启民可汗请朝[觐],帝遣[史]祥迎接之"。③

《隋书·柳䇒之传》又载:开皇中,"俄而突厥启民可汗求结和亲,复令䇒之送义成公主于突厥。䇒之前后奉使,得二国所赠马千余匹,杂物称是,皆散之宗族,家无余财。"④其时为开皇十九年。此外,《隋书》载:"[开皇]十七年,辽东之役,[李景]为马军总管,及还,配事汉王。……寻从史万岁击突厥于大斤山,别路邀贼,大破之。[其]后与上明公杨纪送义成公主于突厥,至恒安,遇突厥来寇。时代州总管韩洪为虏所

---

① 《隋书》卷四十七《柳机传附柳䇒之传》,第1275页。
② 《隋书》卷六十《段文振传》,第1459页。
③ 《隋书》卷六十三《史祥传》,第1496页。
④ 《隋书》卷四十七《柳机传附柳䇒之传》,第1275页。

败，景率所领数百人援之。力战三日，杀虏甚重，赐物三千段，授韩州刺史。以事王故，不之官。"①

（二）尊重突厥族传统风俗习惯

大业三年七月，隋炀帝北巡至榆林郡城期间，启民可汗就几度奏请变俗易服，皈依中原文化。史载大业三年"秋七月辛亥，启民可汗上表请变服，袭冠带。诏启民可汗赞拜不名，位在诸侯王之上"。②此事源于隋朝于大业元年议定的舆服制度。即大业元年"议既定，[炀]帝幸修文殿览之，乃令何稠、起步郎阎毗等造样上呈。二年总了，始班行焉，轩冕之盛，贯古今矣。三年正月朔旦，大陈文物。时突厥[启民可汗]染干朝见，慕之，请袭冠冕。帝不许。明日，[染干]率左光禄大夫、褥但特勤阿史那职御，左光禄大夫、特勤阿史那伊顺，右光禄大夫、意利发史蜀胡悉等，并拜表，固请衣冠。帝大悦，谓弘等曰：'昔汉制初成，方知天子之贵。今衣冠大备，足致单于解辫，此乃卿等功也。'弘、恺、善心、世基、何稠、阎毗等赐帛各有差，并事出优厚"。③在此前的同年（大业三年）五月，启民可汗连续三次派人来朝，即"五月丁巳，突厥启民可汗遣子拓特勤来朝"。五月"丙寅，启民可汗遣其兄子毗黎伽特勤来朝"。五月"辛未，启民可汗遣使请自入塞，逢迎舆驾"。④由于启民可汗的再三陈请，隋炀帝最终允许其可汗家族吸收中原文化。大业四年夏四月乙卯，隋炀帝诏曰："突厥意利珍豆启民可汗率领部落，保附关塞，遵奉朝化，思改戎俗，频入谒觐，屡有陈请。以毡墙毳幕，事穷荒陋，上栋下宇，愿同比屋。诚心恳切，朕之所重。宜于万寿戍置城造屋，其帷帐床褥已上，随事量给，务从优厚，称朕意焉。"⑤给予启民可汗家族以优厚的待遇。

---

① 《隋书》卷六十五《李景传》，第1530页。
② 《隋书》卷三《炀帝纪上》，第70页。
③ 《隋书》卷十二《志第七·礼仪七》，第278—279页。
④ 《隋书》卷三《炀帝纪上》，第68页。
⑤ 《隋书》卷三《炀帝纪上》，第71页。

二、隋炀帝三度巡视北疆的活动

隋炀帝即位后,曾经三次巡视北部边疆地带,安抚边疆部族属民、赏赐其首领、督筑边防设施、震慑潜在的叛逆势力。其前两次北巡取得一定的成效,第三次北巡遭遇突发事件而陷入险境。

(一)大业三年北巡

大业三年夏四月庚辰,隋炀帝就发出巡幸河北的预告。① 同月丙申,隋炀帝率领大批人马自京师大兴城出发,"车驾北巡狩"。己亥,次赤岸泽。至六月辛巳,北巡队伍行进至连谷戍,在此举行围猎野兽活动。同月戊子,隋炀帝抵达榆林郡。丁酉,启民可汗来朝。甲辰,上御榆林郡北楼,观渔于河,以宴百僚。七月甲寅,隋炀帝在榆林郡城东侧的新设大帐内盛宴款待北疆地带各族各部的代表人物,赴宴人数达三千五百人之多,并给予不同的赏赐。八月壬午,隋炀帝车驾自榆林郡城渡黄河,循白道穿越阴山,循新开辟的驰道北往突厥启民可汗牙帐所在地——碛口。乙酉,隋炀帝在碛口会见草原各部落首领。次日,隋炀帝一行踏上返程,启民可汗护送至长城南侧的定襄郡。己丑,启民归藩。隋炀帝一行继续南返。癸丑,入楼烦关。壬寅,次太原。九月己未,次济源。己巳,回至东京。②

周法尚于大业三年出任定襄郡太守。史载:"炀帝嗣位,转云州刺史。后三岁,转定襄[郡]太守,进位金紫光禄大夫。时帝幸榆林[郡],法尚朝于行宫。内史令元寿言于帝曰:'汉武出塞,旌旗千里。今御营之外,请分为二十四军,日别遣一军发,相去三十里,旗帜相望,钲鼓相闻,首尾连注,千里不绝。此亦出师之盛者也。'法尚曰:'不然,兵亘千里,动间山川,卒有不虞,四分五裂。腹心有事,首尾未知,道阻且长,难以相救。虽是故事,此乃取败之道也。'帝不怿曰:'卿意以为如何?'法尚曰:'结为方阵,四面外距,六宫及百官家口并住其间。若有变起,当头分抗,内引奇兵,出外奋击,车为壁垒,重设钩陈,此与据城理亦何异!若战而捷,抽

---

① 《隋书》卷三《炀帝纪上》,第67页。
② 《隋书》卷三《炀帝纪上》,第68—70页。

骑追奔，或战不利，屯营自守。臣谓牢固万全之策也。'帝曰：'善。'因拜左武卫将军，赐良马一匹，绢三百匹。"① 隋炀帝于仁寿四年夏继承皇帝之位。所谓"后三岁"即指大业三年。

（二）大业四年北巡

大业四年三月乙丑，隋炀帝自东京动身开始第二次北巡，"车驾幸五原［郡］，因出塞巡长城"。《隋书》对这次北巡过程欠缺较详细的记录，但可以肯定是，隋炀帝仍然关注北部边疆地带的边防设施的建造与维护状况。史书仅明白地记载隋炀帝增设楼烦郡之事，即"夏四月丙午，以离石［郡］之汾源、临泉，雁门［郡］之秀容，为楼烦郡。起汾阳宫"，并决定为启民可汗在万寿戍建城造屋。显然，隋炀帝自五原郡返回至雁门郡，在此城内逗留时间较久，并在此做出关于北疆稳定的两项决定——析置楼烦郡与建造汾阳宫（行宫）、在万寿戍为启民可汗营筑定居点（建城造屋）。直到"八月辛酉，亲祠恒岳，河北道郡守毕集"，并且"大赦天下。车驾所经郡县，免一年租调"。直到九月辛未，才回至东京。②

（三）大业十一年北巡

大业十一年五月，隋炀帝自东都（五年春正月丙子，改东京为东都）出发北上太行山，幸太原，避暑汾阳宫（故址位于今山西宁武县汾河发源地）。停留至八月乙丑，其一行继续北上，"巡北塞"。在此期间，东突厥首领始毕可汗率部突然袭击。史载："［八月］戊辰，突厥始毕可汗率骑数十万，谋袭乘舆。义成公主遣使告变。壬申，车驾驰幸雁门［郡］。癸酉，突厥围城，官军频战不利。上大惧，欲率精骑溃围而出，民部尚书樊子盖固谏乃止。齐王暕以后军保于崞县。甲申，诏天下诸郡募兵，于是守令各来赴难。九月甲辰，突厥解围而去。冬十月壬戌，上至于东都。"③

《隋书》载："［大业］十一年，从驾汾阳宫。至于雁门［郡］，车驾为突厥所围，频战不利。帝欲以精骑溃围而出。（樊）子盖谏曰：'陛下万

---

① 《隋书》卷六十五《周法尚传》，第1528—1529页。
② 《隋书》卷三《炀帝纪上》，第71页。
③ 《隋书》卷四《炀帝纪下》，第89页。

乘之主，岂宜轻脱，一朝狼狈，虽悔不追。未若守城以挫其锐，四面征兵，可立而待。陛下亦何所虑，乃欲身自突围！'因垂泣，'愿暂停辽东之役，以慰众望。圣躬亲出慰抚，厚为勋格，人心自奋，不足为忧。'帝从之。其后援兵稍至，虏乃引去。"①苏威亦曾规劝炀帝切勿轻出。《隋书》载："后从幸雁门，为突厥所围，朝廷危惧。帝欲轻骑溃围而出，[苏]威谏曰：'城守则我有余力，轻骑则彼之所长。陛下万乘之主，何宜轻脱！'帝乃止。突厥俄亦解围而去。车驾至太原，威言于帝曰：'今者盗贼不止，士马疲敝。愿陛下还京师，深根固本，为社稷之计。'帝初然之，竟用宇文述等议，遂往东都。时天下大乱，[苏]威知帝不可改，意甚患之。"②

在雁门之围期间，武贲郎将斛斯万善则坚决抵御突厥进攻。《隋书》载："突厥始毕[可汗]之围雁门也，万善奋击之，所向皆破。每贼至，辄出当其锋，或下马坐地，引强弓射贼，所中皆殪。由是突厥莫敢逼城，十许日竟退，万善之力也。其后频讨群盗，累功至将军。"③

第二节 隋炀帝朝北疆的行政建制变革与新体系

大业元年，隋朝采取统一步骤，撤销总管府建制，即"大业元年春正月壬辰朔，大赦，改元。……废诸州总管府"。④同时，启动更改州名、合并州县的地方政区调整方案。例如：大业"二年春正月辛酉……丁卯，遣十使[赴各地]并省州县"。至"[二月]戊戌，置都尉官"。⑤至大业二年底，合并州级行政区的举措取得显著的进展，其数量大幅度缩减。大业三年，隋朝又采取新的调整措施，改州为郡，以郡领县，实行地方行政区划的郡、县两级制。史载：大业三年"夏四月壬辰，改州为郡"。⑥在大业元年

---

① 《隋书》卷六十三《樊子盖传》，第1492页。
② 《隋书》卷四十一《苏威传》，第1188—1189页。
③ 《隋书》卷六十四《王辩传附斛斯万善传》，第1521页。
④ 《隋书》卷三《炀帝纪上》，第62页。
⑤ 《隋书》卷三《炀帝纪上》，第65页。
⑥ 《隋书》卷三《炀帝纪上》，第67页。

至三年的政区次第调整中,隋朝北部边疆地区也概莫能外,总管府被撤销,诸州一律改建为郡。大业元年至二年,北疆地带实行州、县两级制;至三年,转为郡、县两级制,并且在地方上实行单置"都尉"之建制,实施军事与行政析离的分权机制。

一、北部边疆诸郡建制

隋炀帝于大业元年撤销地方的总管府建制单位、合并州级政区,更于大业三年改州为郡,实行地方行政区划两级制——郡、县政区制度。在北部边疆地带也是如此。大业年间,隋朝北部边疆共有19个郡级行政单位,即辽西郡、渔阳郡、北平郡、涿郡、河间郡、安乐郡、上谷郡、马邑郡、雁门郡、榆林郡、定襄郡、五原郡、朔方郡、灵武郡、平凉郡、武威郡、张掖郡、敦煌郡、金城郡,另有一个东突厥藩属国政权。

(一)辽西郡

原名营州,大业三年改为辽西郡。① 改称后,仍用旧治柳城县。其管区相当今辽宁省西部以大凌河流域为中心的区域。延至唐武德元年(618),复称营州。

(二)渔阳郡、北平郡

大业元年,撤销玄州总管府,保留玄州。大业三年,改玄州为渔阳郡,仍治无终县城(今天津蓟州区),领1县;改平州为北平郡,仍治卢龙县城,领1县。②

(三)涿郡、河间郡、安乐郡、上谷郡

大业元年,撤销幽州总管府,保留幽州;撤销燕州,并入幽州;撤销蒲州、景州,并入瀛洲。大业三年,改幽州为涿郡,治蓟县城(今北京城西南隅),统9县;改瀛洲为河间郡,治河间县城(今河北河间),统13县;改檀州为安乐郡,治燕乐县城(今河北隆化),统2县;改易州为上谷郡,仍

---

① 《隋书》卷三十《地理志中·辽西郡》,第859页。
② 《隋书》卷三十《地理志中·渔阳郡、北平郡》,第858页。

治易县城（今河北易县），领6县。①

（四）马邑郡

大业元年，撤销朔州总管府，保留朔州。三年，改朔州为马邑郡，仍治善阳县城（今山西朔州市城区），管领4县。②

（五）雁门郡

大业元年，废代州总管府，保留代州。不久，撤销蔚州建制，其地并入代州。大业三年，改代州为雁门郡，仍治雁门县城（原名广武，今山西代县），领5县。③

（六）定襄郡、榆林郡

大业元年，撤销云州总管府，保留云州。三年，改云州为定襄郡，治大利县城，统1县——大利县。同年，改胜州为榆林郡，仍治榆林县城，统3县。④

（七）五原郡

大业元年，撤销丰州总管府，保留丰州。三年，改丰州为五原郡，仍治九原县城（今内蒙古五原县南部），统3县——九原、永丰、安化。⑤至唐武德元年，恢复丰州原名，张长逊任丰州总管府总管。

（八）朔方郡、盐川郡

大业元年，撤销夏州总管府，保留夏州。三年，改夏州为朔方郡，仍治岩绿县城（今陕西靖边白城子古城），统3县——岩绿、宁朔、长泽。同年，改盐州为盐川郡，仍治五原县城（今陕西定边沙场村古城），统1县——五原。⑥

（九）灵武郡

大业元年，撤销灵州总管府，保留灵州。三年，撤销环州，其地入

---

① 《隋书》卷三十《地理志中·涿郡、河间郡、上谷郡、安乐郡》，第857—859页。
② 《隋书》卷三十《地理志中·马邑郡》，第853页。
③ 《隋书》卷三十《地理志中·雁门郡》，第852页。
④ 《隋书》卷三十《地理志中·定襄郡》，第853页；卷二十九《地理志上·榆林郡》，第813页。
⑤ 《隋书》卷二十九《地理志上·五原郡》，第813页。
⑥ 《隋书》卷二十九《地理志上·朔方郡、雕阴郡、盐川郡》，第811—812页。

灵州；改灵州为灵武郡，仍治回乐县城（故址在今宁夏吴忠市古城湾村西侧），领6县——回乐、弘静、怀远、灵武、丰安、鸣沙。① 至唐武德元年，恢复灵州之名，仍旧置统州政区——灵州总管府。

（十）平凉郡

大业元年，撤销原州总管府，保留原州。三年，改原州为平凉郡，仍治平高县城（今宁夏固原市区），统5县——平高、百泉、平凉、会宁、默亭。② 至唐武德元年，恢复原州之名，仍旧置统州政区——原州总管府。

（十一）武威郡、张掖郡、敦煌郡

大业元年，撤销凉州总管府，保留凉州。大业三年，改凉州为武威郡，仍治姑臧县城（今甘肃武威市），领4县——姑臧、昌松、番和、允吾（旧邑次）。大业元年，撤销肃州建制，其地合并至甘州。三年，改甘州为张掖郡，治张掖县城（今甘肃张掖市），领3县——张掖（旧永平）、山丹（删丹）、福禄；大业三年，改瓜州为敦煌郡，仍治敦煌县城（今甘肃敦煌市西侧），领3县——敦煌（旧鸣沙）、常乐、玉门。③

（十二）金城郡

大业元年，撤销兰州总管府，保留兰州；废纪州，其地入渭州。三年，改兰州为金城郡，仍治金城县（今甘肃兰州市旧城区），统2县——金城（原名子城）、狄道。

附带叙及，大业三年，改河州为枹罕郡，仍治枹罕县城（今甘肃临夏市），统4县——枹罕、龙支、大夏、水池；改渭州为陇西郡，治襄武县城（今甘肃陇西县城），领5县——襄武、陇西、渭源、障、长川；改鄯州为西平郡，治湟水县城（今青海乐都县城），统2县——湟水、化隆；改廓州为浇河郡，治河津县城（今青海贵德县城西侧），统2县——河津、达化。④

---

① 《隋书》卷二十九《地理志上·灵武郡》，第813页。
② 《隋书》卷二十九《地理志上·平凉郡》，第812页。
③ 《隋书》卷二十九《地理志上·武威郡、张掖郡、敦煌郡》，第815—816页。
④ 《隋书》卷二十九《地理志上·金城郡、枹罕郡、陇西郡、西平郡、浇河郡》，第814—815页。

二、突厥属国地方政权

东突厥属国地方政权，以隋朝册封的启民可汗及其继承汗位者为藩属政权的首脑。在隋朝的扶持下，启民可汗快速地于仁寿三年控制大漠南北地区。大业四年，启民可汗赴东都洛阳朝觐隋炀帝。皇帝"礼赐甚厚"。同年，启民可汗因病去世。隋炀帝"为之废朝三日，立其子咄吉世，是为始毕可汗。［始毕］表请尚公主，诏从其俗"。即隋朝义成公主转嫁始毕可汗为可贺敦。

大业十一年，东突厥始毕可汗"来朝于东都"，尽其臣节。但是，就在此年八月发生始毕可汗率众袭击隋炀帝北巡车驾的严重事件。史载："其年，车驾避暑汾阳宫。八月，始毕率其种落入寇，围帝于雁门［郡城］。诏诸郡发兵赴行在所，援军方至，始毕引去。由是朝贡遂绝。"自大业十二年（616）起，东突厥诸部频频南扰马邑，隋朝太原留守李渊（唐公）"以兵击走之"。① 此后，隋朝的北部边疆政治秩序趋向动乱。

第三节　隋炀帝朝北疆的军事驻防体系与交通整治

自北朝以来，武将出任州（郡）行政长官并拥有地方武装的领导与指挥权成为惯例。大业年间，在变革地方行政区划体制的基础上，隋朝将北部边疆驻防责任赋予北疆地带诸郡太守。原有的镇、城、戍、关诸军事据点，依旧沿用。这一时期，北疆地带军事驻防最大的变化则是几道新筑长城的出现（实际是修葺或重筑）和陆路交通的整治。

一、大业年间阴山地区长城军事防御工程的建造与分布

大业三年至四年（607—608），隋朝实施过两次重筑长城之役。新的军事防御工程在此期间陆续出现，在客观上增强了北疆的驻防实力。

---

① 《隋书》卷八十四《突厥传》，第1876页。

大业三年秋七月，隋炀帝北巡至榆林郡城期间，征调一百多万民工构筑阴山地带的长城。史载："［是年］秋七月……发丁男百余万筑长城，西距榆林，东至紫河，一旬而罢，死者十［分之］五六。"① 所筑长城"绵亘千余里"。西距榆林，指到达榆林郡西北境，即今乌拉特前旗乌梁素海东北之地。由此东延一千余里，就到达今集宁区东南的黄旗海与东洋河的分水岭上。所谓东至紫河，指至今东洋河上游河段。这段长城横跨当时榆林郡、定襄郡和马邑郡（治今山西朔州）北境，实际是对二十年前重建的原秦汉长城实施补筑与重建。

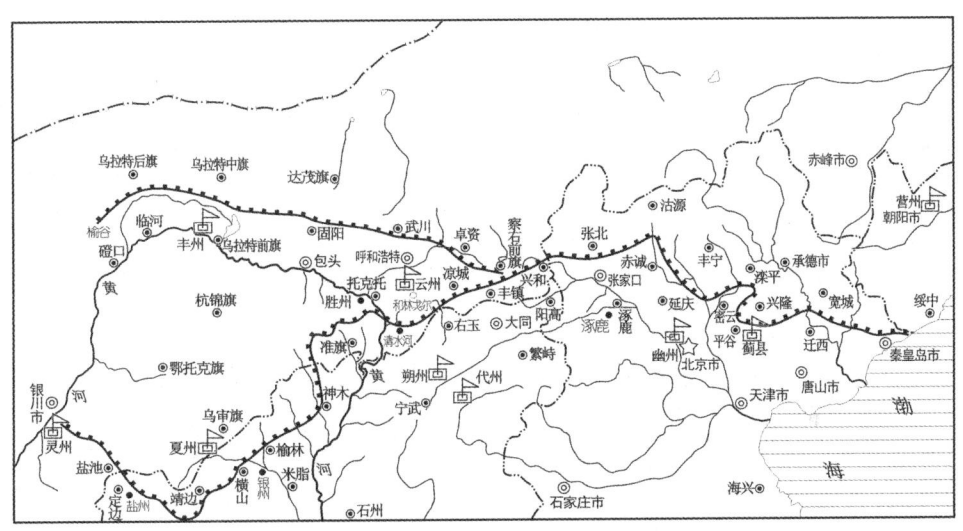

图2-1 隋代万里长城分布示意图

大业三年修筑长城之工程，隋炀帝相当重视，特命工部尚书宇文恺进行规划设计。宇文恺是隋朝著名的建筑工程专家，主持过大兴城、洛阳城的建造。《隋书》载："及长城之役，诏恺规度之；时帝北巡；欲夸戎狄，令恺为大帐，其下坐数千人。"② 宇文恺勘察、设计之后，由阎毗总理其工程。"炀帝嗣位，盛修军器，以毗性巧，谙练旧事，诏典其职。……长城之役，毗总其事。"③ 在阎毗的主持下，长城工役历时二旬就完成了。这一切都是

---

① 《隋书》卷三《炀帝纪上》，第70页；卷二十二《五行志上》，第636页。按：《北史·隋本纪下》作"二旬而罢"。
② 《隋书》卷六十八《宇文恺传》，第1588页。
③ 《隋书》卷六十八《阎毗传》，第1594—1595页。

隋炀帝驻跸榆林郡期间部署的。

大业四年春天，隋炀帝再度北巡，"车驾幸五原，因出塞巡长城"。于同年七月"发丁男二十余万筑长城，自榆谷而东"。① 五原，指的是五原郡，即开皇、仁寿年间的丰州，治所位于今内蒙古五原县南。炀帝自五原郡出塞、巡视长城之后，方有筑长城之举，可见所筑肯定是五原郡北境阴山上的长城，亦即二十一年前重建的故秦汉长城。西端起首处是榆谷，地望无考，大致在五原郡西北境上，略当今狼山西段某个山谷。② 长城由狼山西段向东延续，历经今乌拉特后旗与中旗，抵乌拉特前旗乌梁素海东北，跟大业三年长城联结为一体。

其时，一些大臣对仓促起筑长城之事提出不同意见。隋炀帝对异见者给予严厉处治。《隋书》载：苏威，"炀帝嗣位，加上大将军。及长城之役，［苏］威谏止之。高颎、贺若弼等之诛也，威坐与相连，免官。岁余，拜鲁郡太守。俄召还，参预朝政。"③ 宇文㢸则被处以极刑，即"炀帝即位……时［炀］帝渐好声色，尤勤远略。［宇文］㢸谓高颎曰：'昔周天元好声色而国亡，以今方之，不亦甚乎？'又言'长城之役，幸非急务'。有人奏之，竟坐诛死，时年六十二。天下冤之"。④ 这从反面证实，大业三年、四年的长城工役都得到完成，并未半途而废。⑤ 总而言之，隋王朝既修缮北齐、北周长城，又构筑新长城，从而组成了自己的防御工程体系。

隋朝万里长城在中国长城发展史上占有重要地位，它承北朝长城之后、开明代长城之先。

至大业年间，开皇、仁寿时期出现在北疆地带的各级军事城镇依旧得到利用，并且有新的设施出现。

---

① 《隋书》卷三《炀帝纪上》，第71页。
② 〔唐〕杜佑：《通典》卷一百七十三《州郡三·灵武郡灵州怀远县》，王文锦等点校，中华书局，1988年，第4523页。
③ 《隋书》卷四十一《苏威传》，第1187—1188页。
④ 《隋书》卷五十六《宇文㢸传》，第1390—1391页。
⑤ 《隋书》卷四十一《高颎传》，第1184页；卷四十一《苏威传》，第1187—1188页；卷五十六《宇文㢸传》，第1390—1391页。

二、大业年间的军事驻防

在隋代北部边疆，驻防性质的军事活动屡见于文献记载。以开皇、仁寿年间的军事驻防设施为基础，政府军展开了积极的军事防御活动，包括长期的军事驻防和短期的主动出击。《隋书》在这方面存在诸多记载。

史载："岁余，以［薛］世雄为玉门道行军大将，与突厥启民可汗连兵击伊吾。［世雄］师次玉门，启民可汗背约，兵不至。世雄孤军度碛。伊吾初谓隋军不能至，皆不设备，及闻世雄兵已度碛，大惧，请降，诣军门上牛酒。世雄遂于汉旧伊吾城东筑城，号新伊吾，留银青光禄大夫王威，以甲卒千余人戍之而还。天子大悦，进位正议大夫，赐物二千段。"第二次征辽东班师期间，"［炀］帝至柳城，以［薛］世雄为东北道大使，行燕郡太守，镇怀远［镇］。于时突厥颇为寇盗，缘边诸郡多苦之。诏世雄发十二郡士马，巡塞而还。十年，复从帝至辽东，迁左御卫大将军，仍领涿郡留守"。①

《隋书·王仁恭传》云：第二次征辽东军事行动后，"寻而突厥屡为寇患，［炀］帝以［王］仁恭宿将，频有战功，诏复本官（光禄大夫），领马邑［郡］太守。其年，始毕可汗率骑数万来寇马邑，复令二特勤将兵南过。时郡兵不满三千，仁恭简精锐逆击，破之。其二特勤众亦溃，仁恭纵兵乘之，获数千级，并斩二特勤。帝大悦，赐缣三千匹。其后突厥复入定襄［郡］，仁恭率兵四千掩击，斩千余级，大获六畜而归"。②

同传又载：大业末年，"于时天下大乱，百姓饥馁，道路隔绝，仁恭颇改旧节，受纳货贿，又不敢辄开仓廪，赈恤百姓。其麾下校尉刘武周与仁恭侍婢奸通，恐事泄，将为乱，每宣言郡中曰：'父老妻子冻馁，填委沟壑，而王府君闭仓不救百姓，是何理也！'以此激怒众，吏民颇怨之。其后仁恭正坐厅事，武周率其徒数十人大呼而入，因害之，时年六十。武周于是开仓

---

① 《隋书》卷六十五《薛世雄传》，第1533—1534页。
② 《隋书》卷六十五《王仁恭传》，第1535—1536页。

赈给,郡内皆从之,自称天子,署置百官,转攻傍郡"。①

《隋书·董纯传》云:"岁余,突厥寇边,朝廷以[董]纯宿将,转为榆林[郡]太守。虏有至境,纯辄击却之。"②

这种有序的以郡为主体而镇、戍为基础的驻防组织体系,延续至大业十一年后相继解体。其原因在于内地民变逐渐引起的政治混乱形势波及了北疆地带。

三、大业年间北疆地带交通线的延伸与整治

自大业三年始,隋炀帝连年出巡,尤其是北部边疆地带。由此凸显出北疆交通路线的分布格局和新路段的开辟状况,以及为满足皇帝出行需要而对交通道路进行大规模整治的情况。

据隋炀帝于大业三年首次北巡的历程观察,其巡行路线如下所勾勒。北巡往程为:京师大兴城——赤岸泽——连谷——榆林郡城——金河——白道——碛口;北巡返程为:碛口——白道——定襄郡城——楼烦关——太原郡城——济源——东京洛阳。发自京师大兴城,归于东京洛阳城。其中,碛口至阴山白道的道路乃大业三年新开辟。史载:"大业三年,炀帝幸榆林,欲出塞外,陈兵耀武,经突厥中,指于涿郡。仍恐染干惊惧,先遣[武卫将军长孙]晟往喻旨,称述帝意。染干听之,因诏所部诸国(部),奚、霫、室韦等种落数十酋长咸萃。晟以牙中草秽,欲令染干亲自除之,示诸部落,以明威重,乃指帐前草曰:'此根大香。'染干遽嗅之曰:'殊不香也。'晟曰:'天子行幸所在,诸侯躬亲洒扫,耘除御路,以表至敬之心。今牙中芜秽,谓是留香草耳。'染干乃悟曰:'奴罪过。奴之骨肉,皆天子赐也,得效筋力,岂敢有辞?特以边人不知法耳,赖将军恩泽而教导之。将军之惠,奴之幸也。'遂拔所佩刀,亲自芟草,其贵人和诸部争放效之。乃发榆林北境,至于其牙,又东达于蓟,长三千里,广百步,举国就役而开御道。帝闻晟策,乃益嘉焉。"所开辟的"御道"起于榆林郡北境的阴山白道北口

---

① 《隋书》卷六十五《王仁恭传》,第1536页。
② 《隋书》卷六十五《董纯传》,第1540页。

（今内蒙古武川南境），北至启民可汗牙帐驻地碛口；又自碛口向东南方伸往蓟县县城，即涿郡治城。其路程长度约达3000里。当年五月戊午，"发河北十余郡丁男凿太行山，达于并州，以通驰道"。其起点当在济源，北上太行山，通往太原郡城。此处引文的"并州"实乃史家之误，隋炀帝时期应作"太原郡"。①

大业四年，开凿洛阳至涿郡（今河南洛阳市至北京市间）的运河，沟通了中原与北疆的水上运输线。《隋书》载："四年春正月乙巳，诏发河北诸郡男女百余万开永济渠，引沁水南达于河，北通涿郡。"②其后的大业七年二月，隋炀帝就曾自江都郡城（今扬州市）出发，循运河"通济渠"和"永济渠"乘船北行抵达涿郡，即大业七年"[二月]乙亥，上自江都御龙舟入通济渠，遂幸于涿郡"。隋炀帝此行之目的，是欲以涿郡为军事集结地，发动讨伐高句丽政权、收复辽东失地的战争，特作筹备。所谓"今往涿郡，巡抚民俗"是也。同年夏四月庚午，隋炀帝的船队才抵达涿郡临朔宫。③

而大业四年三月隋炀帝北巡五原郡的往返路线略如下述：自东京北行，过济源、太原郡城、楼烦关、定襄郡城，由此转向西行，过榆林郡，抵达五原郡城，出阴山高阙，东行巡视长城现状，返程经由白道、定襄郡城、楼烦关、汾河发源地（在此创筑汾阳宫）、雁门郡（今山西代县），并于八月亲祠恒岳之神（在雁门郡境），事后才返归东京洛阳。④

大业五年春正月戊子，隋炀帝自东都启程返回京师大兴城，至二月戊戌，次于阌乡。戊申，回至京师。但在三月己巳，隋炀帝又自大兴城西行，拉开其"车驾西巡河右"之旅。同月乙亥，次扶风（今陕西凤翔），幸旧宅。夏四月己亥，抵达陇西郡（今甘肃定西），在此举行大规模围猎。乙巳，次狄道（今甘肃临洮）。癸亥，出临津关，渡黄河，至西平郡（今青海乐都），在此陈兵讲武。继而在五月，历经拔延山、长宁谷、星岭、金山，于丙戌日渡过浩亹水

---

① 《隋书》卷五十一《长孙晟传》，第1336页；卷三《炀帝纪上》，第68页。
② 《隋书》卷三《炀帝纪上》，第70页。
③ 《隋书》卷三《炀帝纪上》，第75—76页。
④ 《隋书》卷三《炀帝纪上》，第71页。

（今青海省大通河）。此后自五月至六月丁酉，发动征伐吐谷浑的军事行动。六月癸卯，隋炀帝一行人马经由大斗拔谷（今祁连山扁都口）北出祁连山，至丙午，抵达张掖郡（今甘肃张掖市）。隋炀帝在张掖逗留期间，举行了一系列的政治活动。首先，接见高昌王国、西突厥伊吾吐屯设等，即"[六月]壬子，高昌王麹伯雅来朝，伊吾吐屯设等献西域数千里之地。上大悦"。其次，增建西北四郡，即"[六月]癸丑，置西海、河源、鄯善、且末等四郡"。再次，以盛宴招待赴张掖郡朝觐的外藩首领、使者与代表，即"[六月]丙辰，上御观风行殿，盛陈文物，奏九部乐，设鱼龙曼延[舞]，宴[请]高昌王、吐屯设于殿上，以宠异之。其蛮夷陪列者三十余国"。最后，举行全国大赦，即"[六月]戊午，大赦天下。开皇已来流配[之人]，悉放还乡。晋阳逆党，不在此例"。还颁布诏旨，减免西巡所经郡县当年的租赋，即"陇右诸郡，给复一年，行经之所，给复二年"。此外，于七月丁卯特"置马牧于青海渚中"，即下令在今青海湖的湖心岛上建置官方养马机构。此后，启程返回京师，至九月癸亥，车驾入长安城，结束西巡的旅程。十一月丙子，隋炀帝又自京师出发，"车驾幸东都"。①

而自涿郡北上的交通道路，是从涿郡启程，经库推戍（今古北口）或卢龙塞（今喜峰口）北去，穿越燕山山脉，抵达辽西郡（今辽宁朝阳市）。在此分出数条岔道：其一北达潢水而西上，其二渡潢水而北上漠北草原，其三向东经怀远镇渡辽水。从隋炀帝第一次亲征高句丽的进军路线可看出端倪。史载："八年春正月辛巳，大军集于涿郡。""癸未，第一军发，终四十日，引师乃尽，旌旗亘千里。……三月癸巳，上御师。甲午，临戎于辽水桥。"②四月甲子，隋炀帝"车驾渡辽，大战于东岸，击贼破之，进围辽东[城]"。同年六月己未，隋炀帝亲临辽东城外，"责怒诸将。止[于辽东]城西数里，御六合城"。至七月壬寅，"九军并陷，将帅奔还亡者二千余骑。癸卯，班师"。九月庚辰，隋炀帝回到东都洛阳城。在第三次征高丽期间，隋炀帝于大业十年三月壬子自涿郡出发，癸亥，东次临渝宫，夏四月

---

① 《隋书》卷三《炀帝纪上》，第72—74页。
② 《隋书》卷四《炀帝纪下》，第79—82页。

甲午，抵达北平郡城。秋七月癸丑，车驾至怀远镇。在隋炀帝即将横渡辽水之时，"［七月］甲子，高丽遣使请降，囚送斛斯政。上大悦"。隋炀帝决定顺势停止军事行动，于八月己巳日班师，至冬十月丁卯回归东都。十月己丑，还至京师。① 由涿郡东行的交通道路，因隋朝三次出兵辽东地区而被先后多次整治，以便于军队行进、粮秣器械运输活动。

第四节　隋炀帝朝北疆民族关系与北疆政局变化

在大业十一年前，隋朝北部边疆的政治局势维持在一种和平稳定状态。此年发生突厥始毕可汗围困隋炀帝于雁门郡城（今山西代县）的严重事件后，北部边疆政治局势开始失序，边疆社会逐渐趋于混乱和割据状态。

一、大业初期北疆民族关系的变化

首先，突厥族与汉族的关系在大业十一年之前状态良好。此年八月的"雁门之围"事件是一重大转折点，此后长达十余年，东突厥诸部频繁南下劫掠农业区域的物质生活资料，致使民族关系处在对立、冲突状态。

其次，就北疆其他民族与汉族关系而言，诸如铁勒、奚、契丹、霫、室韦诸族基本保持和谐之状态。如"大业三年，［铁勒］遣使贡方物，自是不绝云"。② 大业六年六月，室韦族遣使贡献方物于江都宫（在江都郡，今扬州市）。十一年春正月甲午朔，大宴百僚。突厥、契丹、靺鞨、新罗等族并遣使朝贡。③

第三，隋炀帝招抚西突厥部族首领的成效较为明显。早在大业四年二月，隋炀帝就委派司朝谒者崔毅出使于西突厥处罗可汗，建立和谐关系，因而获得西域汗血马。此处"处罗可汗"，即西突厥泥利可汗之子达漫，汗号"泥撅处罗可汗"，简写为"处罗可汗"。仁寿三年"达头之乱"后，突

---

① 《隋书》卷四《炀帝纪下》，第79—83页、第87—88页。
② 《隋书》卷八十四《铁勒传》，第1880页。
③ 《隋书》卷三《炀帝纪上》，第75页；卷四《炀帝纪下》，第88页。

厥政权实际上分裂为东、西两个，处罗可汗遂成为西突厥的大可汗。经过隋朝使者的多次经略与争取，西突厥处罗可汗率其部众归降隋，且内徙中原地区。所谓"［大业七年］十二月己未，西面突厥处罗多利可汗来朝。上大悦，接以殊礼"，"以［大业］七年冬，处罗朝于［涿郡］临朔宫，［炀］帝享之"，即指其事。隋朝并将公主嫁给西突厥处罗可汗，即"大业十年春正月甲寅，以宗女为信义公主，嫁于［西］突厥曷萨那可汗"。当时，"赐锦彩袍千具、彩万匹"。"曷萨那可汗"是隋炀帝赐给处罗可汗的新可汗号。① 隋朝对内迁的西突厥部众予以妥善安置。处罗可汗（曷萨那可汗）家族被安置在长安城，其部众则被安置在会宁郡（今甘肃靖远）管区，逐水草游牧，即"诏留其累弱万余口，令其弟达度阙牧畜［于］会宁郡"。② 换言之，内迁的处罗可汗直管部众也成为隋朝北疆地带突厥族人口的组成部分。

二、大业末年北疆政局的变化

自大业十二年始，北疆地带政治局势急剧趋乱，民变此起彼伏。继之，在北部边疆地带形成多支政治割据势力。诚如《隋书》所载突厥于"隋末乱离，中国人归之者无数，遂大强盛，势陵中夏。迎萧皇后，置于定襄［郡故城］。薛举、窦建德、王世充、刘武周、梁师都、李轨、高开道之徒，虽僭尊号，皆北面称臣，受其可汗之号。使者往来，相望于道也"。③

大业十二年正月，雁门郡人翟松柏起兵于灵丘县，众至数万，转攻旁县。同年九月，安定郡人荔非世雄击杀临泾县令，举兵作乱，自号将军。同年夏四月，魏刁儿所部将领甄翟儿复号历山飞，率众十万，转寇太原。至是年十二月，唐公李渊击破甄翟儿于西河郡境，虏男女数千口。十三年（617）春正月，弘化郡居民刘企成聚众万余人为盗，旁郡苦之。④ 刘企成

---

① 《隋书》卷三《炀帝纪上》，第76页；卷八十四《西突厥传》，第1878页；卷四《炀帝纪下》，第86页。第71页"崔毅"，本书卷八十四《西突厥传》作"崔君肃"，与此不同。可能姓名"崔毅"，字"君肃"。参见第1877页。
② 《隋书》卷八十四《西突厥传》，第1879页。
③ 《隋书》卷八十四《突厥传》，第1876页。
④ 《隋书》卷四《炀帝纪下》，第90—92页。

应是稽胡族人，其部属也应基本以稽胡人为主体。

就在此后，隋末唐初盘踞在北疆地带的几支较大的割据势力先后形成并发展起来。列举如下：

大业十三年二月壬午，朔方郡人梁师都袭杀郡丞唐世宗，据郡反，自称大丞相。

同年二月己丑，马邑郡校尉刘武周袭杀郡太守王仁恭，举兵作乱，北连突厥，自称定杨可汗。壬寅，刘武周攻破武贲郎将王智辩于桑乾镇，智辩死之。

同年夏四月癸未，金城郡校尉薛举率众反，自称西秦霸王，建元秦兴，攻陷陇右诸郡。

同年五月，唐公李渊亦起兵于太原郡城。丙寅，突厥数千寇太原郡，李渊击破之。十一月丙辰，李渊攻入京师长安城，拥立代王杨侑为帝，遥尊隋炀帝为太上皇，改元义宁。

同年秋七月，武威郡人李轨起兵反隋，攻陷河西诸郡，自称凉王，建元安乐。①

同年，五原郡官员张长逊保境安民，成为一支割据势力。因罪流放榆林的左翊卫郭子和也据郡自立，保境安民，成为北疆割据势力之一。

同年，窦建德则成为黄河以北地区最强大的割据者。

在隋末中央政府威权衰弱、无所作为的背景下，上述割据势力自行其是，勾结突厥势力，进攻其他割据者。于是乎，北疆地带跟中原内地一样地陷入政治纷争的局面。

---

① 《隋书》卷四《炀帝纪下》，第92—93页。

第三章　隋朝治理北部边疆的经济举措

隋朝在开皇四年突厥沙钵略可汗归附后，除采取政治、军事、交通等举措稳定北疆秩序之外，出于巩固北疆边防的战略考虑，在北疆地带开展由政府主导的屯田农业开发，就地解决北疆驻防军的军粮供应问题。隋朝的北疆屯田农业开发与管理，经历隋文帝、隋炀帝在位的两个阶段。

第一节　隋朝开皇、仁寿年间屯田农业的开发

隋文帝在稳定北部边疆之后，即着手建立北疆地带的政治、军事、交通秩序，同时采取有效的经济措施——主要是军事屯田，以解决驻防军的粮食由内地长途转运带来的高损耗、低效率的难题。推行北疆地带屯田开发政策的结果是较好地满足了驻军的物资需求。

一、北疆东、中段的屯田农业

隋朝开皇三年，正值突厥骑兵全面南犯的危机时期。隋军频繁出动，实施军事防御作战，后勤物资运输非常艰难。隋文帝于是下令朔州总管府的驻军就地开发屯田农业，以解决军粮供给难题。史载："开皇三年正月，……是时突厥犯塞，吐谷浑寇边，军旅数起，转输劳敝。帝乃令朔州总管赵仲

卿，于长城以北，大兴屯田，以实塞下。"①

　　仔细地审读这段文字，我们基本明确两点：其一是朔州屯田实际应开始于开皇四年。隋文帝于开皇三年做出开发屯田农业的决策，实际执行是在翌年春季。其二是隋朝最早开展的北疆屯田农业所在区域，即"于长城以北"地带。此所谓"长城"，并非隋朝构筑的新长城，而是在开皇元、二年间修缮的北朝长城，具体而言，就是北齐于天保五至七年（554—556）建造的外线长城。这道北齐外线长城西端起于今内蒙古清水河县西界、黄河东岸的二道塔村附近，横穿今清水河县境，以及和林格尔、凉城、丰镇、察右前旗、兴和诸县、市、旗，再向东进入河北省境。②据长城经行的地理位置可知，朔州总管府总管赵仲卿自开皇四年督导的屯田农业区域就在北齐外线长城北侧。《隋书·赵仲卿传》亦载："开皇三年，突厥犯塞……[赵仲卿]迁兖州刺史，未之官，拜朔州总管。于时塞北盛兴屯田，仲卿总统之。微有不理者，[赵]仲卿辄召主掌，挞其胸背，或解衣倒曳于荆棘中。时人谓之猛兽。[然而]事多克济，由是收获岁广，边戍无馈运之忧。"③据此可知，赵仲卿是开皇初期北部边疆东、中段地带兴办屯田农业的总负责人。他对于那些经营屯田不力的官员采取折磨其肉体的粗暴方法予以处罚，然而正是其督导极为严厉，推动了屯田农业迅速发展起来，达到了隋朝中央政府预定的就地供给驻军粮食的目标。所谓"由是收获岁广，边戍无馈运之忧"，就是屯田获得巨大成功的明证。边防军再也不用依赖从内地千里迢迢运输粮食了。

　　开皇五年后，隋朝政府在阴山南侧平原地区先后建置云州总管府（驻榆林关城）、丰州总管府（驻丰州城）。其后，阴山南侧平原地带的屯田农业分别转由云府、丰府负责经营与管理。开皇二十年，云州总管府治城从榆林关城向东迁至大利城，下辖两州——云州、胜州。随着河套地区屯田农业的繁荣兴旺，官方为及时有效地运输、储存屯田农业的粮食，在胜州西

---

① 《隋书》卷二十四《食货志》，第681页。
② 艾冲：《中国古长城新探》，西安地图出版社，2006年，第69—79页。
③ 《隋书》卷七十四《赵仲卿传》，第1696页。

部、黄河南侧开凿出一条人工运河，作为运粮的水路通道。《元和郡县图志》载："大葭芦水，[榆林]县西二百二十里。小葭芦水，[榆林]县西二百四十里。[两水]其间地甚良沃。平河水，首受黄河，隋文帝开之以通屯仓。"① 隋代胜州故城，即今内蒙古鄂尔多斯市准格尔旗十二连城乡古城。这条命名为"平河水"的人工运河，位于今包头市东河区古城湾村与准格尔旗十二连城乡段黄河西南侧，渠首导引黄河之水为源，伸向东南方，沿途接纳小葭芦水、大葭芦水等天然河流，至今十二连城乡北侧又汇入黄河。该运河的开凿成功，使得黄河南北两岸的屯田区域收获的粮食及时储存于官府的大型军粮仓库之中。

其后，由于新分划的政区出现，朔州总管府的屯田农业空间范围有所收缩，主要分布在桑乾水及其支流河川流域。《隋书·郭衍传》曰：开皇五年，"……上大善之，选授朔州总管。所部有恒安镇，北接蕃境，常劳转运。[郭]衍乃选沃饶地，置屯田，岁剩粟万余石，民免转输之劳。又筑桑乾镇，皆称旨"。② 隋代朔州治城，即今山西省朔州市城区。恒安镇故址，即今山西省大同市，位于今朔州市东北方、桑干河北侧支流御河之畔。因此，恒安镇屯田农业区应在今大同市附近的桑干河流域。

二、北疆西段的屯田农业

隋朝开皇三年，突厥势力大规模南犯之后，隋文帝下诏，"又于河西，勒百姓立堡，营田积谷"。③ 隋朝此举意在备战、备荒。其管理与经营模式又与北疆中段地带的屯田农业有所不同。在河西走廊地区，农户相对稠密。在政府主导下，组织本地百姓分别择地建筑城堡，以保障人身安全；同时，组织百姓在指定区域从事屯田农业生产。地方政府每年从农业收成中提取一定数额的粮食，储存于官仓，以备战时之需要。

但是，河西走廊地方官员在贯彻中央政府的屯田政策时依据地方实际

---

① 《元和郡县图志》卷四《关内道四·胜州》，第110—111页。
② 《隋书》卷六十一《郭衍传》，第1469页。
③ 《隋书》卷二十四《食货志》，第681页。

做出灵活的调整。其中,"勒百姓立堡"的指示并未能完全执行;"营田积谷"则在贯彻过程中做出调整,放弃偏远地方的屯田。据《隋书·贺娄子干传》记载:"开皇元年,……高祖虑边塞未安,即令子干镇凉州。……其年(开皇三年),……高祖以陇西频被寇掠,甚患之。彼[地风]俗不设村坞,敕子干勒民为堡,营田积谷,以备不虞。子干上书曰:'比者凶寇侵扰,荡灭之期,匪朝伊夕。伏愿圣虑,勿以为怀。今臣在此,观机而作,不得准诏行事。且陇西、河右,土旷民稀,边境未宁,不可广为田种。比见屯田之所,获少费多,虚役人功,卒逢践暴。屯田疏远者,请皆废省。但陇右之民以畜牧为事,若更屯聚,弥不获安。只可严谨斥候,岂容集人聚畜。请[于]要路之所,加其防守,但使镇戍连接,烽候相望,民虽散居,必谓无虑。'高祖从之。"① 显然,河西走廊屯田农业仍旧存在与发展,唯在空间分布上有所收缩,即放弃那些"屯田疏远者",以便于官府管理与护卫。屯田区域主要分布在凉州、甘州和肃州之地,且以民屯为主要经营模式。

第二节 隋朝大业年间屯田农业的管治

隋炀帝继位后,继承着文帝时期的北疆经济方略,仍旧推行边疆屯田农业的开发与管理。中央政府特别设立"屯田主事"之官,专职管理全国边疆地带的屯田之政。② 历史文献记载:隋炀帝在位期间,"盛兴屯田于玉门、柳城之外"。③ 这就表明,至隋炀帝时期,北疆地带屯田农业继续存在与发展,而且与长途转运方式相结合,相当有效地满足了驻防军和出征军的粮食需求。

一、北疆东段的屯田农业

依据"盛兴屯田于玉门、柳城之外"的记载可知,隋炀帝时期"柳城"

---

① 《隋书》卷五十三《贺娄子干传》,第1352页。
② 《隋书》卷二十四《食货志》,第687页。
③ 《隋书》卷四《炀帝纪下》,第94页。

地区屯田经济相当发达。所谓"柳城",实际是指隋朝后期的辽西郡建制单位。史家在此以隋朝后期辽西郡的附郭县"柳城"代指辽西郡。至隋炀帝大业年间,由于中央政府的大力提倡与督导,辽西郡管区的屯田农业得到大发展。因此,史书采用"盛兴"一词表达其发展的规模与程度。

一般而言,官府主导的屯田开发事业,首先选择宜农土地兴办农耕。隋朝后期辽西郡域的屯田农业也不例外。所谓宜农土地,是指地势较为平衍、土层深厚肥沃、气候相对温和、具备水利资源的土地。依此审视隋代辽西郡屯田农业分布区域情势,东达辽河西侧,南至渤海海滨,西北未超越今努鲁儿虎山脉,大体相当今大凌河中游与下游河谷地带及其毗邻区域。辽西郡屯田区域是隋朝北部边疆东端的屯田农业分布区,具有重要的战略支撑作用。

直至大业九年,隋朝政府仍持续推进柳城地区的屯田活动。此年正是隋朝发动第二次征伐高句丽军事行动之年。隋炀帝也未忽视在辽西郡兴办屯田农业。史载:此年,"又发诸州丁,分为四番,于辽西柳城营屯,往来艰苦,生业尽罄"。① 由此可知,屯田早已成为当地驻军的经济基础。

二、北疆中、西段的屯田农业

同样道理,依据"盛兴屯田于玉门、柳城之外"的记载可知,隋炀帝时期"玉门"地区的屯田经济也是相当发达。此处所谓"玉门",是指隋炀帝时期的敦煌郡玉门县,并非当时的玉门关(今甘肃省瓜州县双塔堡村附近)。玉门故城,即今甘肃省玉门市西北的赤金镇,位于隋敦煌郡东部。其西方还有两个县级单位:常乐县(故城在今甘肃省瓜州县东南部)、敦煌县(故城在今甘肃省敦煌市西侧、党河西岸)。② 与"柳城"的情形一致,史家在此也是用"玉门"代指敦煌郡境。所谓"玉门之外",是指玉门县以西的敦煌郡全境。"盛兴屯田于玉门之外",就是盛兴屯田农业于敦煌郡境。

敦煌郡地区深居内陆,气候干燥,降雨稀少,且四周被高山、沙碛围绕。在这样的自然环境中,屯田农业只能依赖祁连山冰雪融水发展农田灌溉

---

① 《隋书》卷二十四《食货志》,第688页。
② 《隋书》卷二十九《地理志上·敦煌郡》,第816页。

才能持续发展下去。敦煌郡境内存在两条较大的发源于祁连山脉的河川，即经行于东部的疏勒河，流经于郡城附近的党河。屯田区域显然是依循河川而分布，以便于引水灌溉，保证农业收成。每当农作物生长需要大量水分供养之际，祁连山冰雪融化后的流水通过人工开挖的灌溉渠道被源源不断地输送至农田，保障了屯田农业的收成。

大业五年，隋朝中央政府在击败吐谷浑后，"于是置河源郡、积石镇。又于西域之地，置西海、鄯善、且末等郡。谪天下罪人，配为戍卒，大开屯田，发西方诸郡运粮以给之。道里悬远，兼遇寇抄，死亡相续"。① 其中的"河源郡""积石镇"和"西海郡"故地在今青海省境，姑且不论。② 西海郡治城故址在今青海省青海湖西侧、原吐谷浑都城——伏俟城。鄯善郡，治城"置在鄯善城，即古楼兰城也"，故址在今新疆维吾尔自治区塔里木盆地东部若羌县，其管区有蒲昌海、鄯善水，"统县二：显武、济远"③。且末郡，治所"置在古且末城"，故址在今新疆东南部、且末县，其管区有且末水、萨毗泽，"统县二：肃宁、伏戎"④。此两郡故城位于塔里木盆地东南部、车尔臣河流经的绿洲区域。自大业五年始，隋朝在新置四郡——尤其是鄯善、且末两郡绿洲区域适于农耕之地兴办屯田农业。其所用耕作者皆是发配至当地的内地罪犯。他们在当地选择地块，"大开屯田"，从事种植业。最初阶段，他们的口粮由官府供给，即朝廷"发西方诸郡以给之"。为向鄯善、且末诸郡戍卒运送粮食，付出了高昂的代价——"道里悬远，兼遇寇抄，死亡相续"。

延至大业九年，隋炀帝仍要求从内地向西北疆转运粮食。史载："[大业] 九年，诏又课关中富人，计其赀产出驴，往伊吾、河源、且末 [诸郡]

---

① 《隋书》卷二十四《食货志》，第687页。
② 《隋书》卷六十三《刘权传》，第1503—1505页。所谓"大业五年，从征吐谷浑，[刘] 权率众出伊吾道，与贼相遇，击走之。逐北至青海，虏获千余口，乘胜至伏俟城。帝复令 [刘] 权过曼头、赤水，置河源郡、积石镇，大开屯田，留镇西境。在边五载，诸羌怀附，贡赋岁入，吐谷浑余烬远遁，道路无壅。征拜司农卿，加位金紫光禄大夫"。
③ 《隋书》卷二十九《地理志上·鄯善郡》，第816页。
④ 《隋书》卷二十九《地理志上·且末郡》，第816页。

运粮。多者至数百头［驴］，每头价至万余。"① 这似乎显示出，此前在鄯善、且末等郡兴办的屯田农业并未收到令人满意的成效。

至于隋炀帝时期北疆中段地带的屯田经济状况，由于历史资料欠缺，暂付阙如。

---

① 《隋书》卷二十四《食货志》，第688页。

第四章　唐朝前期治理北部边疆的军政举措

公元618年，唐朝在国都长安城建立，隋朝就此灭亡。唐朝面临着隋末全国政局紊乱的形势，即各地割据势力林立，需要重新统一全国，恢复政治秩序。北部边疆地带也是如此局面。唐朝经过若干年的政治笼络与军事进取，重新构建了北部边疆的政治秩序，并在隋朝的边疆治理基础上取得了新的发展，尤其是在唐朝前期，这种变化特别突出。

第一节　唐朝初期北疆的政治形势

所谓"唐初"是指唐高祖统治的武德年间（618—626）。在此期间，北部边疆存在着自隋朝末年出现的诸多割据势力。除东突厥部族政权外，还有以高开道、罗艺、刘武周、宋金刚、苑君璋、刘季真、郭子和、张长逊、梁师都、薛举、李轨为首的地方割据势力。

一、北疆东突厥部族割据政权

自隋文帝仁寿三年突厥分化为东突厥、西突厥两个地域实体后，东突厥在其首领启民可汗的领导下保持着臣属于隋朝中央政府的有序局面。在启民可汗去世后，其长子阿史那咄吉世继位为始毕可汗。从大业十一年"雁门之围"事件始，东突厥始毕可汗以叛逆举动与隋朝中央政府逐渐疏离。其后，又支持北部边疆及其附近的割据势力，谋取私利。始毕可汗死后，其两个弟弟相继即位为处罗可汗、颉利可汗，继续实行支持地方割据势力的政策，并迎来隋朝萧皇后及其孙杨正道，奉杨正道为隋王，安置在定襄城（今内蒙古和林格尔县北部土城子古城址），打着复辟隋朝的旗号，频频南下内地抢劫。

《旧唐书》载："始毕可汗咄吉［世］者，启民可汗［之］子也。隋大业中嗣位，值天下大乱，中国人奔之者众。其族强盛，东自契丹、室韦，西尽吐谷浑、高昌诸国，皆臣属焉，控弦百余万。北狄之盛，未之有也。高视［于］阴山，有轻中夏之志。"唐高祖李渊起兵于太原郡时，曾派遣刘文静"聘于始毕，引以为援"。"始毕遣其特勤康稍利等献马千匹，会于绛郡，又遣两千骑助军，从平京城。及［唐］高祖继位，前后赏赐，不可胜纪。始毕自恃其功，益骄踞，每遣使者至长安，颇多横恣。高祖以中原未定，每优容之。……［武德］二年二月，始毕帅兵渡河至夏州，贼帅梁师都出兵会之，谋入抄略，授马邑［郡］贼帅刘武周兵五百余骑，遣入句注［陉］，又追兵大集，欲侵太原［郡］。是月，始毕卒。其子什钵苾以年幼不堪嗣位，立为泥步设，使居东偏，直幽州之北，立其弟俟利弗设，是为处罗可汗。"①

处罗可汗于武德二年（619）二月继承汗位。"处罗可汗嗣位，又以隋义成公主为妻，遣使入朝告丧。高祖为之举哀，废朝三日，诏百官就馆吊其使者，又遣内史舍人郑德挺往吊处罗，赐物三万段。处罗此后频遣使朝贡。先是，隋炀帝萧后及齐王暕之子［杨］政道陷于窦建德。三年二月，处罗迎之，至于牙所，立正道为隋王。隋末中国人在虏庭者，悉隶于政道，行隋正朔，置百官，居于定襄城，有徒一万。时太宗在藩，受诏讨刘武周，师次太原，处罗遣其弟步利设率二千骑与官军会。六月，处罗至并州，总管李仲文出迎劳之，留三日，城中美妇人多为所掠，仲文不能制。俄而处罗卒，义成公主以其子奥射设丑弱，废不立之，遂立处罗之弟咄苾，是为颉利

---

① 〔后晋〕刘昫等撰：《旧唐书》卷一百九十四上《突厥传上》，中华书局，1975年，第5153—5154页。

可汗。"①

颉利可汗于武德三年（620）六月嗣位。"颉利可汗者，启民可汗第三子也，初为莫贺咄设，牙[帐]直五原[郡]之北。高祖入长安，薛举犹据陇右，遣其将宗罗睺攻陷平凉郡，北与颉利连结。高祖患之，遣光禄卿宇文歆赍金帛以赂颉利。歆说之，令绝交于薛举。初，隋五原[郡]太守张长逊因乱以其所部五原城隶于突厥。歆又说颉利遣长逊入朝，以五原地归于我。颉利并从之，因发突厥兵及长逊之众，并会于太宗军所。武德三年[六月]，颉利又纳义成公主为妻，以始毕之子什钵苾为突利可汗，遣使入朝，告处罗死[讯]。高祖为之罢朝一日，诏百官就馆吊其使。颉利初嗣位，承父兄之资，兵马强盛，有凭陵中国之志。高祖以中原初定，不遑外略，每优容之，赐与不可胜计，[但]颉利言辞悖傲，求请无厌。四年四月，颉利自率万余骑，与马邑贼苑君璋将兵六千人共攻雁门[郡]，定襄王李大恩击走之。先是汉阳公瑰、太常卿郑元璹、左骁卫大将军长孙顺德等各使于突厥，颉利并拘之；我亦留其使者前后数辈。至是为大恩所挫，于是乃惧，仍放顺德还，更请和好，献鱼胶数十斤，欲令二国同于此胶。高祖嘉之，放其使者特勤热寒、阿史德等还蕃，赐以金帛。"② 此后数年，东突厥连年进攻内地。武德五年（622）春，突厥数万骑兵与刘黑闼合军围攻唐军屯驻的新城，"王师败绩，[李]大恩殁于阵，死者数千人"。同年六月，突厥分兵三路南侵，突厥与刘黑闼共万余骑进掠河北地区，颉利亲率五万骑抢掠并州，继至汾州、潞州，数千骑抢掠灵、原等州地区，给当地民众造成重大的生命、财产损失。武德七年八月，颉利召集突厥骑兵大举入寇，取道于原州而推进至泾州、宁州、幽州，李世民采用军事防御和政治分化的两手应对，化解了突厥的攻势。③ 武德八年（625）七月，颉利可汗集兵十余万，大掠朔州，袭击并州，击溃驻军。 武德九年（626）七月，颉利可汗亲自率十余万骑兵南侵，寇掠京畿地区的武功、高陵、泾阳诸县，兵临渭水。唐都长安

---
① 《旧唐书》卷一百九十四上《突厥传上》，第5154页。
② 《旧唐书》卷一百九十四上《突厥传上》，第5155页。
③ 《旧唐书》卷一百九十四上《突厥传上》，第5156页。

城紧急戒严。唐太宗李世民率六骑至渭水之上，与颉利隔津而语，责以负约。"是日，颉利请和，诏许焉，车驾即日还宫。乙酉，又幸城西，刑白马，与颉利同盟于便桥之上，颉利引兵而退。……九月，颉利献马三千匹、羊万口，上不受，诏颉利所掠中国户口者悉令归之。"①

二、唐初北疆其他割据势力及其灭亡

除北疆的东突厥部族政权外，北疆其他的汉族割据势力尚多。他们在隋末唐初的特定时期，往往与突厥相勾结，形成一个个地方割据势力。例如：高开道、罗艺、刘武周（包括宋金刚及苑君璋）、刘季真、郭子和、张长逊、梁师都、薛举、李轨等。

（一）高开道为首的地方割据势力

隋大业末年崛起，初以渔阳郡城（今天津蓟州区）为都城，后徙至怀戎城（今河北怀来）。据《旧唐书》载："高开道，沧州阳信人也。少以煮盐自给，有勇力，走及奔马。隋大业末，河间人格谦拥兵于豆子䴚，开道往从之，署为将军。后谦为隋师所灭，开道与其党百余人亡匿海曲。复出掠沧州，招集得数百人，北掠城镇，临渝至于怀远[诸镇]皆破之，悉有其众。"至唐武德元年，高开道率兵围攻北平郡，持续数年，迫使隋将李景拔城而去。高开道既取其地，又进陷渔阳郡。"有马数千匹，众且万人，自立为燕王，都于渔阳[郡城]"，建立"燕国"割据政权。既而应怀戎沙门高昙晟之招诱而伪从之，受其"齐王"之号，"开道以众五千人归之，居数月，袭杀昙晟，悉并其众"。武德三年，以怀戎城为都，复称燕王，建元，署置百官。其后，罗艺在幽州被窦建德军队包围，告急于开道。高开道乃率二千骑驰援之。窦建德惧其骁锐，解围而去。高开道遂因罗艺遣使来降，诏封之为北平郡王，赐姓李氏，授蔚州总管。但高开道不久复叛唐而割据，截获幽州罗艺运粮车队，"悉留之，北连突厥，告绝于[罗]艺，复称燕国"。是岁，高开道与刘黑闼联合进犯山东，攻易州，不克而退。其后数

---

① 《旧唐书》卷一百九十四上《突厥传上》，第5157—5158页。

年,高开道又引突厥频来为寇,太行山以东的恒、定、幽、易等州皆罹其患。突厥颉利可汗攻马邑,以高开道之兵善为攻具,引之陷马邑而去。至武德七年,天下大定,其手下将士多山东人,思还本土,人心离散。在此形势下,高开道被其部将张金树攻杀。张金树遂归降唐朝。高开道自初起反隋至灭亡,历时八年。① 唐朝在讨平高开道后,置北燕州,复北齐旧名。贞观八年,改名妫州,取妫水为名。②

（二）罗艺为首的地方割据势力

罗艺于隋朝大业末年割据后,以幽州城为统治中心。《旧唐书》载:"罗艺字子延,本襄阳人也,寓居京兆之云阳。……[罗]艺性桀黠,刚愎不仁,勇于攻战,善射,能弄矟。大业时,屡以军功官至虎贲郎将,炀帝令[之]受右武卫大将军李景节度,督军于北平[郡]。"大业十二年"后遇天下大乱,涿郡物殷阜,加有伐辽器仗,仓粟盈积"。罗艺因饥荒而鼓动部众夺取涿郡城,"于是发库物以赐战士,开仓以赈穷乏,境内咸悦。杀渤海郡太守唐袆等不同己者数人,威振边朔,柳城、怀远并归附之。[罗]艺黜柳城[郡]太守杨林甫,改[柳城]郡为营州,以襄平[郡]太守邓暠为[营州总管府]总管,[罗]艺自称幽州[总管府]总管"。至此时,罗艺控制着隋朝的涿（幽州）、北平（平州）、渤海（棣州）、柳城（营州）、怀远（燕郡,治今辽宁义县）、襄平（辽东郡,故址在今沈阳市西北）六郡之地,成为北疆地带一支重要的割据势力。

其后,宇文化及、窦建德、高开道相继遣使招降罗艺。罗艺皆予拒绝,而决意归附李渊政治集团。他对部属说:"'建德、开道皆剧贼耳,化及弑逆,并不可从。今唐公起兵,皆符人望,入据关右,事无不成。吾率众归之,意已决矣,有沮众异意者必戮之'。会我使人张道源绥辑山东,遣人谕意,艺大悦。武德三年,奉表归国。诏封燕王,赐姓李氏,预宗正属籍。"③ 秦王李世民率军征讨刘黑闼期间,燕王罗艺率军马数万人助战。

---

① 《旧唐书》卷五十五《高开道传》,第2256—2257页。
② 《旧唐书》卷三十九《地理志二》,第1519页。
③ 《旧唐书》卷五十六《罗艺传》,第2277—2278页。

明年，刘黑闼引突厥骑兵入寇河北地区，罗艺复将兵与太子李建成会师于洺州，因请入朝，遂至京师长安城觐见唐高祖。其时，"突厥屡为寇患，[唐高祖]以[罗]艺素有威名，为北夷所惮，令以本官领天节军将镇泾州。"① 至贞观元年（627）正月，罗艺在泾州（今甘肃平凉）谋反，袭取豳州（今陕西彬州），遭到讨伐而兵败。"[罗]艺众溃，弃妻子，将奔突厥。至乌氏，左右斩之，传首长安。"② 随后，被"枭之于市"。这支割据势力就此败亡。

（三）刘武周为首的地方割据势力（包括宋金刚、苑君璋等人）

这股割据势力以马邑城为都，一度控制河东地域大部。史载："刘武周，河间景城人。父[刘]匡，徙家马邑。……武周骁勇善射，交通豪侠。……武周因去家入洛[阳]，为太仆杨义臣帐内，募征辽东，以军功授建节校尉。还家，为鹰扬府校尉。"隋大业末年，刘武周因马邑郡饥荒而煽惑民众，袭杀郡太守王仁恭，起兵反隋，割据雁北。初，"武周自称太守，遣使附于突厥"。此后，相继在桑乾镇等地击败隋朝讨伐军队，攻取雁门郡、楼烦郡。"进取汾阳宫，获隋宫人以赂突厥，始毕可汗以马报之，兵威益振。乃攻陷定襄[郡]，复归于马邑。"至此，刘武周割据集团控制着马邑、雁门、楼烦和定襄四郡之地。是时，刘武周在突厥支持下建立"□国"割据政权。即"突厥立武周为定杨可汗，遗以狼头纛。[武周]因僭称皇帝，以妻沮氏为皇后，建元为天兴。以卫士杨伏念为左仆射，妹婿同县人苑君璋为内史令"。③ 就在此时，活动在易州地界的割据者宋金刚因与窦建德交战失败，率其残余部众四千人投奔刘武周。武周素闻金刚善用兵，得之甚喜，号为宋王，委以军事，中分家产遗之。两股割据势力遂合二为一。宋金刚又说武周入图晋阳，南向以争天下。刘武周与突厥骑兵联军遂越过句注山，侵掠并州、介州，接连击败唐朝军队，进取晋州、浍州、蒲州诸城及其

---

① 《旧唐书》卷五十六《罗艺传》，第2279页。
② [宋]司马光：《资治通鉴》卷一百九十二《唐纪八》"太宗贞观元年（627）"，中华书局，1956年，第6032—6033页。
③ 《旧唐书》卷五十五《刘武周传》，第2252—2253页。

属县治城。又围绛州城，攻浩州。唐朝政府军在李世民的指挥下，接连在浩州、介州击败割据武装，继之进攻并州。刘武周抵挡不住唐军的攻势，"武周大惧，率五百骑弃并州北走，自乾烛谷亡奔突厥。[宋]金刚复收其亡散以拒官军，人莫之从，与百余骑复奔突厥"。李世民进平并州，悉复故地。不久之后，宋金刚背突厥而逃亡，将还上谷[郡]，被突厥骑兵追获而处死；刘武周也欲逃回马邑郡，事泄，为突厥所杀。"武周自初起至死，凡六载。"①

在刘武周死后，突厥又以苑君璋为大行台，统其余众，仍令郁射设督兵助镇。其部将高满政劝其"不如尽杀突厥以归唐朝"，苑君璋不从。高满政遂因人心所向于夜间袭击苑君璋，迫使其亡奔突厥。高满政遂以马邑郡城降唐，被授予朔州总管府总管，封为荣国公。次年（武德六年）九月至十月，苑君璋引突厥骑兵反攻马邑，杀死唐朝朔州总管高满政而去，退保恒安。其后（武德七年），苑君璋因其部众离散而欲降唐，突厥颉利可汗嗣位后复遣使召之，最终采纳部将郭子威的主张重新投靠突厥。"君璋然其计，乃执我行人送于突厥，[数次]与突厥合军寇太原之北境。"不久（武德九年），苑君璋眼见颉利政局混乱，终于决心归唐。贞观元年五月，苑君璋"竟率所部来降，拜安州[都督府]都督，封芮国公，赐实封五百户"。至此，朔州地区的割据势力刘武周、宋金刚、苑君璋等相继被唐朝军队平定。②

此外，隋朝末年，离石郡稽胡首领刘龙儿、刘季真父子拥兵数万割据一方。"及义师起，季真与弟刘六儿复举兵为盗，引刘武周之众攻陷石州。[刘]季真北连突厥，自称突利可汗，以六儿为拓定王，甚为边患。……及[宋]金刚败，季真亡奔高满政，寻为所杀。"③ 其弟刘六儿遣使降唐，受

---

① 《旧唐书》卷五十五《刘武周传》，第2253—2255页。
② 《旧唐书》卷五十五《刘武周传附苑君璋传》，第2255—2256页。《资治通鉴》卷一百九十《唐纪六》"高祖武德六年（623）"，第5973页；卷一百九十一《唐纪七》"唐高祖武德七年（624）"，第5991页；卷一百九十二《唐纪八》"唐太宗贞观元年（627）"，第6035页。苑君璋降唐后被委任的官职，《资治通鉴》则称"隰州都督"。
③ 《旧唐书》卷五十六《刘季真传》，第2281—2282页。

任岚州总管。①

（四）郭子和为首的地方割据势力

隋大业末年郭子和割据之后，初以榆林郡城为基地。史载："李子和者，同州蒲城人也。本姓郭氏。大业末，为左翊卫，犯罪徙榆林［郡］，见郡内大饥，遂潜引敢死士，得十八人，攻郡门，执郡丞王才，数以不恤百姓［之罪］，斩之，开仓以赈贫乏。"郭子和自称"永乐王"，建元为"正平"，尊其父为太公，以弟子政为尚书令，子端、子升为左、右仆射。有众两千余骑，南连梁师都，北附突厥始毕可汗，并送子为质以自固。始毕先署刘武周为定杨天子、梁师都为解事天子，又以子和为平杨天子。子和固辞不敢当，始毕乃更任命郭子和为屋利设。郭子和遂成为割据北部边疆胜州地区的实力派。

至唐武德元年，郭子和向唐朝遣使归款，被授予榆林郡太守，其割据地区归并于唐朝。寻拜为云州［总管府］总管，封金河郡公。二年，进封郕国公。是时，梁师都强暴，子和虑为所攻，寻勒兵袭占梁师都控制的宁朔城，克之。郭子和既绝梁师都，又伺突厥间隙，遣使以闻，为处罗可汗候骑所获。处罗大怒，囚其弟子升。子和自以孤危，甚惧。遂于武德四年（621）拔榆林郡户口南迁。唐高祖诏以延州故城居之。武德五年，随秦王李世民征讨河北地区的刘黑闼，陷阵有功。唐高祖嘉其诚节，赐姓李氏，拜右武卫将军。……麟德九年卒。②

（五）张长逊为首的地方割据势力

隋朝大业末年，张长逊以五原郡城为割据中心。史称：张长逊，京兆栎阳人也。隋大业中任五原郡（丰州）通守，镇守北陲。大业末，"以中原大乱，举郡附突厥。突厥以为割利特勤"。③其意在保境安民，等待回归国家统一。其后，西秦割据政权"郝瑗说薛举，与梁师都及突厥连兵以取长安［城］，举从之。时启民可汗之子咄苾号莫贺咄设，建牙直五原［郡］之

---

① 《资治通鉴》卷一百八十七《唐纪三》"高祖武德二年（619）"，第5856页。
② 《旧唐书》卷五十六《李子和传》，第2282—2283页。
③ 《资治通鉴》卷一百八十五《唐纪一》"高祖武德元年（618）"，第5786—5787页。

北。举遣使与莫贺咄设谋入寇，莫贺咄设许之。唐王使都水监宇文歆赂莫贺咄设，且为陈厉害，止其出兵；又说莫贺咄设遣张长逊入朝，以五原〔郡〕之地归之中国。莫贺咄设并从之。"至唐武德元年夏四月，己卯，"武都、宕渠、五原等郡皆降。〔唐〕王即以〔张〕长逊为五原〔郡〕太守。长逊又诈为诏书与莫贺咄设，示知其谋。莫贺咄设乃拒〔薛〕举、〔梁〕师都等，不纳其使。"① 张长逊自此以五原郡地区归降李渊政治集团。武德元年六月，唐朝恢复总管府建制，遂委任张长逊为丰州总管府总管，仍治丰州城。至武德四年夏四月，己丑，丰州总管张长逊赴京师朝觐唐高祖。史载："时言事者多云，长逊久居丰州，为突厥所厚，非国家之利。长逊闻之，请入朝，上许之。会太子建成北伐稽胡，长逊帅所部会之，因入朝，拜右武候将军。"②

（六）梁师都为首的地方割据势力

隋朝大业末年，梁师都割据势力形成后，以朔方郡城（夏州）为其京都。《旧唐书》载："梁师都，夏州朔方〔县〕人也。代为本郡豪族，仕隋〔为〕鹰扬郎将。大业末，罢归。属盗贼群起。"梁师都阴结徒党数十人，杀朔方郡丞唐宗，据郡反。自称大丞相，北连突厥。隋将张世隆击之，反为所败。师都因遣兵略定雕阴、弘化、延安等郡，于是僭即皇帝位，称"梁国"，建元为永隆。突厥始毕可汗遗以狼头纛，号为大度毗伽可汗。师都乃引突厥移居河南之地，攻破盐川郡。至此，"梁国"割据政权控制着隋朝五个郡级政区，即朔方、雕阴、弘化、延安、盐川五郡，以及灵武郡东部。之后，梁师都改郡为州，并新置几个建制州。

武德二年，梁师都与突厥数千骑联合进攻延州地区。唐朝延州总管府总管段德操督兵迎战，在野猪岭前后夹击敌军，获全胜。史称"〔梁〕师都与〔唐军副总管梁〕礼酬战久之，德操多张旗帜，奄至其后，师都大溃，〔唐军〕逐北二百余里，虏男女二百余口"。当唐军打败刘武周武装集团后，梁

---

① 此所谓武德元年四月，实际仍属隋朝大业十四年，或称义宁二年。同年五月戊午，隋恭帝才禅让帝位于唐，逊居代邸。甲子，唐王即皇帝位于太极殿，大赦，改元。参见《资治通鉴》卷一百八十五《唐纪一》"高祖武德元年（618）"，第5791页。
② 《资治通鉴》卷一百八十九《唐纪五》"高祖武德四年（621）"，第5911页。

师都的部将多人降唐。"师都大惧,遣其尚书陆季览[赴突厥]说处罗可汗曰:'比者中原丧乱,分为数国,势均力弱,所以北附突厥。今武周既灭,唐国益大,师都甘从亡破,亦恐次及可汗。愿可汗行魏孝文之事,遣兵南侵,师都请为乡导。'处罗从之。谋令莫贺咄设入自原州,泥步设与师都入自延州,处罗入自并州,突利可汗与奚、霫、契丹、靺鞨入自幽州,合于窦建德,经滏口道来会于晋、绛[诸州]。兵临发,遇处罗死,乃止。"①

其后,唐朝延州总管段德操挥师进攻梁国巢穴夏州城,夺其东城,形成对峙状态。即唐"[段]德操悉发边兵进击[梁]师都,拔其东城。师都退据西城,又求救于突厥颉利可汗。颉利以劲兵万骑救援之。时稽胡大帅刘仚成率众降师都,师都信谗杀之,于是群情疑惧,多叛师都来降。师都势蹙,乃往朝颉利,为陈入寇之计。自此频致突厥之寇,边州略无宁岁。颉利可汗[于武德九年]之寇渭桥,亦师都计也"②。

至贞观元年,突厥颉利可汗部众离心,内忧日重。唐太宗判断梁师都势危援孤,处境窘迫,遂致书谕之,师都不从。唐朝遂遣夏州长史刘旻、司马刘兰经略之。有得其生口者,辄纵遣令为反间,离其君臣之计。频选精骑践其禾稼,城中渐虚,归命者相继,皆善遇之,由是益相猜阻。贞观二年(628),唐朝将军柴绍、薛万均奉命率军讨伐之;又令刘旻、刘兰率劲卒直据朔方东城,以逼之。突厥颉利可汗遣兵来援师都,柴绍逆击破之。大军进屯夏州城下,围之。师都兵势日蹙。其从父弟梁洛仁袭斩师都,诣柴绍投降。梁国割据势力至此覆灭。唐朝拜梁洛仁为右骁卫将军,封朔方郡公。梁师都自起事至灭亡,历时共十二岁。唐朝复以其地置夏州。③

(七)薛举为首的地方割据势力

隋朝大业末年,薛举政治集团割据于陇右地区,建立"西秦"政权,初以金城郡城(兰州)为都,继而迁都于天水郡城(秦州)。史载:"薛举,河东汾阴[县]人也。其父[薛]汪,徙居金城[郡]。举容貌瑰伟,凶

---

① 《旧唐书》卷五十六《梁师都传》,第2280页。
② 《旧唐书》卷五十六《梁师都传》,第2281页。
③ 《旧唐书》卷五十六《梁师都传》,第2281页。

悍善射，骁武绝伦，家产钜万，交结豪猾，雄于边朔。初，为金城府校尉。大业末，陇西群盗蜂起，百姓饥馁，金城[县]令郝瑗募得数千人，使举讨捕。"薛举乘机发起暴动。当县令郝瑗"授甲于郡中，吏人咸集"之时，薛举与其子薛仁杲及其他同谋者十三人，于座中劫持郝瑗，"矫称收捕反者，因发兵囚郡县官，开仓以赈贫乏"。薛举"自称西秦霸王，建元为秦兴，封[长子]仁杲为齐公、少子仁越为晋公"。于是，建立"西秦"割据政权。"有宗罗睺者，先聚党为群盗，至是帅众会之，[被薛举]封为义兴公，余皆以次封拜。掠官牧马，招集群盗，兵锋甚锐，所至皆下。"不久，薛举率精锐士兵二千进攻隋朝官军屯驻的枹罕郡城，经过激战而夺取枹罕。恰在其"时羌首钟利俗拥兵二万在岷山界，尽以众降举，兵遂大振。[薛举]进仁杲为齐王，授东道行军元帅；仁越为晋王，兼河州刺史；[宗]罗睺为义兴王，以副仁杲。[薛举]总兵略地，又克鄯、廓二州，数日间，尽有陇西之地，众至十三万"。至隋大业十三年秋七月，"[薛举]僭号于兰州，以妻鞠氏为皇后，母为皇太后，起坟茔，置陵邑，立庙于[兰州]城南"。其月，"仁杲进兵围秦州。仁越兵趋剑口，至河池郡，太守萧瑀拒退之。[薛]举命其将常仲兴渡河击李轨，与轨将李赟大战于昌松。仲兴败绩，全军陷于轨。及仁杲克秦州，举自兰州迁都之"。继而，薛仁杲率军东逾陇山进攻扶风郡，"汧源[县]贼帅唐弼率众拒之，兵不得进。……仁杲因弼驰备，袭破之，并有其众。弼以数百骑遁免。举[兵]势益张，军号三十万，将图京师"①。至此之时，西秦割据政权已实际控制着兰州（金城郡）、河州（枹罕郡）、鄯州（西平郡）、廓州（浇河郡）、秦州（天水郡）、岐州（扶风郡），以及河池郡局部。其地跨连陇山西、东两侧。

而就在此时，李渊率军进入长安城，平定关中大部。秦王李世民率师进攻关中西部的扶风郡，击败薛仁杲所部，斩首数千级，追奔至陇坻而还。李渊集团将薛举势力打退至陇山之西。

其后，薛举"西秦"割据政权与李渊集团在陇山东西反复攻防，争夺控

---

① 《旧唐书》卷五十五《薛举传附薛仁杲传》，第2245—2246页。

制区域。薛举"乃厚赏[郝]瑗,引为谋主。瑗又劝[薛]举连结梁师都,共为声势,厚赂突厥,饵其戎马,合从并力,进逼京师。举从其言,与突厥莫贺咄设谋取京师。莫贺咄设许以兵随之,期有日矣。会都水监宇文歆使于突厥,歆说莫贺咄设止其出兵,故举谋不行"。至唐朝武德元年,"丰州[总管府]总管张长逊进击宗罗睺。[薛]举悉众来援,军屯高墌城,纵兵虏掠,至于豳、岐之地。太宗又率众击之,军次高墌城,度其粮少,意在速战,乃命深沟坚壁,以老其师"。但薛举突袭唐军,败之,攻取高墌城,又遣薛仁杲进围宁州。当他即将进军长安城之际,突发急病,未几而病死。其子"仁杲代董其众,伪谥举为武皇帝,未葬而仁杲灭"。

薛仁杲,薛举之长子也,多力善骑射,军中号为万人敌。然所至多杀人,纳其妻妾。"……初,拔秦州,悉召富人倒悬之,以醋灌鼻,或杙其下窍,以求金宝。……举死,仁杲[继]立于折墌城。与诸将帅素多有隙,及嗣位,众咸猜惧。郝瑗哭举悲思,因病不起,自此兵势日衰。"武德元年,唐高祖遣秦王李世民"率诸军以击仁杲,师次高墌,而坚壁不动"。下令不许部将言出战。薛仁杲有勇无谋,且粮运不继,将士稍离,其内史令翟长孙率部众来降,其妹夫、伪左仆射钟俱仇以河州归国。在此有利形势下,李世民于武德元年十一月发动"浅水原之战",奋击大破之,乘胜进薄折墌城。薛仁杲在穷途末路之际,率伪百官开门出降,李世民纳之。"王师振旅,以仁杲归于京师,[将薛仁杲]及其首帅数十人皆斩之。举父子相继伪位至灭,凡五年,陇西平。"①至此,唐朝平定"西秦"割据政权。

(八)李轨为首的地方割据势力

隋朝大业末年,李轨政治集团建立"大凉"割据政权,以凉州城(今甘肃武威市)为统治中心。史载:"李轨,字处则,武威姑臧人也。有机辩,颇窥书籍,家富于财,赈穷济乏,人亦称之。大业末,为鹰扬府司马。[其]时,薛举作乱于金城,轨与同郡曹珍、关谨、梁硕、李赟、安修仁等谋曰:'薛举残暴,必来侵扰,郡官庸怯,无以御之。今宜同心戮力,

---

① 《资治通鉴》卷一百八十五《唐纪一》"高祖武德元年(618)",第5820—5824页。《旧唐书》卷五十五《薛举传附薛仁杲传》,第2247—2248页。

保据河右，以观天下之事，岂可束手于人，妻子分散！'乃谋共举兵，皆相让，莫肯为主。曹珍曰：'常闻图谶云"李氏当王"。今轨在谋中，岂非天命也。'遂拜贺之，推以为主。轨令修仁夜率诸胡入内苑城，建旗大呼，[李]轨于郭下聚众应之，执缚隋虎贲郎将谢统师、郡丞韦士政。轨自称河西大凉王，建元安乐，署置官属，并拟开皇故事。初，[西]突厥曷娑那可汗率众内属，遣弟阙达度阙设领部落在会宁川中，有二千余骑，至是自称可汗，来降于轨。武德元年冬，轨僭称尊号，以其子伯玉为皇太子，长史曹珍为左仆射。……乃署[谢]统师太仆卿、[韦]士政太府卿。"① 于是建立"大凉"割据政权。其后，薛举遣兵侵略河西。李轨遣其将李赟败之于昌松县境，斩首二千余级，尽虏其众。复议放还之。……遂遣之。未几，攻陷张掖、敦煌、西平、枹罕诸郡，尽有河西五郡之地（包括武威郡在内）。凉国遂"据河西之地，连好吐谷浑，结援于突厥"，割据西北一方。

其年，李轨因内争信谗而杀其吏部尚书梁硕。"是后，故人多疑惧之，心膂从此稍离。"其时，唐朝方图薛举，意欲连结李轨。轨应之，遂于"[武德]二年，遣其尚书左丞邓晓随使者入朝，表称皇从弟大凉皇帝臣轨而不受官"。其后，凉国内讧加剧，分为旧任隋官派和首倡起义派；又逢年馑，人相食，而李轨未能周赈灾民。"由是士庶怨愤，多欲叛之。"其前，唐朝经过谋划，遣凉州粟特胡人安兴贵返回姑臧城，伪降李轨。安兴贵乘便婉转规劝李轨归降唐朝，遭到后者拒绝。武德二年五月，安兴贵在劝降未果的情势下，遂决定以武力行动除去李轨。"兴贵知轨不可动，乃与[其弟]修仁等潜谋引诸胡众起兵图轨，将围其城，轨率步骑千余出城拒战。"其部将奚道宜率所部倒戈反击之，轨败退入城，引兵登陴，冀有外援。"[安]兴贵宣言曰：'大唐使我来杀李轨，不从者诛及三族！'于是诸城老幼皆出诣修仁。轨叹曰：'人心去矣，天亡我乎！'携妻子上玉女台，置酒为别。修仁执之以闻。……轨寻伏诛，自起至灭三载，河西悉平。诏授[安]兴贵右武候大将军、上柱国，封凉国公，食实封六百户，赐帛万段；修仁左

---

① 《旧唐书》卷五十五《李轨传》，第2248—2249页。

武候大将军，封申国公，并给田宅，食实封六百户。"① 唐朝就此统一河西地域。

三、唐朝平定东突厥割据政权的军事举措

武德九年八月，东突厥颉利可汗挥师十余万南略，取道于原州、泾州、豳州，进至雍州武功、泾阳、高陵诸县，直抵渭河便桥之北，南眺唐朝京都长安城。其时，秦王李世民在"玄武门之变"后刚即皇帝位，就面临唐朝生死存亡的危机。唐太宗仅领六骑率先直抵渭河便桥之南，"上麾诸军使却而布阵"，独自留下与颉利可汗隔水而语，责以负约。颉利可汗在权衡利弊之后，于当日请和。唐太宗诏许其请。翌日，唐太宗与突厥颉利可汗盟于渭水便桥之上。突厥在获得唐朝所赠巨额金帛之后，退回北方。② 此次安全危机得以非军事方式化解。

虽然突厥兵临渭水的危机得到化解，但唐太宗深知突厥的军事压力并未彻底消除，从长远来看，安全威胁依旧存在。唐朝欲长治久安，必须彻底消灭东突厥的军事力量。因此，自贞观元年始，唐朝展开一系列的军事整顿与部署，做好了积极防御的战备。首先在贞观二年夏四月，消灭了突厥颉利可汗的帮凶——梁师都割据势力，剪除其羽翼。其后在贞观三年（629）冬季抓住了平定东突厥割据势力的战机，一举消灭东突厥的部族军事力量，重新建立对北部边疆的统治秩序。

（一）强化军备和军事布防

唐太宗从人口、赋税、吏治、战备等方面励精图治，不断提升国家实力。

武德九年九月，东突厥颉利可汗献马三千匹、羊一万只。唐太宗不予接受，却要求东突厥归还隋朝末年以来掠夺的中原农耕区人口，并要求突厥放还被其扣留的唐朝官员温彦博。③ 对于遭受东突厥抢掠的地区，则由中央政

---

① 《旧唐书》卷五十五《李轨传》，第2250—2252页。《资治通鉴》卷一百八十七《唐纪三》"高祖武德二年（619）"，第5855—5856页。
② 《资治通鉴》卷一百九十一《唐纪七》"高祖武德九年（626）"，第6018—6020页。
③ 《资治通鉴》卷一百九十二《唐纪八》"高祖武德九年（626）"，第6021页。

府采取切实的救济措施,即按照每户人口数量、每口发给绢一匹,使遭掠区域的农家能够维持生计,恢复农业生产。①

在防御东突厥的战备方面,唐太宗尤为重视。也是在同年九月丁未,唐太宗"引诸卫将卒习射于显德殿庭",并发表讲话:"'戎狄侵盗,自古有之,患在边境少安,则人主逸游忘战,是以寇来莫之能御。今朕不使汝曹穿池筑苑,专习弓矢,居闲无事,则为汝师,突厥入寇,则为汝将,庶几中国之民可以少安乎!'于是,日引数百人教射于殿庭,上亲临[考]试,中多者赏以弓、刀、帛,其将帅亦加上考。……由是人思自励,数年之间,悉为精锐。"②可见,唐太宗在加强战备、训练中央直属军队士卒上切实做出了表率,加强了全军战备训练的力度,为反击东突厥做了军事准备。他曾总结其军事实践经验曰:"吾自少经略四方,颇知用兵之要[点]。每观敌阵,则知其强弱,常以吾弱当其强,[吾]强当其弱。彼乘吾弱,逐奔不过数十百步,吾乘其弱,必出其阵后反击之,无不溃败。所以取胜,多在此也!"③

在整顿吏治与赋税方面,唐太宗清醒地采取得力措施,以减轻人民赋役负担,力争社会秩序稳定和谐。同年十月丙午,唐太宗与大臣们商讨稳定社会治安、消除盗贼的议题。大臣中"或请重法以禁之。上哂之曰:'民之所以为盗者,由[于]赋繁役重,官吏贪求,饥寒切身,故不暇顾廉耻耳。朕当去奢省费,轻徭薄赋,选用廉吏,使民衣食有余,则自不为盗,安用重法耶!'自是数年之后,海内升平,路不拾遗,外户不闭,商旅野宿焉"。④唐太宗更能律己垂范、厉行节俭。他在同年十一月曾说:"君依于国,国依于民。刻民以奉君,犹[如]割肉以充腹,腹饱而身毙,君富而国亡。故人君之患,不自外来,常由身出。夫欲[望]盛则费广,费广则赋重,赋重则民愁,民愁则国危,国危则君丧矣。朕常以此思之,故不敢纵欲也。"⑤

---

① 《资治通鉴》卷一百九十二《唐纪八》"高祖武德九年(626)",第6025页。
② 《资治通鉴》卷一百九十二《唐纪八》"高祖武德九年(626)",第6021—6022页。
③ 《资治通鉴》卷一百九十二《唐纪八》"高祖武德九年(626)",第6022页。
④ 《资治通鉴》卷一百九十二《唐纪八》"高祖武德九年(626)",第6025—6026页。
⑤ 《资治通鉴》卷一百九十二《唐纪八》"高祖武德九年(626)",第6026页。

（二）加强情报搜集，掌握突厥内部矛盾

贞观元年十二月，唐朝获悉东突厥内部矛盾激化的信息。东突厥所役属铁勒族的薛延陀、回纥、拔野古诸部相继叛离颉利可汗；东突厥统治集团内部也出现明显裂痕，欲谷设、突利可汗与颉利可汗矛盾加深，"国人离散"；适逢大漠南北普降大雪，平地积雪达数尺，牛、羊、马大多冻死，部落牧民遭遇大饥荒。是时，"鸿胪卿郑元璹使东突厥还，言于上曰：'戎狄兴衰，专以羊马为候。今突厥民饥畜瘦，此将亡之兆也，不过三年［必亡］。'上然之"。① 但是，唐太宗认为消灭东突厥的时机尚未成熟，因为其爪牙梁师都割据政权还未剪除。

贞观二年夏四月，北部边疆的政治形势发生新的变化。首先，东突厥内部矛盾进一步激化。史载："初，突厥突利可汗建牙直幽州之北，主东偏。［及其所管］奚、霫等数十部多叛突厥来降［唐朝］，颉利可汗以其失众责之。及薛延陀、回纥等败欲谷设，颉利遣突利讨之，突利［之］兵又败，轻骑奔还。颉利怒，拘之十余日而挞之。突利由是怨，阴欲叛颉利。颉利数［次］征兵于突利，突利不与，［向唐］表请入朝。上谓侍臣曰：'向者突厥之强，控弦百万，凭陵中夏，用是骄恣以失其民。今自请入朝，非困穷，肯如是乎！朕闻之，且喜且惧。何则？突厥衰则边境安矣，故喜。然朕或失道，他日亦将如突厥，能无惧乎！卿曹宜不惜苦谏，以辅朕之不逮也。'""颉利发兵攻突利。丁亥，突利遣使来求救。上谋于大臣曰：'朕与突利为兄弟，［他］有急不可不救。然颉利亦与之有盟，奈何？'兵部尚书杜如晦曰：'戎狄无信，终当负约，今不因其乱而取之，后悔无及。夫取乱侮亡，古之道也。'"其次，由于东突厥统治阶层内部矛盾激化，颉利可汗已因政局混乱而衰弱，"不能庇［护］梁师都"。唐太宗遂于贞观二年四月发动兼并梁师都割据政权的军事行动，柴绍、薛万均指挥唐军在夏州城外击溃突厥援兵，"遂围朔方［城］。突厥不敢救，城中食尽。［至五月］壬寅，师都从父弟［梁］洛仁杀师都，以城降。［唐朝］以其地为夏州"。②

---

① 《资治通鉴》卷一百九十二《唐纪八》"太宗贞观元年（627）"，第6044—6046页。
② 《资治通鉴》卷一百九十二《唐纪八》"太宗贞观二年（628）"，第6049—6050页。

贞观二年九月"壬申，以前司农卿窦静为夏州［都督府］都督"。①梁师都割据势力至此彻底灭亡。唐朝消灭梁师都割据政权后，收复夏、盐、银、庆、魏等州级政区，控制地域向北推进至"河曲"北部黄河沿岸。由于剪除东突厥的爪牙梁师都，因此，解决东突厥割据势力的问题也就提上议事日程。

（三）抓住战机，一举歼灭东突厥统治中枢

贞观二年九月己未，东突厥再度南寇抄掠。唐太宗及时获悉此军情，认为解决东突厥的时机业已到来。当时在御前会议上，"朝臣或请修古长城，发民乘堡障。上曰：'突厥灾异相仍，颉利不惧而修德，暴虐滋甚，骨肉相攻，亡在朝夕。朕方为公扫清沙漠，安用劳民远修障塞乎！'"②显然，唐太宗此时已决定平定盘踞在北部边疆的东突厥势力。唐朝对东突厥割据势力已由军事防御转向军事进攻。

是时，漠北铁勒诸部纷纷叛离东突厥颉利可汗，转而投附薛延陀部酋长夷男。唐太宗出于团结一切可团结的力量，重点打击突厥颉利可汗的战略目的，特遣使者赴漠北薛延陀部牧地，册封薛延陀部首领夷男为"真珠毗伽可汗"。其战略意图是对东突厥颉利可汗形成南北夹击之态势，以消灭之。这个战略目标最终得以实现。

贞观三年八月，唐太宗批准代州都督府都督张公谨进取东突厥的建言，调兵遣将，接连做出军事部署。当时，"代州都督张公谨上言突厥可取之状，以为'颉利纵欲逞暴，诛忠良，匿奸佞，一也。薛延陀等诸部皆叛，二也。突利、拓设、欲谷设皆得罪，无所自容，三也。塞北霜旱，糇粮乏绝，四也。颉利疏［远］其族类，亲委诸胡，胡人反覆，大军一临，必生内变，五也。华人入北，其众甚多，比闻所在啸聚，保据山险，大军出塞，自然响应，六也。'"唐太宗接到张公谨的报告后，也认为"颉利既请和亲，复援梁师都"反复无常，遂于丁亥日委任兵部尚书李靖为行军总管，指令张公谨为行军副总管，讨之。"［其年］九月，丙午，突厥俟斤九人帅三千骑来

---

① 《资治通鉴》卷一百九十三《唐纪九》"太宗贞观二年（628）"，第6057页。
② 《资治通鉴》卷一百九十三《唐纪九》"太宗贞观二年（628）"，第6057页。

降。戊午，[铁勒族]拔野古、仆骨、同罗、奚酋长并帅众来降。"贞观三年冬十一月，突厥若干部落寇河西走廊，被肃州刺史公孙武达、甘州刺史成仁重相继打败，捕虏千余口。突厥又南犯灵州区域，被灵州都督府都督、任城王李道宗击破。这些初步胜利更坚定了唐朝戡定东突厥的战略意志。同年十一月，庚午，唐太宗皇帝再次做出进攻颉利的后续军事部署。即"以行并州都督李世勣为通漠道行军总管，兵部尚书李靖为定襄道行军总管，华州刺史柴绍为金河道行军总管，营州都督薛万彻为畅武道行军总管，众合十余万，皆受李勣节度，分道出击突厥"。① 戡定东突厥割据势力的战争由此拉开序幕。

同年十二月，东突厥贵族成员相继降唐。"十二月，戊辰，突利可汗入朝。上谓侍臣曰：'往者太上皇以百姓之故，称臣于突厥，朕常痛心。今单于稽颡，庶几可雪前耻。'……庚寅，突厥郁射设帅所部来降。"② 此时，颉利可汗的军事实力大为削弱。

贞观四年（630）正月，平定东突厥的军事行动正式展开。定襄道行军总管李靖率所部骁骑三千，自马邑城推进至恶阳岭（在今内蒙古和林格尔县南方），随即夜袭突厥颉利可汗所住定襄城（即大利城），攻取之。突厥颉利可汗未曾料到唐军将领李靖猝不及防地突袭其牙帐所在地，大惊曰："唐不倾国而来，[李]靖何敢孤军至此！"遂惶惶不可终日，"其众一日数惊，乃徙牙[帐]于碛口"。首战告捷后，李靖暗中向突厥施行反间计，瓦解其内部，很快收效。史载："[李]靖复遣谍离其心腹。颉利所亲康苏密以隋萧后及炀帝之孙[杨]政道来降。[同月]乙亥，至京师。"与此同时，通漠道行军总管李世勣率军"出云中，与突厥战于白道，大破之"。③

颉利可汗在逃至阴山以北的铁山（今内蒙古包头市白云鄂博）后，"余

---

① 《资治通鉴》卷一百九十三《唐纪九》"太宗贞观三年（629）"，第6065—6066页。原文所谓"通汉道"，实乃"通漠道"，今更正。原文所谓"灵州大都督"实为"营州都督"，今更正。贞观三年，出任灵州都督者，是任城王李道宗，并非薛万彻。
② 《资治通鉴》卷一百九十三《唐纪九》"太宗贞观三年（629）"，第6067页。
③ 《资治通鉴》卷一百九十三《唐纪九》"太宗贞观三至四年（629—630）"，第6070—6071页。

众尚数万"。他意欲延缓唐军的进攻速度，以便在漠南度过严冬，至春季再"亡入漠北"。于是，颉利"遣执失思力［赴长安城］入见，谢罪，请举国内附，身自入朝。上遣鸿胪卿唐俭等慰抚之，又诏李靖将兵迎颉利。颉利外为卑辞，内实犹豫，欲俟草青马肥，亡入漠北"。李靖识破其意图，与李世勣判断形势后决定乘胜追击，彻底歼灭之。史载："［李］靖引兵与李世勣会［于］白道，相与谋曰：'颉利虽败，其众犹盛，若走度碛北，保依［铁勒］九姓，道阻且远，追之难及。今诏使至彼，虏必自宽，若选精骑一万，赍二十日粮往袭之，不战可擒矣。'以其谋告张公谨，公谨曰：'诏书已许其降，使者在彼，奈何击之！'［李］靖曰：'此韩信所以破齐也，唐俭辈何足惜！'遂勒兵夜发，世勣［率军］继之，军至阴山，遇突厥千余帐，俘以随军。"即在二月甲辰，李靖率部推进至阴山山脉，大破东突厥颉利可汗部众。①而颉利见到唐朝使者唐俭很高兴，认为其面临的威胁已经解除，放松了警惕。唐军穿越阴山之后，李靖指派大将苏定方为先锋官，率领二百名精锐骑兵冒着大雾前进，大军紧随其后。先锋部队直至距颉利牙帐七里之处，才被发现。唐军乘势发起进攻，一举击溃颉利部众。此役，"［李］靖斩首万余级，俘男女十余万，获杂畜数十万，杀隋义成公主，擒其子叠罗施"。朝廷使者唐俭乘乱脱身得归。而颉利乘千里马自铁山仓皇逃窜，仅率万余人欲度碛北去。但令他预料不到的是，唐朝另一路大军在李世勣指挥下早已封锁碛口，北逃之路被截断。在此途穷路末之时，东突厥大酋长皆率众投降。李世勣所部俘虏五万余口而还。②

在碛口之战中，颉利再次侥幸逃脱。史称："颉利乘千里马，独骑奔于从侄沙钵罗［设］部落。"至"三月，行军副总管张宝相率众奄至沙钵罗［设］营，生擒颉利送于京师"。③其时，突厥沙钵罗设部落游牧在今贺兰

---

① 《资治通鉴》卷一百九十三《唐纪九》"太宗贞观四年（630）"，第6072页。
② 《资治通鉴》卷一百九十三《唐纪九》"太宗贞观四年（630）"，第6072—6073页。
③ 《旧唐书》卷一百九十四上《突厥传上》，第5159页。此处"从侄"实误，应作"从父"。参见《资治通鉴》卷一百九十三《唐纪九》"太宗贞观四年（630）"，第6074页"初，始毕可汗以启民母弟苏尼失为沙钵罗设"；及后引《新唐书》所谓"［苏］尼失者，启民可汗［之］弟也"。

山脉西侧的阿拉善高原东部草原。沙钵罗设,其名叫阿史那苏尼失。史载:"[苏]尼失者,启民可汗[之]弟也。始毕以为沙钵罗设,帐部五万,牙直灵州西北[方],姿雄赳,以仁惠御下,人多归之;颉利政乱,其部独不贰。突利降,颉利以为小可汗。颉利已败,乃举众来[降],漠南地遂空,授北宁州[都督府]都督、右卫大将军,封怀德王云。"①唐代的灵州治城,位于今宁夏吴忠市利通区古城湾村西侧。因此,其西北方就是今贺兰山脉西侧的阿拉善高原。与沙钵罗一起被擒者,还有东突厥夹毕特勤阿史那思摩。史载:阿史那思摩于"武德初,数来朝贡,高祖封为和顺郡王。及其国乱,诸部多归中国,唯思摩随逐颉利,竟与[之]同擒。[唐]太宗嘉其忠,除右武候大将军、化州[都督府]都督,令统颉利旧部于河南之地,寻改封怀化郡王"。②东突厥东部突利可汗阿史那什钵苾早在贞观三年十二月就已降唐朝,入京朝觐唐太宗;并于贞观四年三月被册封为"右卫大将军、北平郡王"。③

此战役的完全胜利,既彻底消灭东突厥割据势力,又恢复唐朝对大漠以南地域的政治统治,即"斥地自阴山北至大漠,露布以闻"。唐朝直属版图重新以大漠为其北方边徼。漠北地区乃唐朝藩属政权——薛延陀汗国。这是唐朝经略北部边疆的阶段性重大胜利。

四、唐朝平定漠北薛延陀割据政权的军事举措

漠北地域的薛延陀部族政权建立于贞观二年。建立之初,是唐朝扶持的北疆藩属政权;其后因与东突厥的深刻矛盾而违背唐朝的政令,遂演变为漠北割据势力。《资治通鉴》载:贞观二年冬十二月,"突厥北边诸姓多叛颉利可汗归薛延陀,共推其俟斤夷男为可汗,夷男不敢当。上方图颉利,遣游击将军乔师望间道赍册书拜夷男为真珠毗伽可汗,赐以鼓纛。夷男大喜,

---

① 〔宋〕欧阳修、宋祁:《新唐书》卷二百一十五上《突厥传上》,中华书局,1975年,第6036—6037页。
② 《旧唐书》卷一百九十四上《突厥传上》,第5163页。
③ 《资治通鉴》卷一百九十三《唐纪九》"太宗贞观三年(629)",第6067页、第6073页。

遣使入贡，建牙于大漠之郁督军山下，东至靺鞨，西至西突厥，南接沙碛，北至俱伦水；回纥、拔野古、阿跌、同罗、仆骨、霫诸部皆属焉"。① 唐太宗又赐薛延陀可汗以宝刀及宝鞭，授予其可汗夷男以全权治理漠北地区。史载：贞观三年秋八月，"丙子，薛延陀毗伽可汗遣其弟统特勒入贡，上赐以宝刀及宝鞭，谓曰：'卿所部有大罪者斩之；［有］小罪者鞭之。'夷男甚喜。突厥颉利可汗［闻之］大惧，始遣使称臣，请尚公主，修婿礼"。②

至贞观十五年（641），在唐朝中央政府的安排下，阿史那思摩统率东突厥诸部北迁漠南草原。此举引起漠北薛延陀藩属政权的不满。经过唐太宗的调解，薛延陀真珠毗伽可汗夷男虽然表面接受唐帝的调解，但其与突厥的矛盾依旧存在。于是，夷男接连派遣骑兵度漠南进，袭掠东突厥诸部。其后，东突厥北迁诸部重新返回"河曲"地域的夏、胜二州之间，但仍不断遭受薛延陀的远距离奔袭。贞观十九年（645）九月，壬申，薛延陀真珠毗伽可汗夷男去世，"上为之发哀"。其嫡子拔灼继立为颉利俱利薛沙多弥可汗后，北疆形势趋于失衡。③

贞观十九年十月，薛延陀多弥可汗乘中央政府军队进攻辽东之机，引兵度过大碛、穿越阴山，渡过黄河，寇掠"河曲"地域突厥牧民，遭到唐朝将军执失思力的坚决打击而惨败。史载："上之征高丽也，使右领军大将军执失思力将突厥［骑兵］屯夏州之北以备薛延陀。薛延陀多弥可汗既立，以上出征未还，引兵寇河南［之地］。上遣左武候中郎将长安［县］田仁会与思力合兵击之。思力羸形伪退，诱之深入，及夏州之境，整阵以待之。薛延陀大败，［唐军］追奔六百余里，耀威碛北而还。"薛延陀多弥可汗虽遭失败，仍不死心，于同月"复发兵寇夏州"。此时，薛延陀部族政权已经成为北部边疆政治稳定的负面因素，不除之就不能建立正常的北疆政治秩序。

因应北部边疆的新形势，唐太宗着手部署平定薛延陀割据政权的军事

---

① 《资治通鉴》卷一百九十三《唐纪九》"太宗贞观二年（628）"，第6061—6062页。
② 《资治通鉴》卷一百九十三《唐纪九》"太宗贞观三年（629）"，第6065页。"特勒"实乃"特勤"之误。
③ 《资治通鉴》卷一百九十八《唐纪十四》"太宗贞观十九年（645）"，第6228页。

行动。同年十二月己未，唐太宗"敕礼部尚书江夏王［李］道宗，发朔、并、汾、箕、岚、代、忻、蔚、云九州兵镇朔州［城］；右卫大将军代州都督薛万彻、左骁卫大将军阿史那社尔，发胜、夏、银、绥、丹、延、鄜、坊、石、隰十州兵，镇胜州［城］；胜州都督宋君明、左武候将军薛孤吴，发灵、原、宁、盐、庆五州兵镇灵州［城］。又令执失思力发灵、胜二州突厥兵，与［李］道宗等相应。薛延陀至塞下，知有备，不敢进"。①贞观二十年"春，正月，辛未，夏州［都督府］都督乔师望、右领军大将军执失思力等击薛延陀，大破之，虏获二千余人。多弥可汗轻骑遁去，部内骚然矣"。②

同年六月，薛延陀汗国出现内乱，分崩离析。"薛延陀多弥可汗［之］性褊急，猜忌无恩，废弃父时贵臣，专用己所亲昵，国人不附；多弥多所诛杀，人不自安。回纥酋长吐迷度与仆骨、同罗共击之，多弥大败。"就在此时，唐太宗再次发布军令，"诏以江夏王［李］道宗、左卫大将军阿史那社尔为瀚海安抚大使，又遣右领卫大将军执失思力将突厥兵，右骁卫大将军契苾何力将凉州及胡兵，代州都督薛万彻、营州都督张俭各将所部兵，分道并进，以击薛延陀"。③与此同时，唐太宗"遣校尉宇文法诣乌罗护、靺鞨，遇薛延陀阿波设之兵于东境，法帅靺鞨［兵］击破之。薛延陀国中惊扰，曰：'唐兵至矣！'诸部大乱。多弥引数千骑奔［突厥］阿史德时健部落，回纥攻而杀之，并其宗族殆尽，遂据其地。诸俟斤互相攻击，争遣使来归命"。④薛延陀残部此时遂向唐廷遣使奉表，表示降服。"薛延陀余众西走，犹七万余口，共立真珠可汗兄子咄摩支为伊特勿失可汗，归其故地。寻去可汗之号，遣使奉表，请居郁督军山之北；使兵部尚书崔敦礼就安集

---

① 《资治通鉴》卷一百九十八《唐纪十四》"太宗贞观十九年（645）"，第6232—6233页。
② 《资治通鉴》卷一百九十八《唐纪十四》"太宗贞观二十年（646）"，第6234页。
③ 《资治通鉴》卷一百九十八《唐纪十四》"太宗贞观二十年（646）"，第6236—6237页。
④ 《资治通鉴》卷一百九十八《唐纪十四》"太宗贞观二十年（646）"，第6237页。乌罗护，一曰乌罗浑，即北魏时期之乌洛侯也。东临靺鞨，大抵其风俗皆与靺鞨同也。

之。"①唐朝接受其"去可汗之号"的请求,薛延陀部族政权在漠北地域的统治就此结束。

是时,薛延陀虽已败亡,其余部欲返归故地。但是,此举又引起漠北铁勒族其他部落的恐慌。史载:"敕勒九姓酋长,以其部落素服薛延陀种,闻咄摩支[率部]来,皆恐惧,朝议恐其为碛北之患,乃更遣李世勣与九姓敕勒共图之。"唐太宗告诫李世勣曰:"降[者]则抚之;叛[者]则讨之。"李世勣进军至郁督军山下,其酋长梯真达官率众来降。而薛延陀首领咄摩支南奔荒谷,世勣遣通事舍人萧嗣业前往招慰,咄摩支遂诣萧嗣业降。然而,其部落犹持两端。李世勣遂纵兵追击,前后斩五千余级,虏男女三万余人。秋七月,咄摩支至京师,拜右武卫大将军。与此同时,江夏王李道宗率大军于八月北度大漠后,"遇薛延陀阿波达官众数万拒战,道宗击破之,斩首千余级,追奔二百里"。②

在军事上击败薛延陀部落武装后,李道宗、薛万彻等将军"各遣使招谕敕勒诸部,其酋长皆喜,顿首请入朝"。之后,铁勒族"回纥、拔野古、同罗、仆骨、多滥葛、思结、阿跌、契苾、跌结、浑、斛薛等十一姓各遣使入贡,[皆]称:'薛延陀不事大国,暴虐无道,不能与奴等为主,自取败死,部落鸟散,不知所之。奴等各有分地,不从薛延陀去,归命天子。愿赐哀怜,乞置官司,养育奴等。'"③至此,薛延陀部落趋于溃散。此战役的完全胜利,使唐朝得以重新设计、实施治理漠北边疆区的政治蓝图。但是,逃匿的薛延陀残部仍在活动,直到贞观二十二年(648)八月,唐太宗还派遣左领军大将军执失思力率部出金山道,征剿薛延陀余寇。④

贞观二十年(646)六月己丑,唐太宗在分析了漠北政治态势后做出重大决定:亲赴灵州城接见漠北铁勒九姓诸部代表,以期安排管治漠北的政治制度体系。史载:"[六月]己丑,上手诏,以'薛延陀破灭,其敕勒诸

---

① 《资治通鉴》卷一百九十八《唐纪十四》"太宗贞观二十年(646)",第6237页。
② 《资治通鉴》卷一百九十八《唐纪十四》"太宗贞观二十年(646)",第6237—6238页。
③ 《资治通鉴》卷一百九十八《唐纪十四》"太宗贞观二十年(646)",第6238页。
④ 《资治通鉴》卷一百九十九《唐纪十五》"太宗贞观二十二年(648)",第6261页。

部,或来降附,或未归服,今不乘机,恐贻后悔,朕当自诣灵州招抚。其去岁征辽东[之]兵,皆不调发。'"至八月己巳,唐太宗从长安城出发,前往北疆重镇灵州城,即"上行幸灵州"。庚午,唐太宗的车驾至泾阳(原文作"浮阳")。在此先行接见铁勒十一姓部落的入贡使者,即"上[闻之]大喜。辛未,诏回纥等使者宴乐,颁赉拜官,赐其酋长玺书,遣右领军中郎将安永寿报使"。①壬申,车驾至汉代故甘泉宫。唐太宗在此欣慰地说:"朕聊命偏师,遂擒颉利;始弘庙略,已灭延陀。铁勒百余万户,散处北溟,远遣使人,委身内属,请同编列,并为州郡;混元以降,殊未前闻,宜备礼告庙,仍颁示普天。"其后,唐太宗一行于庚辰"至泾州"、丙戌"逾陇山,至西瓦亭,观马牧"。九月,唐太宗抵达灵州城。在此举行盛大的仪式,接见先期到达的铁勒诸部代表,共商治策。据记载:"敕勒诸部俟斤遣使相继诣灵州者数千人,咸云:'愿得天至尊为奴等天可汗,子子孙孙常为天至尊奴,死无所恨。'甲辰,上为诗序其事曰:'雪耻酬百王,除凶报千古。'公卿请勒石于灵州;从之。"九月丙戌,唐太宗"车驾还京师"。"冬,十月,己丑,上以幸灵州往还,冒寒疲顿,欲于岁[末]前专事保摄。"②此次灵州盛会,奠定了唐朝治理漠北边疆区域的制度取向与政治基础。

在灵州盛会之后,唐朝于贞观二十一年(647)正月建立治理漠北边疆区域的地方行政区划与管理制度。贞观二十年十二月,漠北铁勒十一姓部落酋长亲自赴京师长安城,朝觐唐太宗,恳请中央政府在漠北地域设官置守,行使管治权。史载:"[十二月]戊寅,回纥俟利发吐迷度、仆骨俟利发歌滥拔延、多滥葛俟斤末、拔野古俟利发屈利失、同罗俟利发时健啜、思结酋长乌碎及浑、斛薛、奚结、阿跌、契苾、白霫酋长,皆来朝。庚辰,上赐宴于芳兰殿,命有司厚加给待,每五日一会。"③经过审慎的酝酿、评估、审议和决定,制定出治理漠北边疆区域的行政管治方案,并付诸实施。贞观

---

① 《资治通鉴》卷一百九十八《唐纪十四》"太宗贞观二十年(646)",第6238—6239页。
② 《资治通鉴》卷一百九十八《唐纪十四》"太宗贞观二十年(646)",第6239—6241页。
③ 《资治通鉴》卷一百九十八《唐纪十四》"太宗贞观二十年(646)",第6242页。

二十一年正月，丙申，唐太宗颁布诏书，公布在漠北牧业地域推行羁縻都督府、羁縻州两级地方管治体系的决策："诏以回纥部为瀚海［都督］府、仆骨［部］为金微［都督］府、多滥葛［部］为燕然［都督］府、拔野古［部］为幽陵［都督］府、同罗［部］为龟林［都督］府、思结［部］为卢山［都督］府，浑［部］为皋兰州、斛薛［部］为高阙州、奚结［部］为鸡鹿州、阿跌［部］为鸡田州、契苾［部］榆溪州、思结别部为蹛林州、白霫［部］为寘颜州。各以其酋长为［府］都督、［州］刺史，各赐金银缯帛及锦袍。"共计创建六个都督府、七个州。十三个铁勒部落酋长被中央政府授以地方主官之后，异常高兴，载歌载舞，欢欣庆祝。史载："敕勒大喜，捧戴欢呼拜舞，宛转尘中。"当铁勒十三姓酋长离京返回驻地之际，唐太宗特设宴会予以饯行。即"及还，上御天成殿宴［之］，设十部乐而遣之。诸酋长奏称：'臣等既为唐民，往来天至尊所，如诣父母［所］。请于回纥以南、突厥以北开一道，谓之参天可汗道，置六十八驿，各有马及酒肉以供过使，岁贡貂皮以充租赋，仍请能属文［之］人，使为表疏。'上皆许之。于是北荒悉平"。①

唐朝为统一管治漠北边疆区，于贞观二十一年四月丙寅［日］创立"燕然都护府"，统管漠北地域的六都督府、七州。史载：四月，"丙寅，置燕然都护府，统瀚海等六都督、皋兰等七州，以扬州都督府司马李素立为之［都护］。素立抚以恩信，夷落怀之，共率马牛为献。素立唯受其酒一杯，余悉还之"。②燕然都护李素立注重治理边疆少数民族地区的策略，偏重政治安抚，且律己廉洁，树立起了崇高的威信。

其后，漠北地域其他族群也相继归降唐朝。同年八月辛未，骨利干部遣使入朝。丙戌，以骨利干部为玄阙州，拜其俟斤为刺史。③贞观二十二年二月，结骨族归降唐朝。"结骨自古未通中国，闻铁勒诸部皆服，二月，其

---

① 《资治通鉴》卷一百九十八《唐纪十四》"太宗贞观二十一年（647）"，第6244—6245页。其时，"然回纥吐迷度已私自称可汗，官号皆如突厥故事"。
② 《资治通鉴》卷一百九十八《唐纪十四》"太宗贞观二十一年（647）"，第6246页。
③ 《资治通鉴》卷一百九十八《唐纪十四》"太宗贞观二十一年（647）"，第6248页。

俟利发失钵屈阿栈入朝。其国人皆长大，赤发绿睛，有黑发者以为不祥。上宴之于天成殿……请除一官，'执笏而归，诚百世之幸。'戊午，以结骨为坚昆都督府，以失钵屈阿栈为右屯卫大将军、坚昆都督，隶［属于］燕然都护［府］。又以阿史德时健俟斤部落置祁连州，隶营州都督［府］。"其年三月，己丑，唐朝析分瀚海都督府俱罗勃部，置烛龙州。① 其年六月，"乙丑，以白霫［别］部为居延州。"② 至永徽三年（652）六月，唐朝"发薛延陀余众渡河［入河曲］，置祁连州以处之"。③

五、唐朝平定东突厥余部——车鼻可汗部的军事举措

在东突厥被平定后，其贵族成员阿史那斛勃（车鼻可汗）逃亡至碛北，依附薛延陀部族政权；稍后这支东突厥余部叛而自立，成为碛北一支破坏政治稳定的割据势力，并且对唐朝的招抚阳奉阴违，不肯真心归降；自以为道途遥远，唐朝对之无可奈何。史载："车鼻名斛勃，本突厥同族，世为小可汗。颉利之败，突厥余众欲奉以为大可汗。时薛延陀方强，车鼻不敢当，帅其众归之。或说薛延陀［可汗］：'车鼻贵种，［且］有勇略，为众所附，恐为后患，不如杀之。'车鼻知之，逃去。薛延陀［可汗］遣数千骑追之，车鼻勒兵与［之］战，大破之。乃建牙［帐］于金山之北，自称乙注车鼻可汗。突厥余众稍稍归之，数年间胜兵三万人，时出抄掠薛延陀。及薛延陀败，车鼻［之］势益张，遣其子沙钵罗特勒入见，又请身自入朝。"此处"特勒"应作"特勤"。贞观二十一年，"十一月，突厥车鼻可汗遣使入贡"。唐太宗"诏遣将军郭广敬征之。车鼻特为好言，初无来意，竟不至"。④ 据此，突厥余部阿史那斛勃的活动区域在今蒙古国西部地区。

直至贞观二十三年（649）春正月，突厥余部仍然不愿入朝觐见。唐太宗意识到这支突厥余部终将成为唐朝长治久安的隐患，必须消除之。史

---

① 《资治通鉴》卷一百九十八《唐纪十四》"太宗贞观二十二年（648）"，第6252—6253页。
② 《资治通鉴》卷一百九十九《唐纪十五》"太宗贞观二十二年（648）"，第6258页。
③ 《资治通鉴》卷一百九十九《唐纪十五》"高宗永徽三年（652）"，第6278页。
④ 《资治通鉴》卷一百九十八《唐纪十四》"太宗贞观二十一年（647）"，第6250页。

载:"上以突厥车鼻可汗不[肯]入朝,遣右骁卫郎将高侃发回纥、仆骨等[部]兵袭击之。"高侃率军挺进至车鼻可汗活动之境,突厥车鼻可汗属下"诸部落相继来降。拔悉密[部]吐屯肥罗察降,以其地置新黎州"。① 永徽元年六月,高侃率军征伐阿史那斛勃为首的突厥余部,推进至阿息山(待考)。车鼻可汗闻讯后,征"召诸部兵皆不赴,与数百骑遁去。侃帅精骑追至金山,擒之以归,其众皆降"。② 同年九月,庚子,高侃俘车鼻可汗至京师,唐高宗释之,拜左武卫将军,处其余众于郁督军山,置狼山都督府以统之,以高侃为卫将军。

因此,至永徽元年九月之后,东突厥问题得到彻底解决,漠南、漠北两大区域皆完全纳入唐朝版图。史称:"于是,突厥尽为封内之臣。分置单于、瀚海二都护府。单于[都护府]领狼山、云中、桑乾三都督,苏农等一十四州;瀚海[都护府]领瀚海、金微、新黎等七都督,仙萼等八州;各以其酋长为刺史、都督。"③ 需要着重说明的是,此段引文展现的是唐高宗建置单于都护府后的北部边疆地方高级行政机构格局。单于都护府管治漠南东突厥诸部;瀚海都护府,其原名为燕然都护府,管治大漠以北地域铁勒族诸部及其他族群(例如结骨族)。此种行政管治格局在永徽元年尚未形成,乃在其后也。

六、唐朝招抚契丹、奚两族的政治举措

贞观后期,唐朝相继招降契丹、奚两族,建立羁縻府州行政体制。与此同时,在营州城建置东夷校尉府,以统管契丹、奚两蕃的羁縻府州。

贞观二十二年,契丹、奚诸部纷纷降唐。此年夏四月,己未,契丹族部落辱纥主曲据率众内附,唐朝以其地置玄州,以曲据为刺史,隶属于营州都

---

① 《资治通鉴》卷一百九十九《唐纪十五》"太宗贞观二十二年(648)",第6265—6266页。
② 《资治通鉴》卷一百九十九《唐纪十五》"高宗永徽元年(650)",第6271页。唐高宗于贞观二十三年六月甲戌朔即位。
③ 《资治通鉴》卷一百九十九《唐纪十五》"高宗永徽元年(650)",第6272页。

督府。①同年"十一月,庚子,契丹帅窟哥、奚帅可度者并帅所部内属"。唐朝遂"以契丹部为松漠[都督]府,以窟哥为都督;又以其别帅达稽等部为峭落等九州,各以其辱纥主为刺史"。即松漠都督府下管九个羁縻州——峭落州、无逢州、羽陵州、白连州、徒何州、万丹州、疋黎州、赤山州、松漠府等。唐朝同时在奚族地区"以奚部为饶乐[都督]府,以可度者为都督;又以其别帅阿会等部为弱水等五州,亦各以其辱纥主为刺史"。即任命奚族首领可度者为饶乐都督府都督,下辖五个羁縻州——弱水州、祁黎州、洛瑰州、太鲁州、渴野州。②

在创立契丹、奚族游牧地区的两个羁縻都督府、十四个羁縻州之后,第二天(辛丑)就创建东夷校尉府,驻营州城,管治契丹、奚两蕃地域。所谓贞观二十二年"[十一月]辛丑,置东夷校尉官于营州"是也。③ 东夷校尉府主官则由营州都督府都督兼任,管治两蕃游牧的潢水流域及其附近区域。

第二节 唐朝前期北疆的正规行政建制与管理措施

唐朝在平定东突厥之后,一个新的重大问题提上议事日程,即如何安置归降的东突厥牧民、管治北部边疆的问题。史载:"突厥既亡,其部落或北附薛延陀,或西奔西域,其降唐者尚十万口。"为此,唐太宗皇帝于贞观四年四月专门召开御前会议,以讨论、决定治理北疆的大政方针,建立常设的地方治理组织方案。在此次重要的专题会议上,大臣们的意见存在明显的分歧,最后,由唐太宗综合考虑而拍板定案。

大臣们的主张大体分为三种。第一种主张是将东突厥降众迁入内地而散居州县,教之耕织而转为农民。史载:"[唐太宗]诏群臣议区处之宜。朝士多言:'北狄自古为中国患,今幸而破亡,宜悉徙之[于]河南兖、豫[诸州]之间,分其种落,散居州县,教之耕织,可以化胡虏为农民,

---

① 《资治通鉴》卷一百九十九《唐纪十五》"太宗贞观二十二年(648)",第6256页。
② 《资治通鉴》卷一百九十九《唐纪十五》"太宗贞观二十二年(648)",第6263页。
③ 《资治通鉴》卷一百九十九《唐纪十五》"太宗贞观二十二年(648)",第6263页。

永空塞北之地。'"① 第二种主张则完全相反，认为应实行就地安置东突厥降众、从事传统游牧经济的政策。"中书侍郎颜师古以为：'突厥、铁勒皆上古所不能臣，陛下既得而臣之，请皆置之［北］河［之］北。分立酋长，领其部落，则永永无患矣。'"礼部侍郎李百药又进一步细化其主张。"李百药以为：'突厥虽云一国，然其种类区分，各有酋帅。今宜因其离散，各即本部署为君长，不相臣属；纵欲存立阿史那氏，唯可使存其本族而已。国分则弱而易制，势敌则难相吞灭，各自保全，必不能抗衡中国。仍请于定襄［城］置都护府，为其节度，此安边之长策也。'"夏州都督府都督窦静秉持同一主张，他"以为：'戎狄之性，有如禽兽，不可以刑法威，不可以仁义教，况彼［有］首丘之情，未易忘也。置之［于］中国，有损无益，恐一旦变生，犯我王略。莫若因其破亡之余，施以望外之恩，假之［以］王侯之号，妻以宗室之女，分其土地，析其部落，使其权弱势分，易为羁制，可使常为藩臣，永保边塞。'"魏征亦提出决不可将突厥部众内迁，应在其故地安置的主张。"魏征以为：'突厥世为寇盗，百姓之仇也；今幸而破亡，陛下以其降附，不忍尽杀，宜纵之使还故土，不可留之［于］中国。夫戎狄人面兽心，弱则请服，强则叛乱，固其常性。今降者众近十万，数年之后，蕃息倍多，必为腹心之疾，不可悔也。晋初诸胡与民杂居中国，郭钦、江统，皆劝武帝驱出塞外以绝乱阶，武帝不从。［其］后二十余年，伊、洛之间，遂为毡裘之域。此前事之明鉴也。'"② 第三种主张以温彦博为代表，他们坚决反对内迁突厥牧民的建议，主张在长城之南安置突厥降众。"温彦博以为：'徙于兖［州］、豫［州］之间，则乖违物性，非所以存养之也。请准汉建武故事，置降匈奴于塞下，全其部落，顺其土俗，以实空虚之地，使为中国扞蔽，策之善者也。'"他认为应教化突厥族人民，"［温］彦博曰：'王者之于万物，天覆地载，靡有所遗。今突厥穷来归我，奈何弃之而不受乎！孔子曰：有教无类。若救其死亡，授以生业，教之礼义，数年之后，悉

---

① 《资治通鉴》卷一百九十三《唐纪九》"太宗贞观四年（630）"，第6075页。
② 《资治通鉴》卷一百九十三《唐纪九》"太宗贞观四年（630）"，第6075—6076页。

为吾民。选其酋长，使入宿卫，畏威怀德，何后患之有？'"①诸大臣发言后，唐太宗综合各方意见，采纳以温彦博的意见为主、兼顾其他大臣之建议，确立安置突厥牧民、管治北疆诸部的地方行政制度方案。史载："上卒用[温]彦博策，处突厥降众，[于]东自幽州、西至灵州[地带]；分突利故所统之地，置顺、祐、化、长四州都督府；又分颉利之地为六州，左置定襄都督府，右置云中都督府，以统其众。"②唐朝快速地制定出管治北疆的地方行政制度，并付诸实施。

然而在《资治通鉴》的这段引文中存在明显的舛误，不能不辨别明白。所谓"分突利故所统之地，置顺、祐、化、长四州都督府"的记载显然存在舛误。其原因有三：其一，因为突利可汗乃突厥东部小可汗，其所管之地在东方，不可能全部建置"顺、祐、化、长四州都督府"。始毕可汗卒后，"子什钵苾年幼，不克立，以为泥步设，使居东偏。立其弟俟利弗设，是为处罗可汗"。"颉利又妻义成[公主]，以始毕子什钵苾为突利可汗，使居东[面]。""颉利之立，……以突利可汗主契丹、靺鞨部，树牙南直幽州，东方之众皆属焉。"③其二，史书明确记载：化州都督府都督由阿史那思摩出任，长州都督府都督由阿史那苏尼失及其子出任，此二位东突厥贵族成员皆非出自突利支系，思摩追随颉利可汗活动在阴山一带，苏尼失活动在贺兰山以西区域，皆非"突利故所统之地"。其三，在唐廷设计的安置方案和政治决策中，突利仅出任顺州都督府都督，并奉命返回其故地。显然，唐朝在"突利故所统之地"只建立了顺州都督府建制，仅此而已。而其他三个都督府则分布在河曲地域，并不属于"突利故所统之地"。毫无疑问，所谓"分突利故所统之地，置顺、祐、化、长四州都督府"不符合历史实际，应是书写史书者的误判或笔误。实际上，"顺、祐、化、长四州都督府"分布在突厥降民所处的"东自幽州、西至灵州"地带。

① 《资治通鉴》卷一百九十三《唐纪九》"太宗贞观四年（630）"，第6076—6077页。
② 《资治通鉴》卷一百九十三《唐纪九》"太宗贞观四年（630）"，第6077页。《旧唐书》卷一百九十四上《突厥传上》，第5162—5163页。《新唐书》卷二百一十五上《突厥传上》，第6037—6038页。
③ 《新唐书》卷二百一十五上《突厥传上》，第6028—6029页、第6038页。

《旧唐书》记载此事件如下："[温]彦博既口给，引类百端，太宗遂用其计，于朔方之地，自幽州至灵州置顺、祐、化、长四州都督府，又分颉利之地[为]六州，左置定襄都督府，右置云中都督府，以统其部众。其酋首至者皆拜为将军、中郎将等官，布列朝廷，五品以上百余人，因而入居长安者数千家。"①。

《新唐书》也记载如下："帝主[温]彦博语，卒度朔方[之]地，自幽州属灵州，建顺、祐、化、长四州为都督府；剖颉利故地，左置定襄都督、右置云中都督二府统之。擢酋豪为将军、郎将者五百人，奉朝请者且百员，入长安自籍者数千户。乃以突利可汗为顺州都督，令率其下就部。"②。

此外，由于唐代官府档案散佚，五代至宋代历史文献对唐朝北疆突厥族四个都督府建制沿革记载不明。即"北开州"等四都督府与"顺州"等四都督府的沿革关系未能明确交代，给后人留下了思想困扰。这就需要今天的史学研究者以索隐探赜的能力，复原其历史真相。

唐朝自武德元年起，在地方上推行总管府管州、州领县的三级行政管理体制和行政区划建制。又从武德七年始，改而推行都督府管州、州领县的三级行政管理体制和行政区划建制。都督府（总管府）、州、县三级地方行政管理体系，自武德元年至至德二载（618—757），历时约一百四十年。以开元二十九年（741）为准，全国都督府建制单位达57个，包括3都、6个都护府、48个都督府。③

具体到唐朝的北部边疆地带，建置的都督府级建制单位共计12个。其中包括：营、幽、代、云、灵、夏、丰、胜、安北（燕然）、单于、凉、瓜（沙）诸都督府或都护府。

贞观二十三年三月，丙辰，再度建置丰州都督府，使燕然都护李素立兼任都督。④

---

① 《旧唐书》卷一百九十四上《突厥传上》，第5163页。
② 《新唐书》卷二百一十五上《突厥传上》，第6038页。
③ 艾冲：《唐代都督府研究——兼论总管府·都督府·节度司之关系》，西安地图出版社，2005年，第51页。
④ 《资治通鉴》卷一百九十九《唐纪十五》"太宗贞观二十三年（649）"，第6266页。

一、北疆地带的普通地方行政管治体系——都督府建制

自唐玄宗先天元年至天宝十五载（712—756）间，北疆地带的都督府建制变动表现在两个方面：其一是数量上略有增加，其二是都督府专名的变更。此外，这时期北部边疆地带的都督府因军事需要而出现事权扩大的趋向，若干都督不仅兼充支度使、营田使，乃至节度使、采访使诸职。

（一）营州都督府

唐代营州都督府置于武德元年，初名营州总管府，治营州柳城县。管1个正州——营州，两个蕃府——辽府、燕府。六年，燕府西迁至幽州城。七年，改为营州都督府，管营州、辽州（辽府于是年废）。贞观元年，辽州改属幽府。贞观二年，增管昌州（羁縻）。三年，增管师、崇2州（羁縻）。六年，增管顺州（羁縻）。十年，增管慎州（羁縻）。此后，营府实管6州：1个正州——营州，5个羁縻州——昌、师、崇、顺、慎诸州，相对稳定。贞观二十三年，营府管州之数仍为上述六州。同时，还监护契丹、奚两个蕃部。永徽至景云期间，营府的治所、管区均有变化。营州都督府兼管"两蕃"，即契丹、奚两族的羁縻松漠都督府和羁縻饶乐都督府，故营府都督皆兼任"东夷都护"一职。例如程名振曾同时担任这两个职务。[①]朱宪曾就任营府参军，即"皇朝永徽四年，释褐营州参军，秩满柳城，旋车洛浦"[②]。先天元年至天宝年间，初治营州柳城县。武则天万岁通天二年（697），被叛乱的契丹首领李万荣攻破，营府都督赵文翙战死。圣历二年（699，一说神龙元年），重建营州都督府，暂时侨治幽州渔阳县（今天津蓟州区）。同时重建营州，下领渔阳、玉田二县。开元五年，唐玄宗指令营州都督府迁回柳城，仍旧管理营州区域，以及松漠府、饶乐府和今黑龙江流域诸蕃府蕃州。但至开元八年（720），因"两蕃"再生叛乱，营府再次向西南迁徙，寄治渔阳。延及开元十一年（723），复迁回柳城旧治。不难看出，开元中，营府管区不太稳定。自开元七年起，营府都督兼充平卢军节度

---

① 《资治通鉴》卷二百《唐纪十六》"高宗显庆三年（658）"，第6309页。
② 周绍良主编：《唐代墓志汇编》调露〇一〇，上海古籍出版社，1992年，第659页。

使等使职。①

据《旧唐书》载："营州上都督府　隋［大业三年置］柳城郡。武德元年，改为营州总管府，领辽、燕二州。［营州］领柳城一县。"武德六年，燕州南迁幽州界内，脱离营府管辖。"［武德］七年，改为［营州］都督府，管营、辽二州。贞观二年，又督昌州。三年，又督师、崇二州。六年，又督顺州。十年，又督慎州。今督七州（营、辽、昌、师、崇、顺、慎诸州）。［武则天］万岁通天二年，为契丹李万荣所陷。［唐中宗］神龙元年（705），移［营州都督］府于幽州［地］界置，［营州］仍领渔阳、玉田二县。开元四年（716），复移还柳城。八年，又往就渔阳［县］。十一年，又还柳城旧治。"天宝元年，改营州为柳城郡，改营州都督府为柳城郡都督府。乾元元年，复为营州及营州都督府。营州旧领县一，户一千零三十一，口四千七百三十二。天宝元年，户九百九十七，口三千七百八十九。"柳城［县］　汉县，属辽西郡。室韦、靺鞨诸部，并在［其］东北，远者六千里，近者二千里。［其］西北与奚［族］接界，北与契丹接界。"②

燕州，旧领辽西、泸河、怀远3县；迄贞观元年，省泸河、怀远二县，仅领辽西1县。该县无实土户，所领户出粟末靺鞨别种，户五百。天宝，户二千零四十五，口一万一千六百零三。③

（二）幽州都督府

幽州都督府，初名幽州总管府，置于武德元年，治幽州蓟县。管8州，即幽、易、平、檀、燕、北燕、营、辽诸州。二年，于潞县建置玄州，隶于幽州总管府。六年，升总管府的等第为"大总管府"，管39州（未列出具体州名）。七年，改为大都督府，领州如故。九年，去"大"字，降等为都督府。领17州，即幽、易、景、瀛、东盐、沧、蒲（《新志》作'满'，

---

① 艾冲：《唐代都督府研究——兼论总管府·都督府·节度司之关系》，西安地图出版社，2005年，第76—77页、第137页、第169页。
② 《旧唐书》卷三十九《地理志二》，第1520—1521页。
③ 《旧唐书》卷三十九《地理志二》，第1521页。

误）、蠡、北义、平、檀、玄、北燕、燕、营、辽、口诸州。贞观元年，废除景、东盐、蒲、蠡、北义、玄6州，管11个州。据《唐代墓志汇编》显庆一〇〇记载，在贞观八年，幽府管6州，即幽、易、北燕（此年改称妫州）、平、檀、燕诸州。贞观末年，幽府仍管上述6州。

论及幽州都督府就会涉及燕州都督府和辽州都督府。

燕州都督府（羁縻府）武德元年置，初名燕州总管府，治燕州辽西县（寄治营州界内，今辽宁义县东南大凌河东）。六年，自营州界内向南迁入幽州城内。七年，改称都督府。贞观元年，撤销燕州都督府，以燕州隶于幽府。开元二十五年，燕州治所迁往幽州北部的桃谷山（今北京怀柔区西南）。

辽州总管府（羁縻府）置于武德二年，初治燕支城（待考），后寄治营州城内。武德七年，罢总管府，以辽州隶于营州都督府。贞观元年，改辽州为威州，划归幽州都督府。贞观八年，又改属营州都督府。武则天万岁通天二年，营州都督府被契丹酋长李万荣攻陷，威州内迁至幽州良乡县石窟堡（今北京房山区东南窦店）。

永徽至景云期间，幽州都督府的治所、管区仍旧。先后出任幽府都督者，包括狄仁杰、张仁愿、薛讷等官员。幽府之名见于《资治通鉴》卷二百零二"调露元年、永隆元年"，卷二百零五"神功元年、圣历元年、长安四年"，也见于唐人于调露元年（679）制作的《大唐故幽州都督府参军事朱（宪）府君墓志铭》①。如此史例甚多，无须逐一列举。先天元年至天宝年间，其治所、管区与前相同，管6州。"开元十三年，升为大都督府。"开元十八年，析幽州东部置蓟州。此后，幽府管7州。幽府都督兼充幽州节度使等使职，军事地位独特。天宝元年，其所管8郡，可视作前一年即开元二十九年的管区规模。唯无北平郡，显然不妥。平州（北平郡）自武德元年以来隶于幽府，相当稳定，且又无改属其他都督府的文字，从其区位观察分析，必属幽府无疑。《旧志》在此必有疏漏。若然，幽府应管9州，即幽、

---

① 《唐代墓志汇编》调露〇一〇，第659页。

易、妫、檀、蓟、平、燕（管粟末靺鞨族部落）、顺（管突厥族部落）、归顺（契丹族部落）诸州。①

《旧唐书》载：幽州大都督府，隋大业三年置涿郡。武德元年，改为幽州，并置幽州总管府，管幽、易、平、檀、燕、北燕、营、辽等八州。幽州领蓟、良乡、潞、涿、固安、雍奴、安次、昌平等八县。武德二年，又分潞县置玄州，领一县，隶总管府。……武德六年，改总管府为大总管府，管三十九州。七年，改为大都督府。同年，改涿县为范阳县。九年，改大都督为都督，督幽、易、景、瀛、东盐、沧、蒲、蠡、北义、燕、营、辽、平、檀、玄、北燕等十七州。贞观元年，废玄州、北义州；幽州都督府督幽、易、燕、北燕、平、檀六州。……开元十三年，升为大都督府。十八年，割渔阳、玉田、三河置蓟州。天宝元年，幽州改为范阳郡；都督府改为范阳郡都督府，管（原著误作"属"）范阳（幽州）、上谷（易州）、妫川（妫州）、密云（檀州）、归德（燕州）、渔阳（蓟州）、顺义（顺州）、归化（归顺州）八郡。乾元元年，复为幽州、幽州都督府。幽州"旧领县十，……今领县九"。②

（三）代州都督府

代州都督府置于武德元年，称代州总管府，治代州雁门县（今山西代县）。管区包括代、忻、蔚3州。五年，因突厥南侵，废总管府。翌年，复立代州总管府，管代、忻、蔚、朔4州。七年，改称代州都督府。贞观四年，增管云州（《旧志》误作繁体字"灵州"。云州初治定襄城，十四年迁治恒安镇）。③六年，增管顺州。十二年，废除顺州，地入代、忻二州。此后，代府仍管5州，即代、忻、蔚、朔、云5州，维持相对稳定状态。二十

---

① 艾冲：《唐代都督府研究——兼论总管府·都督府·节度司之关系》，西安地图出版社，2005年，第76页、第137页、第169页。
② 《旧唐书》卷三十九《地理志二》，第1515—1516页。
③ 新、旧《唐书·地理志》对此"灵州"别无记载，仅见于此处。经过对比分析，笔者认为：此"灵州"实际是"云州"之笔误，应为"云州"。这既因为云州位于河东地区北境，应属代州都督府；更在于《旧唐书》中繁体文的"云""灵"二字，均是"雨"字头，盖因云、灵二字的繁体"雲"、"靈"字形近似而致笔误。否则，此"灵州"则成悬案。

年，割出云州，另立云州都督府。贞观二十三年，代府管区即代、忻、蔚、朔4州。①永徽后，代府建制沿承不改，仍管代、忻、蔚、朔4州。例如龙朔三年（663）十一月，凉府都督郑广病逝于凉州官舍。唐朝"下诏褒崇，赠使持节，代、忻、朔、蔚四州诸军事，代州刺史"。永隆元年（680），代州都督府都督窦怀悊击败突厥叛乱余寇于云州。②武周、中宗、睿宗诸朝亦然。开元、天宝中，代府（雁门郡都督府）管区包括：代、忻、朔、蔚、云5州。云州，复置于开元十八年（一说二十年）。天宝元年，改代州为雁门郡，依旧为都督府。乾元元年，复为代州［都督府］。③

据《旧唐书》载：代州中都督府，隋大业三年置雁门郡。武德元年，改为代州；并置代州总管府，管代、忻、蔚三州。代州管雁门、繁畤、崞、五台4县。武德五年，废总管府。六年，复置代州总管府，管代、忻、蔚、朔4州。贞观四年，又督云州；六年，增督顺州；十二年，省顺州，以怀化县来属［代州］。代州都督府，今（按："今"乃指贞观十三年）督代、忻、蔚、朔、云5州。唐高宗执政期间，废除怀化县。证圣元年，增置武延县；唐龙元年，改为唐林县。"天宝元年，［代州］改为雁门郡，依旧为都督府。"乾元元年，复为代州、代州都督府。代州旧领5县。④

在此需提及云州都督府的置废。云州都督府，置于贞观二十年。唐武德四年，刘武周割据势力被平定，河东地区得以稳定。同年（《旧志》谓六年，此从《元和郡县图志》之说），置立北恒州，治所在周隋时期的恒安镇（今山西大同市）。七年，北恒州被撤销，地入朔州。贞观四年，平定东突厥，于故定襄城（今内蒙古和林格尔北部土城子古城）开设云州，及所管定襄县。云州属于代州都督府。十四年，迁云州及定襄县至废北恒州城，仍

---

① 《旧唐书》卷三十九《地理志二》，第1483页。《元和郡县图志》卷十四《河东道三》。后者谓代府置于武德四年。
② 《唐代墓志汇编》麟德〇一八，第406—407页。又见于《资治通鉴》卷二百零二《唐纪十八》"永隆元年（680）"，第6396页。
③ 艾冲：《唐代都督府研究——兼论总管府·都督府·节度司之关系》，西安：西安地图出版社，2005年，第69页、第136页、第168页。
④ 《旧唐书》卷三十九《地理志二》，第1483页。

隶于代府。贞观二十年，建置云州都督府，管1个正州——云州，及若干突厥属部。云府延续至唐高宗永淳中（682—683），被突厥攻破，遂废。永徽元年至永隆二年（650—681），云州都督府建制依旧。据《新唐书·高宗本纪》永隆元年七月，突厥进扰云府之地，云府都督窦怀悊击败其众。① 可知唐高宗时期，云府犹在。据《元和郡县图志》记载：贞观二十年，置云州都督府，治云州定襄县。而早在贞观十四年（640）云州就已迁至废恒州城。永淳元年（682），云州被默啜攻破，云州、定襄县遂被废。居民南迁朔州。② 此后相当长的时间内，云府未予复置。直至开元二十年（一说十八年），才重新立府。③

（四）胜州都督府

建置于贞观二年平定梁师都之后，治胜州榆林县（今内蒙古准格尔旗十二连城古城），管胜、云二州。八年，废都督府。威州（云州的改名）亦罢，地入胜州。寻复置胜州都督府，仅管1州——胜州。贞观末年亦然。永徽至景云年间，其建制依旧。史籍多有记载，例如弘道元年（683），东突厥阿史德部叛乱，围攻单于都护府城（今内蒙古和林格尔北部土城子古城），胜州都督府都督王本立奉命驰援。大足元年（701）八月，王佽"奉敕检校胜州都督"，直到长安二年正月战死为止。④ 先天至天宝期间，仍旧管胜州。至天宝元年，增管麟州。此后，管胜、麟2州。麟州是析胜州南部2县而置，故归胜府。东受降城也在其管内。⑤

据《旧唐书》载：隋开皇中置胜州，大业三年改为榆林郡。贞观二年，平定梁师都割据势力，遂于三年"仍隋旧理置胜州"，同时建置胜州都督府。天宝元年，胜州被改为榆林郡；依旧为榆林郡都督府，管榆林（胜

---

① 《新唐书》卷三《高宗本纪》，第75页。
② 《旧唐书》卷三十九《地理志二》，第1487页。
③ 《新唐书》卷三十九《地理志三》，第1006—1007页。艾冲：《唐代都督府研究——兼论总管府·都督府·节度司之关系》，西安地图出版社，2005年，第69页、第136页。
④ 《唐代墓志汇编》长安〇三一，第1013—1014页。《资治通鉴》卷二百零三《唐纪十九》"高宗弘道元年（683）"，第6413页。
⑤ 艾冲：《唐代都督府研究——兼论总管府·都督府·节度司之关系》，西安地图出版社，2005年，第167页。

州)、新秦(麟州)二郡。乾元元年,榆林郡复改为胜州,都督府也随之更为胜州都督府。胜州领县二:榆林、河滨。麟州领县三:新秦、连谷、银城。①

(五)丰州都督府

丰府初置于武德元年六月,治丰州九原县(今内蒙古五原县南),称丰州总管府。武德元年,于九原县置丰州,属于丰州总管府。六年,撤销丰府及州县,地入灵州怀远县。贞观四年,复于故地置丰州,并立丰州都督府,以史大奈为都督。管1州——丰州,及归附的突厥降户。十一年,罢都督府及丰州,地入灵州。至二十三年三月,复置丰州都督府,仍管1州——丰州。丰府自贞观二十三年三月置立到高宗永徽六年,由元礼臣出任丰府都督。永淳二年(683),丰州都督崔智辩率兵与突厥作战阵亡后,唐廷曾有过撤销丰府的想法,但经丰府司马唐休璟陈述利害,最终仍予保留。这证实了丰府的存在。② 其分等情况不详。先天至天宝期间,仍管1个正州——丰州,以及中、西受降城等驻军单位。③

《旧唐书》云:隋开皇中置丰州,并置丰州总管府。大业元年,废总管府;三年,改丰州为五原郡。唐武德元年,改五原郡为丰州,丰州领九原县。并复置丰州总管府,以张长逊为总管。至武德六年,因丰州居民内迁,总管府及丰州俱被撤销,其地并入灵州怀远县管内。贞观四年,因突厥降附,重置丰州、丰州都督府,以史大奈出任丰府都督。丰州不领县,唯领蕃户(突厥降户)。延至贞观十一年,撤销丰府、丰州,其地再次并入灵州管内。至贞观二十三年,复置丰州,并在丰州城重置丰州都督府。天宝元年,丰州改为九原郡,丰州都督府改称五原郡都督府。乾元元年,唐朝又恢复都督府、州的原名。丰州,领县二:九原(永徽四年置)、永丰(隋县,永徽

---

① 《旧唐书》卷三十八《地理志一》,第1419—1420页。
② 《资治通鉴》卷二百《唐纪十六》"高宗永徽六年(655)",第6295页;卷二百零三《唐纪十九》"高宗弘道元年(683)",第6414页。
③ 艾冲:《唐代都督府研究——兼论总管府·都督府·节度司之关系》,西安地图出版社,2005年,第58—59页、131页、第167页。

元年复置）。①

（六）夏州都督府

述及夏州都督府，连带要涉及绥州都督府、羁縻长州都督府（北宁府）和羁縻化州都督府（北开府）。

夏州都督府乃贞观二年平定梁师都之后新建的都督府，治夏州朔方县（今陕西靖边县白城子古城），管夏、绥、银3州。原本管南夏州，因该州于同年被废除，故不计入。贞观七年，于夏州界内置羁縻北开州（化州）都督府，隶于夏府；同年，于夏州长泽县境置羁縻北宁州（长州），并置北宁州（长州）都督府，也属于夏府。八年，北开州改称化州，并置化州都督府；北宁州改称长州，并置长州都督府。贞观十三年，因唐朝改变对东突厥诸部的管治模式，遂撤销羁縻化州都督府和长州都督府，并废除化、长2州，其地并入夏州。据《唐代墓志汇编》显庆一〇〇记载，贞观十六年，尉迟敬德"检校夏州都督，夏、绥、银三州诸军事，夏州刺史"。迄贞观末年，夏府仍领夏、绥、银3州。永徽至景云年间，其建制依旧。《旧唐书》于高宗永淳二年（683）有记载。也见于《资治通鉴》永淳元年、弘道元年、光宅元年。先天至天宝期间，一直管领夏、绥、银3州。至开元二十六年增领宥州，凡4州。

绥州都督府，据《旧唐书·地理志》载，置于武德三年，初称绥州总管府，寄治于延州丰林县界（今陕西延安市东北），管西和、南平、北基、银、云、贞、上、殄、北吉、匡、龙等11州。武德六年，绥府移治至延州延川县界。七年，改称都督府，又迁治至城平县魏平城内。唐朝于贞观二年（628）平定梁师都后，撤销绥州都督府。绥州州治迁回隋代治城（今陕西绥德）。同年，相继撤销7州，即西和、南平、北基、云、北吉、匡、龙、（魏）诸州，贞、上、殄三州似也废于此年。绥州、银州留存，改隶于夏州都督府。②

---

① 《旧唐书》卷三十八《地理志一》，第1417—1418页。《新唐书》卷三十七《地理志一》，第976页。
② 艾冲：《唐代都督府研究——兼论总管府·都督府·节度司之关系》，西安地图出版社，2005年，第59—60页。

据《旧唐书》记载：隋大业三年置朔方郡。贞观二年，唐朝讨平梁师都割据势力，改为夏州。在夏州城建立夏州都督府，"领夏、绥、银三州。其夏州，领德静、岩绿、宁朔、长泽四县。其年，改岩绿为朔方县"。贞观七年，于德静县置北开州都督府、长泽县城置长州（按：当作"北宁州"）都督府。八年，改北开州为化州、北宁州为长州，都督府也随着所驻州名的变动而发生变更。至贞观十三年，废化州及长州，以德静、长泽二县属于夏州。天宝元年，夏州改为朔方郡，夏州都督府也随之更名为朔方郡都督府。乾元元年，府、州恢复其原名。①

（七）灵州都督府

灵州都督府初置于武德元年，称作灵州总管府，治灵州回乐县（今宁夏吴忠市利通区古城湾村西侧），管灵、盐2州。二年，于鸣沙县置会州（原文作西会州，误），属灵府。四年，于丰安置回州，属灵府。七年，改为灵州都督府。盐州，初因管地陷于梁师都割据政权而寄治在灵州城内。至贞观元年，罢盐州及五原县。贞观二年，平定梁师都割据势力，于其旧城重置盐州及五原、兴宁二县，初属夏州都督府，寻改属灵州都督府。四年，增置丰州都督府，割丰州隶之。六年，废会州，改置环州。据《唐代墓志汇编》记载，尉迟敬德于贞观初年"除灵州都督，灵、盐、环、静等四州诸军事，灵州刺史"。墓志铭中有"静州"而无"回州"，静州不见于《旧志》，暂时存疑。九年，废环州，地入灵州。十一年，丰府及丰州俱废，地入灵州。十三年，废回州及丰安县，地入灵州。在此必须指出，盐州在《旧志》中被误作"填州"，应予注意和纠正。②

此后，灵府管治灵、盐2州。至贞观二十年，漠北铁勒诸部归附，几个部落牧民内迁灵州地界；唐朝遂于灵州都督府界内分置皋兰、高丽、祁连3个羁縻州，管理归附部落，隶于灵府管治。贞观二十三年，灵府仅管两个正州——灵、盐2州。永徽至景云年间，治所不变，领州之数有所增减。高宗

---

① 《旧唐书》卷三十八《地理志一》，第1413—1414页。
② 另外必须说明：丰州于武德六年废，地入灵州怀远县；贞观四年，又置丰州都督府，十一年复废，地入灵州；二十三年，复立丰州都督府。

永徽元年，废皋兰等州（羁縻）。咸亨三年（672），于鸣沙县（今宁夏中宁东）置羁縻安乐州，以居吐谷浑部落，属灵府。贞观四年，于今鄂尔多斯高原中西部分置"六胡州（羁縻）"，即鲁、丽、塞、含、依、契等6州，均属灵州都督府。长安四年，并为匡、长2州。神龙元年，改置兰池州（羁縻），仍属灵府。先天至天宝期间，仍旧管灵、盐2州，以及若干羁縻州，包括吐谷浑、羌、突厥、铁勒诸部。开元初，置东皋兰、燕然、燕山、鸡田、鸡鹿、烛龙等六州，并寄治于灵州地界，属于灵州都督府。至德元载七月，升为大都督府。①

《旧唐书》载：隋大业三年置灵武郡。唐武德元年，改为灵州，重置灵州总管府，管灵、盐、环、西会诸州。其灵州，"领回乐、弘静、怀远、灵武、鸣沙五县"。武德二年，以鸣沙县属西会州。贞观四年，于回乐县地析置丰安县，置回州于丰安县城；贞观六年（632），废西会州，于鸣沙县城置环州。回、环二州皆属灵州都督府（按：原著将"灵州"误作"灵武"）。至贞观九年（635），废除环州，鸣沙县改属灵州；贞观十三年，废除回州及丰安县，地入回乐县。其后，灵州都督府管灵、盐二州。（按：原著此句"灵州都督入灵、填二州"多处出错，"入"应作"管"、"填"应作"盐"才文理、语义通顺）二十年，铁勒归附，于灵州地界安置降附部落，共建置皋兰、高丽、祁连三州，属于灵州都督府。至永徽元年，废皋兰等三州。开元初年，置东皋兰、燕然、燕山、鸡田、鸡鹿、烛龙等六州，并寄治灵州地界，属灵州都督府。天宝元年，改灵州为灵武郡，改灵州都督府为灵武郡都督府。至德元载七月，因唐肃宗即位于灵武郡城，遂升为灵武郡大都督府。乾元元年，府、州皆复其原名。灵州旧领五县，天宝领六县：回乐、鸣沙、灵武、怀远、保静（曾名"弘静""安静"）、温池。②

（八）凉州都督府

凉州都督府置于武德二年五月平定李轨之后，初名凉州总管府，治凉

---

① 艾冲：《唐代都督府研究——兼论总管府·都督府·节度司之关系》，西安地图出版社，2005年，第58页、第130—131页、第166—167页。
② 《旧唐书》卷三十八《地理志一》，第1415—1416页。

州姑臧县（今甘肃武威市）。据《唐大诏令集》所载，其管区起初包括凉、甘、肃、瓜（后改称"西沙州""沙州"）、鄯、兰、河、廓、会9州。寻析兰州改属于秦州都督府，凉府实领8州。武德五年，别置瓜州（故址在今甘肃瓜州县东南部）。同年，析出瓜、西沙、肃三州，别立瓜州总管府。武德七年，改称凉州都督府，管凉、甘、鄯、河、廓、会6州，兼制瓜州都督府。《旧志》谓七年凉府管八州，此说有误。其年未置伊州，而芳、文二州已分属于岷府和秦府，因此"伊、文、芳"三字在此为衍文。武德八年，以鄯、河、廓三州改属新建立的兰州都督府。凉府仅管凉、甘、会三州，兼统肃府（八年，瓜府因移治而改名）。贞观元年，罢肃府，复称瓜府。凉府仍管上述三州，兼制瓜府。贞观四年，增立西伊州，隶于瓜府。凉府遂管凉、甘、肃、会4州，兼统瓜府。五年，以会州改属原州都督府。凉府管凉、甘、肃3州，兼制瓜府。贞观末年，亦然。凉府管凉、甘、肃3州的行政格局实际定型于贞观五年（631）。永徽至景云年间，建制依旧。显庆三年（658）十月十一日，唐廷在委任乔师望时称："惟尔正议大夫、守凉州都督、驸马都尉乔师望，……是用命尔为使持节，□□□□□□□□八州诸军事，凉州刺史。"① 其后，郑广于龙朔三年出任"使持节，[凉州]都督，凉、甘、肃、伊、瓜、沙等六州诸军事，凉州刺史"。② 咸亨元年（670），凉府升为"大"等府，以亲王充任凉府大都督。管凉、甘、肃、瓜、沙、雄、伊7州。雄州，置于咸亨元年，废于调露元年。此后，凉府仍督6州。至高宗上元二年（675），降为"中"等府。历武周、中宗、睿宗诸朝，其等次不变。此后，管凉、甘、肃3州，以及若干羁縻府州。先天至天宝期间，凉府都督兼充河西节度使等官职，地位重要，兼制瓜府。③

《旧唐书》云：隋大业三年置武威郡。唐武德二年，平定李轨割据势力，重置凉州、凉州总管府。凉州总管府，管凉、甘、肃、瓜四州。凉州

---

① 〔宋〕宋敏求编：《唐大诏令集》卷六十二《大臣·册群臣·册乔师望凉州刺史文》，中华书局，2008年，第338—339页。
② 《唐代墓志汇编》麟德○一八，第406—407页。
③ 艾冲：《唐代都督府研究——兼论总管府·都督府·节度司之关系》，西安地图出版社，2005年，第64—65页、第133页、第168页。

领姑臧、昌松、番禾三县。武德三年，增置神鸟县。武德七年，改总管府为都督府，督凉、甘、肃、瓜、沙、伊、芳、文八州。咸亨元年，升为凉州大都督府，督凉、甘、肃、瓜、沙、伊、雄七州。同年，于番禾县城置雄州；至调露元年，废雄州，番禾县还属凉州。至上元二年，降为凉州中都督府。天宝元年，改为武威郡都督府，督武威郡（凉州）、张掖郡（甘州）、酒泉郡（肃州）三郡（州）。乾元元年，都督府及郡复其原名。凉州，旧领三县，天宝中领5县：姑臧、昌松、天宝（番禾于天宝三载更名）、神鸟、嘉麟（神龙二年置于汉代鸾鸟县故城）。在凉州都督府管区，寄居着吐谷浑、回纥、契苾、思结等八个族群部落，依托部落而建置的八个都督府、州——吐浑部落、兴昔（亡可汗）部落、阁门府、皋兰府、卢山府、金水州、蹛林州、贺兰州。凉州北境存在一个"猪野泽"绿洲区域，相当今甘肃省民勤县北部地区，早已沙漠化了。①

（九）瓜州都督府（沙州都督府）

瓜州都督府置于武德五年，初称瓜州总管府，治瓜州晋昌县（今甘肃安西东南），管瓜、西沙、肃3州。武德七年，改为瓜州都督府。八年，撤销瓜府，另立肃州都督府，仍管3州。贞观初年，复立瓜府，仍以瓜、肃、西沙（贞观七年改"西沙州"为"沙州"）3州隶之。贞观四年，置西伊州，也隶于瓜府，而肃州改属凉府。贞观六年，改西伊州为伊州。七年，改西沙州为沙州。此后，瓜府实管瓜、沙、伊3州。

此外，在永徽二年（651）后，瓜州都督府与沙州都督府是如何随时间推移而相互嬗递的，有待新证据的发掘。

永徽至景云年间，其建制多有变化。大约在高宗永徽二年，废瓜州都督府，别置沙州都督府。据《唐会要》：永徽二年五月，于沙州（治敦煌县，今甘肃敦煌市）建立沙州都督府。沙州都督府实际是取代瓜州都督府而出现的建制单位，管原瓜州都督府下属的沙、瓜、伊诸州。但是，沙州都督府又接受凉州都督府的兼统。根据敦煌莫高窟发现的古籍残卷《沙州都督府

---

① 《旧唐书》卷四十《地理志三》，第1640—1641页。

图经》约成于武周时期推断,沙州都督府一直延续到开元中。先天至天宝期间,开元十五年(727),唐廷撤销沙州都督府,别置瓜州都督府,治瓜州晋昌县。据《资治通鉴》卷二百一十三"开元十五年"载:是年,吐蕃大举侵扰河西地区,瓜州受害尤重。河西节度副大使萧嵩奏请朝廷任命建康军使张守珪为瓜州刺史。"[张]守珪乃修复城市,收合流散[人口],皆复旧业。朝廷嘉其功,以瓜州为都督府,以守珪为都督。"其时在开元十五年十一月。与此同时,降沙州都督府为沙州。例如开元十七年,张守珪任瓜州都督府都督,贾师顺则任沙州刺史,就充分地证明了这一变更。因此,瓜州都督府管区包括瓜、沙2州没有问题,是否包括伊州,有待深究。伊州,自先天元年改属北庭都护府。①

据《旧唐书》记载:瓜州下都督府,隋敦煌郡(大业三年所置)之常乐县。唐武德五年,置瓜州,仍立瓜州总管府,管瓜、肃、西沙三州。武德八年,罢瓜州都督府,肃、瓜、西沙三州改属肃州都督府。贞观元年,罢肃州都督府,复为瓜州都督府,管瓜、肃、西沙三州。贞观七年,改西沙州为沙州。天宝元年,改瓜州为晋昌郡;瓜州都督府为晋昌郡都督府,管晋昌郡(瓜州)、酒泉郡(肃州)、敦煌郡(沙州)。乾元元年,都督府、郡恢复其原名。②

肃州都督府置于武德八年,实际是瓜州都督府的继承者,治肃州酒泉县(今甘肃酒泉市),督肃、瓜、西沙三州。贞观元年,撤销肃府,三州复归于瓜州都督府。③贞观四年,肃州改属凉府。

二、北疆地带的普通地方行政管治体系——都护府建制

唐太宗、高宗两朝出于强化羁縻都督府、州地方行政体系管治的现实需要,在北部边疆先后组建两个正规的地方高级军政管治机构,即燕然都

---

① 艾冲:《唐代都督府研究——兼论总管府·都督府·节度司之关系》,西安地图出版社,2005年,第65页、第133—134页、第161—162页、第168页。
② 《旧唐书》卷四十《地理志三》,第1642—1644页。
③ 《旧唐书》卷四十《地理志三》,第1642页。

护府、云中都护府。燕然都护府的专名后有多次变更，先后变更为"瀚海府""安北府""安化府""镇北府"等名称。云中都护府也曾改为"单于都护府""单于镇守使府"等。随着北疆政治格局的变迁，两大都护府的管治权限也出现收缩的迹象。依据都护府名称使用期限的长短，我们以使用时间最长的名称来指称北疆的两个都护府，即安北都护府、单于都护府。

（一）单于都护府（初称云中都护府）的创置与因革

唐朝于贞观四年平定东突厥后，经过决策层的充分酝酿而制定出全其部落、设立府州、分部管理的安置方式，并在漠南地区建立军政合一的高级管理机构，实施对东突厥诸部的统一管辖。这个管理漠南地区的高级行政机构此后多有演变，情况较为复杂，因以"单于都护府"之名称存续时间最为长久，故今人习惯上以此呼之。迄今为止，关于唐代"单于都护府"的名称、驻地、管区、职能和建制变迁诸问题，已有多种研究成果问世，取得令人可喜的进展。但仍有若干疏漏、疑点和分歧尚待探索，譬如："宁朔大使"与"云中都护"是何种关系？龙朔三年前有无"瀚海都护"机构？"安化都护"与"安北都护"孰是孰非？"安北府"与"单于府"是否曾合治一城？单于府究竟复置于何年？至今仍困扰着史学界。笔者在阅读史籍过程中偶有所得，经过深思，缀成专篇，予以论析。下面简述以"单于都护府"为标识的漠南地区高级管理机构的演变过程，兼论对上述诸问题的管见。其演变过程大体分做六个阶段：

1. 贞观四年至龙朔三年（630—663）置"宁朔大使"管理机构

"宁朔大使"机构是"单于都护府"的前身，受唐朝中央政府的委任而管治北疆地区的东突厥诸部事务，持续存在达三十三年之久。据唐代文献记载："宁朔大使"的办公机构创建于贞观四年，驻夏州城（今陕西靖边白城子古城），就近管治安置在河南之地（即今内蒙古鄂尔多斯市和陕西榆林市局部之地）的东突厥部众，包括颉利旧部、阿史那苏尼失旧部、阿史那泥熟旧部等牧民，以及河北碛南地区（颉利旧地）其他东突厥部落牧民。《旧唐书》载：贞观四年，东突厥颉利可汗被擒后，夏州都督府都督窦静受任为

"宁朔大使",统管河南与碛南的东突厥诸部羁縻府州。① 唐太宗在《赐窦靖诏》中曰:"北方之务,悉以相委,以卿为宁朔大使,抚镇华戎,朕无北顾之忧矣。"② 据此可知,是时"宁朔大使"尚无独立的办公机构,是由夏州都督府都督兼任。窦静既担任夏府都督,又兼任"宁朔大使"职务,应系合署办公模式。故"宁朔大使"的治所是在夏州城无疑。

窦静于贞观九年去世后,萧嗣业继任"宁朔大使"之职。据其本传:"贞观九年归朝,以深识蕃情,充[宁朔大]使统领突厥之众"。③ 萧嗣业在唐高宗朝曾担任鸿胪卿、单于大都护府长史,显然是继窦静之后管理碛南地区东突厥事务的高级军政长官。贞观十三年发生"结社率事件"后,唐廷调整了对东突厥牧民的政策,册封阿史那思摩为东突厥"乙弥泥孰俟利苾可汗",让他率诸部返回黄河以北的碛南大草原,即"率所部建牙于河北"。史称:"锡其土,南至于大河,北至白道川,以北接薛延陀。"④ 并将阿史那思摩的可汗牙帐确定在定襄故城,即"建牙于故定襄城"。⑤ 可见,为有效地管理碛南地区的东突厥诸部牧地,唐廷在贞观十四年三月组成建制单列的"宁朔大使"管理机关。正如《旧唐书·太宗本纪》谓:"贞观十四年,……三月戊午,置宁朔大使,以护突厥。"⑥ 为适应碛南地区的新形势,其驻地北迁至定襄故城,即阿史那思摩的可汗牙帐所在地。而原置于此城的云州及定襄县,则被迁往故恒州城。⑦ 此后,"宁朔大使"作为碛南东突厥地区的高级军政管理机构,常驻定襄故城,迄龙朔三年改制为止。

2. 龙朔三年至垂拱二年(663—686)改置"云中都护府、单于大都护府"

唐高宗龙朔三年二月,在"宁朔大使"机构的基础上,接纳了来自碛

---

① 《旧唐书》卷六十一《窦威传附窦静传》,第2369—2370页。
② 〔清〕董诰等:《全唐文》卷六《赐窦靖诏》中华书局,1983年,第79页。《旧唐书》卷六十一《窦威传附窦静传》,第2370页。
③ 《旧唐书》卷六十三《萧瑀传附萧嗣业传》,第2405—2406页。
④ 《通典》卷一百九十七《边防十三·突厥上》,第5416页。
⑤ 〔唐〕吴兢:《贞观政要集校》卷九《议安边第三十六》,中华书局,2009年,第500页。
⑥ 《旧唐书》卷三《太宗本纪下》,第51页。
⑦ 《元和郡县图志》卷十四《河东道三·云州》,第409页。

北地区的瀚海都督府的部分文牍人员，正式成立漠南地方管理实体"云中都护府"。即"战国属赵，秦汉云中郡地也，大唐龙朔三年，置云中都护府。又移瀚海都护府于碛北（瀚海都护旧曰燕然都护府）。二府以碛为界"。①其下统管4个突厥族羁縻都督府，及若干羁縻州（或谓14州，或谓24州）。《旧唐书·地理志》亦称："唐龙朔三年，置云中都护府。"《新唐书·地理志》所载相同。云中都护府仅存在约一年。麟德元年"春正月甲子，改云中都护府为单于大都护府，官品同大都督府"。二月丁亥，以殷王李旭轮遥领单于大都护。单于大都护府作为管理碛南地区的高级军政机关，其行政层级跟大都督府相侔，唯管理对象不同而已。②《旧唐书·地理志》亦称："麟德元年，（云中都护府）改为单于大都护府。"《通典》《新唐书·地理志》《元和郡县图志》的记载亦然。此后，在唐朝北疆地带并存两大都护府：瀚海府（安北府）、单于府。

关于龙朔三年组建"云中都护府"的历史资料，还存在着明显的歧异。《旧唐书·高宗本纪上》称：龙朔三年二月，"改燕然都护府为瀚海都护府，瀚海都护府为云中都护府"。《唐会要》卷七十三："龙朔三年二月十五日，移燕然都护府于（碛北）回纥部落，仍（按：应作'乃'）改名瀚海都护府。其旧瀚海都督府，移置云中古城，改名云中都护府。仍以碛为界，碛北诸蕃州悉隶瀚海，碛南［诸蕃州］并隶云中。"这两则史料与前段所引资料存在显明的分歧，两者之间也存在差异。依据《通典》《旧唐书·地理志》《新唐书·地理志》和《元和郡县图志》的记载，在建立"云中都护府"之前，唐代北疆碛南地区并不存在一个所谓"瀚海都护府"，显然《旧唐书·高宗本纪上》龙朔三年的记载有误。而在碛北地区的回纥部落居地置有瀚海都督府，是年既然迁燕然都护府于碛北回纥部落，遂改称"瀚海都护府"。因都护府迁至此地，唐廷原为瀚海都督府配备的文牍人员就被裁减，将他们迁往碛南、归入新组建的以"宁朔大使"办公机构做基础的"云中都护府"。正如《唐会要》云："其旧瀚海都督府，移置云中古城，

---

① 《通典》卷一百七十九《州郡九·单于大都护府》，第4744—4745页。
② 《旧唐书》卷四《高宗本纪上》，第85页。

改名云中都护府。"此处实指瀚海都督府的部分文牍人员的南迁。因此，《唐会要》"其旧瀚海都督府"的提法是正确的，而《旧唐书》"瀚海都护府"实属笔误。"云中都护府"主要是以原"宁朔大使"机构为基础而组建，且治所仍旧在定襄故城（或作云中故城），瀚海都督府的文牍人员的加入只是其补充部分，故不被《通典》《旧唐书·地理志》《新唐书·地理志》《元和郡县图志》所称道。有的学者擅改《唐会要》"其旧瀚海都督府"为"旧瀚海都护府"，有失妥当。翌年，云中都护府改称为单于大都护府，并维持二十三年之久。

调露元年，单于都护府管内出现由阿史德温傅、奉职煽动的东突厥武装叛乱。继而永隆元年，出现阿史那伏念之乱。永淳元年，阿史那骨笃禄、默啜复叛，遂频繁袭掠朔、代、蔚、定等州。①是时，碛南地区局势动荡，东突厥诸部离散，单于府遂失去对漠南羁縻府州的有效控制。单于府城也处于十分严峻的武力威胁中。垂拱二年，官军惨败于忻州之战，形势更加严重。

3. 垂拱二年至圣历元年（686—698）改置"单于镇守使府"

骨笃禄、默啜复叛后，单于府对碛南地区诸府州逐渐失去了有效控制，仅保有单于府城郊及附近之地。唐廷遂于垂拱二年，改单于都护府为"单于镇守使府"，以固守这个军事战略要地——定襄故城。②镇守使府之名称单独存在约十二年；自圣历元年至开元二年（698—714）间，则成为任"单于都护"者的兼衔。如张知运于景云二年至开元初年（711—713）曾担任"检校单于大都护、镇守军使"，或作"检校单于大都护、镇守大使"。③"单于镇守使"之名号废除于何年，不详。

4. 圣历元年至景云二年（698—711）改建为"安化都护府"

圣历元年（698）五月，唐廷在单于府故城"改置安化都护（府）"，④并保留单于镇守使之职衔，安化都护兼任单于镇守使之职，历时十三年。

---

① 〔宋〕王溥：《唐会要》卷九十四《北突厥》，中华书局，1960年，第1690—1691页。
② 《元和郡县图志》卷四《关内道四·单于大都护府》，第107页。
③ 《唐大诏令集》卷五十九《大臣·将帅·解琬朔方道后军大总管等制》，第315页。
④ 《元和郡县图志》卷四《关内道四·单于大都护府》，第107页。

必须指出的是：《唐会要》卷七十三对此建制记作"改为安北都护"，究诸历史实际，"安北"应是"安化"的笔误。因为始置于贞观末年的"安北都护府"此时尚驻在河西走廊的凉州地界"西安城"，唐朝绝不可能设置两个同名的都护府，更不可能迁安北府于此城。① 至于称作"安化都护"实乃事出有因。东突厥首领默啜于长寿年间（692—694）"遣使来朝，则天大悦，册授左卫大将军，封归国公，赐物五千段。明年，复遣使请和，又加授迁善可汗"②。神功元年（697），在默啜攻破契丹诸部后，武则天"复诏知微持节册默啜为特进、颉跌利施大单于、立功报国可汗"③。是时，武则天尽力笼络东突厥贵族首领默啜，不断加官晋爵。那么出于同样的安抚、感化突厥诸部的意图，在单于府故城改建安化都护府，也就不难理解了。以"安化"作为都护府的专名，隐含着感化对方、稳定北疆的深层政治考虑。当然，这种主观上的良好愿望被默啜进攻妫、檀、蔚、定、赵诸州的残酷战争击得粉碎。

5. 景云二年至会昌五年（711—845）重建"单于大都护府"

据《大唐六典》卷三十的记载，"景云二年，又置单于都护"。即景云二年，唐廷复将安化都护府改称单于大都护府。而《唐会要》则谓：开元二年（714）闰五月，"却置单于都护府"。此处"却"是"还""再"之义。④ 单于府重新建置的年份出现两种记载，究竟孰是孰非呢？参照其他相关的记载，应以景云二年为是。⑤ 据《旧唐书》等史籍记载：邠王李守礼于景云二年遥领"单于大都护"一职，⑥ 臧怀亮在景云中也曾出任单于都护府

---

① 艾冲：《唐代安北都护府迁徙考论》，载《陕西师范大学学报》2001年第4期。
② 《旧唐书》卷一百九十四上《突厥传上》，第5168页。
③ 《新唐书》卷二百一十五上《突厥传上》，第6045页。
④ 《唐会要》卷七十三《单于都护府》，第1309页。
⑤ 《唐会要》又曰：是年"移安北都护于中受降城"，所言则误。重建单于都护府既以现存的安化都护府为基础，自然无移徙之举。倘若此安北府系指贞观末年始建而后更名的安北府，就更无可能，因为是年安北府早已由河西走廊的西安城迁入西受降城，并未再行迁徙。《大唐六典》则谓"景云二年又置单于都护府"。
⑥ 《旧唐书》卷八十六《章怀太子贤传附邠王守礼传》，第2833页。

都护和单于府副大都护之职。① 据《全唐文》卷二百五十三《命姚崇等北伐制》：先天至开元初（712—713），张知运受任"右领军卫大将军兼检校单于大都护、镇守军使"。这些史料充分表明：单于大都护府应复置于唐睿宗景云二年无疑。

重新建立单于大都护府，是为适应当时突厥首领默啜的部众纷纷南下归唐的形势。据《旧唐书》等文献所载，开元初，默啜"自恃兵威，虐用其众。默啜既老，部落渐多逃散"。譬如开元二年，默啜妹婿火拔（部）颉利发、石阿失毕率精骑围攻唐朝北庭府城（今新疆吉木萨尔破城子）战败后，不敢归返，即携妻率部众降于唐朝。次年，"[西突厥]十姓部落左厢五咄六啜、右厢五弩失毕五俟斤及子婿高丽莫离支高文简、跌跌都督跌跌思泰等各率其众，相继来降，前后总万余帐。制令居河南之旧地……默啜女婿阿史德胡禄俄又归朝，授以特进"。② 在此形势下，重建单于大都护府无疑是十分必要的。

据《元和郡县图志》："开元七年，隶属东受降城。八年，复置单于大都护府。"关于开元七年的文字，"隶属"二字之前当有脱漏，或"隶属"二字本身就是笔误。推测是年单于都护府可能曾短时撤销或移迁，其原因应是突厥归降部落再度叛离。至八年，复置之。因其时间短促，可忽略不计。天宝四载（745），经朔方节度使王忠嗣奏请，振武军由东受降城向东迁徙120里，移入单于府城。同年，增置附郭金河县。这标志着单于府城驻防力量增强、定居人口增加和直管政区形成。

唐肃宗乾元元年（758），唐廷诏置振武军节度使司，治单于府城。在此后一段时间，单于都护之职或由朔方节度使、或由振武节度使兼任（因方镇的分合置废）。自贞元元年至会昌五年（785—845）间，"单于都护"皆由振武节度使兼任。这就表明：唐后期，单于都护的管治权力已被振武节度使所接替，单于都护的官职降至次要位置。在这期间，"单于府城"之名逐渐代替昔日"云中故城"或"定襄故城"的称呼。史载"单于城中旧少

---

① 《全唐文》卷二百六十五《左羽林大将军臧公神道碑》，第2692页。
② 《旧唐书》卷一百九十四《突厥传上》，第5172—5173页。

树"，振武节度使范"希朝于他处市柳子，命军人种之。至今成林，居人赖之"。① 重建后的单于大都护府延续时间达一百三十四年之久。

6. 会昌五年至光化三年（845—900）改称"安北大都护府"

唐武宗会昌五年（845）七月，唐武宗皇帝敕改单于都护为"安北都护"。史载"中书门下奏：'塞北诸蕃，皆云振武是单于故地，不可存其名号，以启戎心。臣谨详国史，贞观四年（按：原著作武德四年，误），平突厥后，于振武［城］置云中都护。麟德元年，改为单于都护。圣历元年，改为安化都护（按：原著写作安北，误）。开元八年，复为单于都护。其安北都护旧在天德，自贞观二十一年（按：此后当有脱佚）……在甘州，迁徙不定。今请改单于都护为安北都护'。敕旨：从之"。② 自会昌五年至光化年间（845—900），原单于都护府就以"安北都护府"之名继续存在，前后达五十余年。③ 改称"安北都护府"的年份，别有一说，即《新唐书·方镇表》谓在会昌三年，暂且录之俟考。笔者揣测，很可能是自会昌三年开始酝酿更名之事，由振武节度使向朝廷提出动议，至会昌五年，中书、门下两省商定，报请唐武宗降敕改名。至于贞观二十一年所置管理碛北铁勒诸部的安北都护府，早在唐德宗兴元元年（784）就被撤销了。因此，会昌五年，单于都护府更名为安北都护府之举，并不存在重名或同名问题。

通过上面的研讨与分析，可知唐代漠南地区的高级军政管治机构曾经六更其名，经历由宁朔大使府向云中都护府、单于都护府、单于镇守使府、安化都护府、单于大都护府、安北都护府的复杂嬗变过程；一迁其治，即由最初的夏州城迁至定襄故城。随着北部边疆政局的变化和机构名称的变更，其职权、管区、置废也在发生一定的变动。其中以"单于都护府"之名存续时间最长，达一百五十六年之久（664—686，711—845），故后代人们常以此名指称这个军政实体。但作为唐朝管治北疆的地方高级军政机构，其复杂的变化才是我们应该特别注意的历史真相。

---

① 《唐会要》卷七十三《单于都护府》，第1310页。
② 《唐会要》卷七十三《安北都护府》，第1316页。
③ 吴廷燮：《唐方镇年表》卷一《朔方》，中华书局，1980年。

（二）安北都护府（初称燕然都护府，继称瀚海都护府）的创立与沿革

安北都护府是唐朝管治北部边疆漠北地域的地方高级军政机关，乃唐朝六大都护府之一。探明安北都护府的演变原委，对于边疆史地、唐史研究皆具重要意义。由于历史文献记载的抵牾和今人对史料的理解差异，因而在安北都护府的名称、治所和管内羁縻府州的变迁问题上还存在一定的疑点与分歧，需要进一步梳理与讨论。笔者愿在前人研究基础上提出管见，就教于学界同人。

1. 安北都护府的创立、迁治与更名

作为边疆高级军政管治机关，安北都护府在其实体存续期间曾经三更其名、八迁其治。这种复杂的演变无形中增加了后世学人认识它的难度，但大致还是可以理清原委的。在此简述其名、治之演变过程。

（1）安北都护府起初称作"燕然都护府"，创建于贞观二十一年四月

燕然都护府创建之初，统管碛北地区的六个都督府、七个州，其治所在"故单于台"，即《元和郡县图志》所载：张仁愿于景龙二年所筑西受降城东北四十里处。① 西受降城，简称"西城"。《旧唐书》云："西城，即汉代之高阙塞也。西城北去碛石口三百里。"② 汉代高阙，即今内蒙古狼山中段的石兰计山口。唐代西受降城踞于今石兰计山口南、乌加河（唐代黄河）津渡北岸，位于今内蒙古五原县西北方、乌拉特中旗西南隅邢寡妇圪旦村北两公里处。据此，燕然都护府驻地在其东北四十里处，当在今乌拉特中旗驻地西南、狼山北麓。燕然都护府驻"故单于台"达十六年（647—662）。

（2）唐高宗龙朔三年二月，燕然都护府自碛南"故单于台"迁往碛北的回纥部居地

回纥部居地，即今蒙古人民共和国哈尔和林西北、鄂尔浑河西侧。因在回纥部建立的地方政权机构叫作"瀚海都督府"，燕然都护府作为上级政府既已迁来此地，按照以驻在地的名称作为自身专名的原则，遂改称"瀚海

---

① 《元和郡县图志》卷四《关内道四·天德军》，第113页。
② 《旧唐书》卷一百九十五《回纥传》，第5195—5197页。引文中的"碛石口"应作"碛口"，"石"字为衍文。

都护府"。此乃这个北疆高级军政机关的第一次更名。① 同样,因都护府迁来瀚海都督府的驻地,唐朝中央政府原先为回纥部酋长配备的都督府副职(长史、司马等)以及各职能部门的文牍人员就有裁减的必要,于是瀚海都督府(羁縻)的部分在编人员被迁往碛南,并入新组建的"云中都护府"机构。② 此后,两大都护府管区间的界限仍如贞观十三年(639)唐太宗所确定,照旧以碛为界,瀚海都护府依旧管辖碛北铁勒九姓及其他部族之地,新组建的云中都护府则监管碛南的东突厥诸部之府州。③

至六年后的总章二年(669)"秋八月甲戌,改瀚海都护府为安北都护府",此乃第二次更改其名称,"安北府"之名遂始于此年。安北府仍以回纥部的瀚海都督府为治所,达二十五年之久(663—687)。④

(3)武则天垂拱四年(688),安北都护府自碛北回纥部向南迁至同城镇

同城镇故址,位于今内蒙古自治区阿拉善盟额济纳旗驻地以南,遗址尚存。当时,铁勒九姓的回纥、思结、契苾、浑诸部追随安北府南迁,进入碛南的甘、凉二州地界。导致这次迁徙的原因,要追溯到唐高宗调露元年十月,单于都护府管内的东突厥诸部反叛,阴山南北的局势动荡不安,影响了安北府与京师长安城的交通联系。永淳二年(683),阿史那骨笃禄称可汗后,频繁袭扰河东、河北等地区。尤其是武则天垂拱三年(687)八月,东突厥叛乱诸部寇掠朔州,被燕然道行军大总管黑齿常之击溃于黄花堆,"追奔四十余里,贼众遂散走碛北"。⑤ 从此,突厥叛乱诸部攻掠碛北铁勒九姓诸府州,"铁勒诸部在漠北者渐为所并"。在这种与中央政府联系受阻、碛北战乱动荡的紧张局势下,安北府与管内部分羁縻府州就南迁甘、凉二州之地。安北府先移治于河西地区居延海西南的同城镇,即"敕以同城权置安北府",以"招纳归降"。

---

① 《旧唐书》卷四《高宗本纪上》,第84页。《资治通鉴》卷二百零一《唐纪十七》"高宗龙朔三年(663)",第6333页。
② 《唐会要》卷七十三《安北都护府》,第1315页。
③ 《旧唐书》卷一百九十四上《突厥传上》,第5163页。
④ 《旧唐书》卷五《高宗本纪下》,第93页。
⑤ 《旧唐书》卷一百九十四上《突厥传上》,第5167页。

同城镇位于甘州（今甘肃张掖）北偏东1018里。《新唐书·地理志》载：同城，天宝二年置宁寇军，"军东北有居延海"。《元和郡县图志》云："宁寇军，在居延水两汊中。"同城镇故址，即今内蒙古额济纳旗境的马圈古城。而居延海（在今内蒙古额济纳旗驻地东北）西南距甘州1600里。其时，安北府主要管理迁入河西地区的铁勒诸部，并与留在碛北的其他蕃部保持着联系。安北府治同城镇约五至六年（688—693？）。

（4）安北都护府在武则天长寿二年（693）自同城镇再度南迁西安城

所谓西安城，即唐代甘州"删丹县西南九十九里西安城"①。据《旧唐书·突厥传》：长寿二年，突厥诸部首领默啜可汗率众寇掠灵州，杀掠吏民。孤悬于大漠南缘的居延绿洲也难免兵火之劫，安北府遂于是年或次年迁至西安城。在此需要特别说明的是，《元和郡县图志》相关记载中"其都护权移理删丹县西南……"当有脱误，"其"字下当脱佚"后"字；应作"其［后］都护权移理删丹县西南……"才可谓文理通顺。西安城，始筑于十六国时期北凉神玺二年（398），为西安郡治所，北魏时期废郡，其故址在今山丹县西南。安北府治西安城约达十四年（694—708）。②

（5）唐中宗景龙二年（708），安北府由西安城向东北迁入新竣工的西受降城

是年三月，朔方军大总管张仁愿趁东突厥叛乱首领默啜尽众西击突骑施部之机，收复漠南地区，并在黄河北侧构筑三座受降城，皆据交通要津。在西受降城竣工之后，唐廷为便于安北府与碛北铁勒诸部就近联系，遂将安北府迁治西受降城。③ 这是无可争议的史实。现今史学界个别同志认为：安北府是由单于都护府故城西迁此城，其说实在欠妥。如果历史文献记载出现分歧，一般来说应以同时代文献为可靠。在安北都护府于何时由何地迁入西受降城的问题上，笔者认为《元和郡县图志》的记载是正确可信的，故采用其

---

① 《元和郡县图志》卷四《关内道四·丰州》，第113页。
② 《元和郡县图志》卷四《关内道四·丰州》，第113页。《旧唐书》卷七《中宗本纪》，第146页。
③ 《元和郡县图志》卷四《关内道四·丰州》，第113页。

说。至于"圣历元年，[以单于都护府]改置安北都护府"的观点，如前所论，也是不妥的。安北府驻西受降城达十三年（708—721）。

（6）唐玄宗开元十年，安北都护府再度由西受降城移治中受降城①

中受降城故址，即今包头市南郊、黄河北侧的敖陶窑子古城址。关于这次迁移治所之举，《新唐书·地理志》谓在开元二年，实际有误，还是须以《元和郡县图志》的记载为准，定在开元十年。②同年，唐廷析出丰州、胜州管区各一部，划归安北都护府，作为其直属管理区。③安北都护府这次移治中受降城，乃因西城遭黄河侧蚀冲刷而严重损坏，此年被放弃。安北府治中受降城达二十六年之久（722—748）。

（7）唐玄宗天宝八载（749）、十四载（755），安北都护府先后移治横塞军城、天德军城

据《元和郡县图志》载：天宝八载，朔方节度使张齐丘于木刺山可敦城创立横塞军，遂迁安北都护府治此。横塞军使郭子仪兼任安北都护府副都护，管理府中日常事务。都护一职仍由朔方节度使担任。但时过五年，安北都护府又在天宝十四载随横塞军移治大同川西侧新建的城郭，即更名后的天德军城（今内蒙古乌拉特前旗乌梁素海东南缘）。④但《元和郡县图志》谓"乾元后改为天德军"，失之过晚，也显得含糊不清。据《唐书·郭子仪传》：郭子仪任天德军使，其时在天宝十四载十一月前。《旧唐书·玄宗本纪》也有明确的记载。据此，横塞军被改称天德军的时间，至迟应在天宝十四载。⑤

唐肃宗至德二载（757），安北都护府被改称"镇北都护府"。此乃该军政实体的第三次更名。《新唐书·方镇表》的乾元元年（758）列有"镇北都护府"，就是安北都护府之改名。这次更名，跟安南都护府改称镇南都

---

① 《元和郡县图志》卷四《关内道四·丰州》，第113页。
② 《元和郡县图志》卷四《关内道四·丰州》，第113页。
③ 《新唐书》卷三十七《地理志一》，第976页。
④ 《元和郡县图志》卷四《关内道四·丰州》，第113页。《新唐书》卷三十七《地理志一》，第976页。
⑤ 《金石萃编》卷九十二《唐五十二·郭氏家庙碑》，清光绪十九年（1893）石印本。

护府、安西都护府改称镇西都护府的时间基本一致。后两者更名时间都在此前一、二年，即至德元载或二载（756、757）。总之，上述更名之举皆应在至德年间（756—758）。①

（8）唐乾元中（758—760），镇北都护府又随天德军都防御使司迁回西受降城

天德军都防御使司迁治西受降城后，其所属军马则"权居永清栅（今乌梁素海东南侧）"。此时，镇北都护府已是有名无实，"都护"仅具虚衔而已。②安史之乱后，节度使司建制推广于各地区，而原先的都督府、都护府建制则失去其主导地位。镇北都护府自然也不例外。

迄唐德宗兴元元年（784），镇北都护府最终被撤销。据《旧唐书·德宗本纪上》载：建中二年（781），李怀光出任朔方节度使，兼任灵州大都督，单于、镇北大都护。至兴元元年（784）三月己亥，"诏授李怀光太子太保，其余官秩并罢"。镇北都护府的建制遂在此年被罢废。因为就在同年，浑瑊、杜希全次第出任朔方节度使，他们的兼衔中已无"镇北大都护"之号。而且此后迄开成（836—840）中，历任朔方节度使的兼衔中皆不具"镇北大都护"职名，显然已被撤销。唐代后期的地理总志《元和郡县图志》的关内篇，载有单于都护府、天德军、三城，并无镇北都护府，也是明证。

综上所述，安北都护府曾三次更改其名，梗概如下：燕然都护府（647—662）—瀚海都护府（663—669）—安北都护府（669—757）—镇北都护府（758—784）。其中以"安北都护府"之名沿用时间最长，达八十八年，因此常以"安北府"呼之。其治所也前后八次迁徙，次序大致如下：故单于台、回纥部落（瀚海都督府驻地）、同城镇、西安城、西受降城、中受降城、横塞军城、天德军城、西受降城。安北都护府的职权在第四次迁徙前处于全盛期，此后进入中衰期，安史之乱后则为衰亡期，有名无实延至兴元元年终止。

---

① 《新唐书》卷三十七《地理志一》，第976—977页。
② 《元和郡县图志》卷四《关内道四·丰州》，第113页。

2. 安北都护府统管的羁縻府州

安北都护府的管区即碛北地区，其职权是监管北部边疆碛北地区的铁勒九姓及其他部族诸府州。羁縻都督府、羁縻州的数量有前期和后期的不同，前期主要指贞观二十一年至垂拱四年（647—688）间管治碛北诸州（皆置于各部落原居地），后期则指垂拱五年迄兴元元年（689—784）间监管南迁内地的诸府州。

（1）安北府前期所管羁縻府州

贞观二十一年四月十日，"置燕然都护府，以扬州〔都督府〕司马李素立为都护，瀚海等六都督〔府〕。皋兰等七州并隶焉"①。可知燕然都护府建置伊始，就统管碛北六府七州。它们包括：①瀚海都督府。置于回纥部居地，武则天时南迁河西甘、凉二州地界。②燕然都督府。置于多览葛（或作多滥葛）部居地。③金微都督府。置于仆固（亦作仆骨）部居地。④幽陵都督府。置于拔野古部居地。⑤龟林都督府。置于同罗部居地。⑥卢山都督府。置于思结部居地，武则天时南迁河西甘、凉二州地界。⑦皋兰州。置于浑部居地。永徽元年三月三日，皋兰州升格为皋兰都督府，下领稽落州。后复降为州，分作东、西皋兰州。武则天时南迁河西甘、凉二州地界。⑧高阙州。置于斛萨（或作薛）部居地，永徽元年三月三日罢之，改置稽落州，隶于皋兰都督府。⑨鸡田州。置于阿跌部居地。⑩榆溪州。置于契苾部居地，永徽四年升为贺兰都督府，仍属于燕然都护府。武则天时南迁河西甘、凉二州地界。⑪鸡鹿州。置于奚结部居地。⑫蹛林州。置于阿跌部（或谓思结别部）居地。⑬寘颜州。置于白霫部居地。

上述六府七州，"并各以其酋帅为都督、刺史，给元金鱼（符），黄金为字，以为符信"②。《旧唐书》亦曰："太宗各因其地土，择其部落，置为州、府。""太宗为置六府七州，府置都督，州置刺史。府、州皆置长史、司马以下官主之。"在此应特别注意，中央政府为碛北诸府、州"皆置

---

① 《唐会要》卷七十三《安北都护府》，第1314页。
② 《唐会要》卷七十三《安北都护府》，第1314页。

长史、司马以下官主之",即由唐廷选派文职人员赴碛北各府、州充任长史、司马等上佐副职,以及政府各职能部门的文牍案卷工作人员。这个部署恰好是应铁勒九姓各部酋长的恳切请求而实施的。贞观二十一年正月,铁勒诸部首领在京都长安城接受唐太宗授予的官爵时,异口同声地说:"臣等既为唐民,往来天至尊所,如诣父母。请于回纥以南、突厥以北开一道,谓之参天可汗道,置六十八驿。……仍请能属文[之]人,使为表疏。"唐廷答应他们的要求,随后派员赴碛北各府州,协助都督、刺史处理本管区事务及其同上级政府的往来公文。①

在其后的二三年中,随着碛北地区统一局面的巩固与发展,燕然(安北)都护府所管羁縻府州的数量渐有增加。二十二年,燕然府增管一府二州。它们是:①坚昆都督府。置于结骨部地,隶燕然都护府。其下领都波、驳马、弥列哥、饿支四部。②玄阙州。贞观二十二年三月九日以骨利干部居地置立,隶于燕然府。后改称"余吾州"。② ③烛龙州。贞观二十二年三月九日置于俱罗勃(掘罗勿)部居地,隶于燕然府。

贞观二十三年迄永徽元年,又增置二府六州。分别为:①新黎都督府。贞观二十三年正月,置于拔悉密部地,显庆三年降为新黎州。②狼山都督府。永徽元年十月置于歌罗禄部左厢居地。显庆元年府降为州。③浑河州。永徽元年十月置于歌罗禄部右厢居地。④溪弹州。永徽元年以薛延陀余部置,后改称祁连州。⑤居延州。贞观二十三年六月以白霫部置。⑥稽落州。永徽元年改高阙州为稽落州,隶于皋兰都督府,后废。永徽三年十一月,置于阿特部,隶于燕然都督府。⑦仙萼州。置于何部不详,置年不详。⑧浚稽州。置于何部不详。③

延及高宗显庆三年正月十四日,安北都护府(燕然府)增管金山一带的歌罗禄三部析置的三府一州。即:①阴山都督府。置于歌罗禄的谋落部居地。②大漠都督府。置于歌罗禄的炽俟部居地。③玄池都督府。置于歌罗

---

① 《资治通鉴》卷一百九十八《唐纪十四》"贞观二十一年(647)",第6244页。
② 《唐会要》卷七十三《安北都护府》,第1314—1315页。
③ 《旧唐书》卷一百九十九下《铁勒传》,第5343—5348页。

禄(葛逻禄)的踏实部居地,后降为玄池州。④咽面州。析踏实部(踏实力部)而置。以上三府一州初隶燕然都护府。长安二年皆为都督府,改隶北庭都护府。①

截至显庆三年,安北都护府共计监管13个羁縻都督府(瀚海、燕然、金微、幽陵、龟林、卢山、贺兰、坚昆、新黎、狼山、阴山、大漠、玄池)和15个羁縻州。

(2)安北府后期所管羁縻府州

这时期又可分作三个阶段。第一阶段是指垂拱四年至景龙二年,安北府驻在同城镇和西安城之际,主要统管迁入河西走廊的铁勒九姓诸羁縻府州,并与留在碛北地区的诸府州保持联系。内迁河西走廊的诸府州有:瀚海都督府(回纥)、卢山都督府(思结部)、皋兰都督府(浑部)、贺兰都督府(契苾部)、蹛林州(思结别部),后又析置金水州。这四府二州皆迁入河西的甘、凉二州,仍隶于安北都护府。景龙中,安北府东迁后,诸府州则隶于凉州都督府。与此同时,安北府还与留在碛北地区的新黎、狼山、浑河、坚昆、溪弹、阴山、大漠、玄池和咽面等9个府州保持联系。武则天长安二年(702),唐朝增置北庭都护府(治今新疆吉木萨尔县北),遂析出安北府管内的阴山、大漠、玄池和咽面4个都督府改属北庭都护府。②

第二阶段是指景龙二年至天宝十四载,安北府迁驻西受降城、中受降城之际,监管南迁关内、河东等地区的铁勒九姓诸羁縻府州。景龙二年,安北府东迁西受降城,就近恢复与碛北的铁勒九姓诸部的联系,互有使者往返。此后,安北都护一职就由朔方道行军总管或朔方节度使兼任。开元元年(713),碛北铁勒诸部在突厥贵族的压迫下纷纷南迁。如:燕然州(多览葛部)、鸡鹿州(奚结部)、鸡田州(阿跌部)、东皋兰州(浑部)、烛龙州(掘罗勿部),以及燕山州(何部不详)等6个州迁入灵州地界,前3个州

---

① 《唐会要》卷七十三《安北都护府》,第1315页。
② 《新唐书》卷四十三下《地理志七下》,第1130—1134页。

寄治在回乐县界，后3个州侨治于鸣沙、温池二县之境。①《旧唐书·地理志》称之为"突厥九姓部落"，实属笔误；应写作"铁勒九姓部落"才是。此6州南迁初期仍隶于安北都护府，只是至开元末年，方改属灵州都督府兼管。②歌罗禄诸部则迁入凉州地界。据《新唐书·玄宗本纪》记载，开元四年夏天，由于受到突厥的军事打击，铁勒九姓中的回纥别部、同罗、霫、勃曳（拔野）固、仆固五部度漠南迁。唐廷将这五部安置在大同军（大武军，即今山西朔州市东北）、横野军（今河北蔚县县城）以北之地。开元九年秋天，河东的铁勒九姓五部响应唐廷征调，平定河曲康待宾之乱。十年，河东的铁勒九姓五部进入今河套地区，填补因河曲残胡南迁后的空地。③安北都护府也于同年迁至中受降城，就近管理诸部。根据两《唐书》记载，夏州所在的今河套地区寄居着碛北铁勒诸部之府州，包括达浑都督府（薛延陀部），游牧于夏州宁朔县境，下领五州：姑衍州、步讫若州、溪弹州、鹘州、低粟州。开元十六年，罢达浑都督府。安化州都督府寄在夏州朔方县境。宁朔州都督府也在夏州朔方县境。仆固州都督府以铁勒九姓的仆固部置，也在夏州朔方县境。上述四府五州先隶属于安北都护府，后归夏州都督府。④其他未见诸文献记载者，为数当亦不少。与此同时，安北府跟碛北铁勒九姓部落的联系一直在进行。例如开元四年夏六月癸酉，拔野固部人袭杀东突厥可汗默啜之后，立即向入蕃使者郝灵荃报告，消息很快就传递到京师长安城。可见，安北府与碛北的羁縻府州保持着联系。⑤

第三阶段是指至德元载至兴元元年（756—784），安北府管下的河曲诸部羁縻府州受到安史之乱的影响，人口流散，纷纷解体。致使安北都护府渐次失去管理对象，乃至最终被撤销。

---

① 《新唐书》卷四十三下《地理志七下》，第1121页。
② 《旧唐书》卷三十八《地理志一》，第1416—1417页。
③ 《旧唐书》卷八《玄宗本纪上》，第176页、第182页；卷九十七《张说传》，第3052—3053页。
④ 《旧唐书》卷三十八《地理志一》，第1414—1415页；卷六十四《方镇一》第1763页。
⑤ 《旧唐书》卷八《玄宗本纪上》，第176页；卷一百九十四上《突厥传上》，第5173页。

3. 关于安北都护府的两个问题

关于安北都护府的建制沿革，因文献记载的歧异迄今仍有一些需要努力澄清的疑点。现特就下列问题试作分析，阐明个人浅见。

（1）永徽元年是否新置一个"瀚海都护府"

廓清这个问题十分重要，因为它关系到燕然都护府的管区是否包括整个碛北地区。问题的关键是如何理解一条历史资料。《旧唐书·突厥传》在叙述永徽元年高侃平定突厥车鼻可汗、分置府州之后，另起一段曰："车鼻既破之后，突厥尽为封疆之臣。于是分置单于、瀚海二都护府，单于都护领狼山云中桑乾三都督、苏农等一十四州（或作二十四州）；瀚海都护领瀚海金微新黎等七都督、仙萼贺兰等八州。各以其首领为都督、刺史。高宗［乾封元年］东封泰山，狼山都督葛逻禄（歌罗禄）社利等首领三十余人并扈从至岳下，勒名于封禅之碑。自永徽已后，殆三十年，北鄙无事。"①有的学者认为这段文字叙述了永徽元年的史实，其实不然。首先，细审这段引文，显然是对永徽元年以后三十年间北部边疆行政格局的概括。并非有的同道所谓：是年新置两个都护府，或者于燕然都护府之外别置两个都护府。引文中的"于是"乃指永徽后三十年间，并非指永徽元年也。其次，从这则史料的行文用名来看，既用"瀚海都护、单于都护"，实际是指麟德元年或龙朔三年（664或663）以后、总章二年（669）以前数年间的行政建制，恰在"北鄙无事"的三十年间中期。再次，依据两个都护府所管羁縻府州的名称分析，也并非指永徽元年之事。例如单于都护府下属的"桑乾都督府"，迟至龙朔三年才从定襄都督府析出而置，永徽元年怎么可能有桑乾都督府之名呢？这就充分证明此段引文并非叙述永徽元年之事。所谓永徽元年置立两个都护府之说，显属虚构。此乃今人对史料理解不当所致。再如引文中所谓单于都护府下属的"狼山都督府"，实际是定襄都督府的笔误。而有的学者不察，竟然以此为据判断永徽元年添置一个"瀚海都护府"，导致问题复杂化。狼山都督府实在碛北地区，隶属于燕然都护府，史书记载得明白。②因

---

① 《旧唐书》卷一百九十四《突厥列传上》，第5166页。
② 《新唐书》卷四十三下《地理志七下》，第1121页。

此，引文中"单于都护府"下领的"狼山"实际是"定襄"之误，这一点是极易分辨的。至于定襄都督府，贞观四年置于碛南地区，统领突厥颉利左部之民众，永徽元年犹存，高宗末年仍在。既然建立单于都护府，自然归其管理，故知引文的"狼山都督府"实为"定襄都督府"之误写。另外，呼延都督府也是突厥诸部羁縻府之一，析置于贞观二十年，系由云中都督府分出，至永徽年间依旧存在。倘若说永徽元年增置"瀚海都护府"（依其文意即单于都护府的前身）所领三个都督府应该是：定襄、云中、呼延，绝非引文所谓"狼山、云中、桑乾"。就此已证明永徽元年增立"瀚海都护"之说是不妥的。① 最后，从引文中"瀚海都护"（此系安北府的前身）管内的"贺兰州"分析。贺兰州，初名榆溪州，贞观二十一年正月创置于契苾部居地；永徽四年升格为贺兰州都督府。无论如何，永徽元年，碛北地区并无"贺兰州"之名称。这就进一步证实：根本就没有永徽元年置立都护府其事。

退一步来分析，假定此年添置都护府属实，那就无法解释后置或后更名的都督府和州级政区为什么会出现在这一年，必然沦入新的矛盾之中。毫无疑问，此乃今人理解史料出现的偏差。正确的解释只能是：《旧唐书·突厥传》的这段文字实际是概述永徽后三十年间北方边疆的军政建制，相当于麟德元年至总章二年（664—669）八月前的行政管理格局。据此，就可合理解释为什么单于都护府下领云中、桑乾、定襄（引文误作狼山）三个都督府，为什么瀚海都护府所领有"贺兰州"，却无"榆溪州"。既然如此，关于永徽元年曾在碛北地区置立"瀚海都护府"（指单于都护府前身）之说，无疑是很不恰当的。

基于对相关史料理解上的偏差，所谓永徽元年在燕然都护府之外另立两个都护府的推论是不妥当的；所谓永徽元年因车鼻可汗的覆灭，遂在北疆重新划分行政区域而形成两个都护府管区之说，也是不正确的；所谓永徽元年新置的两个都护府并非"单于、瀚海"，而是"瀚海、燕然"的论断，更是失误的。永徽元年，北部边疆除燕然都护府之外，绝无"瀚海都护府"之

---

① 《旧唐书》卷一百九十四上《突厥传上》，第5166页。

名。种种误解实乃后来人理解史料不当所致。

倘若追本溯源,诸种误解当系源自今本《唐会要》。该书卷七十三《单于都护府》条:"永徽元年九月八日,右骁卫中郎将高侃执车鼻可汗献于武德殿。处其余众于郁督军山,分其地置单于、瀚海二都护府,单于领……各以首领为都督、刺史。"将其文与《旧唐书》的记载对比一下,就明显看出《唐会要》对参考资料删削失当,铸下大错。它将两条史料揉为一体,系于永徽元年,语焉不明,致使后世学者生出种种误解。《唐会要》的本意是叙述永徽元年唐王朝在车鼻可汗旧地的行政建置,却误加入关于都护府的材料。譬如引文中"处其余众于郁督军山,分其地置……"之下应是"狼山都督府、浑河州",才能跟末尾的"各以首领为都督、刺史"相对应。① 今人对这个舛误未能明辨,将错就错,因而出现了几种不恰当的理解与推论。

(2) 安北都护府是否迁驻单于府故城

稽之于历史文献,所谓安北都护府于圣历元年迁驻单于都护府故城的说法,也是不可靠的。《元和郡县图志》云:"单于大都护府,垂拱二年改为镇守使,圣历二年改置安化都护。"② 写作"安化"而非"安北"。但《唐会要》在论述单于府时称:"圣历元年五月九日,(单于镇守使)改为安北都护。"③

笔者认为:首先,当历史文献记载出现歧异之时,应以当代文献为依据,因此以唐后期的《元和郡县图志》所载"安化都护"为是。其次,两部历史文献都记作以"单于镇守使"改置"安化(一作安北)都护"。显而易见,这是在原单于府驻地以单于镇守使府为基础而改置管理机关,并非安北都护府于此年由他处迁驻单于府故城。就地改置和自外迁驻,是两个截然不同的概念。这样看来,圣历元年改置的安化都护府是另一个军政建制单位,跟当时远在河西走廊的安北都护府毫无瓜葛。最后,从当时的政治形势观察,迁驻之举也是不可能的。万岁通天元年(696),东突厥叛乱势力首领默啜可汗征服契丹、奚两蕃,兵力强盛。圣历元年,默啜恃强向武则天索要

---

① 《唐会要》卷七十三《单于都护府》,第1309页。
② 《元和郡县图志》卷四《关内道四·单于大都护府》,第107页。
③ 《唐会要》卷七十三《单于都护府》,第1309页。

早年归附唐王朝的突厥降户,以及单于都护府之地,兼索农器、种子。武则天惧于其强大兵势,"遂尽驱六州降户数千帐,并种子四万余硕、农器三千事以与之。默啜浸强由此也"。①所谓"六州",是指河曲地域的丰、胜、灵、夏、盐、银诸州。可见,这一年正是默啜逼迫武则天交出"单于府之地"最终达到占据漠南地区的时间,并且大举进攻大同、清夷、静难等军,以及妫、檀、蔚、定、赵诸州地区。单于府孤城处在危急形势中,本来就不管理突厥诸部的安北都护府焉能于此时迁驻此城,有何实际的意义和可能?武则天尚不至于愚蠢到这等程度。据此,安北府迁驻单于府故城之举绝对不可能发生。《唐会要》《玉海》作"改为安北都护府","北"乃"化"字的笔误。今人据此演绎出:安北都护府迁治单于府故城一说,显然欠妥。

总而言之,圣历元年,安北都护府仍旧驻在"甘州删丹县西南九十里西安城",并未移驻单于府故城。到唐中宗景龙二年(708),安北府才从西安城向东北迁治西受降城。开元十年,再度从西受降城迁治中受降城,恰如第一部分所述。通过上面的探讨,我们基本澄清了关于安北都护府的治所、管辖范围和名称沿革的迷雾,探明了其真实的演变历程。这对于认识唐前期治理北疆的进程是非常重要的环节。

第三节　唐朝前期北疆的特殊行政建制与管理措施

唐朝自贞观四年起始,在正规地方行政管治体系的基础上,率先在北部边疆地带实行羁縻型地方行政管治体系——羁縻府州体系。羁縻地方行政管治体系是唐朝创建的特殊性质的边疆地方治理制度与模式。在羁縻型地方管治体系中,各羁縻都督府、羁縻州政府必须听从唐廷的政令、军令,奉行唐朝的历法、年号、官制、礼仪等制度文化,定时进京朝贡。唐朝中央政府册拜其部落酋长以一定级别的爵位、官职,给予各个羁縻行政单位以高度的自治权力,允许依照其民族或部族习惯法管理属部,甚至允

---

① 《旧唐书》卷六《则天皇后本纪》,第127页。《旧唐书》卷一百九十四上《突厥传上》,第5168—5169页。

许其传统官号的存在。

关于唐代前期羁縻府州制度的特征，下面从宏观上大致分作五点来论述。

其一，羁縻府州的都督、刺史为世袭制。《新唐书·地理志七》云："自太宗平突厥，西北诸蕃及蛮夷稍稍内属，即其部落列置州县。其大者为都督府，以其首领为都督、刺史，皆得世袭。"据此可知，凡是羁縻都督府的都督、羁縻州的刺史、羁縻县的县令，均以部落酋长充任，只要他们忠于唐朝中央政府，既可终身任职，而且可依父死子继、兄亡弟承的方式安排继任人选，甚至女性后裔也可承袭其职爵。即以其家族成员接替其职。这就是羁縻府州制度最明显的特征。

羁縻县的数量不多，而且置废无常，故不作为本章论述的重点。

这种世袭制度并非自然实现的，而是必须经过唐廷的认可，履行一定的授权程序之后，方能获得公认的合法地位。羁縻府州的都督、刺史，还兼有军职、爵位、散官及本族旧有的官号，一般情况下也可传于子孙或兄弟，当然会有某些变通。此类实例在两部《唐书》中甚多。例如：漠北铁勒九姓的仆固部于贞观二十年（646）归附，其首领仆固歌滥拔延被授予右武卫大将军、金微都督府都督。其后，他的子孙三代人袭任都督一职。铁勒九姓的浑部于贞观末年内属，其首领浑阿贪支（亦称浑潭）受任为右领军卫大将军、皋兰都督府都督，传至第四代孙浑释之，前后五代七人世袭都督一职。阿跌部内附后，其酋长被授予"鸡田州刺史，充定塞军使"，其子孙袭任此职长达百年之久。①

唐廷的认可与册封，是各都督、刺史在其本部取得合法地位的先决条件。这个原则早在贞观二十年就已确立。当年，唐太宗在被漠北诸部尊奉为"天可汗"后发布诏书宣告："令后玺书赐西域、北荒之君长，皆称皇帝天可汗。诸蕃渠帅有死亡者，必下诏册立其后嗣焉。"② 按照这个原则，中央政府在原任羁縻都督、刺史死亡之后，用皇帝诏书的方式决定该家族成员中

---

① 《旧唐书》卷一百二十一《仆固怀恩传》。《新唐书》卷七十五《宰相世系五下》，卷一百五十五《浑瑊传》。《全唐文》卷七百一十四《李良臣碑》。
② 《唐会要》卷一百《杂录》，第1796页。

的继承者，并授予职务、封爵、加官和本部旧官号。由唐廷派出的使者在该部落驻地宣读诏书内容。继任者只有接到授权诏书，其在本部的政治地位才能够确立。这条原则在实践中得到切实执行。

中央政府授予羁縻府州长官的职、爵情况大体有六类。①授予履行实际管治权力的行政职务，即都督、刺史。此乃所有官爵中至为重要的一类。②同时加授诸卫将军、军使等职事武官之号，以便统领本部武装力量。③通常赐以文武散官官阶，多列置于职事官称之前，如："正三品上怀化大将军、从三品上云麾将军、从一品开府仪同三司"等等。④针对任职人员的不同情况，赐以不同等级的封爵。上至"郡王"，下至"开国县男"等。例如置于契丹族活动地域的松漠都督府，从首任都督大贺窟哥至李过折，曾先后受赐为"无极县男、归顺郡王、松漠郡王、广德郡王、北平郡王"等爵号。⑤在羁縻府州的都督、刺史死后，中央政府向死者追赠高于其生前最高职务的官号。同时遣使吊祭，赠予丧葬资费，成为当时的惯例。⑥为适应民族地区的蕃风胡俗，维持羁縻府州行政主官的地位，照顾羁縻府州的特殊性，唐朝还特别保留和认可各部首领的旧官号。如回纥部首领吐迷度降唐后，太宗皇帝任命他为瀚海都督府都督、大俟利发。"大俟利发"即其原有的官号，如今得到中央政府的正式认可。这是不同于正规都督府和州之处。

其二，羁縻府州享有较高的自主处治其内部事务之权力。羁縻府州的"贡赋版籍，多不上户部"，即其内部的生产、生活、人口，中央政府不予过问，给予都督、刺史较大的自治权。这主要表现在：羁縻府州管内的部民、土地、兵众、赋税、任官的处置权，皆由其行政长官依照传统方式自理，即维持原有的社会经济秩序不变。

其三，羁縻府州的设置，以部族、部落为基础。依照历史记载，羁縻府州的建置，首先以部族或部落的大小作为划分的依据，分别设置都督府、州、县不同层级的羁縻行政管治机关，将部落人口视为管理的主要对象。其次是以部族或部落的居住地域（游牧地、农耕区）为管理区域，但由于区域社会经济的特殊性，一般没有明确的政区边界。尤其是游牧部族"逐水草而居"，流动性很大，相当一部分府州成为行府、行州，带有浓重的边域部族自治色彩。

其四，羁縻府州须接受邻近的正规都督府或都护府的行政统摄。作为大唐帝国疆域的组成单元，羁縻府州服从中央政府的领导，尊奉中央政府的正统地位，接受中央政府颁予的印信。具体表现在："然声教所暨，皆边州都督、都护所领，著于令式。"①例如：关内地区的突厥、铁勒诸府州，分别统于安北和单于两大都护府；那些内迁的突厥、回纥、吐谷浑、党项诸府州，则分别隶于灵、庆、延、夏、丰五个都督府，共约119个府州。河北地区的奚、契丹、突厥、靺鞨、高丽及杂胡诸府州，分别统于安东都护府和营州都督府；内迁诸府州则隶于幽州都督府，共约60个府州。陇右地区的西突厥、葱岭东西二十多个府州，分别隶于安西、北庭两大都护府；回纥、党项、吐谷浑和内迁诸府州，则分别隶于凉、秦、洮等都督府，共约249个府州。剑南地区诸羌、蛮约261个州，分别统于松、茂、黎、雅、巂、戎、姚、泸8个正规都督府。江南地区51个蛮州，全数统于黔州都督府。岭南地区诸蛮共92个州，分别属于桂、邕、峰3个都督府和安南都护府。此外，还表现在：中央政府派员"参治"、奉行唐朝正朔（采用唐朝历法）、遵守唐朝礼仪、采用唐朝皇帝年号、依循避讳规定、混一车书（汉语为官方语言、赠予经史典籍、其子弟入长安太学、建设交通道路等）。上述措施，通过正规都督府或都护府的贯彻得以实现。这就表明：羁縻府州在政治、文化上跟内地正规府州存在着诸多认同的方面，同样成为唐朝版图不可分割的组成部分。

其五，羁縻府州向中央政府履行诸多义务。为表示其政治忠诚和经济依附性，羁縻府州要向唐廷纳贡、朝觐、入质，以及出兵伐叛，履行各种政治义务。①纳贡。羁縻府州虽不像正规府州那样定期地向中央政府呈报每年的户籍、赋税和耕地，但通过"朝贡"或"进奉""贡献"体现自己与中央政府的政治经济联系。贡纳的物品数量与品类并无统一的标准，多为该地的土特产，多少完全出于自愿。唐廷对此"朝贡"通常有"报赠""计价酬答，务从优厚"的赏赐传统，甚至还"却贡献""却还"（即仅收取少数物品，

---

① 《新唐书》卷四十三下《地理志七下》，第1119页。

多数委托使者带回）。这就带有经济交流的性质。②朝觐。羁縻府州长官或其代表定期（每年或数年一次）入觐"天可汗"，这种朝觐多在年初以朝集使身份"贺元正"，或贺圣诞，或参与重大典礼（如封泰山），极盛时"常数百千人"。朝觐活动由中央政府职能机构——鸿胪寺负责接待，给予丰厚的赏赐，故羁縻府州皆乐于为之。③入质。为取得中央政府对其政治信任或慑于军威，羁縻府州的都督、刺史常派遣子弟赴京都长安城"宿卫"皇帝，作天子的近卫军成员，负有侍卫皇帝的责任。虽为质子，其待遇却特别优越，"多授以侍卫之官"，如禁卫军的郎将、将军、大将军等职。除极少数情况外，一般是羁縻府州的长官主动请求派遣质子而获允准的。④接受唐廷的调遣，提供兵力讨伐叛逆。这方面的实例很多，例如：贞观八年李靖征讨吐谷浑的大军中，就包括来自突厥、铁勒契苾等部的羁縻府州兵员。在唐太宗、高宗两朝，这部分兵力甚至成为唐朝军队作战的主力军。

羁縻府州具备上述明显的特征，与内地正规府州存在较大的差别，带有浓厚的边域民族自治色彩。但是，它们实质上是唐朝行政机器的重要组成部分，其管区无疑是大唐帝国政治疆域的组成单元。①

在对羁縻行政体系做宏观勾勒后，接下来专门论述唐朝北部边疆地带羁縻府州体系的建置与变化。

一、碛南地域的突厥族羁縻府州行政管治体系

贞观四年，在东突厥活动的北疆漠南地区，唐朝建立起4个羁縻都督府，即北开州都督府、北宁州都督府、北抚州都督府、北安州都督府。延至贞观八年（634），"北开州"等4个都督府相继被唐廷更名为"顺、祐、化、长四州都督府"。对于此次北疆碛南4个都督府全名的变更过程，唐朝史书未能留下完整的记录，依赖史籍中零零散散的记载才得以复原其本来面目（详后）。而在黄河以北、大漠以南区域，唐朝则创置定襄都督府（在东部）、云中都督府（在西部）。至唐高宗继位之后，于永徽元年平定金山以

---

① 艾冲：《唐代都督府研究——兼论总管府·都督府·节度司之关系》，西安地图出版社，2005，第186—191页。

北的突厥余部——车鼻可汗势力，在漠南区域又增建两个都督府，即桑乾都督府、呼延都督府。其后，在河北、漠南的区域，存在4个都督府建制。在北疆南部，总共存在8个都督府建制单位，分别管治着数量不等的突厥族部落。

依据唐代文献分析，贞观四年共置定襄、云中等6个都督府。其中，"北开、北宁、北抚、北安等四州都督府"实际是"顺、祐、化、长四州都督府"的前身。换言之，顺州等4府实为北开等4府的更名和延续，并非同时存在8府。定襄、云中两个都督府则一直维持其建制。

据《旧唐书·地理志》"夏州德静县"条记载：贞观七年，置（按：原文作"属"，形近而误）北开州［都督府］。八年，改北开州为化州［都督府］。十三年，废化州，以县属夏州。依此类推，就建置时间而言：北开州、北宁州、北抚州、北安州4都督府必在贞观七年（633）始有其固定治所；贞观八年，4都督府分别被改称化州、长州、祐州、顺州4都督府；贞观十三年（639），4都督府因唐朝改变管治制度而撤废，4府驻地分别归入正州管区（顺州仍保留）。而在贞观四年至七年（630—633）间，北开州、北宁州、北抚州、北安州4都督府当因循东突厥诸部游牧习惯，分别随部落在"河南"或燕山之北的草原逐水草放牧而不断迁移，并无固定治所。（夏州长泽县条略同："贞观七年，置长州都督府。十三年，废长州，县还夏州。"唯"贞观七年"后必有脱漏。）上述4府建制于贞观十三年被撤销，而定襄府与云中府则存续下来（详后）。

（一）顺州都督府（北安州都督府）

顺州都督府的首任都督，就是旧东突厥东偏小可汗阿史那什钵苾。史载：贞观四年"五月，辛未，以突利为顺州［都督府］都督，使帅部落之官。上戒之曰：'尔祖启民挺身奔隋，隋立［之］以为大可汗，奄有北荒，尔父始毕反为隋患。天道不容，故使尔今日乱亡如此。我所以不立尔为可汗者，惩启民前事故也。今命尔为［顺州都督府］都督，尔宜善守中国法，勿相侵掠，非徒欲中国久安，亦使尔宗族永全也！'"[①] 需要着重指出，引文

---

① 《资治通鉴》卷一百九十三《唐纪九》"太宗贞观四年（630）"，第6077页。

中的"顺州都督"实际应作"北安州都督",才属正确。

顺州都督府应是北安州都督府的更名与延续。阿史那什钵苾实是顺州(北安州)都督的首任者。他是"始毕可汗之嫡子、颉利之侄也"①。唐朝于"[贞观]四年,授(突利以)右卫大将军,封北平郡王,食实封七百户,以其下兵众置顺州都督府,仍拜为顺州都督,遣率部落还蕃"②。据《旧唐书》载:贞观五年冬十月,右卫大将军、顺州都督、北平郡王阿史那什钵苾卒。享年仅二十九岁。其子阿史那贺逻鹘嗣。根据"北开、北宁、北抚、北安等四州都督府"的行文顺序,已知北开州、北宁州、北抚州3都督府分别改称:化州、长州、祐州3都督府,它们的故址皆位于今内蒙古鄂尔多斯市南部和陕西榆林市北部。唯"北安州"与"顺州"相对应,后者应是前者的更名。《旧唐书》称"顺州都督"者,盖史官从其改定后之称谓也。③突利初任之都督职衔应是"北安州都督"。

因为阿史那什钵苾率先于贞观三年归降唐朝,唐太宗在"拜为顺州都督"后,特别允许他"遣率部落还蕃",给予特殊的政治待遇。"还蕃"就是让他返回其游牧故地。因此,顺州(北安州)都督府故地不在"河南",而是在今辽宁西隅和内蒙古东南部地区,并兼管寄居在并州阳曲县的燕然县(以思农部置)、寄居在忻州秀容县的怀化县(以思结部置)。据《旧唐书》载:"[顺州]贞观六年置,寄治营州南五柳城。"④此处,顺州是指顺州都督府。贞观六年,顺州都督府寄治在营州南部的五柳戍城。营州即今辽宁西部的朝阳市,顺州都督府故治位于其南部的五柳戍城,但五柳戍并非顺州都督府的原始治所。据唐初突利可汗"牙直幽州之北。突利在东偏,管奚、霫等数十部,征税无度,诸部多怨之"。可知唐太宗"遣(突利)率部落还蕃"之地,当在今北京市正北方、内蒙古扎赉诺尔一带。这里才是顺州(北安州)都督府的原始治所。贞观五年十月,突利赴京城途中病逝于并

---

① 《旧唐书》卷一百九十四上《突厥传上》,第5160页。
② 《通典》卷一百九十七《突厥上》,第5412页。《资治通鉴》载:康苏密初任北安州都督,"康苏密"应作"什钵苾"。
③ 岑仲勉:《突厥集史》,中华书局,1958年。
④ 《旧唐书》卷三十九《地理志二》,第1520页。

州后,顺州都督府才于六年向东南迁移,侨治营州南之五柳戍城。① 天宝初年,顺州又侨治于幽州城。

但《资治通鉴》载,贞观四年六月,壬寅,唐朝"以右骁卫将军康苏密为北安州[都督府]都督"。② 笔者认为,此条记载有误。首先,康苏密实乃西域(今中亚锡尔河流域)胡人,虽然曾在东突厥政权内任职,但并非东突厥贵族成员,唐朝不可能让他担任管治东突厥部落的首脑。其次,从稳定北疆政治局势的战略高度观察,唐廷也不会将西域胡人委任为东突厥部落的管理者。因为若然,必会引起突厥族牧民的不满,所以这绝对是不可能的事。再次,阿史那什钵苾是早就被任命为北安州(顺州)都督府都督的人选,其时依然在任上,唐廷焉能另行委任他人?笔者进一步认为,此条记事应晚于贞观四年,当发生在贞观五年或其后。因为阿史那什钵苾于贞观五年入京朝觐后返回居地途中病逝于河东地域,其子贺逻鹘依旧留在京城长安,并未继任北安州(顺州)都督府都督。唐廷可能临时委任康苏密为北安州(顺州)都督府都督。《旧唐书》曰:什钵苾于贞观"五年,征入朝,至并州,道病卒,年二十九。太宗为之举哀,诏中书侍郎岑文本为其碑文,子贺逻鹘嗣"。《新唐书》亦有同样的记述。此处所谓"子贺逻鹘嗣",是指阿史那贺逻鹘继承其父阿史那什钵苾的爵位——北平郡王、中央政府的军职——右卫大将军,并不包括什钵苾生前担任的职事官——北安州(顺州)都督府都督。直到贞观十三年"结社率叛乱"事件后,贺逻鹘被流放至岭南地区为止。③ 贞观八年,北安州都督府才改称"顺州[都督府]都督"。

(二)祐州都督府(北抚州都督府)

唐朝在贞观四年五月先后任命东突厥贵族成员为北安州(顺州)、北开州(化州)都督府都督后,接着于同年六月丁酉日,委任东突厥贵族成员、中郎将阿史那善应为北抚州(后称祐州)都督府都督。至贞观八年,改称祐

---

① 《旧唐书》卷一百九十四上《突厥传上》,第5160—5161页。
② 《资治通鉴》卷一百九十三《唐纪九》"太宗贞观四年(630)",第6079页。
③ 《旧唐书》卷一百九十四上《突厥传上》,第5161页。《新唐书》卷二百一十五上《突厥传上》,第6038—6039页。

州都督府都督。阿史那善应，亦简称"史善应"，乃五代至宋代的史家单书其姓"阿史那"为"史"所致也。①贞观八年，北抚州都督府才改称"祐州［都督府］都督"。

祐州都督府是北抚州都督府的更名与延续。两《唐书·地理志》中无"祐州"。但《旧唐书·地理志》在银州下曰："开光（县）隋县。贞观二年（置），属绥州。八年，改属柘州。十三年，柘州废，来属银州。"据此，"柘"与"祐"极可能是形近而误，应以"祐"为正确。若此推断不谬，"柘州"就是"祐州"的笔误。误写政区名称的情况在两《唐书》中较多，例如"缘州"被误为"银州"等。②首先，唐代开光县故址在今陕西佳县北部秃尾河西侧的上高寨乡附近，祐州故址也当在此。其次，依"北开、北宁、北抚、北安等四州都督府"的行文顺序，已知北开州都督府、北宁州都督府故址均位于内蒙古鄂尔多斯市南部和陕西榆林市北部，北抚州都督府故址也应位于这个地带。因此，两《唐书》所载"祐州"（即柘州）是由北抚州更名而来，应该是可靠的。再次，唐太宗于贞观十三年"秋八月庚辰，立右武候大将军、化州都督、怀化郡王李思摩为突厥可汗，率所部建牙于河北"。③册封李思摩（阿史那思摩）的过程大致如下："于是命礼部尚书赵郡王孝恭赍册书就思摩部落，筑坛于河上以拜之，并赐之鼓纛。突厥及胡在诸州安置者，并令渡河北［迁］，还其旧部（即旧地之意）。又以左屯卫将军阿史那忠为左贤王、左武卫将军阿史那泥熟为右贤王以贰之。"④左贤王阿史那忠，就是前北宁州都督阿史那苏尼失之子，北宁州（长州）都督、怀德郡王等官爵的继承者，此年受封为左贤王。依此推理，受封右贤王的阿史那泥熟必定也是游牧于"河南"之地的东突厥某个部落的大首领，拥有与阿史那忠相当的都督、将军、郡王诸职爵，因而才能具有与李思摩、阿史那忠同时受封拜的资格。笔者以为阿史那泥熟就是原任祐州（北抚州）都督者。

---

① 《资治通鉴》卷一百九十三《唐纪九》"太宗贞观四年（630）"，第6079页。
② 《旧唐书》卷三十八《地理志一》、《新唐书》卷三十七《地理志一》。
③ 《旧唐书》卷三《太宗本纪下》，第50页。
④ 《通典》卷一百九十七《突厥上》，第5416页。《旧唐书》卷一百九十四上《突厥传上》，第5164页。

祐州（北抚州）都督府故地实在今陕西榆林市秃尾河中上游及榆溪河流域。阿史那思摩、忠、泥熟三人能够同时受封可汗和左、右贤王，原因在于他们都是安置在黄河以南的归降东突厥诸部的首领，担任唐廷委任的化州（北开州）、长州（北宁州）、祐州（北抚州）三都督府都督，对部落牧民群众具有重要的影响力与控制力。最后，史载：祐、化、长三州都督府皆废于贞观十三年，恰与册封李思摩为可汗之举在同一年，证明三府的置年、分布地、废年均一致。

（三）化州都督府（北开州都督府）

化州都督府的首任都督，就是东突厥贵族成员阿史那思摩。史载：贞观四年五月，"壬申，以阿史那苏尼失为怀德郡王、阿史那思摩为怀化郡王。颉利之亡也，诸部落酋长皆弃颉利来降，独思摩随之，竟与颉利俱［被］擒。上嘉其忠，拜［为］右武侯大将军，寻以为北开州［都督府］都督，使统颉利旧众"。①贞观八年，北开州都督府才改称"化州［都督府］都督"。

化州都督府是北开州都督府的更名和延续。据《旧唐书》："［阿史那］思摩者，颉利族人也。……及其国乱，诸部多归中国，唯思摩随逐颉利，竟与同擒。太宗嘉其忠，除右武候大将军、化州都督，令统颉利旧部落于河南之地，寻改封怀化郡王。"②据此可知：化州都督府故地应在"河南之地"，即今内蒙古鄂尔多斯市与陕西榆林市北部，俗称鄂尔多斯高原（河套高原）者。又据《旧唐书》："夏州德静［县］，隋县。贞观七年，置北开州［都督府］。八年，改北开州为化州［都督府］。十三年，废化州，以县属夏州。"③由此也获取一则重要信息：化州是由北开州更名而来，已

---

① 《资治通鉴》卷一百九十三《唐纪九》"太宗贞观四年（630）"，第6077页。此页"考异"实误。《旧唐书·突厥传》云思摩被任命为化州都督，亦并不精准，乃以该都督府后起之名入史。其实，阿史那思摩初受命为北开州都督府都督，该府于贞观八年更名化州都督府。后世史官未究其本源，遂以化州都督入史。参见《旧唐书》卷一百九十四上《突厥传上》，第5163页。
② 《旧唐书》卷一百九十四上《突厥传上》，第5163页。
③ 《旧唐书》卷三十八《地理志一》，第1414页。

是毋庸置疑的事实。这就进一步证实：化州都督府是由北开州都督府改名而来；贞观四年，阿史那思摩所任官职实际应该是北开州都督府都督。岑仲勉谓：《旧唐书·突厥传》《册府元龟》称作"化州都督"者，盖史官从其改定后之称谓也。① 此语甚是。唐代夏州德静县故址，位于今陕西榆林市西部海流兔河上游北侧的补浪河乡魏家峁村附近。贞观四年以后的化州（北开州）都督府治所自然就在魏家峁村附近。依此推彼，其余的顺、祐、长三都督府与北安、北抚、北宁三都督府的关系必然也是如此。

（四）长州都督府（北宁州都督府）

唐朝在贞观四年五月先后任命东突厥贵族成员为北安州（顺州）、北开州（化州）都督府都督后，接着于同年六月丁酉日，委任东突厥贵族成员阿史那苏尼失为北宁州都督府都督。至贞观八年，改称为长州都督府都督；时任长州都督府都督者，乃阿史那苏尼失之子阿史那忠是也。②

长州都督府则是北宁州都督府的更名与延续。《旧唐书》云："贞观初，阿史那苏尼失者，启民可汗之母弟、社尔叔祖也。其父（按："父"字误，当作"侄"）始毕可汗以为沙钵罗设，督部落五万家，牙直灵州之西北，骁雄有恩惠，甚得种落之心。……突利之来奔也，颉利乃立苏尼失为小可汗。及颉利为李靖所破，独骑而投之，苏尼失遂举其众归国，因令〔其〕子忠擒颉利以献。太宗赏赐优厚，拜北宁州都督、右卫大将军，封怀德郡王。贞观八年卒。"③ 阿史那苏尼失担任北宁州都督府都督是在贞观四年五月，驻于何地呢？史称："其后下诏议安边之术。……朝士多同彦博议，上遂用之。封阿史那苏尼失为怀德郡王。阿史那思摩为怀化郡王，处其部落于河南朔方之地。"④ 显而易见，北宁州都督府故地也在"河南"，即"河曲"范围内。《阿史那忠墓碑》称：其父阿史那苏尼失为"皇朝左骁卫大将军、宁州都督、怀德郡王"，墓碑刻文中"宁州都督"前脱"北"字，"父

---

① 岑仲勉：《突厥集史》，中华书局，1958年。
② 《资治通鉴》卷一百九十三《唐纪九》"太宗贞观四年（630）"，第6079页。
③ 《旧唐书》卷一百零九《阿史那社尔传附苏尼失传》，第3290页。《资治通鉴》卷一百九十三《唐纪九》"太宗贞观四年（630）"，第6074页、第6079页。
④ 《唐会要》卷九十四《安北都护府》，第1314页。

苏"后也脱"尼失"二字。此从《旧唐书》。① 阿史那苏尼失于贞观八年逝世后,其子阿史那忠继任其父职官——检校长州[都督府]都督。② 再据《旧唐书》载:"[夏州]长泽(县) 隋县。贞观七年,置长州都督府。十三年,废长州,县还夏州。"③ 综合前述资料,长州都督府是由北宁州都督府演变而来,也是无可争辩的事实。唐代夏州长泽县故城址,即今内蒙古鄂托克前旗东南部红柳河西侧城川古城。贞观四年至十三年间的长州(北宁州)都督府治所即今城川古城址。

(五)定襄都督府

贞观四年创置的6个都督府中,化(北开)、长(北宁)、祐(北抚)、顺(北安)4府相继在贞观二十年前被撤销。至后期(646—756),唯定襄、云中2府得以保持,同时相继从这2府管境析置2个都督府。贞观二十年,薛延陀汗国被攻灭,碛南地区社会秩序趋于安定,河南地区的东突厥诸部牧民陆续返归阴山之北、大漠以南地区。简要论述如下:

贞观四年置于颉利旧地,即阴山北、大漠南地区。史称"又分颉利之地六州,左置定襄都督府,右置云中都督府,以统其部众"。④ 所谓"颉利之地"是指贞观四年前以颉利为首领的突厥部众游牧之地,略当今中国内蒙古自治区阴山山脉以北地区以及今蒙古国南部地。《新唐书·地理志》云"定襄都督府,贞观四年析颉利部为二,以左部置",表达稍有差异(按:颉利部指颉利旧地),此从《旧唐书》语。《新唐书·突厥传上》亦曰:"……剖颉利故地,左置定襄都督、右置云中都督二府,统之。"

定襄都督府成立初期,管3个羁縻州,即阿史德州(以阿史德部置)、苏农州(以苏农部置)、执失州(以执失部置);至贞观二十三年十月,增管3州,即卑失州(以卑失部置)、郁射州(以郁射部置)、艺失州(以多地艺失部置)。共管6个羁縻州。龙朔三年,郁射州、艺失州、卑失州改属

---

① 参见王述庵:《金石萃编》卷五十八《唐十八》。
② 《唐代墓志汇编》上元〇一四,第601—603页。
③ 《旧唐书》卷三十八《地理志一》,第1414页。
④ 《旧唐书》卷一百九十四上《突厥传上》,第5163页。

桑乾都督府。其后，增管拔延州（以拔延阿史德部置），共管4个羁縻州。①《资治通鉴》曰：贞观二十三年"冬，十月，以突厥诸部置舍利等五州隶[于]云中都督府，苏农等六州隶[于]定襄都督府"。②

按照唐代人们的方位观念：东方为左，西方为右。定襄都督府及其所属6州的游牧草原，当在颉利旧地的东部。唐代有关牧马的史籍载："阿史德马，与苏农、执失同类，在阴山北、库延谷北，西政（疑为"今祁"）连州。……拔延阿史德马，……苏农马，……执失马（原文误作热马），……已（以）上，定襄府所管。"③牧马是畜牧业的主要产品，牧马的产地就是畜牧业分布地，也就是从事畜牧业的牧民群众的居住与游牧地。据此，由定襄府所管的阿史德马、苏农马、执失马、拔延阿史德马等牧马的产地分布"在阴山北、库延谷北"一带，因而定襄都督府及其7州就分布在那个地区。阴山山脉耸立在今内蒙古中段黄河北侧，由大青山、乌拉山、狼山等山体组成；库延谷，亦称呼延谷（呼、库二字，音近而转），是唐时黑山的一条南北向山谷。依据今人的考证：呼延谷即今包头市北侧大青山区的昆都仑沟。由包头市循昆都仑河古道北上穿越大青山，可抵达今固阳、达茂等县旗之境。唐代东突厥诸部的定襄都督府及其属州显然分布在今固阳、达茂二县旗及其以东的阴山之北地区，即"左部"。因处草原牧区，无固定治所。天宝初年，寄居于夏州宁朔县（治今陕西横山南部塔湾镇墩渠村附近）地界。

（六）云中都督府

贞观四年也置于颉利旧地，即阴山以北、大漠以南的碛南地区。《新唐书·地理志》称云中都督府，贞观四年析颉利部为二，以右部置。作为东突厥羁縻都督府之一，都督一职概由突厥族舍利吐利部的酋长世袭。所谓"骨咄禄者，颉利之疏属。其[祖]父本是单于（府）右厢云中都督舍利元英

---

① 《唐会要》卷七十三《安北都护府》，第1315页；《新唐书》卷四十三上《地理志七下》，第1120页。
② 《资治通鉴》卷一百九十九《唐纪十五》"太宗贞观二十三年（649）"，第6269页。
③ 《唐会要》卷七十二《诸蕃马印》，第1307页。

下（属的）首领，代袭吐屯啜"①。这就证明了舍利部首领世袭云中都督的史实。

云中都督府成立初期，管3个羁縻州，即舍利州（以舍利吐利部置）、阿史那州（以阿史那部置）、绰州（以绰部置）；其后，增管2州，即贺鲁州（以贺鲁部置）、葛逻州（以葛逻禄、悒怛两部置）。共管5个羁縻州。② 贞观二十三年十月，贺鲁州、葛逻州改属呼延都督府。至唐高宗时期，增管思壁州、白登州（贞观末年隶燕然都护，后复来属），共管5个羁縻州。③

按照"西方为右"的古代方位观念，云中府与所属5州的游牧地应在颉利旧地的西部。有关唐代牧马的文献记载："奴剌马，与碛南马相类，今曰（当作"白"）登州，印……""舍利叱利等马，……阿史那马，……绰马，……贺鲁马，……葛罗枝牙马（'枝'当作'禄'），……已上，云中府管。"④ 上述诸类牧马所源自的突厥部落名称，与云中府所管5个羁縻州名（即部落名）完全一致。前已确定定襄都督府与所属6州分布在今固阳、达茂二县旗及其以东地区，云中都督府及其所属7州游牧草原则相当今内蒙古固阳、达茂二县旗以西的阴山之北、大漠以南的区域。同样因处在草原牧区，也无固定治所。天宝初年，寄居于夏州朔方县（治今陕西靖边白城子）界。

（七）呼延都督府

贞观二十年，析云中府而置，无固定治所。永徽初年（650），割云中府所管贺鲁州、葛逻州隶之。⑤ 调露元年前，呼延府故地大致在今中国巴彦淖尔市、阿拉善盟东部区域，及今蒙古国南部之地。调露元年后，因东突厥叛乱而府州俱废，至开元初年复置。开元四年，增管跌跌州（以突厥跌跌部置，初为都督府，隶北庭府，后降为州，来属）。开元、天宝年间共管3

---

① 《通典》卷一百九十八《突厥中》，第5434页。
② 《唐会要》卷七十三《安北都护府》，第1315页。
③ 《新唐书》卷四十三下《地理志七下》，第1120页。
④ 《唐会要》卷七十二《诸蕃马印》，第1307—1308页。
⑤ 《新唐书》卷四十三《地理志七下》，第1120页。《旧唐书》卷三十八《地理志一》，第1414—1415页。《旧唐书》有"那吉州"，无"葛逻州"，当属笔误。

羁縻州，寄居夏州朔方县界。① 据《旧唐书》：跌跌部于开元三年自漠西归降，"制令居河南之旧地"。四年，复叛走漠北。开元末年，突厥诸部落"相次来降"。跌跌州盖于此时隶于呼延府。②

（八）桑乾都督府

唐高宗龙朔三年，析定襄府管区而置，无固定治所。割出定襄府所管的卑失州（以卑失部置）、郁射州（以郁射施部置）、艺失州（以多地艺失部置），属之。桑乾府故地亦在今固阳、达茂2县旗及其东区域，都督府衙曾驻今凉城县东部岱海之滨（调露元年后府州俱废）。开元初年，复置。天宝初年，增领1州——叱略州，共管4州，寄居朔方县界。③

上述定襄、云中、呼延、桑乾4羁縻都督府几经置废，延续到天宝末年（756）。安史之乱后，4都督府不再见诸历史记载。但是，单于都护府的建制仍旧保持。④

二、碛北地域的铁勒族羁縻府州的创立与分布

铁勒是我国古代北方重要民族之一，曾是中国历史舞台上的重要角色。尤其是在唐代，铁勒诸部分布地是唐王朝建置羁縻府州的主要地区，成为唐朝北部疆域的有机组成部分。随着时间与政局的变化，一些铁勒部落从漠北迁居漠南（后也有回迁漠北者），若干著名人物登上唐帝国的政治舞台。那么，唐代铁勒族羁縻府州究竟何时创建？分布在什么地方？何时何因发生过移徙和变化？对于这些问题，我们有必要进行系统地梳理和探讨，以便更清晰地把握唐朝治理北疆的政治制度演变进程。

---

① 《新唐书》卷四十三《地理志七下》，第1120页。《旧唐书》卷三十八《地理志一》，第1414—1415页；卷一百九十四上《突厥传上》，第5172页。
② 《旧唐书》卷一百九十四上《突厥传上》，第5172—5174页。
③ 〔宋〕乐史：《太平寰宇记》卷三十七《关西道十三·夏州》，中华书局，2007年，第787页。
④ 艾冲：《唐前期东突厥羁縻都督府的置废与因革》，载《中国历史地理论丛》2003年第2期。

（一）铁勒族群的渊源与分布

1. 铁勒族群的渊源

关于隋唐时期铁勒族群的渊源，依据历史文献记载和近现代学者研究，其祖先乃秦汉时期的"丁零"族、魏晋南北朝时期的"敕勒"族，亦称"高车"，至隋时始称"铁勒"。隋代，铁勒发展成为一个庞大的族群，共有40余个不同名称的游牧部落。他们"虽姓氏各别，总谓为铁勒"。① 正如北方民族史前辈学者林幹教授指出："当隋朝统一中国时，我国北方的铁勒各部日益强大起来，成为隋唐时期我国北方草原历史文化的主要民族。"②

2. 漠北铁勒诸部的分布

南北朝时期，铁勒诸部分布在南临大漠、北至贝加尔湖周围、东达黑龙江上游、西达阿尔泰山的地域，受柔然汗国的役属。突厥于公元552年崛起于金山、吞灭柔然汗国后，漠北铁勒诸部又被突厥汗国役使，遂成为后者的属部。史载："初，突厥既强，敕勒诸部分散，有薛延陀、回纥、都播、骨利干、多滥葛、同罗、仆固、拔野古、思结、浑、斛薛、结、阿跌、契苾、白霫等十五部，皆居碛北，风俗大抵与突厥同。薛延陀于诸部为最强。"③ 至隋代，随着突厥向西扩张，一些铁勒部落迁徙至阿尔泰山右侧的西域地区。公元603年，突厥汗国大可汗——步迦可汗失踪后，突厥遂分裂为东、西两个部分，铁勒诸部也就分属不同的突厥政权。漠北铁勒诸部主要役属于东突厥汗国。

漠北铁勒诸部的分布地大致如下所述：薛延陀部（姓一利咥氏），在乌德鞬山东段南侧；回纥部（先曰袁纥，亦曰乌护、乌纥，隋曰韦纥，后称回纥，姓药葛罗氏），居薛延陀北、娑陵水（今蒙古国色楞格河）上；都播部（亦曰都波），其地北濒小海（今蒙古国库苏古尔湖），即在今库苏古尔湖南侧；骨利干部，居瀚海（今俄罗斯贝加尔湖）北，即在今贝加尔湖区北侧；多滥葛部（亦曰多览哥、多腊葛），在薛延陀东［北］，濒同罗水（今

---

① 《隋书》卷八十四《铁勒传》，第1880页。
② 林幹：《中国古代北方民族史新论》，内蒙古人民出版社，2007年，第27页。
③ 《资治通鉴》卷一百九十二《唐纪八》"太宗贞观元年（627）"，第6044—6045页。

土拉河）；同罗部，在薛延陀［东］北、多滥葛之东，今土拉河以东、肯特山以西区域；仆固部（亦曰仆骨），在多滥葛之东，即今鄂嫩河流域，地理位置最北；拔野古（亦作拔野固、拔曳固）部，漫散碛北，牧地千里，对着仆固、邻靺鞨，在今蒙古国东部的鄂嫩河与克鲁伦河间地区；思结部，在薛延陀故牙帐所在地，即今杭爱山脉东南、鄂尔浑河上游；浑部，在诸部之最南部（今蒙古国乌兰巴托市南方）；斛薛部（斛萨部），居多滥葛北，即今鄂尔浑河下游之东；奚结部，在同罗北方，略当今肯特山以北、石勒喀河临近地区；阿跌部（一曰诃跌，或作颉跌），故地相当今鄂尔浑河之东；契苾部（亦曰契苾羽），在多滥葛之南，即今蒙古国乌兰巴托市东南，其后，一支徙至焉耆西北、鹰娑川（今中国新疆开都河）河谷；白霫部，居鲜卑故地（今中国呼伦贝尔市、蒙古国东部苏赫巴托尔省），直京师东北五千里，与同罗、仆固接，为避薛延陀的威胁，退保奥支水、冷陉山。① 俱罗勃部（或作掘罗勿），故地相当今石勒喀河之北。

（二）漠北铁勒诸部羁縻都督府、州的建置

东突厥汗国于贞观四年灭亡后，唐朝扶持薛延陀部建立对漠北的统治。薛延陀汗国成为唐朝管理北疆漠北地区的藩属政权实体。贞观二十年，薛延陀汗国解体，漠北铁勒诸部向唐廷提出"乞置官司"的请求，遂在漠北地区正式创建羁縻都督府和羁縻州。

1. 唐武德元年至贞观二十年初的漠北铁勒诸部

入唐以后，漠北铁勒诸部依旧被东突厥汗国役使。东突厥的始毕、处罗、颉利可汗频繁征调漠北铁勒诸部人马，南扰中原地区。贞观二年，颉利可汗的无厌征调引起铁勒诸部的不满进而武力反抗，铁勒诸部接连击败前来镇压的突厥军队，使突利可汗、欲谷设、拓设连吃败仗，即所谓"颉利政乱，薛延陀与回纥、拔野古等相帅叛之"②。贞观四年初，唐朝军队平定东突厥汗国。从此，漠北铁勒诸部摆脱了东突厥的统治。

还在贞观二年，漠北铁勒诸部奋起反抗东突厥统治之际，唐朝在漠北

---

① 《资治通鉴》卷一百九十二《唐纪八》"太宗贞观元年（627）"，第6044—6045页。
② 《资治通鉴》卷一百九十三《唐纪九》"太宗贞观元年（627）"，第6045—6046页。

册封了一个薛延陀汗国，管理漠北铁勒诸部牧民。即"突厥北边诸姓多叛颉利可汗归薛延陀，共推其俟斤夷男为可汗。夷男不敢当。上方图颉利，遣游击将军乔师望间道赍册书拜夷男为真珠毗伽可汗，赐以鼓纛。夷男大喜，遣使入贡，建牙于大漠之［北］郁督军山下，东至靺鞨，西至西突厥，南接沙碛，北至俱伦水；回纥、拔野古、阿跌、同罗、仆骨、霫诸部皆属焉"①。东突厥汗国于贞观四年解体后，薛延陀汗国就成为唐朝管理北疆漠北地区的唯一藩属政权。铁勒诸部牧民进入一个相对安定的时期。但是，也有少数铁勒部落度漠内迁。贞观四年三月，思结部四万余人在其酋长率领下度漠归降。②

贞观六年十一月，"契苾部酋长何力帅部落六千余家诣沙州降，诏处之于甘、凉之间，以何力为左领军将军"③。而委任契苾何力之弟沙门为贺兰州都督府都督，率部落游牧于甘州、凉州。贞观十年（636）春正月，原东突厥拓设——阿史那社尔率众万余家归降。唐太宗委任阿史那社尔为左骁卫大将军，"敕处其部落于灵州之北，留社尔于长安，尚皇妹南阳长公主，典屯兵于苑内"。因阿史那社尔曾经"建牙于碛北，与欲谷设分统敕勒诸部，居官十年，未尝有所赋敛"。④依此判断，迁居灵州北境的拓设部众应包括一定数量的铁勒人口。

贞观十五年后，薛延陀贵族频繁攻击漠南地区的突厥诸部，引起北疆激烈的武装冲突和局势动荡。⑤贞观十九年，唐朝在漠南地区击败南下的薛延陀骑兵武装，并组织指向漠北的进攻。贞观二十年春正月，夏州都督府都督乔师望、右领军大将军执失思力等大破薛延陀骑兵。后者"部内骚然矣"，部族间矛盾日益激化。⑥所谓"薛延陀多弥可汗，性褊急，猜忌无恩，废弃

---

① 《资治通鉴》卷一百九十三《唐纪九》"太宗贞观二年（628）"，第6061—6062页。
② 《资治通鉴》卷一百九十三《唐纪九》"太宗贞观四年（630）"，第6073页、第6082页、第6087页。
③ 《资治通鉴》卷一百九十四《唐纪十》"太宗贞观六年（632）"，第6099页。
④ 《资治通鉴》卷一百九十四《唐纪十》"太宗贞观十年（636）"，第6117—6118页。
⑤ 《资治通鉴》卷一百九十六《唐纪十二》"太宗贞观十五年（641）"，第6170—6172页；卷一百九十七《唐纪十三》"太宗贞观十八年（644）"，第6215页、第6227—6228页。
⑥ 《资治通鉴》卷一百九十八《唐纪十四》"太宗贞观二十年（646）"，第6234页。

父时贵臣，专用己所亲昵，国人不附，多弥多所诛杀，人不自安"。同年六月，唐朝政府军在李道宗、阿史那社尔、执失思力、契苾何力等将军指挥下自南向北分道并进，回纥、仆固、同罗诸部自北而南共攻之，击杀多弥可汗。此役也，政府军追击薛延陀余寇，"前后斩五千余级，虏男女三万余人"。诸将"各遣使招谕敕勒诸部。其酋长皆喜，顿首请入朝。……回纥、拔野古、同罗、仆骨、多滥葛、思结、阿跌、契苾、跌结（按：当作'奚结'）、浑、斛薛等十一姓各遣使入贡，称'……奴等各有分地，不从薛延陀去，归命天子，愿赐哀怜，乞置官司，养育奴等'"。①唐太宗于是年八至九月亲赴灵州城，接见铁勒诸部代表。②由此，掀开了漠北铁勒诸部历史的新纪元。

2. 唐贞观二十一年铁勒诸部羁縻府州的创建及增置

唐朝中央政府应漠北铁勒诸部的强烈请求，于贞观二十一年正月正式创建漠北地域的都督府和州两级羁縻行政单位。贞观二十年十二月，漠北铁勒十二部酋长亲赴京师长安城，朝觐皇帝。唐太宗"赐宴于芳兰殿"，盛情款待各部首领，并命令职能机构对他们在京期间的生活给予周全的安排，即"命有司厚加给待"。③

经过近一个月的酝酿、斟酌、查考、定名和协调，唐廷于次年正月做出决定，创建漠北铁勒诸部所在地域的行政管治实体，即六个都督府级政区、七个州级政区，共计十三个行政单位。依据太宗皇帝的诏令，以回纥部置瀚海都督府、仆骨部置金微都督府、多滥葛部地置燕然都督府、拔野古部置幽陵都督府、同罗部置龟林都督府、思结部置卢山都督府；以浑部置皋兰州、斛薛部置高阙州（永徽元年更置稽落州，三年废之）、奚结部置鸡鹿州、阿跌部置鸡田州、契苾部置榆溪州、思结别部（阿布思部）置蹛林州、白霫部置寘颜州。诏书同时宣布："各以其酋长为都督、刺史，各赐金银缯帛及锦袍。"漠北行政

---

① 《资治通鉴》卷一百九十八《唐纪十四》"太宗贞观二十年（646）"，第6238—6239页。
② 《资治通鉴》卷一百九十八《唐纪十四》"太宗贞观二十年（646）"，第6240页。
③ 《资治通鉴》卷一百九十八《唐纪十四》"太宗贞观二十年（646）"，第6242页。

区划方案公布伊始，铁勒诸部首领非常高兴，欢呼雀跃，歌舞于长安街道。正如史载"敕勒大喜，捧戴欢呼拜舞，宛转尘中"。①

为庆贺北疆漠北地区府、州两级行政建制的成立，唐太宗特在天成殿大摆宴席，招待铁勒诸部首领，设十部乐而同庆。同时，批准诸部酋长提出的三项建议，其一是"请于回纥以南、突厥以北开一道，谓之参天可汗道，置六十八驿，各有马及酒肉以供过使"。其二是"岁贡貂皮以充租赋"。其三是"仍请能属文［之］人，使为表疏"。随后，逐一得到落实。②从此，"于是北荒悉平"，"岂如今日绥之以德，使穷发之地尽为编户乎"，漠北铁勒诸部生活地带成为唐朝直辖领土。③

此后几年间，漠北地区的羁縻府州续有增设。贞观二十一年八月，骨利干部遣使归降。唐朝"以骨利干［部］为玄阙州，拜其俟斤为刺史"。骨利干部游牧于瀚海之北，史称："骨利干于铁勒诸部为最远，昼长夜短，日没后，天色正曛，煮羊脾适热，日已复出矣。"④ 十月，奴剌部啜匐俟友率其所部万余人内附。贞观二十二年二月，唐廷在结骨部地区建置坚昆都督府，委任结骨部俟利发失钵屈阿栈为右屯卫大将军、坚昆都督，以坚昆府隶于燕然都护府。史称："结骨自古未通中国，闻铁勒诸部皆服，二月，其俟利发失钵屈阿栈入朝。其国人皆长大，赤发绿睛，有黑发者以为不祥。……失钵屈阿栈请除一官，'执笏而归，诚百世之幸。'"⑤ 与此同时，唐廷又以阿史德时健俟斤部落置祁连州，隶于营州都督府。⑥是年三月，唐廷又析

---

① 《资治通鉴》卷一百九十八《唐纪十四》"太宗贞观二十一年（647）"，第6245页。史载来到京师长安城朝觐皇帝的铁勒十二部首领是：回纥俟利发吐迷度、仆骨俟利发歌滥拔延、多滥葛俟斤末、拔野古俟利发屈利失、同罗俟利发时健啜、思结酋长乌碎，以及浑、斛薛、奚结、阿跌、契苾、白霫诸酋长。
② 《资治通鉴》卷一百九十八《唐纪十四》"太宗贞观二十一年（647）"，第6245页。
③ 《资治通鉴》卷一百九十八《唐纪十四》"太宗贞观二十二年（648）"，第6245页、第6253页。
④ 《资治通鉴》卷一百九十八《唐纪十四》"太宗贞观二十一年（647）"，第6248页。
⑤ 《资治通鉴》卷一百九十八《唐纪十四》"太宗贞观二十二年（648）"，第6252页。
⑥ 《资治通鉴》卷一百九十八《唐纪十四》"太宗贞观二十二年（648）"，第6252—6253页。

"分瀚海都督俱罗勃部，置烛龙州"。① 贞观二十二年六月，唐廷"以白霫[别]部为居延州"。② 贞观二十三年正月，以拔悉密部落置新黎州，任其吐屯肥罗察为刺史。③ 唐高宗永徽元年九月，安置车鼻可汗余众于郁督军山，置狼山都督府，以统之。④ 先前逃逸的薛延陀首领率残部归降，唐廷置溪弹州，以安抚之。经过五年多的流窜之后，另一支薛延陀残部于永徽三年六月归降，唐廷"发薛延陀余众渡河，置祁连州以处之"。⑤

至永徽三年六月，除薛延陀部的祁连州南迁渡河，隶于灵州都督府；阿史德时健部的祁连州隶于营州都督府之外；薛延陀部的溪弹州、骨利干部的玄阙州（龙朔中更名余吾州）、结骨部的坚昆都督府、俱罗勃部的烛龙州、白霫别部的居延州、拔悉密部的新黎州、车鼻可汗余众（实为歌罗禄部）的狼山都督府，共有二都督府、五州，均分布在漠北地区。通前总计，在漠北共建置八个都督府、十二个州。

此外，贞观六年十一月，建置在河西凉州的契苾部落的贺兰都督府，尚未计入在内。

3. 燕然都护府的成立及职能

贞观二十一年四月，唐廷在漠南的"古单于台"（今内蒙古乌拉特中旗南部狼山山区）建立燕然都护府，诏命扬州都督府司马李素立担任燕然都护府都护。燕然都护府的职责是"统瀚海等六都督府、皋兰等七州"。史载：李素立出任燕然府都护，对铁勒诸部"抚以恩信，夷落怀之，共率马牛为献；素立唯受其酒一杯，余悉还之"。因此，他深受敬重。⑥ 因为此前已作关于安北都护府建制的论述，在此从略。

随着漠北地区羁縻府州的增置，其统管的府州数量也在增加。至永徽三

---

① 《唐会要》卷七十三《安北都护府》，第1315页。《资治通鉴》卷一百九十八《唐纪十四》"太宗贞观二十二年（648）"，第6253页。
② 《资治通鉴》卷一百九十九《唐纪十五》"太宗贞观二十二年（648）"，第6258页。
③ 《资治通鉴》卷一百九十九《唐纪十五》"太宗贞观二十三年（649）"，第6266页。
④ 《资治通鉴》卷一百九十九《唐纪十五》"高宗永徽元年（650）"，第6271—6272页。
⑤ 《旧唐书》卷一百九十九下《铁勒传》，第5349页。《资治通鉴》卷一百九十九《唐纪十五》"高宗永徽三年（652）"，第6278页。
⑥ 《资治通鉴》卷一百九十八《唐纪十四》"太宗贞观二十一年（647）"，第6246页。

年六月，燕然都护府下统府州之数增加两个都督府、五个州，加上其他十三个府州，共计八都督府、十二州。

（三）唐前期漠北铁勒诸部及其府州的移徙

永徽四年以后，铁勒族若干部落随形势的变化而分别度漠南迁，其羁縻行政机构也随之移徙，甚至自行废止。至天宝十四载，南迁的铁勒部落主要分布在河东、关内和陇右三道之境，羁縻府州也主要移入上述三区。

1. 永徽四年至垂拱元年（653—685）的铁勒诸部羁縻府州

永徽四年后的三十余年间，碛北地区虽曾出现过短时的动乱，但政治形势基本稳定。① 开耀元年（681），七月，……薛延陀各部牧人相继来降。唐廷整合薛延陀诸部，建置达浑都督府及管内五州（姑衍州、步讫若州、溪弹州、鹖州、低粟州，祁连州可能在是时撤销），安置在"河曲"夏州都督府夏州宁朔县地界。②

在此还需指出，《旧唐书·地理志》称："［贞观］二十年，铁勒归附，于（灵）州界置皋兰、高丽、祁连三州，并属灵州都督府。永徽元年，废皋兰等三州。"无论三州的建置之地、时间和废年，都非史实，不可采信。在薛延陀一支残部建置祁连州，如前所述是在永徽三年。皋兰州贞观二十一年建立于漠北浑部居地。至于"高丽州"，未见其他史籍记载，应属何部不明，当属误载。③

及至武则天垂拱元年（685）六月，受突厥叛乱势力的迫胁与煽诱，同罗（龟林都督府）、仆固（金微都督府）等部落亦叛。唐廷遣左豹韬卫将军刘敬同征发河西骑士，"特敕左补阙乔知之摄侍御史护其军事"，出居延海以讨之。击溃同罗、仆固等部叛众后，因碛北形势不稳，遂"敕侨置安北都

---

① 《资治通鉴》卷二百《唐纪十六》"龙朔元年（661）""龙朔二年（662）"，第6326—6329页。
② 《新唐书》卷四十三下《地理志七下》，第1121页。《旧唐书》卷三十八《地理志一》，第1415页。《资治通鉴》卷二百零二《唐纪十八》"高宗开耀元年（681）"，第6402页。
③ 《旧唐书》卷三十八《地理志一》，第1415页。

护府于同城，以纳降者"。① 此后，漠北铁勒诸部牧民追随安北都护府，接踵南迁，进入居延海绿洲及河西走廊甘、凉二州之境。史载："以同城权置安北府。此地逼碛南口，是制匈奴要冲，国家守边，实得上策。臣在府日，窃见碛北归降铁勒（原文误作突厥）已有五千余帐，后之来者，道路相望。又甘州先有降户四千余帐，奉敕亦令同城安置。"② 是年，铁勒九姓的一些部落取道居延海附近南迁河西，于此可见一斑矣。其时，究竟有哪些部落追随安北府南迁了呢？据《旧唐书·地理志》《新唐书·地理志》载：浑部（皋兰都督府，初作皋兰州）、思结部（卢山都督府）、契苾部（贺兰州都督府）、回纥部（瀚海都督府）、思结别部（亦称阿布思部，蹛林州），以及部落名称失传的金水州，追随安北府度碛南移至河西地区。正如《资治通鉴》称："初，突厥默啜之强也，迫夺铁勒之地，故回纥、契苾、思结、浑四部度碛徙居甘、凉之间以避之。"③

2. 垂拱二年至开元四年间（686—716）部分铁勒羁縻府州的南迁

开元元年，控制漠北地区的突厥叛乱集团内部矛盾激化。此时，铁勒若干部落南迁至灵州之境，包括多滥葛部的燕然州（即燕然都督府的降级与更名）、奚结部的鸡鹿州、阿跌部的鸡田州、俱罗勃部的烛龙州，侨居灵州的回乐、温池二县地界，以及一些浑部牧民组成的东皋兰州（侨治鸣沙县）、佚名部落的燕山州（侨治温池县）。《旧唐书·地理志》称："开元初年（原文误作'废'），复置东皋兰、燕然、燕山、鸡田、鸡鹿、烛龙等六州，并寄灵州界，属灵州都督府。"④ 开元三年正月，西突厥十姓降者前后达万余帐。同时，突厥首领默啜之子婿——原高丽莫离支高文简为首的高丽余众、铁勒跌跌部（即阿跌部）都督跌跌思泰亦率部众自突厥来降，"制皆

---

① 《资治通鉴》卷二百零三《唐纪十九》"则天后垂拱元年（685）"，第6435页。《全唐文》卷二百一十四《燕然军人画像铭并序》，第2168页。
② 《全唐文》卷二百一十一《上西蕃边州安危事三条》，第2140页。
③ 《旧唐书》卷一百九十九《铁勒传》，第5349页；卷一百九十五《回纥传》，第5196页。《新唐书》卷四十三下《地理志七下》，第1132页。《资治通鉴》卷二百一十三《唐纪二十九》"玄宗开元十五年（727）"，第6779页。
④ 《新唐书》卷四十三下《地理志七下》，第1121页。《旧唐书》卷三十八《地理志一》，第1415—1417页。

以河南地处之"。① 河南地，即"河曲"之地，相当今内蒙古鄂尔多斯高原和后套平原。同年秋天，思结部（此乃思结别部，即阿布思部）也在首领磨散带领下，南迁降附。② 唐廷"悉除官遣还"③，安置思结部落游牧在中受降城之傍。

开元四年六月，铁勒九姓的拔野固部袭斩东突厥叛乱势力可汗默啜，来献。是"时，默啜北击拔曳固，大破之于独乐水，恃胜轻归，不复设备，遇拔曳固迸卒颉质略，自柳林突出，斩之。时大武军子将郝灵荃奉使在突厥，颉质略以其首归之，与偕诣阙，悬其首于广街"。此后，"拔曳固（幽陵都督府）、回纥、同罗（龟林都督府）、霫（寘颜州）、仆固（金微都督府）五部皆来降，置于大武军北。"除回纥只是其部分人口之外，其他四个部落随即居于今山西北部，即"散居太原以北"。④ 然而同年九月，先年安置在"河曲"的跌跌思泰、阿悉烂等部降户复叛，欲归附东突厥叛酋——毗伽可汗，先后摆脱王晙、郭知运等将的拦截，叛归漠北。⑤

3. 开元五年至天宝四载（717—745）间部分铁勒羁縻府州的移徙

开元六年（718）二月，唐廷"移蔚州横野军于山北，屯兵三万，为九姓之援。以拔曳固都督颉质略、同罗都督毗伽末啜、霫都督比言、回纥都督夷健颉利发、仆固都督曳勒歌等各出骑兵为前、后、左、右军讨击大使，皆受天兵军（大使）节度。有所讨捕，量宜追集；无事各归部落营生，仍常加存抚"⑥。不难看出，五个铁勒部落首领均被委任为都督府都督。其后，仆固部在都督勺磨率领下西迁"河曲"北部，其他铁勒部落也有进入河曲者，"及跌跌部落散居中受降城侧"，从事畜牧业。其后迁居夏州朔方县界，出

---

① 贞观二十一年在阿跌部置鸡田州，已移至灵州地界。此是另一支阿跌部落，何时置为都督府，史书失载。
② 思结别部于贞观二十一年置蹛林州，是时早已移至甘凉之地，此当是另一支思结部落。
③ 《资治通鉴》卷二百一十一《唐纪二十七》"玄宗开元三年（715）"，第6712页。
④ 《资治通鉴》卷二百一十一《唐纪二十七》"玄宗开元四年、五年（716—717）"，第6719页、第6728页。
⑤ 《资治通鉴》卷二百一十一《唐纪二十七》"玄宗开元四年（716）"，第6720—6722页。
⑥ 《资治通鉴》卷二百一十二《唐纪二十八》"玄宗开元六年（718）"，第6732页。

现了仆固州都督府（仆固部）、宁朔州都督府（部落不详）、安化州都督府（部落不详）。而拔野固、同罗、霫、回纥诸部仍留居"在大同（军）、横野军之侧"。① 阿布思部（思结别部）也于开元三年秋天度漠南迁，游牧在中受降城侧近。②

开元十五年九月，河西地区凉州都督府的铁勒四部出现动乱。移居甘、凉诸州的铁勒部落——回纥、契苾、思结、浑四部，早在武则天垂拱二年就因突厥默啜"迫夺铁勒之地"，离开漠北而南迁河西走廊。至此时，河西节度使王君㚟诬陷"四部难制，潜有叛意"，于是，瀚海府大都督回纥承宗流放瀼州、皋兰州刺史浑大德流放吉州、贺兰府都督契苾承明流放藤州、卢山府都督思结归国流放琼州。唐廷任命回纥部另一酋长——回纥伏帝难为瀚海府大都督。③ 回纥承宗被流放后，其族子——瀚海府司马回纥护输纠合党徒，为承宗报仇，在甘州城南的巩笔驿埋伏，袭杀河西节度使王君㚟。④

此后，回纥部徙返漠北地域游牧，与唐朝中央政府依旧保持政治隶属关系。开元二十九年七月，东突厥叛乱首领——登利可汗去世后，其内部争权斗讧。唐玄宗"以突厥内乱，癸酉，命左羽林将军孙老奴招谕回纥、葛逻禄、拔悉密等部落"⑤。至天宝元年八月，回纥等三部联兵，"共攻（突厥）骨咄叶护，杀之。共推拔悉密酋长为颉跌伊施可汗，回纥、葛逻禄自为左、右叶护。突厥余众共立判阙特勒之子为乌苏米施可汗，以其子葛腊哆为西杀。……朔方节度使王忠嗣盛兵碛口以威之，乌苏惧，请降，而迁延不至。忠嗣知其诈，乃遣使说拔悉密、回纥、葛逻禄使攻之，乌苏遁去。忠嗣因出兵击之，取其右厢以归"。此时，铁勒九姓的同罗部在首领阿布思率领下，度碛南迁归唐。（按：这支同罗部落与开元四年迁至大武军侧近的同罗

---

① 《新唐书》卷四十三下《地理志七下》，第1122页。《旧唐书》卷三十八《地理志一》，第1415页。《旧唐书》卷九十三《王晙传》，第2988页。《资治通鉴》卷二百一十二《唐纪二十八》"玄宗开元八年（720）"，第6740—6741页。
② 王义康：《阿布思考略》，载《陕西师范大学继续教育学报》2001年第3期。《旧唐书》卷九十七《张说传》，第3052页；卷九十三《王晙传》，第2986—2988页。
③ 《资治通鉴》卷二百一十三《唐纪二十九》"玄宗开元十五年（727）"，第6779页。
④ 《资治通鉴》卷二百一十三《唐纪二十九》"玄宗开元十五年（727）"，第6780页。
⑤ 《资治通鉴》卷二百一十四《唐纪三十》"玄宗开元二十九年（741）"，第6844页。

有别）对于阿布思的归降，"上厚礼之，赐姓名李献忠，累迁朔方节度副使，赐爵奉信王"。① 同年，相次降唐的还有东突厥西杀葛腊哆等贵族，及其部众千余帐。回纥叶护骨力裴罗遣使入贡，唐廷赠爵奉义王。②

天宝三载（744）秋八月，拔悉密部攻斩东突厥残部酋领乌苏可汗，传首于京师。"于是突厥大乱，敕朔方节度使王忠嗣出兵乘之。至萨内河山，破其左厢阿波达干等十一部，右厢未下。"值此东突厥势力衰微之际，铁勒回纥部在唐廷支持下始在漠北地区确立其统治地位。史称："会回纥、葛逻禄共攻拔悉密颉跌伊施可汗，杀之。回纥骨力裴罗自立为骨咄禄毗伽阙可汗，遣使言状；上册拜裴罗为怀仁可汗。于是，怀仁南据突厥故地，立牙帐于乌德鞬山，旧统药逻葛等九姓，其后又并拔悉密、葛逻禄，凡十一部，各置都督。每战，则以二客部为先。"于是，在唐朝的支持下，藩属政权——回纥汗国成为唐朝统治漠北地区的政治实体。③ 直到公元九世纪中叶，回纥汗国解体。

天宝四载（745）正月，回纥怀仁可汗最终歼灭东突厥残余叛乱势力，"击突厥白眉可汗，杀之，传首京师。突厥毗伽可敦帅众来降。于是，北边晏然，烽燧无警矣"。"回纥斥地愈广，东际室韦，西抵金山，南跨大漠，尽有突厥故地。怀仁卒，子磨延啜立，号葛勒可汗。"④

4. 天宝五载至天宝十五载间（746—756）铁勒羁縻府州的流徙与废罢

天宝五载（746）之后，迁居漠南的铁勒诸部仍保持羁縻府州建制。此期，铁勒的同罗部分为两支，即阿布思系同罗、河东北部同罗。八载（749）五月，同罗部由酋长阿布思（李献忠）统领参加攻取吐蕃石堡城的战役。⑤ 阿布思（李献忠）于天宝元年归降后，官至朔方节度副使，史称："献忠有才略，不为安禄山下，禄山恨之"。天宝十一载（752）三月，安

---

① 《资治通鉴》卷二百一十六《唐纪三十二》"玄宗天宝十一载（752）"，第6910页。
② 《资治通鉴》卷二百一十五《唐纪三十一》"玄宗天宝元年（742）"，第6854—6856页。
③ 《资治通鉴》卷二百一十五《唐纪三十一》"玄宗天宝三载（744）"，第6860页。
④ 《资治通鉴》卷二百一十五《唐纪三十一》"玄宗天宝四载（745）"，第6863页。
⑤ 《资治通鉴》卷二百一十六《唐纪三十二》"玄宗天宝八载（749）"，第6896页。

禄山"至是，奏请（李）献忠帅同罗数万骑，与（之）俱击契丹。献忠恐为禄山所害，白留后张曒，请奏留不行，曒不许。献忠乃帅所部（同罗）大掠仓库，叛归漠北。禄山遂顿兵不进"。① 阿布思系同罗从此复迁回漠北。至十二载（753）夏五月，阿布思被回纥攻破，失众，"安禄山诱其部落而降之，由是禄山精兵，天下莫及"。阿布思本人则于同年九月被北庭节度使程千里擒获。十三载（754）三月，阿布思被押送至京师，"献于阙下"，斩之。② 而河东北境的同罗部（亦包括铁勒九姓的其他部落），自天宝十载（751）二月安禄山兼任河东节度使后，被其控制。史称："［安］禄山养同罗、奚、契丹降者八千余人，谓之'曳落河'。'曳落河'者，胡言壮士也。及家僮百余人，皆骁勇善战，一可当百。"③ 因此，这两支同罗人其后参与安史之乱，成为叛军的重要力量。

其他的铁勒部落则忠于唐室，为唐朝政治和军事的巩固、发展做出了重要贡献。例如：迁居河西的浑部始终效忠唐廷。天宝十三载（754）三月，皋兰都督府都督（开元十五年前为皋兰州）浑惟明，因军功加授云麾将军（武散官，从二品上）。④ 十四载（755）十一月，安禄山发动叛乱，浑释之时任朔方军右武锋使，仆固怀恩时任左武锋使，也参与东征。史称："［仆固］怀恩，哥滥拔延之曾孙也，世为金微［府］都督。释之，浑部酋长，世为皋兰［府］都督。"浑释之之子——中郎将浑瑊在"九门城之战"中射杀叛将李立节。⑤ 仆固怀恩是唐肃宗、代宗时期的著名军事将领。

5. 安北都护府的移徙及管理职能的变化

作为唐朝北疆漠北地区的军政管治机关，安北都护府在其存在期间曾三更其名、八迁其治。安北都护府起初称"燕然都护府"，创建于贞观二十一

---

① 《资治通鉴》卷二百一十六《唐纪三十二》"玄宗天宝十载（751）"，第6910页。
② 王义康：《阿布思考略》，载《陕西师范大学继续教育学报》2001年第3期。《资治通鉴》卷二百一十六《唐纪三十二》"玄宗天宝十二载（753）"，第6918页；卷二百一十七《唐纪三十三》"玄宗天宝十三载（754）"，第6926页。
③ 《资治通鉴》卷二百一十六《唐纪三十二》"玄宗天宝十载（751）"，第6905页。
④ 《资治通鉴》卷二百一十七《唐纪三十三》"玄宗天宝十三载（754）"，第6926页。
⑤ 《资治通鉴》卷二百一十七《唐纪三十三》"玄宗天宝十四载（755）"，第6944页；卷二百一十七《唐纪三十三》"肃宗至德元载（756）"，第6960页。

年四月，以统管碛北地区的六府七州，其治所在"故单于台"，即《元和郡县图志》所载：张仁愿于景龙二年所筑西受降城东北四十里处。

唐高宗龙朔三年二月，燕然都护府自碛南"故单于台"迁往碛北的回纥部居地。因在回纥部建立的政权机关称作"瀚海都督府"，燕然都护府作为上级政府既已迁来此地，依照以驻地的名称作为自身专名的原则遂改称"瀚海都护府"。此乃北疆漠北高级军政机关的第一次更名。① 瀚海都护府仍旧管辖碛北的铁勒九姓及其他部族之地。② 总章二年（669）八月，瀚海都护府再度更名为"安北都护府"。此乃第二次更改其名称，"安北"之名遂于此年起用。安北府仍旧以回纥部的瀚海都督府为治所。③

武则天垂拱元年，安北都护府自碛北回纥部向南迁至同城镇。当时，铁勒九姓的回纥、思结、契苾、浑诸部追随安北府南迁，进入碛南的甘、凉二州地界。安北府其时主要管理迁入河西一带的铁勒诸部，并与留在碛北的其他蕃部保持联系。武则天长寿二年（693），安北都护府撤离同城镇，再度向南迁至甘州"删丹县西南九十九里西安城"。④

唐中宗景龙二年（708），安北府由西安城向东北迁入新竣工的西受降城。⑤ 唐玄宗开元十年（722），安北都护府再度由西受降城移至中受降城（今包头市南、黄河北岸的敖陶窑子古城）。⑥ 唐玄宗天宝八载（749）、十四载（755），安北都护府先后移驻横塞军城、天德军城。据《元和郡县图志》载：天宝八载，朔方节度使张齐丘在木剌山可敦城创立横塞军（故城在今内蒙古乌拉特中旗温根镇南部），遂迁安北都护府治此。横塞军使郭子仪兼任安北府副都护，处理府中常务；都护之职仍由朔方节度使担任。时过五年（天宝十四载），安北府随着横塞军移至大同川西岸新建的军城——天

---

① 《唐会要》卷七十三《安北都护府》，第1558页。
② 《旧唐书》卷一百九十四上《突厥传上》，第5166页。
③ 《旧唐书》卷五《高宗本纪》，卷一百九十四上《突厥传上》。《唐会要》卷七十三《安北都护府》，第1559页。
④ 《元和郡县图志》卷四《关内道四·丰州》，第113页。《旧唐书》卷一百九十四上《突厥传上》，第5168页。
⑤ 《元和郡县图志》卷四《关内道四·丰州》，第113页。
⑥ 《元和郡县图志》卷四《关内道四·丰州》，第113页。

德军城。① 唐肃宗至德二载（757），安北府改称"镇北都护府"。此乃其第三次改名。②

唐乾元中（758—760），镇北都护府又随天德军使迁回西受降城，其所属军马则"权置永清栅"。是时，镇北府已有名无实，"都护"仅具虚衔而已。③ 安史之乱后，节度使司建制已推广至全国各地，原有的都督、都护府建制则失去其主导地位。镇北都护府也不例外。至唐德宗兴元元年（784），镇北都护府最终被撤销。

综上可知，永徽四年至天宝十四载间，漠北铁勒诸部羁縻府州随部落各自南迁，分布在陇右、关内和河东三道北部。回纥（瀚海都督府）、契苾（贺兰都督府）、思结（卢山都督府）、浑部（皋兰都督府，初为皋兰州）四部徙居陇右道的甘、凉二州间；薛延陀（达浑都督府）、跌跌（阿跌部，跌跌都督府，初为鸡田州）、思结别部（阿布思部，□□都督府，初为蹛林州）、仆固（金微都督府）、同罗（阿布思系）五部亦曾移至关内道北部；拔野固部（幽陵都督府）、回纥别部（回纥都督府）、同罗部（龟林都督府）、霫部（霫都督府）、仆固部（金微都督府，后移往关内道）五部则迁入河东道北境（仆固部除外）。安北都护府曾三更其名，梗概如右：燕然都护府（647—662）——瀚海都护府（663—669）——安北都护府（669—757）——镇北都护府（758—784）。以"安北都护府"之名沿用达88年，故常以"安北府"称之。其治所八次迁徙，次序如下：故单于台、回纥部（瀚海都督府驻地）、同城镇、西安城、西受降城、中受降城、横塞军城、天德军城、西受降城。安北都护府的职权在第四次迁治前处于全盛，安史之乱后则为衰亡期，至兴元元年终止。

---

① 《新唐书》卷三十七《地理志一》，第976页；卷四十《地理志四》，第1047—1048页，"至德元载，更名镇西。后复为安西"；卷四十三《地理志七》，第1111—1112页，"至德二载，曰镇南都护府，大历三年复为安南"；卷六十四《方镇表一·朔方》，第1766页，"乾元元年（758），置振武［军］节度押蕃落使，领镇北大都护府、麟、胜二州"。《旧唐书》卷四十一《地理志四》，第1749页，"至德二年九月，改为镇南都护府，后为安南府"。

② 《新唐书》卷三十七《地理志一》，第976—977页。

③ 《元和郡县图志》卷四《关内道四·丰州》，第113页。

（四）结语

漠北铁勒诸部所在地是唐朝建置羁縻府州的主要地区，成为唐朝北部疆域的组成部分。贞观二十年六月，铁勒九姓十二部归降唐朝。同年十二月，诸部酋长亲赴京都长安城朝谒太宗皇帝，再次"乞置官司"。贞观二十一年正月，唐廷正式创建漠北地区的都督府和州两级羁縻行政单位，凡六个都督府级政区、七个州级政区，共计十三个行政单位。至永徽三年六月，次第增置两个都督府、五个州。此时共有八都督府、十二州，均分布在漠北地区。永徽四年后，漠北铁勒诸部羁縻府州随部落各自南迁，曾经分布在陇右、关内和河东三道之域。安北都护府作为唐朝管治北疆铁勒诸部与其他部族地方的军政机关，在其存在期间曾经三更其名、八迁其治。安北府的职权在第四次迁徙前处在全盛期。

三、碛南地区契丹、奚两族与室韦族地区羁縻府州建制的确立

唐朝在契丹族分布区域创置松漠都督府，下领十个羁縻州；在奚族游牧区域创置饶乐都督府，下领五个羁縻州。松漠府、饶乐府皆归营州都督府统管，表现在营府都督相继兼任东夷校尉、东夷都护之职，而后者是特为管治契丹、奚两族而建的地方高级军政机构。

契丹与奚族，唐时合称"两蕃"。唐代前期，在营州城开设"东夷都护府"，兼统"两蕃"之地，并置"东夷校尉"，押领东北诸族事务。东夷都护和东夷校尉皆由营州都督府都督兼任。

总体上说，唐代前期对东北地区的管理机制亦有若干变化。开元中，营州都督府都督充任平卢节度使，而安东都护又由平卢节度使兼领（按：开元二十年后幽州节度使兼任平卢节度使）。开元七年至二十九年（719—741）间，营州都督府都督兼平卢节度使，既领安东都护一职，又押领松漠、饶乐、渤海、黑水四府经略使。天宝元年后，范阳节度使（幽州都督府都督充任）临制奚、契丹，即兼管松漠、饶乐二府；平卢节度使（营州都督府都督充任）镇抚室韦、靺鞨，……统安东都护府，屯营、平二州之境，治营州，即兼管室韦、渤海、黑水三府，以及安东府。安史之乱后，安东府已废，渤

海等都督府改由淄青平卢节度使管辖。

（一）契丹族区域的松漠都督府

贞观二十二年（648），今西拉木伦河流域的契丹诸部咸请内附。唐朝乃于其地置松漠都督府（故治在今西拉木伦河与老哈河合流处附近），授其首领大贺窟哥以左领军卫将军，充松漠府都督，封无极县男，赐姓李氏。并于契丹别部分置八州，隶于松漠都督府。此八州即：峭落、无逢、羽陵、白莲、徒何、万丹、疋黎、赤山诸州。武则天万岁通天元年至唐玄宗开元二年（696—714），契丹族首领李尽忠发动叛乱，为突厥默啜所并。开元三年，契丹诸部再度内属，复置松漠府，以李失活为左金吾卫大将军、松漠郡王，充松漠府都督；所统八部，各因旧帅委任为州刺史。开元十八年至二十二年，因契丹诸部内讧，其一首领可突于胁迫契丹和奚族降附东突厥叛乱势力。至开元二十三年，契丹诸部再度内附。天宝十载，范阳节度使安禄山诬其欲叛，发兵讨之，迫使契丹诸部遂叛。至天宝十二载，复降附唐朝。从此时至会昌二年（842），历任松漠府都督一直与中央政府保持正常的政治隶属关系，"常间岁来修藩礼"①。

（二）奚族区域的饶乐都督府

贞观二十二年，就内属的奚族诸部建立饶乐都督府（故治在今内蒙古西拉木伦河北、巴林桥附近），以奚族首领可度者为右领军将军，充饶乐府都督，并封之为楼烦县公，赐姓李氏。其下分五部，置五州，即：弱水（以阿会部置，在今西拉木伦河沿岸）、祁黎（以处和部置，在今老哈河下游与松岭山脉北麓间地）、洛瑰（以奥失部置，在今赤峰市境内英金河流域）、太鲁（以度稽部置，在今洮儿河流域）、渴野（以俟折部置，待考）五州，各以其酋渠为刺史。武德天万岁通天年间，奚族民众受契丹族首领李尽忠裹胁而降东突厥叛乱集团的默啜可汗。开元三年，复归唐朝，重置饶乐府；册封

---

① 《旧唐书》卷一百九十九下《契丹传》，第5354页。《新唐书》卷四十三下《地理志七》，第1126—1127页。张博泉等：《东北历代疆域史》，吉林人民出版社，1981年，第108—110页。艾冲：《唐代都督府研究——兼论总管府·都督府·节度司之关系》，西安地图出版社，2005年，第199—200页。

其首领李大辅为饶乐郡王,仍拜为左金吾卫员外大将军,充饶乐府都督。开元五年,唐廷应"两蕃"的请求,依旧在柳城开设营州都督府,督管松漠、饶乐两个羁縻都督府,以及管内十三州。开元十八年至二十二年,奚众复被契丹衙官可突于所胁迫,叛附突厥。开元二十三年,奚族反正后,改置奉诚都督府。此后直到唐宪宗元和十一年(816),奉诚府都督对唐朝廷"每岁朝贡不绝"①。

（三）室韦族区域的室韦都督府

室韦族二十余部处在今黑龙江中上游、嫩江和结雅河（精奇里江）流域,跨连唐朝的北部疆域和东北疆域。贞观三年,室韦族向唐廷遣使贡献丰貂,"自此朝贡不绝"。唐廷遂于贞观年间在其地建置室韦都督府。但史籍对其置年、治所皆失载。唯据"室韦都督和解热素"之记载判断：室韦族有和解部,其居地在今绰儿河北、雅鲁河以南、嫩江以西之地区。和解热素是以部落名"和解"为姓、以"热素"为名。因此,室韦都督府治所应在和解部游牧的今绰尔河以北地带。其余诸部当分布在今大兴安岭西侧的呼伦贝尔草原上,属于唐朝北疆之东部。②

第四节 唐朝前期北疆的军事驻防体系与战守活动

唐朝自武德元年立国伊始,恢复周隋时期的地方高级军政管理机构——总管府建制,至武德七年,统一地改称都督府,其职能依旧。唐太宗、高宗、武后、中宗统治期间,边疆地区的都督府之职渐渐偏重于军事驻防。于是,至武后主政时期,边疆地区的个别都督兼任专制军事的"诸军州大使"

---

① 《旧唐书》卷一百九十九下《奚传》,第5354—5356页。《新唐书》卷四十三下《地理志七》,第1126页。张博泉等：《东北历代疆域史》,吉林人民出版社,1981年,第110—113页。艾冲：《唐代都督府研究——兼论总管府·都督府·节度司之关系》,西安地图出版社,2005年,第199—200页。

② 《旧唐书》卷一百九十九下《室韦传》,第5356—5358页。张博泉等：《东北历代疆域史》,吉林人民出版社,1981年,第110—113页。艾冲：《唐代都督府研究——兼论总管府·都督府·节度司之关系》,西安地图出版社,2005年,第199—200页。

一职,其后,"节度"之号与"诸军州大使"结合成"节度诸军州大使"。至唐睿宗景云二年,出现了第一个专制特定区域军事驻防攻伐的节度使,即由凉州都督府都督兼任的"河西节度使"。其后,节度使司制遂成为唐朝边疆地带的军事区划与军事建制单位,节度使成为特定军区的军事统帅。在各个节度使司管制的军事区域内,逐渐形成若干固定的层次分明的驻防据点,即军、城、镇、戍、关、栅诸城镇。唐朝中央政府通过节度使、军使、守捉使、镇主、戍主、关主等各级军事官员控制北疆各段防务,完成了由前期的征行体制向镇戍体制的转变。

"节度使"职官称号的出现,存在着一个渐进式发展的过程,即由"节度"与"大使"结合而成。

"使"的职衔,在隋、唐两代起初是中央政府的官员受命赴地方执行公务时的职务名称,事毕即罢,一般多属临时性差遣。至唐前期,一些地方政府的主要官员因接受朝廷的特别授权而兼有"使"衔,遂具有中央官和地方官的双重身份,既是中央派往地方办事的使者,又是地方行政主官。当时中央的特别授权相当广泛,其中以关于军事方面的特别授权至为重要,成为节度使制度的滥觞。所谓特别的军事授权,即指授予某些地方行政主官以统领、调度、指挥本地区驻军征讨叛逆的职权,作为此种权力的凭证,唐朝要向被授权者颁赐"旌节"。

这种赋予地方高级行政主官以特别军事授权的使职,最初称作"大使",始于武则天神功元年。据《旧唐书》记载:是年,武则天诏令娄师德充"陇右诸军大使",仍检校河西营田事。圣历中(698—700),唐休璟受任凉州都督府都督,持节充陇右诸军大使。大足元年(701),郭元振迁任凉州都督府都督、陇右诸军大使。① 显而易见,凉府都督是地方高级行政主官,而"持节陇右诸军大使"则象征中央的特别军事授权。"持节陇右诸军大使"之衔正是中央政府授予凉府都督的军事特权。接受授权的地方官员必须持有中央颁予的"旌节"作为权力的凭信和标志。这种持有"旌节"的大

---

① 《新唐书》卷一百一十一《唐休璟传》,第4149页;卷一百二十二《郭元振传》,第4362页。

使,正是后日"节度使"的雏形。自此时起,凉州都督府都督便具有双重身份。这就表明:节度使制度萌芽于武则天统治时期。

随着对边地都督、都护的特别军事授权的增多,其名称也渐趋固定。据《唐会要》记载:唐睿宗景云二年四月,唐廷委任贺拔延嗣为凉府都督,充河西节度使。此为"节度使"职号之初始。开元初年,"节度使""节度大使"之名开始大量出现。先天二年,唐玄宗在新丰驿一带组织军事演习,将军薛讷担任左军节度。① 据《旧唐书》记载:开元二年,薛讷出任"并州大都督府长史",充"和戎、大武等诸军州节度大使"。② 《新唐书》则对此记作"并州节度大使薛讷",应以《旧唐书》为正确。不久,唐廷于并州城置天兵军,特别军事授权的职务名称随之变更。大约与此同时,安西节度使、北庭节度使、河西节度使、陇右节度使、朔方节度使等军职名称业已固定。例如:开元七年(719),张说受命"检校并州大都督府长史,兼天兵军[节度]大使"。八年,"时并州[境内]大同、横野等军有九姓同罗、拔曳固等部落,皆怀震惧。(张)说率轻骑二十人,持旌节直诣其部落,宿于帐下,召酋帅以慰抚之。……九姓感义,其心乃安"。③ 八年九月,王晙受命"检校幽州都督、节度河北诸军大使",讨伐内犯的契丹部落。十年四月至闰五月,张说又持节充朔方军节度大使,往巡五城,处置兵马。④ 至开元十五年五月,这种特别军事授权的职务名称均已稳定,凡皇室成员受任者,称作"节度大使"(亲王多不赴任,而由"节度副大使"主持日常军务,时人习称"知节度事");而重要大臣出任者,称作"节度使"。是时,个别官员一身兼任两节度使的现象业已有之,如开元二十四年信安王李祎出任"朔方、河东节度使",哥舒翰于天宝中也曾兼任河西、陇右两镇节

---

① 《旧唐书》卷九十三《薛讷传》,第2983页。
② 《旧唐书》卷九十三《薛讷传》,第2984页。
③ 《旧唐书》卷九十七《张说传》,第3052页。
④ 《资治通鉴》卷二百一十二《唐纪二十八》"玄宗开元十年(722)",第6749—6750页。

度使。①

截至天宝十四载十一月安史之乱爆发前，唐朝建置的边疆军区建制单位——节度使司共有10个，即：安西、北庭、河西、陇右、朔方、河东、幽州、平卢、剑南、岭南五府。② 具体到唐朝的北部边疆地带，自东向西，依次形成五大军事驻防区域。在河北道北部，有平卢节度使司、幽州节度使司（范阳节度使司）；在河东道北部，存在着河东节度使司；在关内道北部，则有朔方节度使司；在陇右道北部，分布着河西节度使司。在此分述于下。

一、唐朝前期北疆东段军事驻防体系（河北道与河东道北部）

在唐朝北部边疆地带东段区域，存在三个军事驻防组织及其驻防区域，这就是平卢节度使司、幽州节度使司（范阳节度使司）、河东节度使司。分述于下：

（一）平卢节度使司

平卢节度使司，初置于开元七年（719）闰七月。其时，张敬忠受任为营州都督府都督、平卢军节度使。自此始有平卢节度使之职官名号。八年四月，又兼任管内诸军、诸蕃及支度、营田等使职。二十八年二月，王斛斯任平卢节度使，又兼押两蕃（指契丹、奚两族）及渤海、黑水等四府经略处置使，遂为定额加官。

平卢节度使司统管两个军级驻防单位。平卢军，在营州城即柳城。卢龙军，在平州（今河北卢龙），天宝二年（743）置。③

（二）幽州节度使司

幽州节度使司（后称范阳节度使司），初置于唐玄宗先天二年（713）二月。其时，甄道一出任幽州节度、经略、镇守使。此乃该节度使之初置也。开元十五年十二月，幽州节度使又兼河北支度、营田使。二十七年十二月，

---

① 《资治通鉴》卷二百一十四《唐纪三十》"玄宗开元二十四年（736）"，第6817页。《旧唐书》卷一百零四《哥舒翰传》，第3212—3213页。
② 《旧唐书》卷三十八《地理志一》，第1385—1389页。
③ 《旧唐书》卷三十八《地理志一》，第1387页。

又兼任河北海运使。天宝元年,改称"范阳节度使"司,所兼诸使职依旧。

节度使司下统11个军。经略军,在幽州城内,延载元年（694）置。渔阳军,在幽州东北卢龙古塞（今河北迁西境）,开元十九年九月改称静塞军。清夷军,在妫州（今河北怀来）,垂拱二年（686）置。威武军,在檀州（今北京密云）,大足元年（701）置,开元十九年九月改为此名。北平军,在定州（今河北定县）西三里。恒阳军,在恒州（今河北正定）城。高阳军,原在瀛州,开元二十年迁往易州（今河北易县）。唐兴军,在莫州,开元十四年四月置。横海军,在沧州（今河北沧州市）,开元十四年四月置。怀柔军,在蔚州界,先天元年八月置。怀远军,在故辽城,天宝二年（743）置焉。①

（三）河东节度使司

河东节度使司,始建于开元二年。其年,薛讷出任并州大都督府长史,充"和戎、大武等诸军州节度大使",是为河东节度使初现,亦作"并州节度大使"。不久,唐廷于并州城内置天兵军,遂改称"并州大都督府长史,兼天兵军节度使"。这个职名沿用到开元十一年。是年三月,才改称"太原以北诸军节度使"。沿承至十八年十二月,正式定名为"河东节度使",此后成为常用名称。

河东节度使司下统四个军。天兵军,武则天圣历二年初置,大足元年五月废；长安元年八月复置,景云二年又废；开元五年六月二十四日重置天兵军,在并州城内。大同军,在朔州城内,初名大武军；调露二年（680）改为神武军；天授二年改为平狄军；大足元年五月复为大武军；沿至开元十二年三月,改称大同军。横野军,初在飞狐县,后移于新州；开元六年六月移至古代郡大安城南（今河北蔚县境）,以为铁勒九姓部落之援；天宝十三载末,改为大德军。岢岚军,原为平狄军的下属单位——岢岚栅,武则天长安三年（703）改为岢岚军。景龙中,张仁愿移军于朔方,仅留一千人充守捉,仍属大武军（驻朔州）。开元十二年,再度立军；十五年,又降为镇,

---

① 《旧唐书》卷三十八《地理志一》,第1387页。

寻复改为军。①

开元四年夏六月，默啜率众进攻漠北铁勒九姓的拔曳固部，大战于独乐河（今蒙古国土拉河），击溃拔曳固部武装。然而，默啜在返回途中遭到拔曳固部溃卒颉质略的突然袭击，被斩杀于柳树林中。②其后，突厥叛乱集团发生内讧。

在此混乱局势中，铁勒族的几个部落乘机度漠南迁，归降唐廷。其中就包括滞留漠北的回纥别部，是为回纥部众第二次南迁。史载：开元四年夏，"其回纥、同罗、霫、勃曳固、仆固五部落来附，于大武军北安置"③。开元四年，南迁至河东道北部的回纥部落绝非垂拱四年南迁的首领任瀚海都督的回纥本部，而是当年滞留在漠北的回纥牧民构成的回纥别部。正如《新唐书》所载："明年，助唐攻杀默啜，于是（回纥）别部移健颉利发与同罗、霫等皆来，诏置其部于大武军北。"④对于这一支回纥部牧民，学界迄今尚无正确认识。大武军，唐朝在边疆地带建置的高级驻军单位之一，大足元年（701）更名为大同军。其军城故址在今山西省朔州市朔城区东北境、源子河汇入桑干河河口北岸的神头镇马邑村。

唐廷对迁入大武军（大同军）北方原野的回纥等五部分别建置都督府，五部首领分别被委任都督府都督之官职。开元五年八月，唐廷接受并州大都督府长史张嘉贞的建议，"置天兵军于并州（城中），集兵八万，以嘉贞为天兵军大使"。六年二月，唐廷为保护迁入陉北地区的铁勒、回纥等五部，"移蔚州横野军于山北，屯兵三万，为九姓之援；以拔曳固都督颉质略、同罗都督毗伽末啜、霫都督比言、回纥都督夷健颉利发、仆固都督曳勒歌等各出骑兵为前、后、左、右军讨击大使，皆受天兵军（大使）节度。有所讨

---

① 《旧唐书》卷三十八《地理志一》，第1386—1387页。
② 《旧唐书》卷八《玄宗本纪上》，第176页；卷一百九十四上《突厥传上》，第5173页。《新唐书》卷二百一十五上《突厥传上》，第6049页。
③ 《旧唐书》卷八《玄宗本纪上》，第176页。《资治通鉴》卷二百一十一《唐纪二十七》"玄宗开元四年（716）"，第6719页。
④ 《新唐书》卷二百一十七上《回鹘传上》，第6114页。

捕，量宜追集；无事各归部落营生，仍常加存抚"。① 值得指出的是，迁至陉北地区的回纥部，实即回纥别部；唐朝在此亦建置都督府，其都督即回纥别部首领夷健颉利发，与此时尚游牧于甘、凉二州之地的回纥本部瀚海都督回纥承宗同时存在，居地各异。此后，回纥部族分化为两支：游牧于甘、凉二州境的回纥本部，游牧于大同军、横野军地的回纥别部。横野军城故址，即今河北省蔚县县城。

二、唐朝前期北疆中段军事驻防体系（关内道北部）

唐朝"河曲"地区位于唐都长安城的北方，具有极其重要的战略地位。自南北朝至隋唐之际，突厥势力不断南下袭掠，对中原王朝构成严重的军事威胁。"河曲"正处在南下关中及长安城的必经之地，控制了"河曲"地区就掌握着屏护关中及长安城的主动权，就保障了后者的安全。因此，唐朝在贞观四年平定东突厥后，一方面将许多归降部族、部落安置在"河曲"地区，另一方面为确保这一地区的军事控制权，遂在"河曲"内外构筑驻防城体系，并不断增建与完善。"河曲"内外驻防城体系是唐朝北部边疆驻防体系的组成部分（中段），探明其分布、发展与变迁，对于中国边疆治理、隋唐史、民族关系史、历史地理研究均具有重要的意义。

朔方节度使司，开元元年十月六日建立，以原朔方行军大总管府改置。其责任区域包括：经略军、定远军、丰安军、西受降城、中受降城、东受降城、单于府、安北府、丰州、胜州、灵州、盐州、夏州、银州，以及匡、长、安乐等蕃州所在地。十四年七月，朔方节度使兼任关内支度、屯田等使。十五年五月，又兼任盐池使。二十年四月，又兼任押诸蕃部落使。二十九年，王忠嗣出任朔方节度使后，兼六城转运使。天宝五载十二月，张齐丘又兼任管内诸军采访使。此后，遂为固定兼职。

朔方节度使司统四个军。经略军，在六胡州之地（今内蒙古鄂尔多斯市鄂托克旗东北部）。丰安军，在灵州西南、黄河北（今宁夏中卫东部）。定

---

① 《资治通鉴》卷二百一十一《唐纪二十七》"玄宗开元五年（717）"，第6728页；卷二百一十二《唐纪二十八》"玄宗开元六年（718）"，第6732页。

远军,在灵州北偏东二百里、黄河西(今宁夏银川北),先天二年正月置。天德军,在丰州东偏北,天宝十二载置。①

1. "河曲"外围驻防城体系的形成与发展

所谓"'河曲'外围"指黄河曲流河段外侧地带,即今宁夏贺兰山山脉及其以东、内蒙古阴山山脉(包括狼山、乌拉山、大青山)及其以南的狭长弯曲地带。早在隋时,随着东突厥启民可汗的归降,隋朝曾在这一地带构筑长城、兴筑城堡、建立军政管理机构,以加强对北疆的控制。是时,云州城(大利城)、胜州城、丰州城、大同城作为阴山一带较大的军政据点,其下管制一定数量的戍堡,驻防城体系遂初具规模。入唐后,驻防城继续构筑并发展。

(1)河曲"外围驻防城体系的形成

贞观四年,唐朝对东突厥的军事行动取得决定性胜利。遂恢复隋时旧规,重新利用灵州、丰州、胜州、云州诸城,分置灵州都督府、丰州都督府、胜州都督府、云州都督府,作为控制北疆的重要军政据点。② 与此同时,恢复黄河曲流河段内侧的军事要塞——榆林关。③ 此后数十年间,大漠以南地区各族呈现一派和睦景象,农牧业均有较快发展。在此期间,"河曲"外围驻防城体系并未出现较大的改变。

调露元年,单于都护府管内的东突厥诸部二十四羁縻州出现叛乱,漠北的铁勒诸部地区也出现动乱形势。④ 以此为转折点,"河曲"外围驻防城体系进入快速形成及增建时期,主要有两个重要阶段。

第一个阶段相当于唐高宗、武后、中宗、睿宗时期。东突厥诸部叛乱后,当时武则天忙着消除政治异己,许多军事将帅遭受迫害,使政府军在平

---

① 《旧唐书》卷三十八《地理志一》,第1386页。
② 艾冲:《论唐代前期"河曲"地域的都督府政区》,载《中国历史地理论丛》2002年第1期。
③ 艾冲:《"榆关"和"渝关"》,载《中国方域——行政区划与地名》1998年第4期。
④ 《旧唐书》卷一百九十四上《突厥传上》,第5166—5167页。《新唐书》卷二百一十五上《突厥传上》,第6042—6043页。

叛战争中连连失利。① 在这种形势下，政府军转入战略防御状态，尤其是在"河曲"沿线。《新唐书》云：灵州"黄河外有丰安、定远、新昌等军，丰宁、保宁等城"。这是"河曲"外围驻防城体系之早期组成部分。

丰安军城，创筑于武则天统治时期。"丰安军，灵武郡西、黄河外一百八十余里，万岁通天初置。管兵八千人，马一千三百匹。"② 据此可知，丰安军城创筑于女皇武则天在位的万岁通天元年（696）。

其中，景龙二年（708），张仁愿督筑三座受降城之工程是"河曲"外围驻防城体系最引人注目的建树。三座受降城构筑的军事背景大致如下："[唐]中宗即位，默啜又寇灵州鸣沙县，灵武军大总管沙吒忠义拒战久之，官军败绩，死者六千余人，贼遂进寇原、会等州，掠陇右群牧马万余匹而去。忠义坐免。……仍命左屯卫大将军张仁亶摄右御史台大夫，充朔方道大总管以御之。仁亶始于河外筑三受降城，绝其南寇之路。"③

关于张仁愿（本名张仁亶）督筑河外三受降城的详情，《元和郡县图志》载："初，突厥入寇，朔方军总管沙吒忠义为贼所败，诏仁愿代之。先是，朔方军北与突厥以河为界，河北岸有拂云堆神祠，突厥将入寇，必先诣祠祭酹求福，因牧马料兵而后渡河。时突厥默啜尽众西击突骑施婆（按：当作娑）葛。仁愿奏请乘虚夺取漠南之地，于河北筑三受降城，首尾相应，绝其南寇之路。太子少师唐休璟以为两汉以来，皆北守黄河，今于寇境筑城，恐劳人费功，终为贼所有。仁愿固请不已，中宗竟从之。仁愿表留年满镇兵以助其功。时咸阳兵二百余人逃归，仁愿擒获尽斩之。军中股慄。六旬而三城俱就。以拂云祠为中城，与东、西两城相去各四百余里，遥相应接。北拓三百余里，于牛头、牟那（按：一作朝那，即今乌拉山）山北[建]置烽堠一千八百余所。自是突厥不得度山放牧，朔方无复寇掠，减镇兵数万

---

① 《旧唐书》卷五《高宗本纪下》，第105页、第107页、第110—111页；卷六《则天皇后本纪》，第117页、第125页、第126页、第127页、第130页；卷七《中宗、睿宗本纪》，第143页、第160页。
② 《元和郡县图志》卷四《关内道四·灵州》，第92页。
③ 《旧唐书》卷一百九十四上《突厥传上》，第5170页、第5172页。

人。"① 同时在隋代大同城东北，改筑永清栅（亦称大同城）。至此，"河曲"外围驻防城体系基本形成，发挥着拱卫"河曲"地区的重要作用。之后，新的驻防城陆续出现。

第二阶段相当于唐玄宗先天、开元、天宝时期。

定远城是这时期最先增筑的驻防城。"定远城，在灵州东北二百里。先天二年，朔方大总管郭元振置。"②"定远东城（东，当为衍文），灵武郡东北二百里、黄河外，景龙中韩公张仁愿置。管兵七千人，马三千匹。""定远废城（今按殿本同此，各本作'定远城'，下注'废'字），在州东北二百里。即汉北地郡方渠县之地，先天二年，郭元振以西城（西受降城）远阔，丰安（军城）势孤，中间千里无城，烽堠杳渺，故置此城，募有健兵五千五百人以镇之。其后信安王［李］祎更筑羊马城，幅员十四里。"③ 据此可知，定远城于先天二年添筑，此年十二月初改称开元元年。

在其南，此前建置一座小型城堡——千金堡。史载："新堡，在［怀远］县西北四十里，永昌元年（689）置。堡内安置防御军二千五百人，粮五万石。旧名千金堡，今名新堡。"④

天宝年间，先有节度使王忠嗣调整"河曲"内外的驻防格局，后有安思顺、郭子仪等将领增筑新的驻防城。据《元和郡县图志》记载："天宝八年，张齐丘又于可敦城置横塞军，又自中受降城移［安北都护府］理横塞军。"到天宝十二载，安思顺奏请废弃横塞军城，于大同川西侧筑城置横塞军，玄宗赐名"大安军"。"十四年，筑城功毕，移大安军理焉。"乾元后改为天德军。于是，在朔方节度使防区的阴山地带出现横塞军城、大安军城。⑤

---

① 《元和郡县图志》卷四《关内道四·丰州》，第116—117页。《旧唐书》卷九十三《张仁愿传》，第2982页。
② 《新唐书》卷三十七《地理志一》，第973页。
③ 《元和郡县图志》卷四《关内道四·灵州》，第92页、第96页。
④ 《元和郡县图志》卷四《关内道四·灵州》，第95页。
⑤ 《元和郡县图志》卷四《关内道四·灵州》，第113页。

至天宝末年，"河曲"外围驻防城发展成完备的体系。东有单于府城、东受降城、中受降城，遥相呼应为东翼；中有大安军城（或横塞军城）、永济栅（大同城）、西受降城相互关联；西有定远、千金堡、丰安军城依托灵州都督府城为西翼，建构起较为完备的驻防城体系。对于防御来自北方的军事威胁发挥着不可或缺的作用。

（2）"河曲"外围驻防城的位置与移徙兴废

"河曲"内外驻防城体系由高到低、由大至小可分作都督府城、州城、军城、镇城（戍城）和关城。其中，都督府城有四：灵州都督府城、丰州都督府城、胜州都督府城和云州都督府城。这四座都督府城是唐前期管理北疆中段的主要军政机构驻地，其地位自无须赘言。需要指出的是，灵州、丰州、胜州都督府城坐落在黄河大曲流内侧，唯有云州都督府城位于河外，因而在此对前三者不作论述。

在"河曲"外围驻防城体系中，军城及与之地位相当的驻防城有8座，即丰安军城、定远城、西受降城、中受降城（简称中城，或称作安北都护府城）、东受降城、单于府城（振武军城），及横塞军城、天德军城。此外，尚有千金堡、永清栅。

①丰安军城　构筑于万岁通天初年（696），置丰安军。依据"丰安军，灵武郡西、黄河外一百八十余里"的记载推断，该城坐落在今宁夏中卫市东部镇罗堡附近。此后，其驻军最多时达"管兵八千人，马一千三百匹"。唐后期在此城置雄州，即"雄州，在灵州西南百八十里。中和元年徙治承天堡为行州"。①

关于丰安军城的地望，学术界存在着分歧。有的学者认为丰安军位于

---

① 《元和郡县图志》卷四《关内道四·灵州》，第92页。《新唐书》卷三十七《地理志一》，第972页。据唐开元二十一年所立《唐开承简墓志》云："神龙中，故人朔方军大总管韩公初奏君为随军要籍。……到军未岁，解褐授丰安军仓曹。"可知神龙中丰安军城就已存在，其初置必在此前，故万岁通天初年之说为是。（《唐代墓志汇编》开元三八九）《新唐书》卷一百二十二《郭元振传》则云先天元年（712）筑，实误。

今宁夏中宁县石空镇附近。① 根据实际里程来看，此说不能成立。因为丰安军城坐落在灵州城西南180余里（唐里制）处，而今石空镇距唐代灵州城之距离低于此里程。另一种观点则肯定丰安军城位于今中卫市西部、明长城外。② 此说虽能满足唐代文献对丰安军城与灵州城间距180余里的记载，但西离中卫小平原，失去建立大型驻防城的经济地理基础，显然也不能成立。

②定远城　始筑于先天二年。依据"定远城，在灵州东北二百里、黄河外"推算，其故址在今宁夏银川市之北50公里、平罗县南约11公里处（高仁镇西）。③ "先天二年，郭元振以西城（西受降城）远阔，丰安[军城]势孤，中间千里无城，烽堠杳渺，故置此城，募有健兵五千五百人以镇之。""其后，信安王祎更筑羊马城，幅员十四里。"即在开元十五年后信安王李祎主持朔方军务时，又在定远城外添筑周长14里的羊马城。④ 定远城在唐后期曾一度废弃，后复置军驻守。《旧唐书·吐蕃列传下》载：元和十三年十月，"灵武[节度使司]于定远城破吐蕃二万人"。而延及景福元年（892），唐朝在定远城建置二级行政机构——警州，遂为州城。据《新唐书·地理志》云："警州，本定远城，在灵州东北二百里。……景福元年，灵威节度使韩遵表[奏]为州。"⑤ 东北至西受降城约700里。

另一说称"定远军位于今宁夏平罗县姚伏镇东北三里处"，也较近是，录此备考。但所谓"定远军"应作"定远城"才是。⑥ 又有千金堡，后更名新堡，位于唐代怀远县（今宁夏银川市旧城区）西北40里，永昌元年建置。

---

① 王亚勇：《丰安军与定远城》，载《宁夏大学学报》（人文社会科学版）2003年第6期，第50—52页。
② 谭其骧主编：《中国历史地图集》第五册"关内道"图幅，中国地图出版社，1982年，第40—41页。
③ 〔明〕胡汝砺编，管律重修：《嘉靖宁夏新志》，宁夏人民出版社，1982，第87页、第173页。
④ 《元和郡县图志》卷四《关内道四·灵州》，第96页。
⑤ 《旧唐书》卷一百九十六下《吐蕃传下》，第5262页。《新唐书》卷三十七《地理志一》，第973页。王亚勇：《丰安军与定远城》，载《宁夏大学学报》（人文社会科学版）2003年第6期，第50—52页。
⑥ 王亚勇：《丰安军与定远城》，载《宁夏大学学报》（人文社会科学版）2003年第6期，第50—52页。

③西受降城　张仁愿督筑于景龙二年。位于丰州城西北八十里、黄河北岸（今内蒙古乌拉特中旗狼山石兰计山口南侧、邢寡妇圪旦村北2公里处）。《旧唐书》云："西城即汉之高阙塞也。西城北去碛石口三百里。"①汉代高阙，即今狼山中段的石兰计山口。西城坐落在石兰计山口南、黄河北岸渡口处，控扼着南北交通要冲，军事地位至为重要。建城之初，安北都护府就自河西走廊的西安城迁入此城，延续至开元十年为止。②开元初年（713），西受降城因南临黄河，长期受河水冲刷而损坏；至开元十年，朔方军总管张说遂放弃西受降旧城，在其东面另外建筑新的西受降城。张说督造的西受降新城（今内蒙古乌拉特中旗乌加河镇奋斗村古城），延用近百年之久（约九十一年）。至唐宪宗元和八年（813），西受降新城的西南部又遭受黄河洪水冲刷而崩塌，即《元和郡县图志》所谓："今城（一本云'其后，城'）西南隅又为河水所坏。"安史之乱后，天德军都防御使司的首脑机关移治西受降新城，权置军马于永清栅。即"其都防御使及天德军使，理在西城。今移理旧天德军城"。直至元和八年，西受降新城的大城再度被黄河洪水冲坏，天德军都防司被迫迁回其旧城（今内蒙古乌拉特前旗乌梁素海东南缘）。此后，西受降新城的大城虽坏，小城仍留有驻军，并未完全废弃。③西受降新城往正东微南至天德军180里，东南渡河至丰州80里，西南至定远城700里。"管兵七千人，马一千七百匹。西南去（灵州大都督府、灵武节度使）理所一千余里。"

关于西受降城的地理位置，有的学者判定在今内蒙古临河区东北部八一乡丰收村古城。这显然是不恰当的，因为这座古城与天德军城的相对位置与方向皆不符合。首先，史载西受降城"正东微南至天德军一百八十里，东南渡河至丰州八十里"。换言之，它在天德军城西偏北（或西北）方向180里处。而临河区八一乡丰收村古城则坐落在天德军城西南方，与唐代文

---

① 《旧唐书》卷一百九十五《回纥传》，第5198页。
② 《元和郡县图志》卷四《关内道四·丰州》，第113页。艾冲：《唐代安北都护府迁徙考论》，载《陕西师范大学学报》2001年第4期。
③ 《元和郡县图志》卷四《关内道四·丰州》，第111页、第116页。

献记录不符合。其次，唐代后套平原的黄河干流即今乌加河之流径，并非今黄河的位置。丰收村古城却邻近今黄河河道北岸，远离唐时黄河古河道，显然并非西受降城所在。此外，该古城西南部在近代虽被黄河冲毁，并不能说明它在唐代也曾被水毁过。丰收村古城遗址未见"瓮门"遗迹，并不能证明它就是西受降城，因为史书明确记载：张仁愿筑河外三城时"不置瓮门"，但"其后常元楷为总管，始置瓮门，议者劣之"。也就是说，张仁愿之后，西、中、东三受降城都添筑瓮门。在外城西北部存在"日"字形"子城"现象也不足为据。①

④横塞军城　据《元和郡县图志》载，张齐丘于天宝八载（749）督筑，系以原有的"可敦城"为基础而构建的军城。"可敦城"实乃"可贺敦城"（突厥语"皇后城"之意）的简写。城址位于天德军城西北200里（唐里），据此里程推算，略在今内蒙古乌拉特中旗温根镇南部狼山山区。同年，自中受降城迁安北都护府治此城。至天宝十二载，该城被废弃。颇疑横塞军城系沿用"古单于台"旧址而建。若然，则位于西受降城东北20公里的狼山之中。于是，形成由唐代"古单于台"城经"可敦城"再过渡至"横塞军城"的演变过程。②

对于横塞军城之所在，王北辰教授指为今临河市北部古城乡高家油房古城遗址（或曰杨家营古城）。该古城遗址南距临河市约45公里，北去乌加河南岸约5公里，北距狼山约15公里。此古城址坐落在乌加河之南5公里处，显然在唐代西受降城之南，不符合横塞军城的实际地理位置，因而不取。③

⑤天德军城　创筑于天宝十二载，初名"大安军"（或作天安军）城，位于今内蒙古乌拉特前旗乌梁素海东南缘。天宝十二载，安思顺废横塞军

---

① 《王北辰西北历史地理论文集》编辑组：《王北辰西北历史地理论文集》，学苑出版社，2000年，第364页。
② 《元和郡县图志》卷四《关内道四·丰州》，第115页。《新唐书》卷三十七《地理志一》，第976页。艾冲：《唐代安北都护府迁徙考论》，载《陕西师范大学学报》2001年第4期。
③ 《王北辰西北历史地理论文集》编辑组：《王北辰西北历史地理论文集》，学苑出版社，2000年，第368—370页。

城,在大同川西侧构筑城池,安置横塞军。唐玄宗特此赐名"大安军"。天宝十四载,筑城功毕。安史之乱中,大安军城因被"贼将宋星星所破,纵火焚烧"而毁,居民逃散。乾元后,改称天德军。增置天德军都防御使司,驻西受降城,而所管天德军兵马则安置在永清栅(即隋大同城东北)。元和九年(814),修复天德军城之后,都防御使司遂移驻天德军城。西偏北至西受降城180里。东南至中受降城200里。天德军城的具体位置,经文物工作者实地调查已经确定,即位于今内蒙古乌拉特前旗额尔登布拉格苏木北境、乌梁素海东南缘的土城子古城遗址。① 但是关于"大安军"(或作天安军)与"天德军"的关系,也有不同的记载。例如《新唐书·地理志》称:"(中受降城)西二百里,大同川(之东)有天德军,大同川之西有天安军,皆天宝十二载置。天德军,乾元后徙屯永济栅,故大同城也。"② 实情究竟如何,有待继续探究。

天德军所属永清栅,位于天德军城西南三里处、隋大同城东北。其遗址也在今内蒙古乌拉特前旗额尔登布拉格苏木北境、乌梁素海东南侧,即土城子古城遗址西南约1.5公里处。

⑥中受降城 景龙二年,由张仁愿策划督筑。故址位于今内蒙古包头市南郊、昆都仑河入黄河口之东,即今敖陶窑子古城址。在筑城之前,此地原有一座"拂云堆神祠",南为黄河渡口——金津所在。即所谓:"先是,朔方军北与突厥以河为界,河北岸有拂云堆神祠,突厥将入寇,必先诣祠祭酹求福,因牧马料兵而后渡河。"张仁愿趁着东突厥叛酋默啜尽众西击突骑施娑葛之机,于黄河北岸之地督筑三受降城,六旬而三城俱就。其中"以拂云祠为中城,与东、西两城相去各四百余里,遥相应接。北拓三百余里,于牛头、牟那(按:一作朝那)山北置烽堠一千八百余所。自是突厥不得度山放牧,朔方无复寇掠,减镇兵数万人"。换言之,唐朝自此重

---

① 《王北辰西北历史地理论文集》编辑组:《王北辰西北历史地理论文集》,学苑出版社,2000年,第364页。张郁:《唐王逆修墓志铭考释》,《内蒙古文物考古》,1981年创刊号。
② 《元和郡县图志》卷四《关内道四·丰州》,第113页。《新唐书》卷三十七《地理志一》第976页。

新控制着漠南草原地带。开元十年至天宝八载间,中受降城都作为安北都护府的驻地。正所谓"开元十年,于此城置安北大都护府,后又移徙"是也。"管兵六千人,马二千匹。西南去(灵州大都督府、灵武节度司)理所一千三百里。"①

⑦东受降城 始筑于景龙二年(708),故址位于今内蒙古托克托县城西南大黑河入黄口东侧、黄河北岸。此处为东受降城旧城所在地。景龙二年,构筑东受降城的工程告竣,张仁愿于此置振武军;天宝四载,振武军被朔方节度使王忠嗣迁离此城。东受降城西南距胜州城二十里,一说在榆林县(胜州附郭县)东北八里。"管兵七千人,马一千七百匹。西南去(灵州大都督府、灵武节度司)理所一千六百余里。"②

唐后期,东受降城划归振武军节度使司。唐敬宗宝历元年(825),"振武节度使张惟清以东[受降]城滨河,徙置绥远烽南"③。即将东受降城旧城放弃,使之离开黄河之滨向北挪移,在绥远烽南侧构筑东受降城新城。其新城址大约在明代东胜卫城的位置,即今托克托县城附近的东沙岗古城。至唐武宗会昌年间(841—846),在东受降城新城西侧,增筑一道月城,以保护军民饮用水源。据唐人李德裕称:"东受降城缘是近年新筑,城内无水,城外取金河水充饮,又于城西门外掘一二十井。若被围困,即须困毙,今筑月城,护取井水。"④唐代官员李德裕所谓"金河",即今大黑河也。

⑧单于府城(振武军城) 隋代已有此城,先名为大利城,其后也称云州总管府城、定襄郡城。入唐后,先后称作云州都督府城、云中都护府城、单于大都护府城、振武军城、振武节度司城,即今内蒙古和林格尔县北部的土城子古城址。唐代前期,单于府城曾是漠南草原地区的军政管理中心。天

---

① 《元和郡县图志》卷四《关内道四·丰州》,第115—117页、第92页。其北有安乐戍,及归化栅。
② 《元和郡县图志》卷四《关内道四·灵州》,第92页。
③ 《新唐书》卷三十七《地理志一》,第976页。
④ 李德裕:《条疏太原以北边备事宜》,见《会昌一品集》第十三卷,上海古籍出版社,1987年。又见《全唐文》卷七百零五。

宝四载，王忠嗣将振武军从东受降城迁入单于府城，加强此城的驻防力量，并在城内添置金河县。该城的前身就是后魏什翼犍所都盛乐城也。经考古人员发掘得知，单于府城遗址东西长1550米、南北长2250米，城周长则达7600米。若折合成唐里，可达15里之多。此乃黄河外围驻防城体系中占地面积最大者。① 史载：振武军"管兵九千人，马一千六百匹。西南去（灵州大都督府、灵武节度使）理所一千七百里"。其境"有云伽关，后废，大和四年复置"。② 大和四年，即公元830年。云伽关的具体地望，尚待继续探考，大概位于其北方的阴山白道（今大青山蜈蚣坝沟）中，控制穿越阴山的要道。

"河曲"外围地区镇城（戍城）与关城的分布，因史料欠缺无法详论，在此从略。

2. "河曲"内部驻防城体系的形成与分布

贞观二年，唐朝平定割据夏州的梁师都势力，基本取得"河曲"地区的控制权。遂依循黄河曲流内侧部署防务，以灵州都督府城、丰州都督府城、胜州都督府城作为控制北疆中段的军政重镇。

（1）以府城、州城、军城为主体的驻防城

①灵州都督府城　此城位于今宁夏吴忠市利通区古城湾村西侧、黄河东岸，是唐代灵州都督府暨朔方节度使司的治城，是"河曲"西部的驻防中心和指挥中枢。其城内置有朔方经略军，即所谓："经略军，灵武郡城内。管兵两万七百人，马三千匹。"其外控制着河外诸驻防城。其灵州境内"有（折冲）府五，曰武略、河间、静城、鸣沙、万春"。灵府管区南部有白草军，在蔚茹水之西。至德后没吐蕃。史载："朔方节度，管兵六万四千七百八人（八当为衍文），马二万四千三百匹（二万当作一万）。衣赐二百万匹段。"③ 由此可知其所统兵马之众。

---

① 内蒙古自治区文物工作队：《和林格尔县土城子试掘纪要》，载《文物》1961年第9期，第26页。
② 《新唐书》卷三十七《地理志一》，第976页。《元和郡县图志》卷四《关内道四·灵州》，第92—93页、第108页。
③ 《新唐书》卷三十七《地理志一》，第969页、第972页。《元和郡县图志》卷四《关内道四·灵州》，第92页。

②丰州都督府城　此城坐落在今内蒙古五原县南部，夹在黄河的北支河河道与南支河河道间，一度成为捍卫"河曲"地区西北部（今后套平原）的重要基地及指挥中心。① 其西方筑有丰宁城（今内蒙古巴彦淖尔市临河区八一乡丰收村古城）。唐后期，该城归天德军都防御使司统管。

③胜州都督府城　此城即今内蒙古准格尔旗北境、黄河南岸的十二连城村古城，其下临黄河洪流，北眺阴山群峰，南屏"河曲"高原，是驻防城体系的重要据点，城内曾置有"义勇军"。② 唐后期，该城划归振武军节度使司统管。

④夏州都督府城　此城即今陕西省榆林市靖边县北境的白城子古城，是唐代"河曲"中南部的军政中枢。贞观年间，其都督兼任管理东突厥诸羁縻府州的"宁朔大使"官职。史载其城内"有天柱军，天宝十四载置，宝应元年（762）废"。③ 唐后期贞元三年（787）六月，成为夏绥银宥节度使司的治城。

⑤经略军城　其故城即今内蒙古鄂托克旗东北部的巴音淖尔乡后哈达图村西南2公里的水泉古城。④ 经略军起初安置在灵州都督府城。天宝四载，朔方节度使王忠嗣调整"河曲"内外驻防体系期间，重建"河曲"中部久已存在的前代旧城——榆多勒城，将经略军自灵州城移入此城。据《元和郡县图志》载："经略军，在夏州西北三百里。天宝中，王忠嗣奏于榆多勒城置军，今属灵武节度。本属夏州，[西]南去灵武六百五十余里。元和九年于此城新置宥州。"⑤ 该城因此被称作"经略军城"，雄踞"河曲"中部之地，起到震慑"河曲"地区诸部族、部落的作用。⑥ 经略军城占地面积较大，据实测，城址平面呈方形，边长约1000米。夯筑土墙，基宽1—5米，残

---

① 《新唐书》卷三十七《地理志一》，第976页。
② 《新唐书》卷三十七《地理志一》，第975页。
③ 《新唐书》卷三十七《地理志一》，第973页。
④ 艾冲：《唐代河曲粟特人"六胡州"治城的探索》，载《民族研究》2005年第6期，第73—78页。
⑤ 《元和郡县图志》卷四《关内道四·灵州》，第96页、第107页。
⑥ 《新唐书》卷三十七《地理志一》，第974页。

高1—1.5米，夯层厚约10厘米。①

（2）河曲内侧沿岸的关津要塞

"河曲"地区黄河沿岸的关津，是控扼该地区的交通咽喉，也是维护该地区军事安全的人工屏障。因此，它们成为"河曲"内部驻防城体系的组成要件。其分布略陈如下：

①鸣沙渡　亦称鸣沙县城，故址即今宁夏中宁县境、黄河东岸的鸣沙洲镇。"东北至［灵］州一百二十里。""……神龙二年冬［鸣沙县地］为默啜所寇，因而荒废，遂移县于废丰安城，即今县理是。西枕黄河，人马行经此沙，随路有声，异于余沙，故号'鸣沙'。"②

②纳远川渡　其故址在今宁夏陶乐县（该县已废）北界，即今都思兔河向西流入黄河之处。这是隋唐时期出入"河曲"地区、东西向逾越黄河的渡口之一。纳远川，即今都思兔河。

③安乐戍　其故址位于今内蒙古乌拉特前旗新安镇东北、乌梁素海湖区西部。据《新唐书》卷四十三下《地理志七》记载，在天德军城、永济栅（大同城）西南的黄河（今内蒙古乌加河在乌梁素海段故河道）东堧，存在着隋代大同城故城；在黄河西堧，则建有安乐戍。此戍堡控扼着由大同川（唐时一条发源于今内蒙古乌拉特前旗大佘太镇、向西南流经今额尔登布拉格苏木北境而注入黄河的小河）西越黄河的津渡，甚为重要。

④宁远镇　其故址大约在今内蒙古杭锦旗北部的独贵特拉镇西北境、黄河南侧。据《新唐书》卷四十三下《地理志七》的记载，自安乐戍往南约50里，涉过屯根水（今黄河河道），则抵达宁远镇。宁远镇，也是黄河大曲流内侧驻防城体系的组成部分。

⑤榆林关　其故址在今内蒙古准格尔旗十二连城乡东部城坡村古城址。史载：胜州榆林县，"……东有榆林关，贞观十三年置"。"榆林关，在县东三十里。东北临河，秦郤（却）匈奴之处，隋开皇三年，于此置榆

---

① 国家文物局主编：《中国文物地图集·内蒙古自治区分册》（上），西安地图出版社，2003年，第584页。
② 《元和郡县图志》卷四《关内道四·灵州》，第96页。

林关。"①

⑥河滨关　其故址在今内蒙古准格尔旗东境、黄河西岸。史载：胜州河滨县，"……东北有河滨关，贞观七年置"。②"河滨关，在县东北，贞观七年置。黄河，在县东一十五步，阔一里，不通船楫，即河滨关。渡河处名君子津。"③引文中，"不通船楫"的"不"字属于笔误，实际应是"可通船楫"。

⑦合河关渡　其故址在今陕西神木市马镇镇南境的合河村附近、黄河之滨。这是联结唐代河东地区的重要津渡，成为唐代"河曲"麟州与河东地区间军事交通联系的枢纽。④

⑧孟门关　其亦称"定胡关"，故址在今陕西吴堡县城附近，即明清时期的官菜园渡，东望山西柳林县的军渡，⑤是隋唐时期"河曲"的绥州与河东地区间的交通枢纽。

3."河曲"内外驻防城体系的地理特征与军事意义

（1）驻防城体系分布的地理特征

"河曲"内外驻防城体系旨在保障该地区社会秩序的安定、抵御其他部族对该地区的扰略，达到屏护京畿安全的目的。因此，无论是"河曲"外围的驻防城群体，还是"河曲"内部沿黄河曲流分布的驻防城群体，以及"河曲"南部无定河上游的驻防城群落，都具有鲜明的地理特征。

第一，驻防城占据着相对优越的地势条件与自然环境。以"河曲"外围驻防城群体而言，前有贺兰山、阴山山脉作为巨大的天然屏障，后有黄河天堑作为依托，两者之间土地平衍而肥沃，水利资源丰富。正如唐代人们对之所作评论：唐高宗"永淳中，突厥围丰州，都督崔智辩战殁。朝议欲罢丰

---

① 《元和郡县图志》卷四《关内道四·胜州》，第111页。艾冲：《隋唐"榆关"和"渝关"考实》，载《中国方域》1998年第4期。
② 《新唐书》卷三十七《地理志一》，第975页。
③ 《元和郡县图志》卷四《关内道四·胜州》，第111页。原文"黄河，在县东一十五步，阔一里，不通船楫"，其中"不"字当系衍文。艾冲：《隋唐"榆关"和"渝关"考实》，载《中国方域》1998年第4期。
④ 艾冲：《西北城市发展与环境演变研究》，西安地图出版社，2004年，第159页。
⑤ 艾冲：《西北城市发展与环境演变研究》，西安地图出版社，2004年，第177页。

州，徙百姓于灵、夏。[唐]休璟以为不可，上书曰：'丰州控河遏贼，实为襟带，自秦、汉已来，列为郡县，田畴良美，尤宜耕牧。隋季丧乱，不能坚守，乃迁徙百姓就宁、庆二州，致使戎羯交侵，乃以灵、夏为边界。贞观之末，始募人以实之，西北一隅，方得宁谧。今若废弃，则河傍之地复为贼有，灵、夏等州人不安业，非国家之利也。'朝廷从其言，丰州复存"①。唐休璟所谓"丰州控河遏贼，实为襟带，自秦、汉已来，列为郡县，田畴良美，尤宜耕牧"，正好反映出驻防城体系所在的军事地理条件与自然环境之适宜。

第二，驻防城群体以大规模的军事屯田作为经济基础。在黄河河曲沿岸和无定河流域，分布着宁夏平原、河套平原（前套和后套）及河流谷地，实乃适于农耕生产的地带。"河曲"外围的驻防城群体和"河曲"内侧沿河的驻防城群体，凭借肥饶的土地资源和丰富的水利资源而发展屯田/营田经济，就近有效地解决了驻军及居民的粮食和其他物资的供给问题。唐前期，那里的屯田农业快速发展，取得了可喜的成就。例如娄师德自唐高宗上元元年（674）起，就一直主持西北边疆地带的营田事业。在陇右，担任"河源军司马，并知营田事"。天授初年（690），"累授左金吾将军，兼检校丰州都督，仍依旧知营田事"，即在今内蒙古后套平原主管营田工作。由于他在丰州都督任期经营屯田经济成效斐然，受到女皇武则天降书慰劳。敕书曰："卿素积忠勤，兼怀武略，朕所以寄之襟要，授以甲兵。自卿受委北陲，总司军任，往还灵、夏，检校屯田，收率既多，京坻遽积。不烦和籴之费，无复转输之艰，两军及北镇兵数年咸得支给。勤劳之诚，久而弥著，览以嘉尚，欣悦良深。"② 在宁夏平原、前套平原莫不如此。不难看出，驻防城体系所在地区拥有优越的农业经济地理基础，使其军事防御作用得以长期保持下去。

第三，驻防城大多置于水陆交通要冲之地。各个不同等级的驻防城，基本建置在穿越阴山、贺兰山的谷道山口，黄河津渡附近等咽喉之地，例如：

---

① 《旧唐书》卷九十三《唐休璟传》，第2978页。
② 《旧唐书》卷九十三《娄师德传》，第2975页。

东、中、西三座受降城"首尾相应,绝其南寇之路";天德军城"居大同川中,当北戎大路";榆林关城"东北临河,秦邰(却)匈奴之处"。它们都控扼着黄河南北的交通要津,具有十分重要的军事战略意义。唐后期出现的芦子关北五城,则控制着由无定河上游向东进的河谷通道。

(2)驻防城体系存在的军事意义

第一,驻防城体系是特定时期唐朝军事方针及治边方略的具体表现。自唐高宗调露元年始,唐朝的北疆陷入混乱状态。唐廷失去对安北都护府管治的漠北地区、单于大都护府统治的漠南草原地区之有效控制。适逢唐廷内部武则天不断干政而导致政局失衡,致使对东突厥叛乱势力的军事行动接连失利,无力摧毁东突厥叛乱势力。因此,其军事战略及治边方略开始转向消极守成,军事驻防格局开始出现新的变化。阴山、贺兰山一线成为唐朝设防的重心地带。

第二,驻防城体系稳定了唐朝对阴山、贺兰山、"河曲"地区的有效控制。唐前期,"河曲"内外驻防城体系归朔方大总管府、朔方节度使司统管与指挥;唐后期,驻防城群体则分别属于灵盐节度使司、夏州节度使司、天德军都防御使司和振武军节度使司统辖。四大方镇及所属的驻防城群体,成为该地区政治秩序稳定的基石。

第三,驻防城体系成为保卫都城长安所在的关中平原之坚固外围屏障。自武德末年发生唐太宗与东突厥颉利可汗隔渭水对话的严重事件后,再未出现北方游牧族群经由鄂尔多斯高原、黄土高原而南下关中之事变。这不能不说是"河曲"内外驻防城体系一直在发挥着不可替代的保障作用。

"河曲"内外驻防城体系经历从无到有、由少增多、重心转移的发展和变迁,先后出现在河曲内侧及其外围地带,唐后期又随驻防重心转移至南部的无定河上游。驻防城之地一般自然环境较好,地势条件相对优越,大多配置于水陆交通要冲之地,以大规模的军事屯田作为经济基础。驻防城体系的分布格局,是特定时期唐朝军事方针及治边政策的具体表现。此体系巩固了唐朝对阴山、贺兰山及"河曲"地区的统治,成为保卫都城长安所在的关中平原之坚固屏蔽,一直发挥着无可忽视的保障作用。

三、唐朝前期北疆西段军事驻防体系（陇右道北部）

唐前期北疆西段区域主要是指陇右道北部的河西走廊及附近地区。河西走廊的军事驻防体系全部由凉州都督府、河西节度使司掌控，包括军、守捉、城、关等设施。

河西节度使司，创立于景云二年四月。是时，贺拔延嗣受命出任凉州都督府都督、充河西节度使。自此时起，才正式出现"节度使"之官职。它是由原"持节陇右诸军大使"演变而来的。河西节度使管区是建立最早的军事驻防区域。开元二年四月，河西节度使兼任赤水九姓、本道支度、营田等使职。十一年四月，河西节度又兼任经略使。十二年十月，又兼任长行转运使。这些兼职完全是为满足本驻防区军事活动的需要而设置，此后遂成为河西节度使的定额兼职。

河西节度使司防区的驻军单位约有九个"军"。赤水军，在凉州城西，因附近泉水泛红而以之名军。置于武德二年七月，为河西地区最大的驻军单位，即"军之大者，莫过于此"。新泉军，大足元年（701）置；开元五年，降为守捉。大斗军，原为守捉，开元十六年（728）改为大斗军。位于大斗拔谷（今祁连山扁都口）北口附近。建康军，在甘、肃两州边界附近，证圣二年（695）置。宁寇军，旧为同城守捉，天宝二年（743）五月改置。处在弱水（今额济纳河）下游河汊间，即今内蒙古额济纳旗南五百里处，遗迹尚存。玉门军，原为玉门县，后废，开元六年置军。墨离军，武德年间于月支旧地创置。豆卢军，在沙州，神龙元年置军。白亭军，因在白亭海侧而得名，天宝十四载（755）正月置立，其故址在今甘肃民勤东北部。[①]

第五节　唐朝前期北部边疆地带交通道路的开辟与维护

在唐代前期（618—755），北部边疆地带的交通道路网络以六条南

---

① 《旧唐书》卷三十八《地理志一》，第1386页。

北走向的大型道路为主干，再连以诸多横向的干道与支线道路。开辟、管理与维护北方交通道路，成为唐朝统治北部边疆的基础。依据唐代道类地区的划分，在河北道地区北部，存在着经由幽州城北去，穿越契丹、奚两蕃之地而前往室韦族游牧地区西部之通道；在河东道地区北部，则纵贯着一条来自京城历经蒲州、晋州、并州（太原府）、代州、朔州，而北趋碛南地区的道路；在关内道地区北部，存在三条北行的大路，其一是经由灵州城北去的"参天可汗道"，其二是经由夏州城、丰州城、西受降城，或经由中受降城、呼延谷而前往碛南、碛北的大路，其三是经由延州城、绥州、银州、麟州、胜州和东受降城及白道，而趋向碛南、碛北的主干路线；在陇右道地区北部，来自京城、兰州城或会州城的干道至凉州城会合，再西行经甘州、肃州诸城，转向北去，过同城镇（今内蒙古额济纳旗南部），再伸向碛北地域。正是这些交通道路作为基础坚强地支撑着唐朝对北疆的治理。

一、河北道、河东道通往北疆的交通干道

在河北道地区北部，来自京师、东都而经由幽州城北去的大道有三条分支路线。其西线自幽州城西北行，过居庸关，历经妫州（今河北怀来）、独石口（今河北赤城北）或野狐岭（今河北张北南）而北上碛南草原；中线自幽州城北行，经虎北口（今古北口）翻越燕山山脉，越过潢水，北去碛南草原；东线则由幽州城东北行，穿越今喜峰口或今抚宁区东部的渝关镇，北越燕山山脉，经由营州城（今辽宁朝阳市）而北往碛南及碛北地域。

在河东道地区北部，通向北部边疆的交通干道即蒲津关路——经由同州、蒲州、晋州、并州北去的主干驿路，略呈南北走向。隋朝末年，李渊于太原起兵，即沿此道进入长安城。入唐，太原被定为北都，两地间的邮驿大道倍受重视。这条驿路延伸至并州后，可东出太行山井陉口，走向河北（道）地区；北出恒山的雁门关，可赴北疆的漠南大草原诸部。依据《大唐起居注》和其他典籍的记载，蒲津关路的走向大致是：自长安往东过灞桥，经灞桥驿转向北，过东渭桥（今陕西高陵耿镇附近），历经高陵（今陕西高

陵）、栎阳（今陕西临潼武官屯一带），逾今石川河，经华州下邽县（今陕西渭南下吉镇），于乾坑附近渡过洛水，抵同州城（今陕西大荔）。再由此东趋朝邑县（今陕西大荔朝邑南），斜向东北出蒲津关（今陕西大荔朝邑东北），越过黄河上的蒲津浮桥而达蒲州（今山西永济蒲州镇）。由此溯汾水河谷而上，历经安邑（今山西运城东北）、绛州（今山西新绛）、晋州（今山西临汾）、汾州（今山西汾阳）而赴并州。限于篇幅，不再赘述。

这条驿路有四个要害部位，即灞桥、东渭桥、洛水桥和蒲津浮桥。蒲津浮桥是关内道与河东道两地间邮驿交通的咽喉要冲，因而对它的维护不遗余力。开元中，为了该桥的永久稳固，唐廷不惜拨出巨资，铸造了八个大铁牛，置于黄河东、西两岸，作为维系浮桥缆绳的固定物。黄河东岸的四个唐代铁牛已于前些年在今蒲州镇附近出土，成为弥足珍贵的古代邮驿交通资料与物证。

此外，又由下邽向北伸出一条支线驿路，经奉先（今陕西蒲城），趋东北渡洛水，历经澄城（今陕西澄城）、郃阳（今陕西合阳）、韩城（今陕西韩城），至龙门津，东渡黄河而直趋绛州。

二、关内道北部的交通干道

唐代开元二十一年前的关内道地区范围大致如下：东踞黄河，西抵陇坂，南依终南，北逾沙漠。包括今陕西中北部、甘肃陇东、宁夏、内蒙古大部，后延伸到今俄罗斯安加拉河与贝加尔湖北侧。今陕西榆林地区——唐代夏州都督府管内的夏州、银州、绥州，以及盐州、麟州之域，位居唐代"关内道"地区的中部，因此，在唐代关内地区的交通网络中占据着十分重要的地位，成为贯通南北、联结东西的交通中枢。诸如昭武九姓、吐谷浑、沙陀突厥、党项羌等族人，迁往河东地区都是取道于今榆林地区而成行的。要了解今榆林地区在唐代的交通情况，应从一个宏观的视野或广阔的空间来考察之，即从关内地区交通网络分布来做整体的观察与分析。

唐都长安城坐落在关内道的南部。因此，该地区交通道路的分布格局深受前者的制约。长安城既是大唐皇朝的政治中心，自然也成为全国的邮驿交通与信息资讯的汇聚与扩散中心。由长安城伸向全国各地的邮驿大道首先要经行于关内地区，这就势必给后者以深刻的影响，同时也影响到今榆林地区的交通布局。关内地区的交通道路走向显示出的这种向心性空间分布特征，至今仍在影响着陕西及榆林地区的公路交通线。

贞观四年，唐廷平定东突厥，在北疆地区创置特殊行政区——羁縻府州。贞观二十一年，大漠以北地区的铁勒九姓诸部归附，并请求中央政府设官置府。唐太宗亲赴灵州（治今宁夏吴忠市古城湾村西侧）会见诸部代表，满足他们的意愿。随后开辟出通向北疆各地的交通干道。

（一）芦子关道——经由延州城、夏州城赴北疆之驿路

这条道路亦可称作"阴山路""中受降城路"，是一条官驿大道，在唐代前期发挥过重要作用。它从长安城北延，历经泾阳、华原（今陕西耀州）、同官（今陕西铜川）、宜君（今陕西宜君），至坊州城（今陕西黄陵），经三川而至鄜州城（今陕西富县）。安史之乱后，鄜州城作为鄜延节度使司的驻地，再北经伏陆（今陕西甘泉），逾劳山抵延州城，溯清水（今陕西延河）河谷而上，历金明（今陕西安塞东南）、罢交（今陕西安塞西北），过塞门镇（今陕西安塞区镰刀湾乡），出芦子关，翻过白于山，北经宁朔（今陕西横山区西南），抵达夏州城。夏州城在唐代前期是夏州都督府的治城，同时也曾是管理突厥诸部的"宁朔大使"驻地。唐后期推行节镇制度，夏州城作为夏绥银节度使司的驻地，始终是今榆林地区的军事、行政中心。再由夏州城向北偏西去，渡乌水，穿过唐代开元天宝间形成的无名沙地东部（今内蒙古乌审旗陶利村附近）、沃野泊（相当今乌审旗嘎鲁图镇西南的特木根淖尔）、长泽（相当今乌审旗驻地西北、浩勒报吉淖尔等高原湖泊所在的狭长洼地）、契吴山/白城（略当今内蒙古乌审旗西北、嘎鲁图苏木沙尔塔拉西侧海拔1403米的山岭，白城亦当在此，即赫连勃勃叹美之处）、可朱浑水源（当指古代海流兔河的发源地，今已湮塞，也在今内蒙古乌审旗乌嘎鲁图苏木附近）、阳城驿（待考）、横铲北门（待考）、突纥利泊（略当今内蒙古乌审旗嘎鲁图苏木北部的呼和淖尔）、翻过石子岭（大略即今内蒙古乌审旗嘎鲁图苏木北部哈州埃勒村北、海拔1447米的山岭），经过阿颓

泉（今内蒙古乌审旗嘎鲁图苏木北、呼和陶勒盖淖尔）、大非苦盐池（约当今内蒙古乌审旗北部查干淖尔镇西北部的毛墩查干淖尔、达巴淖尔、浩通音查干淖尔等湖泊洼地），抵经略军城（原名榆多勒城，即宥州寄治之城，在今内蒙古鄂托克旗东60余里、沙井镇后哈达图村附近）。

经略军城是道路的分岔点，由此转向东北方，穿过今杭锦旗东部、东胜区西境，顺着南北流向的黑赖沟河而下，渡黄河金津（即中受降城渡、拂云堆祠渡，在今达拉特旗昭君镇二狗湾村，黄河对岸是包头市九原区哈林格尔镇兰桂窑子村），抵达中受降城，再溯库延谷（亦称呼延谷）而上，穿过黑山而往碛南地区；由中受降城也可趋西北赴天德军城，傍黄河而西达西受降城。或由经略军城趋西北，经贺兰驿（待考）、库也干泊（今内蒙古鄂托克旗察汗淖尔苏木北境的努和图淖尔）、弥鹅泊（今内蒙古鄂托克旗察汗淖尔苏木北境的纳林淖尔）、榆禄浑泊（今内蒙古鄂托克旗召稍乡南境的召稍湖）、地颓泽（待考）、乌那水（今托赖沟，已干涸，故河道呈东南趋西北向分布在杭锦旗驻地——锡尼镇东部、浩绕柴达木苏木中部，萎缩成三个湖泊：乌兰陶日木淖尔、查干淖尔、无名湖），抵达胡洛盐池（即今内蒙古杭锦旗中部的巴音乌素镇东侧的盐海子）畔，过纥伏干泉（今内蒙古杭锦旗赛音乌素苏木西北的尚来村附近），然后穿越库结沙（今库布齐沙漠）东部，渡过屯根水，抵丰州。在此分道：一路趋西北至西城渡（今内蒙古五原县西北80里许），渡黄河（今乌加河），赴西受降城；一路趋东北至宁远镇渡（今内蒙古乌拉特前旗北部乌梁素海西岸），渡黄河，抵达天德军城。由西受降城转向北方，穿过阴山高阙，转向西北越过大碛，赴安北都护府驻地，即唐后期回鹘汗国的牙帐驻在地。① 这条路线在《新唐书·地理志》中有记载，简引如下：

> 夏州北渡乌水，经贺麟泽、拔利干泽，过沙，次内横刬、沃野泊、长泽、白城，百二十里至可朱浑水源。又经故阳城泽（按：当作"驿"）、横刬北门、突纥利泊、石子岭，百余里至阿颓泉。又经大非

---

① 《新唐书》卷四十三下《地理志七下》，第1147—1148页；卷二百一十七下《回鹘传下》，第6148页。《元和郡县图志》卷四《关内道四·新宥州》，第106—107页。

苦盐池，六十六里至贺兰驿。又经库也干泊、弥鹅泊、榆禄浑泊，百余里至地颓泽。又经步拙泉故城，八十八里渡乌那水。经胡洛盐池、纥伏干泉，四十八里度库结沙，一日普纳沙，二十八里过横水；五十九里至什贲故城；又十里至宁远镇。又涉屯根水，五十里至安乐戍，戍在（黄）河西堧，其东堧有古大同城。今大同城，故永济栅也。

（二）"参天可汗道"——经灵州城赴漠北诸部的邮驿大道

唐贞观二十年六月，崔敦礼等率军大破薛延陀于郁督军山下，灭之。随后，漠北地区的铁勒九姓诸部各遣使朝贡，请求"归命天子，乞置汉官"。九月，唐太宗在灵州城接见诸部使者。是时，铁勒诸部遣使至灵州者数千人，"来贡方物，因请置吏，咸请至尊为可汗。于是北荒悉平，为五言诗勒石以序其事"。

贞观二十一年（647），唐朝为巩固中央政府与北疆各部族的联系，"又于突厥之北至于回纥部落，置驿六十六所，以通北荒焉"。这就是著名的"参天可汗道"。唐时馆驿间距一般是30里，据此推算自灵州城赴回纥部所在地（今蒙古国鄂尔浑河上游西侧、哈尔和林西北）的行程约为2000里（1980里）。① 这条驿路自长安城北出，越中渭桥（今西安市未央区六村堡东北），渡泾水，历泾阳、豳州、宁州（今甘肃宁县），溯马岭水（今环江）而上，过庆州（今甘肃庆城区）、方渠（今甘肃环县），穿过青冈峡，直趋灵州。或自长安城西经西渭桥（今陕西咸阳市西南两寺渡），趋奉天（今陕西乾县），历经永寿、豳州、泾州、原州，北经萧关县（今宁夏同心县清水河东岸），过白草驿（顿），抵灵州城。再由灵州城往北循黄河而下，至丰州境，于丰宁城附近北渡黄河干流（今乌加河），过西受降城，穿过今狼山山脉的石兰计山口，抵达燕然都护府驻地（今内蒙古乌拉特中旗西南部）。② 再由此地转趋西北行300里，至鹈鹕泉（今内蒙古乌拉特后旗西北），继续趋西北穿越大漠行约1500里许，抵回纥部牙帐驻地。由鹈鹕泉往北，又有穿行大漠的所谓东道，也可赴回纥牙

---

① 《旧唐书》卷二《太宗本纪》，第50页、第59—60页。
② ［清］顾祖禹：《读史方舆纪要》卷五十四，中华书局，2005年，第2374—2376页。

帐。回纥部所在地其后成为"安北都护府"的驻地。

长安与安北府间的驿路上置有驿馆，历史文献则有明确记载。天宝十五载，安史叛军攻陷潼关，太子李亨自马嵬坡北奔至平凉郡（今宁夏固原），朔方军节度使司留守将领魏少游等修葺驿道沿线的次舍，备好资储，迎接皇太子于平凉郡北境。至德二载冬十月，回纥部叶护率兵协助唐朝政府军收复东都洛阳，唐肃宗特在京城宣政殿宴请叶护，册封他为忠义王，决定每年赠予回纥部丝绢二万匹，至朔方军交接。这就表明：经由灵州的道路乃赴漠北的主干驿路。①

至于由回纥牙帐驻地赴坚昆都督府的路径，大致是由此向北傍嗢昆水（今蒙古国鄂尔浑河）西岸往北行600里，渡仙娥河（今蒙古国色楞格河），溯其北之河经过延特勒泊（今蒙古国库苏古尔湖）西岸，往西越山岭进入剑河（今叶尼塞河）流域，顺流而下穿过贪漫山（今萨彦岭），于该山之北转西，渡阿辅水（今俄罗斯叶尼塞河上游支流阿巴根河），抵达坚昆都督府驻地——青山（今西萨彦岭）之麓。坚昆都督府，是唐朝中央政府就黠戛斯族酋长"阿热"牙帐驻地所建羁縻都督府。据《新唐书》载，黠戛斯"直回纥西北三千里，南依贪漫山"。②这段路程是唐朝使者的必由之路，但是否安置驿馆，史无明文，按理应该有食宿设施和安全保障。

（三）榆林关道——经由绥州城、银州城、麟州城赴北疆之驿路

这条道路自京师伸至延州城后，转向东北，历经丰林县（今陕西延安东北）、魏平县（今陕西子长南）、绥德县（今陕西清涧西北），抵绥州（今陕西绥德）；再溯无定河而上至银州（今陕西横山党岔镇），在此转向东北历经真乡（今陕西榆林东）、银城（今陕西神木石峁古城）、麟州城（今陕西神木杨家城）、连谷（今陕西神木北部黄羊城村），北趋胜州城（今内蒙古准格尔旗十二连城）。再由此城东至榆林关（今准格旗十二连城乡东、

---

① 《旧唐书》卷十《肃宗本纪》，第248页。《资治通鉴》卷二百一十八《唐纪三十四》"肃宗至德元载（756）"，第6975—6980页、第7166—7167页、第7177—7182页。

② 《新唐书》卷二百一十七下《回鹘传下》，第6147页。

城坡村古城），在此（榆林关渡，今巨河滩村附近）渡过黄河，抵东受降城（今内蒙古托克托县、大黑河东）。转趋东北行120里，抵单于都护府城；折向北穿过黑山白道，前往阴山以北、大漠以南地区。此道在唐代的交通作用与芦子关道、"参天可汗道"同样重要。

此外，关内北部与河东地区间的交通道路，乃承袭隋代驿路体系的成规，即孟门关路经绥州去石州、汾州、并州的驿路，隋时这条驿路就已存在，入唐不废。大体由京师长安城北至绥州，或由夏州城东南抵绥州，转向东行，过延福县（今陕西吴堡县西北），至孟门关（今陕西吴堡县城东北），东渡黄河，入定胡关（今山西柳林县西、黄河东岸军渡镇），抵达石州（今山西吕梁市离石区）；再继续往东翻越吕梁山脉，经汾州，转东北进入太原盆地，抵达并州城。唐代宗时期，仆固怀恩曾经循此路自汾州逃回灵州城。①此外，自银州东行160里许至今佳县城附近，也可东渡黄河，经过今克虎寨镇，东赴石州临泉县（今山西临县西偏南）。

三、陇右道北部的交通干道

自京师长安城经由陇右地区通往北疆的道路，先以三条并行支线的格局延伸至凉州城，合为一道，向西历经甘州、肃州而转向北去，经由居延绿洲，伸向碛北边疆区域。唐朝与碛北边疆地区诸羁縻府州的人员往来、物资运输和军政联系，以及中原与西域胡商的商贸往来，则由这条经由河西走廊的驿路——丝绸之路予以维系。

（一）大震关路——经陇州西去的主干驿道

此乃丝绸之路南线。它自长安出发，过中渭桥，转向西沿渭水西行，历望贤驿（今陕西咸阳市任家咀）、金城驿（今陕西兴平）、马嵬驿（今陕西兴平马嵬镇）、武功县（今陕西武功西北），沿沣水北岸西上，过扶风（今陕西扶风）、岐山（今陕西岐山），渡漆水，抵岐州（今陕西凤翔）。由此转向西北，历千阳（今陕西千阳西北）而抵陇州城（今陕西陇

---

① 《旧唐书》卷一百九十五《回纥传》，第5202—5205页。

县），折向西翻越陇山，出大震关（今甘肃清水县东北陇山上）。再进入陇右地区，历经秦州（今甘肃秦安西北）、渭州（今甘肃陇西南）、兰州（今甘肃兰州老城区），渡过黄河，抵达凉州。

（二）会宁关路——经会州城渡黄河西去的驿道

此乃丝绸之路北线。自长安城西行，过西渭桥，趋奉天（今陕西乾县），逾梁山，经永寿（今陕西永寿西北）、麻亭，抵豳州；再历经宜禄（今陕西长武）、泾州，沿弹筝峡而登六盘山，北下抵原州；再折向西北逾屈吴山，而抵达会州城（今甘肃靖远），出会宁关，西渡黄河，进河西地区直趋凉州城。

（三）丰安军路——从夏州经灵州西去的道路

另外，自夏州城西去，历经长泽、盐州城、白池，抵灵州城；自灵州城附近（灵州渡）西渡黄河，沿黄河左岸历经丰安军城、新泉军城（甘肃景泰东北）而往凉州之路，乃唐朝驻防军传递军情之途。[①] 或自灵州城西南行，至鸣沙渡（今宁夏中宁县东北、鸣沙洲镇附近），西渡黄河也可往丰安军城。此外，黄河上还存在定远城渡（在今宁夏平罗县高仁乡西）、纳远川渡（纳远川，即今都思兔河，渡口在今都思兔河西注黄河处），均系赴河西走廊之津渡。

第六节　唐朝前期北疆的三次重大事变及应对方略

在唐朝前期，北部边疆地带前后发生过三次具有深远影响的重大事件，导致北疆政治局势出现新的变化。这三次事件包括：唐高宗调露元年的东突厥贵族叛乱事件、唐玄宗开元十五年河西节度使王君㚟被杀事件、天宝十四载（755）安禄山叛乱事件，皆不同程度地影响着唐朝北部边疆政局的变化。唐朝中央政府应对突发事变的方略不断变化，治边政策也相应改变，遂导致北疆政局朝着不稳定的方向演变。

---

① 《资治通鉴》卷二百二十一《唐纪三十七》"肃宗乾元二年（759）"，第7073页；《资治通鉴》卷二百二十三《唐纪三十九》"代宗广德元年（763）"，第7152—7156页、第7188页。

一、调露元年的东突厥贵族叛乱事件与唐朝应对之策

唐朝于贞观四年平定东突厥割据势力后,妥善安置了突厥族贵族和普通牧民,北部边疆出现了和平稳定的政治局面。但是,在政治稳定的表象之下,极少数突厥贵族成员逐渐显露出疏离倾向。不幸的是,唐朝统治集团并未及时发现这种潜藏的政治危机。至唐高宗调露元年,东突厥四都督府二十四州的牧民在其少数贵族分子的煽惑下爆发了叛乱,碛南地区遂陷入混乱动荡的局势中。唐廷接到奏报后,迅速派遣以大将军裴行俭为统帅的平叛大军,予以坚决镇压。但不幸的是,由于唐朝军队的不当戮俘和武则天的篡权,严重地影响了平叛的实际效果。其结果是导致叛乱残余势力死灰复燃,渐次坐大,进而入犯内地,使北疆政局多年动荡不安,更使北疆和内地人民遭受战乱的摧残,社会经济遭受严重破坏。

唐高宗调露元年,北疆发生了以阿史德温傅、奉职二部为源头的突厥叛乱事件。由于中央政府处理突厥叛乱的方针与政策之失误,此叛乱持续蔓延达六十六年(调露元年至天宝四载,679—745)之久,严重影响了北部边疆的政治稳定与各族人民的正常生产生活,并深刻地影响着唐代地方行政体制的稳定与走向。

评价历史人物,尤其是评价古代帝王的功过是非,应着重分析其在特定的历史背景条件下对政治文明、经济发展、秩序稳定和百姓生活做出贡献与否。评价武则天的历史功过,也是如此。唐高宗永徽六年后,身为皇后的武则天开始干预朝政,为篡夺帝位而积蓄力量;高宗逝世后,武则天迫不及待地罢黜两个儿皇帝,亲登皇帝宝座。她全力维护、巩固个人的统治地位时期,也正是唐朝北疆漠南地区突厥叛乱武装发生、发展之际。这两者绝非偶然的巧合,而是与高宗、则天两朝应对突厥叛乱势力的方针政策紧密关联。透过应对突厥叛乱的基本方针差异之分析,可以看出武则天在政治上有无作为。

(一)单于府管内突厥诸部叛乱的起始时间、背景与演变过程

依据唐史文献的记载,唐高宗时期东突厥诸部叛乱前后有三次。

东突厥诸部自贞观四年归降唐朝，便过着安定的游牧生活。可是至调露元年，爆发了首次叛乱。《旧唐书》载：调露元年冬十月，① "单于大都护府突厥阿史德温傅及奉职二部相率反叛，立阿史那泥熟匐为可汗，二十四州首领并叛。遣单于大都护府长史萧嗣业、将军花大智、李景嘉等讨之。与突厥战，为贼所败。［萧］嗣业配流桂州。壬子，令将军曹怀舜率兵往恒州守井陉，崔献往绛州守龙门，以备突厥"。② 显然，温傅、奉职二部酋长发动的首次反叛，拥立原东突厥汗国的王族后裔成员——阿史那泥熟匐为可汗，在漠南突厥诸部引起连锁反应，致使漠南地区陷入混乱状态。在地方军队弹压失利的形势下，唐高宗委任"裴行俭为定襄道［行军］大总管，与营州都督周道务等兵十八万，并西军程务挺、东军李文暕等，总三十万以讨突厥"。③ 调露二年（680）春正月，政府军大破突厥叛乱武装于黑山，生擒其首领奉职，伪可汗阿史那泥熟匐被部下所杀，传首来降。至此，唐朝政府军用了五个月平息东突厥奉职等部的反叛，取得了初步的胜利。

但是同年夏季，阿史德温傅发动第二次叛乱，又拥立阿史那伏念为可汗，以号召诸部落。温傅部叛乱武装于七月围攻云州城，被中郎将程务挺击溃。④ 又进犯原、庆等州之境（今宁夏南部、甘肃陇东）。永隆二年（681）正月，裴行俭再度出任定襄道［行军］大总管，率师征讨突厥阿史德温傅等部叛众。⑤ 经过多次激战，政府军于七月大破阿史那伏念之众，招降其余部。阿史那伏念被程务挺急追而无路可逃，遂执阿史德温傅来降。裴行俭于是平定东突厥叛众，携伏念、温傅二叛酋而振旅凯旋。⑥ 同年十月，唐廷在京师长安城西市处决了叛乱首领阿史那伏念、阿史德温傅等五十四人。与此同时，曲赦定襄军及缘征突厥官吏兵募等。⑦ 至此，唐朝勘定北疆

---

① 此年（679）六月前为仪凤四年，六月后改为调露元年。
② 《旧唐书》卷五《高宗本纪下》，第105页。
③ 《旧唐书》卷五《高宗本纪下》，第105页。
④ 《旧唐书》卷五《高宗本纪下》，第106页。
⑤ 《旧唐书》卷五《高宗本纪下》，第107页。
⑥ 《旧唐书》卷五《高宗本纪下》，第108页。
⑦ 《旧唐书》卷五《高宗本纪下》，第108页。

东突厥诸部的第二次叛乱。

永淳元年（682）十二月，东突厥叛乱余党"阿史那骨笃（咄）禄等招合残众，据黑沙城，入寇并州北境"，发动第三次叛乱。叛乱武装多次从阴山地带进犯河北地区的蔚州、定州、妫州，及河东地区的并州、岚州等地，屠戮居民，抢掠财物。甚至围攻单于府城。① 二年（683）五月，丰州都督府都督崔智辨领兵出朝那山（今乌拉山），掩击叛乱武装，反被其所败而阵亡。② 同年十一月戊戌，唐高宗"命将军程务挺为单于道安抚大使，以招讨总管讨山贼元珍、骨笃（咄）禄、贺鲁等"。但因同年十二月丁巳日晚，唐高宗李治病逝，此重大变故使平叛行动难于顺利实施。雪上加霜的是，自嗣圣元年（684）春正月始，进入武则天当政时期。武则天为稳定个人的统治地位，极力打击异己力量，漠视北疆东突厥之乱，致使平叛行动受挫。东突厥叛乱势力因而趁机坐大，严重地影响着此后的历史发展进程。首当其冲者是唐高宗委任的平叛总指挥——程务挺。文明元年（684）秋七月，东突厥叛乱势力进犯朔州。九月，武则天"命左武卫大将军程务挺"率军阻御叛军。然而同年十二月，武则天因疑心而处决程务挺，遂使此次平叛行动遭受挫折。③ 从此，武则天秉持的消极应对突厥叛乱、得过且过的方针及政策占据主导地位。于是，突厥叛乱势力日炽，东击契丹、奚诸部，北扼铁勒九姓，西攻突骑施诸部，南犯唐朝内地，控制了大漠南北广大地区。这场叛乱延续至唐玄宗天宝四载（745）秋八月，到"[铁勒]九姓拔悉密叶护[率众]攻杀突厥乌苏米施可汗，传首京师"，数十年的北疆动乱才算结束。④

北疆突厥叛乱发生的背景及缘起是什么呢？史学界对此似乎研究不够。笔者在此略谈一下个人浅显的看法。大致可缕列如下几则：其一，贞观四年以降，东突厥王族被安置在夏州德静县，唐高宗时期对之笼络不力，使东突厥族个别分裂分子能挟之以号召部民。其二，东突厥牧民在漠南度过数十年

---

① 《旧唐书》卷五《高宗本纪下》，第110页。
② 《旧唐书》卷五《高宗本纪下》，第111页。
③ 《资治通鉴》卷二百零三《唐纪十九》"则天后光宅元年（684）"，第6421页、第6432页。
④ 《旧唐书》卷九《玄宗本纪下》，第218页。

的安定生活，但少数部落首领因此渐露离心倾向。其三，唐廷对东突厥军事征调较频繁，引发普通突厥牧民的抵触情绪。其四，唐朝单于都护府个别官员管理方法简单粗陋，直接造成诸部首领的不满。其五，阿史德温傅、奉职二部叛乱的直接诱因，应该是唐廷将俘获的西突厥阿史那都支、李遮匐处决的举措。① 尤其是李遮匐，乃唐贞观四年后东突厥诸部的首领——阿史那思摩之子，东突厥王族成员之一。② 他的被擒及处决，无疑引起漠南突厥诸部贵族的心理恐慌，唐廷未能及时抚慰其心。在这样的政治背景下，温傅、奉职两个部落率先发难，引发北部边疆持续数十年（679—745）的战乱。

（二）唐高宗、则天两朝应对北疆突厥叛乱的方针及变化

唐高宗、武周时期，应对、解决突厥叛乱问题的基本方针，前后有一定的变化。

唐高宗在位期间，对于漠南地区东突厥叛乱事件采取坚决镇压的基本方针，并作为朝廷优先解决的重点政务。获悉阿史那温傅、奉职二部反叛之消息，唐高宗即命令单于大都护府长史萧嗣业等将率部平叛。萧嗣业因数次击败叛军而放松警惕，遭受叛乱武装的雪夜偷袭而惨败。③ 此后，唐高宗一面遣将控扼井陉、龙门等交通要冲，一面委派裴行俭为行军大总管，统率三十万大军征伐突厥叛乱势力。④ 永隆元年三月，政府军大破叛乱武装于黑山（今包头市北偏东、大青山区的昆都仑河谷，南距中受降城80里），生擒奉职而斩杀泥熟匐，平定了突厥第一次反叛。"奉职既就擒，余党走保狼山"。⑤ 同样在坚决打击的方针指引下，裴行俭等将领于开耀元年九月平定东突厥阿史那伏念的第二次叛乱。⑥ 不幸的是，裴行俭于永淳元年四月去世，唐高宗于弘道元年（683）十二月病逝。坚决镇压突厥叛乱之方针遂失去其决策者和执行者，很快就被急于篡夺皇权的武则天改变，最终未能继续

---

① 《资治通鉴》卷二百零二《唐纪十八》"高宗调露元年（679）"，第6390—6292页。
② 张沛编著：《昭陵碑石》，三秦出版社，1993年，第112—113页。
③ 《资治通鉴》卷二百零二《唐纪十八》"高宗调露元年（679）"，第6392页。
④ 《资治通鉴》卷二百零二《唐纪十八》"高宗调露元年（679）"，第6393页。
⑤ 《资治通鉴》卷二百零二《唐纪十八》"高宗调露元年（679）"，第6394页。
⑥ 《资治通鉴》卷二百零二《唐纪十八》"高宗开耀元年（681）"，第6404—6405页。

贯彻。

总的来说，唐高宗在位期间极为重视北部边疆出现的东突厥叛乱事件，将之视为治国的首要任务。《旧唐书》称："时（按：永淳二年）天后自封岱之后，劝上封中岳。每下诏草仪注，即岁饥、边事警急而止。"① 这就反映出唐高宗十分重视北疆稳定与否。因此，唐高宗制定的坚决镇压东突厥叛乱的基本方针，对于稳定北疆政局起到决定性作用。当然，唐廷处决降者而未行怀柔之策，也是欠稳妥的。

武则天统治期间，对于漠南地区东突厥叛乱采取退让放任、希图苟安的基本方针，也缺乏正确的策略。武则天在唐高宗去世后不满足皇太后的身份，逐步废黜李显、李旦两个儿皇帝，登上皇帝宝座。在这个过程中，为稳固自己的统治地位，武则天致力于排除唐廷内部公开的或隐蔽的异己政治势力，对于北疆日趋严峻的东突厥第三次叛乱采取视而不见的态度，奉行消极放任的应对方针。其后果就是：以骨咄禄、默啜为首的东突厥叛乱势力趁机坐大，煽诱或胁迫契丹、奚、霫等族部落反叛，造成北疆数十年动荡的局面。不仅如此，他们还不断地在东（河北、河东）、中（关内）、西（陇右）三个地带南犯，烧杀掳掠，给这些地区居民带来深重的灾难，留下深深的伤痛。

还在唐高宗逝世前一年（永淳元年，682），阿史那骨咄禄、阿史德元珍等据黑沙城（故址在今内蒙古大青山北侧）发动第三次叛乱，大举进犯河东地区，围攻单于府城。唐高宗于永淳二年十一月委任程务挺为单于道安抚大使，讨伐叛乱武装。光宅元年（684）十二月，武则天出于猜忌而将能征善战的左威卫大将军程务挺处决于平叛前线军营，从而使平叛作战部署夭折。史称："突厥闻［程］务挺死，所在宴饮相庆；又为［程］务挺立祠，每出师，必祷之。"② 此后历垂拱、永昌、天授、延载、证圣、万岁登封十余年间，武则天忙于平息徐敬业（扬州，嗣圣元年九月）、琅邪王冲（博州，垂拱四年八月）、越王贞（豫州，垂拱四年八月）的武力反抗，完全忽略了北疆东突厥叛

---

① 《旧唐书》卷五《高宗本纪下》，第111页。
② 《资治通鉴》卷二百零三《唐纪十九》"则天后光宅元年（684）"，第6432—6433页。

乱势力的扩展。从而失去了平定叛乱的最佳时机，遗祸于其子孙。

只有当东突厥诸部大举南犯、可能威胁其统治地位之际，武则天才不得已派将抵御。而所派将领大多是无军事指挥才能的平庸之辈，他们拥兵自保，但求无事，皆未对东突厥叛匪予以有效打击。出任军事统帅者，或是不懂兵事的诸武姓子弟，如武重规、武攸宜、武三思、武懿宗等；或是其嬖臣，如薛怀义（冯小宝）等；或是被认为可靠的文臣，如魏元忠、狄仁杰、韦待价等；即便是真正的武职将官，临阵怯懦者如淳于处平等，大多数是因武周恐怖政治而拥兵观望、敷衍塞责而已，但也难逃被诬陷致死的结局，如黑齿常之、王方翼等。垂拱元年春，东突厥叛乱武装进犯河东地区的朔、代、忻诸州。延载元年（694）正月，东突厥叛酋阿史那骨咄禄死，其弟默啜继任伪可汗位，进寇灵、胜诸州。武则天先后以薛怀义、王孝杰出任行军大总管（代北道，朔方道），皆无所作为。天册万岁元年（695）冬十月（岁末），东突厥叛首默啜佯作请降，武则天喜出望外，不辨真假地册授官爵，并怂恿默啜进攻契丹族，扩展其势力范围（是时，契丹叛众攻陷冀、瀛诸州，逼近魏州）。但与此同时，默啜仍然攻掠凉州（万岁通天元年九月，696）、灵州（神功元年正月，697）、胜州（神功元年二月）。① 神功元年三月，默啜扣留武周使者阎知微、田归道，向武则天索要丰、胜、灵、夏、盐、银六州的突厥降户，以及单于都护府之地，还有大量的谷种、缯帛、农器和铁。武则天慑于突厥叛首的威吓讹诈，"乃悉驱六州降户数千帐以与突厥默啜，并给谷种四万斛，杂彩五万段，农器三千事，铁四万斤，并许其昏"。② 但是，武则天企图以物资、金帛、和亲换取苟安的想法，被默啜狡诈的南掠行动击得粉碎。此时，武则天希图侥幸的心态暴露无遗，她既无正确的战略方针，更缺主动灵活的具体措施，在应对北疆东突厥叛乱势力上相当幼稚，缺乏政治洞察力，以至上当受骗。

直至圣历元年，东突厥叛首默啜提出联姻和亲的要求，武则天才开始

---

① 《资治通鉴》卷二百零五《唐纪二十一》"则天后万岁元年（695）"，第6502页—6503页、第6507页、第6509页、第6510页。
② 《资治通鉴》卷二百零六《唐纪二十二》"则天后神功元年（697）"，第6516页。

注意北疆事态。但她并未认清默啜的狡诈意图，一味求和，屡屡被欺。当其侄淮阳王武延秀受命到达东突厥叛酋驻地迎娶默啜之女时，默啜借口武延秀并非李唐皇族子弟而拒婚。此后，默啜囚禁武延秀，胁迫和亲使者阎知微随之大举进犯静难、平狄、清夷等军，河北地区的妫、檀、定、赵诸州，并致书武周朝廷，诬称神功元年赐赠其诸物资皆质量伪劣，声言欲攻取河北。①史载："［九月］癸未，默啜尽杀所掠赵、定州男女万余人，从五回道而去。所至残害，不可胜纪。"②武则天此次大被羞辱，且使河北地区居民惨遭屠戮之灾。这当然是忽视武力弹压叛乱、一味放任发展的后果。长安二年（702）正月，东突厥叛众又抢掠关内地区的盐、夏、银诸州，杀掠吏民。③

神功元年四月，武则天接见候任滑州刺史王及善时说："外州末事，此为根本，卿不可出。"④长安四年（704）四月，"太后复税天下僧尼，作大像于白司马阪，令春官尚书武攸宁检校，糜费巨亿。……监察御史张廷珪上疏谏曰：'臣以时政论之，则宜先边境，蓄府库，养人力；以释教论之，则宜救苦厄，灭诸相，崇无为……'"。⑤这就从反面证实：武周时期忽视了北疆东突厥叛乱的问题。我们在评价武则天的历史地位及作用时须清醒地认识到这一点。正是武则天在位期间始终消极应对北疆东突厥叛乱，才遗留给唐中宗、睿宗、玄宗诸朝以心腹之患。

面对北疆东突厥叛乱势力的威胁，武则天无强将雄兵可用，转而采用精神胜利之法聊以自慰。举措之一，就是赐东突厥叛乱首领以蔑称，这也是武则天的"发明"。例一：垂拱三年（687），武则天制改东突厥叛酋骨咄禄为"不卒禄"。⑥例二：万岁通天元年（696）五月，营州城傍契丹诸部叛乱，攻陷营州，击杀营府都督赵文翙。武则天于是"制改李尽忠为［李］尽

---

① 《资治通鉴》卷二百零六《唐纪二十二》"则天后圣历元年（698）"，第6530—6531页。
② 《旧唐书》卷六《则天皇后本纪》，第127页。
③ 《旧唐书》卷六《则天皇后本纪》，第130页。
④ 《资治通鉴》卷二百零六《唐纪二十二》"则天后神功元年（697）"，第6517页。
⑤ 《资治通鉴》卷二百零七《唐纪二十三》"则天后长安四年（704）"，第6571页。
⑥ 《资治通鉴》卷二百零四《唐纪二十》"则天后垂拱三年（687）"，第6446页。

灭，孙万荣为［孙］万斩"，以求心理安慰。① 例三：圣历元年，突厥拒和亲、挟阎知微，大举寇掠赵、定诸州，"焚烧百姓庐舍，虏掠男女，无少长皆杀之"，武则天怒而更改默啜之名为"斩啜"。②

（三）武则天统治期间处理东突厥叛乱问题的结果及原因

武则天朝对东突厥叛乱势力采取消极的应对方针，收效甚微，最后任其发展坐大。因此，这是一个失败的应对方针。武则天朝为什么会奉行如此消极退让的应对方针呢？其原因是深层的多方面的。兹简单地罗列如下。

首先，武则天施政重心在于打击朝廷内部异己力量，从思想上忽视国家北部边疆的安定。武则天深知自己由皇太后转变为皇帝的做法是不符合当时政治规则的，但其膨胀的政治野心使之为保障个人的统治地位而大开杀戒。她首先迫害李唐皇室成员，将藩王及其子女囚禁、流放，乃至杀害。例如在篡夺最高统治权的光宅元年（684），于东都洛阳率先废黜唐中宗，后流放之于均州、房州，废皇太孙李重照，杀故太子李贤于巴州。与此同时，公然追封武氏列祖为王爵，重用武氏诸子侄。史称："时诸武用事，唐宗室人人自危，众心愤惋。"而此时，正是唐高宗灵柩待归西京、东突厥叛众进犯河东地区之时。③ 此外，她推行连坐法，大开告密之途，摧毁臣民中的抵触分子，制造一系列冤假错案。先是诬陷裴炎、程务挺、王方翼等重要大臣，将他们或处决、或流放。④ 此后，告密、连坐、诬陷之行为大行其道，致使冤狱迭发，草菅人命事多。正如史载："太后自垂拱以来，任用酷吏，先诛唐宗室贵戚数百人，次及大臣数百家，其刺史、郎将以下，不可胜数。每除一官，户婢窃相谓曰：'鬼朴又来矣。'不［过］旬月，辄遭掩捕、族诛。"⑤ 大臣朝不保夕，人心离散。

---

① 《旧唐书》卷六《则天皇后本纪》，第125页。《资治通鉴》卷二百零五《唐纪二十一》"则天后长寿元年（692）"，第6506页。
② 《旧唐书》卷一百九十四上《突厥传上》，第5169页。
③ 《资治通鉴》卷二百零三《唐纪十九》"则天后光宅元年（684）"，第6417—6420页、第6422页。
④ 《资治通鉴》卷二百零三《唐纪十九》"则天后光宅元年（684）"，第6432—6433页。
⑤ 《资治通鉴》卷二百零五《唐纪二十一》"则天后长寿元年（692）"，第6485页。

其次，朝廷既无良将可资任用，更缺乏长远的战略部署。唐高宗朝一些久历战阵的高级军事将领，先后遭到武则天的迫害，有的被流放，有的被处决。遭此厄运的将领有程务挺、王方翼、黑齿常之、李孝逸、张虔勖、泉献诚等，甚至其亲信丘神勣也被因事处决。① 大批高级将领被冤杀，自毁长城，致使军队无良将统领；委用非人，致使军队作战能力大大降低，未能有效抵御东突厥叛乱势力，遂使内地居民屡罹兵燹。假如一直有作战经验丰富的将领挥师北征，辅以严明的奖惩制度，北部边疆就会呈现另外一种局面。武周朝恰恰缺少具有真实指挥才能的军事将领。更为遗憾的是在她执政二十年间，并无有效的军事部署和长远的战略构想。

再次，武则天花费更多精力去镇压地方武装反抗势力，不重视北疆叛乱。徐敬业扬州之乱、琅邪王李冲博州之乱、越王李贞豫州之乱相继被镇压下去，北疆东突厥叛乱却迟迟未被勘定。这就表明武则天对地方叛乱的评估标准是：优先镇压那些最可能危及其统治地位者，这也成为其一贯的施政理念。②

第四，武则天个人因素所致。武则天在唐高宗后期权力欲膨胀，掌权后任用酷吏施威，上至王公贵族，下及军卒百姓。虽然酷吏最终也被惩处，那也是为保障武周的权势与地位之行为。另一方面，武则天过高地估计了她个人的政治影响力，一厢情愿地希图招抚东突厥叛乱首领，却因其具体措施失当，结果适得其反。

综上所述，东突厥叛乱持续六十六年（调露元年至天宝四载，679—745）之久，严重影响了北部边疆的政治稳定与各族人民的正常生产。武则天对北疆东突厥叛乱问题奉行退让放任、希图苟安的应对方针，收效甚微，遗留后患，实无可取之处。究其原因，不外乎武周朝在政治上关注重点始终在打击内部异己势力上，以维护其获得的帝位；在军事上缺乏长远的战略规划，缺乏具有真实指挥才干的军事将领；大力镇压地方反对势力，却忽视边

---

① 《资治通鉴》卷二百零三《唐纪十九》"则天后光宅元年（684）"，第6432—6433页；卷二百零四《唐纪二十》"则天后垂拱三年（687）"，第6446页、第6461页、第6472页、第6473页；卷二百零五《唐纪二十一》"则天后长寿元年（692）"，第6481页。
② 《资治通鉴》卷二百零四《唐纪二十》"则天后垂拱四年（688）"，第6449—6454页。

疆问题；还有武则天自估过高等个人因素。

（四）武则天统治时期的北疆政局变动

武则天统治时期是指她临朝称制和建立武周的时段，即嗣圣元年至长安五年。在此期间，唐朝北部边疆的政治局势日趋恶化，边疆地带多被东突厥反叛势力控制，内地频频遭到反叛武装的袭掠。武则天面对北疆几股反叛势力，采取一系列的反制策略与措施，但收效甚微。

唐高宗调露元年十月，单于大都护府东突厥诸部在阿史德温傅、奉职两个部落酋长的煽动下发生反叛，拥立阿史那泥熟匐为伪可汗。唐将裴行俭于调露二年三月在黑山呼延谷将这股叛乱势力镇压下去，擒奉职、斩泥熟匐。叛乱余众退保狼山。① 其后，东突厥温傅部酋长接迎颉利族子阿史那伏念至狼山，立为伪可汗，以相号召。诸部落复被煽惑而再次反叛，进攻云州城。

永隆二年正月，东突厥温傅等部叛匪进攻原、庆等州。唐朝复遣裴行俭出兵阴山地区戡乱。同年闰七月至八月，裴行俭率军平息这股叛乱势力，生缚叛酋阿史德温傅、伪可汗阿史那伏念。叛乱武装余众在骨咄禄率领下退保总材山。②

在裴行俭再度扑灭东突厥叛乱之后，永淳元年，单于府管内的东突厥叛乱部落酋长之一阿史那骨咄禄"乃啸亡散，保总材山，又治黑沙城，有众五千，盗［铁勒］九姓畜马，稍强大，乃自立为可汗，以弟默啜为杀（设）、咄悉匐为叶护"。以阿史德元珍为阿波达干，"悉属（之）以兵"，占据黑沙城反叛。永淳元年，东突厥叛乱诸部寇掠单于都护府北境，继续南下而进攻云、代、并、岚诸州。永淳二年二月至六月，又南犯定、妫、蔚、岚诸州，围攻单于都护府城。并在大青山北临阵击溃丰州都督府援军，俘获丰府都督崔智辩。③

---

① 《新唐书》卷二百一十五上《突厥传上》，第6042—6043页。《资治通鉴》卷二百零二《唐纪十八》"高宗永隆元年（680）"，第6393—6394页。
② 《新唐书》卷二百一十五上《突厥传上》，第6043页。《资治通鉴》卷二百零二《唐纪十八》"高宗永隆元年（680）"，第6399—6404页。
③ 《新唐书》卷二百一十五上《突厥传上》，第6044页。《资治通鉴》卷二百零二《唐纪十九》"高宗弘道元年（683）"，第6412—6415页。

但就在此时，适逢唐高宗病危、逝世，皇后武则天蓄意夺权，玩弄两个儿皇帝于股掌之上，实际上延误了处置北疆东突厥叛乱势力的时机。唐廷内部因出现权力倾轧，虽然有唐高宗病重期间于永淳二年十一月戊戌"诏右武卫将军程务挺为单于道安抚大使，备边"之任命，但他在同年十二月驾崩，武则天开始控制朝政，着眼于清除登基道路上的各种政治障碍，无暇顾及北疆之政，遂使骨咄禄为首的叛乱势力日渐坐大。① 武则天执政后，推行一系列失当的对策与措施，更是北疆政局失控的主要因素。

1. 嗣圣元年至长寿三年（684—694）的北疆政局

自嗣圣元年（684，二月改文明元年、九月改光宅元年）起，武则天忙于在统治阶级内部扫除政治障碍。唐中宗、睿宗两个儿皇帝相继被皇太后武则天废黜。嗣圣元年二月戊午，废中宗皇帝。立豫王李旦为帝，政事决于太后，居睿宗于别殿，不得有所预。武则天于光宅元年九月至十一月间镇压李敬业为首的扬州反抗武装，十月丙申斩裴炎于都亭，十二月斩单于道安抚大使程务挺于平叛前线军营，流放王方翼，铲除李姓宗王势力，永昌元年（689）十月诛杀黑齿常之。

在此期间，北部边疆的东突厥叛众在伪可汗骨咄禄指挥下不断南犯，即"嗣圣、垂拱间（684—688），连寇朔、代，掠吏士"。嗣圣元年秋七月，骨咄禄等部寇掠朔州地区。至垂拱元年四月，突厥继续南下寇掠代、忻诸州。② 直至骨咄禄于长寿三年（694，五月改延载元年）正月死去，突厥叛乱势力内部权力转移，方告一段落。③ 天授元年（690）九月，武后篡唐称周，改元天授，即皇帝位，君临天下。

在北疆东突厥诸部反叛的影响下，漠北地区的铁勒九姓地区政治局势也开始动荡起来。垂拱元年六月，同罗、仆固等部落也发起叛乱。唐朝将领刘敬同率军出居延海，讨伐叛部，并将安北都护府迁离漠北回纥部驻地，侨置

---

① 《新唐书》卷二百一十五上《突厥传上》，第6044页；《新唐书》卷三《高宗本纪》，第78页。《旧唐书》卷五《高宗本纪》，第111页。
② 《资治通鉴》卷二百零三《唐纪十九》"则天后光宅元年（684）"，第6420页；"则天后垂拱元年（685）"，第6434页。
③ 《新唐书》卷二百一十五上《突厥传上》，第6044页。

于同城镇，以纳降者。回纥、思结、契苾、浑等铁勒四部追随安北府南迁，游牧于河西走廊。① 漠北地区铁勒诸部的社会动荡与战乱使北疆政治局势进一步恶化。以此为转折点，唐朝自此失去对漠北铁勒九姓地区的直接控制。

垂拱三年（687）二月，骨咄禄诸部进犯幽州昌平县。同年七月，南犯朔州，被唐朝将军黑齿常之大破于黄花堆。部众溃散，皆逃往碛北。② 从此时始，漠北地区渐被北疆突厥叛乱势力所攻取与控制。

骨咄禄任伪可汗期间，先后控制漠南单于府管区、漠北安北府地区，成为北疆一股重要的割据势力和动乱因素。长寿三年正月，骨咄禄卒。其诸子年幼，其弟默啜自立为可汗。③ 此后，北疆突厥叛乱势力出现新的动向。

2. 证圣元年至神龙元年（695—705）的北疆政局

默啜即任伪可汗后，对中央政府采取政治欺诈和军事进犯两面手法，并乘机扩展其势力范围。

史载：长寿三年正月，"默啜自立为可汗，篡位数年，始攻灵州，多杀略士民"。④ 默啜诸部寇掠灵州地区，其时在长寿三年（694）冬季。是时，武则天以白马寺僧薛怀义为朔方道行军大总管，率十八员将军以讨伐默啜。此举显然是武则天用人不当，薛怀义本无军事素养，也未有行伍经历，不可担此重任。大军未行，就因默啜北去而停止。其后于证圣元年（695，是年九月改称天册万岁元年）正月，以王孝杰为朔方道行军总管，讨击突厥。⑤ 天册万岁元年冬十月，东突厥叛众首领默啜遣使至长安，请求归降。武则天却未辨别其真假，甚为高兴，册授默啜为左卫大将军、归国公。⑥

在这个时期，北疆政局的继续恶化突出表现在契丹诸部、奚族和霫部族

---

① 《资治通鉴》卷二百零三《唐纪十九》"则天后垂拱元年（685）"，第6435页。
② 《资治通鉴》卷二百零四《唐纪二十》"则天后垂拱三年（687）"，第6443—6446页。
③ 《资治通鉴》卷二百零五《唐纪二十一》"则天后延载元年（694）"，第6493页。
④ 《新唐书》卷二百一十五上《突厥传上》，第6045页。
⑤ 《资治通鉴》卷二百零五《唐纪二十一》"则天后延载元年（694）"，第6494页、第6501页。
⑥ 《资治通鉴》卷二百零五《唐纪二十一》"则天天册万岁元年（695）"，第6503页。

的变乱。而这场变乱被突厥默啜叛乱集团充分利用，并壮大其经济实力、扩大其势力范围。

天册万岁二年（696，腊月改万岁登封、三月改万岁通天元年）夏五月，营州都督府管内的契丹羁縻松漠府都督李尽忠、归诚州刺史孙万荣发动武装叛乱，攻陷营州城，杀营府都督赵文翙。李尽忠占据营州城，自称"无上可汗"。其以孙万荣为前锋，略地，所向披靡，旬日之间，兵至数万，进围檀州城。同年八月，在峡石谷伏击官军，大获全胜，官军全军覆没。之后，以李尽忠为首的契丹叛众进攻崇州，围困安东府城（新城）。从此，燕山以北地区被契丹叛乱势力所控据。①

与此同时，以默啜为首的东突厥叛乱势力于同年九月突袭凉州地区，生俘凉府都督许钦明，亦获大胜。此举震动了武周朝廷。但东突厥叛酋默啜使出狡诈的政治伎俩，声称愿"请为太后子，并为其女求昏，悉归河西降户，［就］帅其部众为国讨契丹"。武则天未能识破默啜的真实意图在于扩大势力范围，派遣阎知微、田归道出使突厥，册授默啜为左卫大将军、迁善可汗。同意其攻击契丹、奚、霫诸部的建议。冬十月，东突厥默啜趁契丹叛酋李尽忠病故之机奔袭松漠府部落，掳获人畜而去。武则天得报大喜，"太后进拜默啜为颉跌利施大单于、立功报国可汗"，复命阎知微、田归道赴其部册封。此真可谓东突厥叛酋获得实利、唐廷赐赠虚名。尚未及遣使，默啜于万岁通天二年正月率众攻击灵州城，掳掠居民财物；二月，寇掠胜州，烧杀抢掠，但为胜州守将击败。突厥叛酋默啜的出尔反尔行为，使武则天十分难堪。②之后，默啜继续实行政治讹诈，要求武周放弃"河曲六州"降户、单于都护府之地，并供给其"谷种、缯帛、农器、铁"若干。武则天唯恐默啜翻脸，"乃悉驱六州降户数千帐以与默啜，并给谷种四万斛、杂彩五万段、农器三千事、铁四万斤，并许其昏。默啜由是益强"。这种未战而赔输之措

---

① 《资治通鉴》卷二百零五《唐纪二十一》"则天后万岁通天元年（696）"，第6505—6508页。
② 《资治通鉴》卷二百零五《唐纪二十一》"则天后万岁通天元年（696）"，第6509—6510页；卷二百零六《唐纪二十二》"则天后神功元年（697）"，第6512页、第6514页。

施，正如李峤所谓"借寇［以］兵资盗［以］粮"也，武则天不仅未能平寇，反而资寇。① 此后，单于府地区失去有效控制。默啜未曾动用武力而获得数万人口、数以万计的大量物资，实力大增。

契丹诸部叛乱武装在孙万荣的指挥下，于万岁通天元年（696）十月南下，攻陷冀州城，续攻瀛州，震动河北道地区。万岁通天二年三月，王孝杰统率十七万官兵与契丹激战于燕山东峡石谷，遭到惨败，孝杰阵亡。契丹叛酋孙万荣乘胜进犯幽州，攻陷城邑，剽掠吏民；南犯冀、赵二州。同年六月，孙万荣惨败于幽、冀二州，被其部属所杀。契丹之乱至此初平。其余众及奚、霫诸部皆降于突厥。② 遂使突厥叛乱势力扩大至契丹、奚、霫所在地区。

圣历元年六月至九月，武则天再次遭到来自默啜的政治羞辱。此年六月，武则天遣武承嗣之子武延秀赴突厥叛乱势力中心，欲纳默啜之女为王妃。仍遣阎知微携带金帛上亿，以护送之。武延秀抵达东突厥伪可汗南庭——黑沙城，却被默啜拒婚，理由是"我欲以女嫁李氏，安用武氏儿邪！此岂天子之子乎？……闻李氏尽灭，唯两儿在，我今将兵辅立之"。显露出窥伺中原的政治野心。"乃拘武延秀于别所，以知微为南面可汗，言欲使之主唐民也。遂发兵袭静难、平狄、清夷等军。"继而，东突厥叛乱武装大举南下，进寇妫、檀等州。默啜特意历数武则天五大罪状，声称："我为此起兵，欲取河北耳。" 显然，武则天完全掉入东突厥叛酋默啜预设的政治陷阱之中。

武则天在蒙受羞辱后似乎有所觉醒，于八月遣将调兵，加强防御。突厥叛众攻破蔚州飞狐县飞狐口要隘，冲向河北平原地区，攻陷定州、赵州两城，继而进攻相州，杀戮吏民数以万计。在武延秀被突厥叛酋默啜以"非天子之子"为借口拘禁后，武则天因失去道德制高点，陷入政治窘境。正是在此背景下，她接受了所谓皇嗣李旦的请求，于九月壬申日恢复李显的皇太

---

① 《资治通鉴》卷二百零六《唐纪二十二》"则天后神功元年（697）"，第6516页。
② 《资治通鉴》卷二百零六《唐纪二十二》"则天后神功元年（697）"，第6514—6515页、第6520页、第6521页、第6522页。

子地位，并在第三天任命太子李显为河北道行军大元帅，以收民望，征讨东突厥内犯之众。此举的确收到良好效果。"先是，募人月余不满千人，及闻太子为元帅，应募者云集，未几，数盈五万。"而入犯河北地区的默啜诸部远离基地，慑于朝廷的政治军事压力，坑杀所掠赵、定诸州居民八九万人，迅速于九月癸未日自太行山五回道遁去。其时，默啜返回漠北，"拥兵四十万，据地万里，西北诸夷皆附之，甚有轻中国之心"。连"岁入边，戍兵不得休"。① 默啜诸部此次寇略河北道地区，给当地居民留下巨大的创伤。

其后数年，东突厥默啜诸部数次进犯内地。圣历三年（700，五月改久视元年）正月，东突厥入犯陇右诸牧监，掠夺牧马万余匹而去。久视二年（701，正月改大足元年、十月改长安元年）八月，再次南犯。长安二年（702）正月，突厥寇掠盐、夏二州地区。三月，大举进犯河东地区，攻破石岭关，寇掠并州。四月，武则天派遣薛居昶、张仁愿分区防御之。七月，突厥再寇掠代州，滞留至九月，继续南犯忻州。长安三年六月，默啜遣其属官莫贺干来京都长安城，请以女妻皇太子之子。武则天许之。显然，前车之鉴并未使其头脑清醒。长安四年八月，戊寅，突厥默啜才遣淮阳王武延秀还。② 至此，武延秀被东突厥默啜拘留达六年之久。同年十月，武则天以张柬之为宰相，时年且八十矣。神龙元年（705）正月，宰相张柬之等大臣迎奉皇太子李显复辟帝位，徙武则天居上阳宫。同年十一月壬寅，武则天崩于上阳宫，年八十二。神龙二年（706）五月，庚申，安葬武则天于乾陵。

武则天虽亡，但其消极应对北疆东突厥叛乱势力的负面影响此后依然存在。景龙二年（708），张仁愿在黄河北岸督建三座受降城之后，重新控制漠南、阴山区域。北疆的不利政情才逐渐有所缓解。

3. 武则天时期北疆政局特点及原因

武则天统治时期，北部边疆的政治形势逐步逆转，东突厥叛乱势力相继

---

① 《资治通鉴》卷二百零六《唐纪二十二》"则天后圣历元年（698）"，第6533—6535页。《新唐书》卷二百一十五上《突厥传上》，第6046页。
② 《资治通鉴》卷二百零七《唐纪二十三》"则天后长安四年（704）"，第6562页、第6573页。

攻取漠南单于都护府地区、漠北安北都护府地区，以及契丹、奚、霫诸族所在的今燕山以北地区。而且叛军不断南下寇掠，搅乱社会秩序，给内地居民生命财产造成严重损害。北疆政局也动荡达数十年之久。

突厥叛乱势力迟迟未能消除，这给唐朝的政治统一、社会稳定、居民生活带来深远的负面影响。究其根源，乃是武则天的精力主要放在巩固其执政地位上，忽视了东突厥叛乱势力的存在。只有当东突厥叛乱势力实际威胁其统治地位之时，才迫不得已实施军事抵御手段。因此，武则天时期北疆政局的动荡，与其放纵忍让、无长期战略构想密切关联。

二、开元十五年河西节度使王君㚟被刺事件与唐朝应对之策

贞观二十年，唐朝册封的藩属政权——薛延陀汗国覆灭。漠北铁勒诸部纷纷归降唐朝。

是年八至九月，唐太宗亲赴灵州城，会见铁勒诸部代表，接受他们"愿归命天子，请置唐官"的请求。正如史载：贞观二十年六月，"[唐]太宗亲幸灵州，为诸军声援。既而（李）道宗渡碛，遇延陀余众数万来拒战，道宗击破之，斩首千余级。[薛]万彻又与回纥相遇，二将各遣使谕以绥怀之意，其酋帅见使者，皆顿颡欢呼，请入朝。太宗至灵州[城]，其铁勒诸部相继至数千人，仍请列为州县，北荒悉平"。此次"灵州之会"是漠北铁勒诸部历史发展的转折点。同年十二月，漠北铁勒十三部酋长皆至京都长安城朝觐。①

贞观二十一年正月，经过精心规划设计，唐朝在碛北地区创立羁縻府州行政管治体系，初置六府七州，管治碛北之地。即"[唐]太宗各因其地土，择其部落，置为州府：以回纥部为瀚海都督府，仆骨[部]为金微都督府，多览葛[部]为燕然都督府，拔野古部为幽陵都督府，同罗部为龟林都督府，思结部为卢山都督府，浑部为皋兰州，斛薛部为高阙州，奚结部为鸡

---

① 《旧唐书》卷一百九十九下《铁勒传》，第5347页；卷三《太宗本纪下》，第58—59页。《资治通鉴》卷一百九十八《唐纪十四》"太宗贞观二十年（646）"，第6234—6242页。薛延陀汗国始建于贞观二年。

鹿州，阿跌部为鸡田州，契苾部为榆溪州，思结别部为蹛林州，白霫部为寘颜州，凡一十三[府]州。拜其酋长为都督、刺史，给玄金鱼以为符信。又置燕然都护府以统之"①。唐朝通过羁縻府州体系实现治理碛北铁勒诸部所在边疆区之目的。正如唐人所谓："有唐制匈奴五十六载，盖署其君长，以郡县畜之，荒服赖宁，古所莫记。"② 建置在回纥部的行政单位——瀚海都督府，存续时间最为长久。

瀚海都督府置于回纥部居地。那么，回纥部当时游牧之地在今何处呢？依据研究，贞观末年（649），回纥部游牧之地位于今蒙古国哈尔和林西北、鄂尔浑河上游西侧。③

燕然都护府，创置于贞观二十一年四月，府治在古单于台，位于西受降城东北40里。④ 唐高宗龙朔三年二月，燕然都护府自碛南"古单于台"北迁至回纥部居地，并改称"瀚海都护府"。六年后的总章二年（669）八月，再度更名为"安北都护府"，仍以回纥部为驻地。⑤

（一）回纥部南迁"甘、凉二州之地"

延至唐高宗调露元年十月，漠南地区发生东突厥诸部的叛乱。在唐朝政府军的多次打击下，残余叛乱势力逃往漠北，遂使漠北地区蒙受战乱的消极影响，社会失去昔日的安定。垂拱二年，金微都督府管治的铁勒仆固部"始桀骜惑乱其人"，漠北出现动荡局势。⑥ 垂拱三年（687）八月，阿史那骨咄禄率众寇掠朔州、代州等地，被唐朝政府军击败于黄花堆。从此，东突厥叛乱势力始攻掠铁勒诸部，扰乱碛北。史载："初，突厥默啜之强也，迫夺铁勒之地，故回纥、契苾、思结、浑四部度碛徙居甘、凉之间以避之。"⑦ 其时，铁勒回纥部首次追随其上级行政管理机构——安北都护府迁至漠南地

---

① 《旧唐书》卷一百九十九下《铁勒传》，第5348—5349页。
② 《全唐文》卷二百一十四《燕然军人画像铭并序》，第2168页。
③ 艾冲：《唐代漠北铁勒诸部羁縻府州的建置与移徙》，载《陕西师范大学学报》2008年第6期，第89—95页。
④ 《资治通鉴》卷一百九十八《唐纪十四》"太宗贞观二十一年（647）"，第6246页。
⑤ 《元和郡县图志》卷四《关内道四·丰州》，第113页。
⑥ 《全唐文》卷二百一十四《燕然军人画像铭并序》，第2168页。
⑦ 《资治通鉴》卷二百一十三《唐纪二十九》"玄宗开元十五年（727）"，第6779页。

区。正如《旧唐书》所载:"至则天时,突厥强盛,铁勒诸部在漠北者渐为所并。回纥、契苾、思结、浑徙于甘、凉二州之地。"①《新唐书》亦载:"武后时,突厥默啜方强,取铁勒故地,故回纥与契苾、思结、浑三部度碛,徙甘、凉间。"②

回纥部首次南迁是在垂拱四年(688),原因是漠北铁勒诸部受到东突厥叛众的攻掠。是年五月,回纥部(首领是伏帝匐,嗣圣元年即684年继位)与其他三部追随安北都护府,由漠北的鄂尔浑河上游先迁至漠南的居延海绿洲。唐廷遂敕令安北都护府暂驻居延绿洲南部的同城镇。显然,同城镇附近的居延绿洲,是回纥部南徙的第一阶段迁入地。同城所在的居延绿洲,史载:"此地逼碛南口,是制匈奴要冲。国家守边,实得上策。臣在府日,窃见碛北归降铁勒(按:原文误作突厥,今更正)已有五千余帐;后之来者,道路相望。又甘州先有降户四千余帐,奉敕亦令同城安置。碛北丧乱,先被饥荒,涂炭之余,无所依仰。国家开安北府,招纳归降,诚是圣恩洪流,覆育戎狄。"当时,漠北的战乱与饥馑迫使许多铁勒牧民南迁。史载:"莫非伤残羸饿,并无人色,有羊马者,百无一二。然其所以携幼扶老,远来归降,实将以国家绥怀,必有赈赡,冀望恩覆,获以安存,故其来者日以益众。"③由上可知,追随安北都护府南迁至同城一带的回纥部及契苾、思结、浑三部牧民达一万帐之多。帐,相当农耕区的户。然而,回纥等部在居延绿洲游牧仅约五至六年,就继续追随安北府南迁至河西走廊东部的甘、凉二州之地。

"甘、凉二州之地"乃回纥等部首次南徙的第二阶段迁入地,亦是终极迁入地。其第二阶段南迁之时间,应是在武则天长寿二年(693)。④《元和郡县图志》载:"其都护权移理删丹县西南九十九里西安城。"当安北都护府自居延绿洲的同城镇南迁至西安城之际,回纥部与其他三部也随之由居

---

① 《旧唐书》卷一百九十九下《铁勒传》,第5349页。
② 《新唐书》卷二百一十七上《回鹘传上》,第6114页。
③ 《全唐文》卷二百一十一《上西蕃边州安危事三条》,第2140—2141页。
④ 《旧唐书》卷一百九十四上《突厥传上》,第5168页。

延绿洲迁入甘、凉二州之地。删丹县属于甘州，今作山丹县，治城依旧。西安城，始筑于十六国时期北凉国神玺二年（398），为西安郡治所；北魏统一河西走廊，废西安郡。铁勒族回纥等四部迁入甘、凉二州境后，依旧从事逐水草而居的游牧经济，其人口数量呈现一定的增长。

回纥等四部在南徙过程中，始终保持原羁縻府州建制，即回纥部的瀚海都督府、契苾部的榆溪州（后升为贺兰都督府）、思结部的卢山都督府、浑部的皋兰州。其中，回纥部的实力最强，因此瀚海都督府最具影响力。垂拱四年至开元十五年间（688—727），回纥等部精壮骑士常作为河西走廊地区高级驻防单位——赤水军的重要力量。①

（二）开元十五年河西节度使王君㚟遇刺事件

开元十五年，回纥部自河西返迁漠北，建立唐朝册立的碛北藩属政权——回纥汗国。

回纥部为什么自河西返迁漠北呢？此举与河西节度使王君㚟遇刺事件直接相关。开元中，迁至河西走廊的回纥本部首领伏帝匐去世，子承宗继位。开元十五年闰九月，回纥等部因与河西节度使兼凉州都督府都督王君㚟产生尖锐矛盾而退回漠北。《旧唐书》云："开元中，回鹘渐盛，杀凉州都督王君㚟，断安西诸国入长安路，玄宗命郭知运（按：此误，王君㚟是在郭知运死后继任河西节度的，此时继任者是萧嵩）等讨逐，[回纥]退保乌德健山，南去西[受降]城一千七百里。西城，即汉之高阙塞也。西城北去碛石口三百里。"②《新唐书》曰："伏帝匐死，子承宗立，凉州都督王君㚟诬暴其罪，流死瀼州。当此时，回纥稍不循，族子瀚海府司马护输乘众怨，共杀君㚟，梗绝安西诸国朝贡道。久之，奔突厥，死。"③

那么，回纥部为什么会刺杀王君㚟呢？究竟是什么具体原因导致河西走廊的回纥部北迁乌鞬健山呢？据《资治通鉴》载："王君㚟微时，往来四部，为其所轻；及为河西节度使，以法绳之。四部耻怨，密遣使诣东都自诉。君㚟

---

① 《新唐书》卷二百一十七上《回鹘传上》，第6114页。
② 《旧唐书》卷一百九十五《回纥传》，第5198页。
③ 《新唐书》卷二百一十七上《回鹘传上》，第6114页。

遽发驿奏'四部难制，潜有叛计'。上遣中使往察之，诸部竟不得直。于是瀚海大都督回纥承宗流瀼州，浑大德流吉州，贺兰都督契苾承明流藤州，卢山都督思结归国流琼州；以回纥伏帝难为瀚海大都督。"王君㚟先因自己被回纥等四部轻视而以严法报复，继则诬告四部密谋反叛，造成一桩政治冤案，致使回纥等四部首领被朝廷流放至岭南地区。此举引起瀚海都督府司马护输的强烈不满。同年闰九月，护输"纠合党众为承宗报仇。会吐蕃遣使间道诣突厥，王君㚟帅精骑邀之于肃州。还，至甘州南巩笔驿，护输伏兵突起，夺君㚟旌节，先杀其判官宋贞，……君㚟帅左右数十人力战，自朝至晡，左右尽死。护输杀君㚟，载其尸奔吐蕃。凉州兵追及之，护输弃尸而走"。①王君㚟自早晨力战至下午申时（晡，即申时，下午三点至五点间），力竭被杀。

王君㚟"诬反案"直接导致"伏击王君㚟"事件的发生。"时，王君㚟新败，河、陇震骇。"继任河西节度使萧嵩调兵讨逐之。回纥等部在河西走廊地带无法立足，遂迁往碛北，"退保乌德鞬山"。

此后，回纥部活动于碛北地区。天宝初年（742），回纥部与葛逻禄部、拔悉密部联合，击杀东突厥叛乱集团首脑叶护可汗。东突厥叛众复立乌苏米施可汗，回纥、葛逻禄和拔悉密三部联合进攻而击走之。天宝三载（744），回纥等部击杀东突厥叛酋乌苏米施可汗，上报唐廷，传首京师。此后，回纥部袭击拔悉密部，斩其首领颉跌伊施可汗。回纥部酋长骨力裴罗自称"骨咄禄毗伽阙可汗"，遣使入朝上状，请求批准。唐玄宗遂册封骨力裴罗为"奉义王"，颁诏拜为"怀仁可汗"，允其"南居突厥故地，徙牙乌德鞬山、昆河之间，南距西城千七百里。西城，汉高阙塞也，北尽碛口三百里。[回纥部]悉有[铁勒]九姓地"。回纥部首领骨力裴罗遂成为唐朝在碛北地域的藩属政权——回纥汗国的首脑，与东突厥叛乱势力残部继续作战。天宝四载，回纥怀仁可汗骨力裴罗"又攻杀突厥白眉可汗，遣顿啜罗达干来上功，拜裴罗左骁卫员外大将军"。其时，回纥部族人口增长，已发展成包括九个部落的铁勒族群分支，每一部落置一都督；后收服拔悉密、葛

---

① 《资治通鉴》卷二百一十三《唐纪二十九》"玄宗开元十五年（727）"，第6779—6780页。

逻禄两部落,各置都督一人;"统号十一部落",共有十一都督。其时,受到唐朝册立的回纥部藩属政权——回纥汗国控制的区域,"东极室韦,西[至]金山,南控大漠,尽得古匈奴地",成为唐朝治下的边疆部族政权。① 天宝末年安史之乱爆发后,回纥部族藩属政权为唐朝中央政府平定叛乱提供过坚定的武力支援。

三、天宝十四载发生的安史之乱及唐朝应对方略

安史之乱是唐代中期发生在北疆东段的一场军事政变,不仅影响着唐朝历史发展的进程,也改变了唐朝北部边疆的政治格局。天宝中,唐玄宗过于宠信范阳节度使安禄山,使其身兼范阳、平卢、河东三个大军区的节度使,并兼任河北道采访处置使。中央政府对其权力失去有效的监督,致使安禄山的权力越来越大,政治欲望迅速膨胀起来。安禄山欺君罔上、招降纳叛、排除异己、扩充军力、扰掠两蕃,终于在天宝十四载(755)十一月发动了武装叛乱。

史载:"安禄山专制三道,阴蓄异志,殆将十年,以上待之厚,欲俟上晏驾然后作乱。会杨国忠与禄山不相悦,屡言禄山且反,上不听。国忠数以事激之,欲其速反以取信于上。禄山由此决意遽反……会有奏事官自京师还,禄山诈为敕书,悉召诸将示之曰:'有密旨,令禄山入朝讨杨国忠,诸君宜即从军。'众愕然相顾,莫敢异言。十一月,甲子[日],禄山发所部兵及同罗、奚、契丹、室韦凡十五万众,号二十万,反于范阳[郡城]。命范阳节度副使贾循守范阳[郡城],平卢节度副使吕知诲守平卢[郡城],别将高秀岩守大同[军城]。诸将皆引兵夜发。""诘朝,禄山出蓟城南,大阅誓众,以讨杨国忠为名,……于是引兵而南。禄山乘铁舆,步骑精锐,烟尘千里,鼓噪震地。时海内久承平,百姓累世不识兵革,猝闻范阳兵起,远近震骇。河北皆禄山统内,所过州县,望风瓦解,守令或开门出迎,或弃城窜匿,或为所擒戮,无敢拒之者。……太原具言其状,东受降城亦奏禄山反。上犹以为恶禄山者

---

① 《新唐书》卷二百一十七上《回鹘传上》,第6114—6115页;卷二百一十五下《突厥传下》,第6054—6055页。《旧唐书》卷一百九十五《回纥传》,第5198页。

诈为之，未之信也。庚午，上闻禄山定反，乃诏宰相谋之。"① 天宝十五载六月，官军与叛军在陕郡灵宝县西原发生遭遇战，官军大败。哥舒翰被其部将火拔归仁劫持而降安禄山，潼关失守。同月乙未日，黎明，唐玄宗仅仅率领极少数眷属、大臣和护卫军队逃离京师长安城。随后，叛军进入长安城。

　　安史叛军突然发难，以摧枯拉朽之势迅速夺取河北道、河南道与关内道三大地区，占据两京。唐朝在经历短暂的慌乱之后，开始征调各地的军队，着手平叛战争。这场叛乱历时八年之久，最终被唐朝平息。但是，这场叛乱给唐朝带来巨大的创伤与破坏，既使唐朝国势趋于衰落，更使北部边疆出现巨大的变化。首先，安史之乱爆发于唐朝北部边疆东段地带，致使当地陷入长期动荡不安的状态。其次，叛乱迫使中央政府调遣西北边疆的安西、北庭两节镇的驻防军加入平叛大军，河西、陇右两节度的军队也奉命内调。吐蕃遂乘虚先后夺取陇右、河西、安西、北庭四节度的驻防区，控制了陇山、六盘山、大罗山、贺兰山以西地区，唐朝失去对北疆西段地带的控制。直到沙州居民张义潮发动武装起义，驱逐吐蕃势力，奉河西地图归国，唐朝才光复陇右、河西地区。再次，安史之乱迫使唐朝将原来建置在边疆地带的军区制度——节度使司建制推广至内地，从而取代唐前期的都督府、州（郡）、县三级地方行政区划制度，遂形成唐后期的方镇（道）、州、县三级地方行政区划建制。地方行政管理再度趋向集权管理模式。北部边疆亦不例外，而且方镇数量较前有所增长。例如：方镇节度使兼任观察使、都督、支度使诸多官职，从而造成军事区、行政区、监察区和财政经济区的高度重合。

---

① 《资治通鉴》卷二百一十七《唐纪三十三》"玄宗天宝十四载（755）"，第6934—6935页。

附：论文 1

唐代夏州城通往丰州区域的道路考述

唐代夏州城既是"河曲"地域（略当今鄂尔多斯高原）中南部的军政中心，又是人员往来、物资流通和信息传递的交通中心，具有十分重要的战略地位。[①] 丰州区域则略当今内蒙古后套平原及毗邻之地。夏、丰两州间的道路是非常重要的交通干线。然而时移境迁，今人已难辨识一千年前的道路位置，尤其是夏州城通向北部边疆的丰州的主干道路，因后日库布齐沙漠、毛乌素沙地的蔓延扩散而引起地貌变迁，难于复原。迄今除已故王北辰教授作过初步探讨之外，并无其他学者就此专题着力研究。[②] 本文就此试作梳理与考辨，以图恢复其原来真实经行与位置，并就教于学界同志。

一、史籍关于夏州城与丰州间道路的记载

在《新唐书·地理志七》中，收有唐德宗贞元时期出任宰相的贾耽关于夏州城与丰州间道路的相关记载。特此转录于下：

唐置羁縻诸州，皆傍塞外，或寓名于夷落。而四夷之与中国通者甚众，若将臣之所征讨、敕使之所慰赐，宜有以记其所从出。……其后，

[①] 艾冲：《隋唐时期的夏州城新论》，见《陕西历史博物馆馆刊》第十八辑，三秦出版社，2011年，第104—114页。
[②] 王北辰：《唐代长安—夏州—天德军道路考》，见《王北辰西北历史地理论文集》，学苑出版社，2000年，第81—100页。

贞元宰相贾耽考方域道里之数最详，从边州入四夷，通译于鸿胪者，莫不毕记。其入四夷之路与关戍走集最要者七：一曰营州入安东道，二曰登州海行入高丽、渤海道，三曰夏州塞外通大同、云中道，四曰中受降城入回鹘道，……其山川聚落、封略远近，皆概举其目。州县有名而前所不录者，或夷狄所自名云。①

其中的第三条道路"夏州塞外通大同、云中道"，即本文要考述的夏州城通往丰州地区的交通路线。其经行的地方与走向大致如下所引：

夏州北渡乌水，经贺麟泽、拔利干泽，过沙，次内横铲、沃野泊、长泽、白城，百二十里至可朱浑水源。又经故阳城泽、横铲北门、突纥利泊、石子岭，百余里至阿颓泉。又经大非苦盐池，六十六里至贺兰驿。又经库也干泊、弥鹅泊、榆禄浑泊，百余里至地颓泽。又经步拙泉故城，八十八里渡乌那水。经胡洛盐池、纥伏干泉，四十八里度库结沙，一曰普纳沙；二十八里过横水，五十九里至十（按：其他文献作"什"）贲故城，又十里至宁远镇。又涉屯根水，五十里至安乐戍。戍在河西堧，其东堧有古大同城。今大同城，故永济栅也。北经大泊，十七里至金河。又经故后魏沃野镇城，傍金河，过古长城，九十二里至吐俱麟川。②

在这段引文中，"故阳城泽"疑为"故阳城驿"之误。"铲"，原文作"划"（chǎn），铲削、挖掘之意，亦指铲削或挖掘而成的工程设施。堧，亦作"壖"（ruán），河边平地之意。

贾耽记录的北疆交通路线，在"过故长城"之前，基本是指夏州城至丰州核心区域的路段，也是本文考察的主要内容。但因为贾耽主要是听取边疆各部族来使、唐廷赴边疆诸部敕使的汇报所得，侧重于诸蕃落赴京之交通路线，而略于地方政府治城间的交通干线经由地。③尤其是这条道路伸入丰州地区后，未见其赴丰州城、天德军城的里程记载，不能不说乃其缺憾。本文

---

① 《新唐书》卷四十三下《地理志七下》，第1146页。
② 《新唐书》卷四十三下《地理志七下》，第1147—1148页。
③ 《新唐书》卷一百六十五《贾耽传》，第5084页。

将就此有所补充。

这段引文是我们考察夏州城通往丰州区域道路的文献基础。但在考证这条交通干道经由地之前,有两个问题必须先搞清楚。其一,贾耽大概何时始注意收集有关内地赴边疆交通道路的信息?其二,夏州城与丰州区域的交通干道终点究竟在何处?

其一,贾耽大概何时始注意收集有关内地赴边疆交通道路的信息?依据《新唐书·贾耽传》的记载,应在贞元九年(793)之后。贾耽于"贞元九年,以尚书右仆射、同中书门下平章事,俄封魏国公"。随后历事唐德宗、顺宗二朝,任宰相达十三年之久(贞元九年至贞元二十一年/永贞元年,793—805)。其注意收集有关内地趋边疆交通信息的时间,应在这十三年间。因为在此期间他担任宰相之职,居于唐廷中枢位置,具有向来使、敕使了解边疆至京师道路信息的地位与权力。因此,所谓贾"耽嗜观书,老益勤,尤悉地理。四方之人与使夷狄者见之,必从询索风俗,故天下地土区产、山川夷阻,必究知之。"① "其后,贞元宰相贾耽考方域道里之数最详,从边州入四夷,通译于鸿胪者,莫不毕记。"② 这就是真实的写照。而在贞元九年前,贾耽长期在地方出任方镇主帅,诸如历任山南西道、山南东道、义成军诸节度使暨东都留守。③ 因此,并无向相关使者了解交通信息的机会与权力,显然是不可能获取相关道路信息的。

其二,夏州城与丰州区域的交通干道终点究竟在何处?唐德宗贞元十二年(796),始建立丰州都防御使司,亦称天德军都防御使司。其治城应是夏州城至丰州地区的交通干线终点。那么,其治城究竟在哪里呢?据历史文献记载,贞元十二年至元和八年间(796—813),天德军都防御使司的治城是西受降城(简称西城,即今内蒙古乌拉特中旗南部、乌加河北侧的奋斗古城)。因此,西受降城就是贞元中夏州城通往丰州区域的主干道路终点站。据《元和郡县图志·关内道四》载:"丰州,今置都防御使。管州一、

---

① 《新唐书》卷一百六十五《贾耽传》,第5084页。
② 《新唐书》卷四十三下《地理志七下》,第1146页。
③ 《新唐书》卷一百六十五《贾耽传》,第5083—5084页。

军一、城二：丰州、天德军、西受降城、中受降城。县二。其都防御使及天德军使，理在西城，今移理旧天德军城。"①天宝"十二年，安思顺奏废横塞军［城］，请于大同川西筑城置军，玄宗赐名大安军。（按：其他文献记作'天安军'）十四年，筑城功毕，移大安军理焉。乾元后改为天德军。缘居人稀少，遂西南移三里，权居永清栅；其理所又移在西受降城。自后频为河水所侵，至元和八年春，黄河泛滥，城南面毁坏转多。［都］防御使周怀义上表请修筑，约当钱二十一万贯。"唐朝命其修复天德军旧城，徙治之。遂于元和九年（814）奉诏移天德军治所于旧城焉。②据此可知，乾元（758—760）之后（即上元元年至二年，760—761），天德军使向西迁驻西受降城（今乌拉特中旗奋斗村古城址）。贞元十二年（796），新组建的天德军都防御使司也驻在西受降城。在此期间，西受降城作为丰州地区的军政管理中心，自然也是交通中心。夏州至丰州的交通干道自然以西受降城为终点站。

在澄清这两个问题后，可知《新唐书·地理志》所载夏州通往大同及云中的道路信息实乃贾耽在唐德宗贞元九年至贞元二十一年（793—805）间访问的资料。其中，夏丰交通干道的终点站实为当时的军政管理中心城市——西受降城。

二、夏州城通向丰州区域交通干道经行地名考辨

《新唐书·地理志七》所记载"夏州塞外通大同、云中道"中的夏州城通向丰州地区的干线道路，经过多年的探索与调查，绝大多数经由地名是可确定其位置的。为便于梳理和考证，兹将前转录的交通路线划分为三个地段——夏州城至乌那水段、乌那水至宁远镇段、屯根水至古长城段，逐一考述所经由地点的当代位置。

（一）夏州城至乌那水段道路

据《新唐书·地理志七》载，夏州城至乌那水段路程是：

---

① 《元和郡县图志》卷四《关内道四·丰州》，第111页。
② 《元和郡县图志》卷四《关内道四·丰州》，第113—114页。

夏州北渡乌水，经贺麟泽、拔利干泽，过沙，次内横铲、沃野泊、长泽、白城，百二十里至可朱浑水源。又经故阳城泽、横铲北门、突纥利泊、石子岭，百余里至阿颓泉。又经大非苦盐池，六十六里至贺兰驿。又经库也干泊、弥鹅泊、榆禄浑泊，百余里至地颓泽。又经步拙泉故城，八十八里渡乌那水。

从引文判断，这段路程涉及二十三个地名，总里程达至474里，取其整数约为480里。

在这段路程中，夏州城至可朱浑水源是第一程，约长120里。起点站就是夏州城，即今陕西靖边县白城子古城。乌水，原称黑水，即今乌审旗南境的纳林河。沙，即初期毛乌素沙漠所在地，在今乌审旗南部。白城，坐落在契吴山巅，是赫连勃勃登高远眺而大发感慨之地；其子赫连昌特意在彼处构筑白城，内建勃勃庙，以供祭祀；其故址应在乌审旗驻地嘎鲁图镇西偏南的阿拉陶勒盖低山丘陵。阿拉陶勒盖，亦称阿拉托洛海、阿拉特老亥，乃蒙古语地名被音译为汉文时用字不同所致。阿拉陶勒盖东北距离嘎鲁图镇约12公里，并向北延伸至该镇西侧。因此，判断契吴山巅当在今嘎鲁图镇西、杭根司呼勒村南的1343米高地东至阿日木苏莫村一带，白城遗址亦当在其地寻觅。[①]可朱浑水，原称"交兰水"（参见《水经注》），即今自西北向东南流入无定河的海流兔河。可朱浑水源头在白城之北侧，就其方位可确定为今海流兔河源头。今海流兔河上源在乌审旗砖瓦厂东南、1298米高地附近，但在古代其源头更远，应在今嘎鲁图镇西侧、杭根司呼勒村南的1343米高地附近。

可朱浑水源至贺兰驿为第二程，约长170里。即"又经故阳城泽、横铲北门、突纥利泊、石子岭，百余里至阿颓泉。又经大非苦盐池，六十六里至贺兰驿。"故阳城泽，"泽"当为"驿"之笔误，今地待查。横铲北门，亦待考。突纥利泊，相当今乌审旗北部的呼和淖尔湖。石子岭，可当今呼和淖尔湖北的1447米高地。阿颓泉，位于"可朱浑水源"北一百余里处；依此量算，该泉当在今乌审旗嘎鲁图苏木北境的巴都柴达木村西侧。此处正在波

---

① 《王北辰西北历史地理论文集》编辑组：《王北辰西北历史地理论文集》，学苑出版社，2000年，第81—85页。

状高原深处,地表布满流动沙丘,河溪极少,古代居民与旅客需靠地下出露的泉水补给。大非苦盐池,相当今乌审旗查干淖尔镇西北部的达巴淖尔。或云即今毛墩查干淖尔,或指胡同查干淖尔(浩通音查干淖尔),位置显得偏东,不可取。贺兰驿,依据方位与里程推算,其址即今鄂托克旗木凯淖尔乡巴嘎撒呼勒村东北方的木凯淖尔古城址。①

贺兰驿北至乌那水为第三程,长约190里。即"又经库也干泊、弥鹅泊、榆禄浑泊,百余里至地颓泽。又经步拙泉故城,八十八里渡乌那水。"在此段行程中,乌那水的地理位置是十分清楚的,即今杭锦旗东南部的季节性河道——陶勒沟(亦作讨赖沟)。陶勒沟是一条内陆河,源头出于杭锦旗东南隅的阿门其日格乡西境,流向西北,历经阿日斯楞图苏木的阿斯尔嘎查、君土梁村、巴音斯古楞图村北、杭锦旗驻地锡尼镇东北侧、浩绕柴达木苏木北部的赛音台格村北、呼兰乌舒村南、乌兰呼都格村南侧,转北流入巴音乌素镇东的巴彦乌素盐海。唐代的乌那水(今陶勒沟)应是一条水量丰沛的河川。②

库也干泊,略当今鄂托克旗木凯淖尔乡东南的木凯淖尔湖盆。弥鹅泊,相当今木凯淖尔乡西北部的大克泊尔湖。榆禄浑泊,略当今鄂托克旗沙井镇东北隅的干海子村湖盆,早已堙塞。至于地颓泽,也是大道经由的一个湖泊,在今杭锦旗浩绕柴达木苏木(即原夭斯图苏木,驻道劳呼都格村)驻地北侧的新月形湖盆,早已干涸,转为农地。③

步拙泉故城,位于乌那水南侧,依文物考古资料判断,相当今杭锦旗浩绕柴达木苏木中部的浩绕召村西北1公里的霍洛柴登古城址。④ 既称作"故城",无疑是指前代遗留的城址,唐朝并未利用。按走向分析,夏[州]丰

---

① 乌审旗境的胡同查干淖尔、苏贝淖尔、巴音淖尔、呼和陶勒盖淖尔、木凯淖尔、浩勒报吉淖尔,皆出产碱矿资源。
② 《中国历史地图集》第五册,"京畿道关内道"图幅,第40—41页。
③ 内蒙古自治区地图制印院编制:《内蒙古自治区交通图册》,第91页"鄂托克旗"图、第92页"杭锦旗"图,中国地图出版社,2007年。
④ 国家文物局主编:《中国文物地图集·内蒙古自治区分册》,第259页"乌审旗文物图"、第260—261页"鄂托克旗、鄂托克前旗文物图"、第258页"杭锦旗文物图"。

［州］交通干道北渡乌那水（今陶勒沟）的地点，当在今杭锦旗浩绕柴达木苏木北境的乌兰呼舒村附近，正在步拙泉故城（今霍洛柴登古城址）的北方。

自夏州城至乌那水段道路呈南北走向，主要穿行在今内蒙古乌审旗全境、鄂托克旗东隅和杭锦旗南部之地，路程约达480里。经行地带呈现典型的波状高原地形，湖泽、盐池众多，地表和缓起伏，因而道路垂直变化较小。

（二）乌那水至宁远镇段道路

据《新唐书·地理志七》载，夏州城通向丰州的乌那水至宁远镇段路程是：

自乌那水北岸起程，北"经胡洛盐池、纥伏干泉，四十八里度库结沙，一曰普纳沙；二十八里过横水，五十九里至十（按：其他文献作"什"）贲故城，又十里至宁远镇。"

乌那水至库结沙南缘段路程，长约48里。胡洛盐池，亦作"故洛盐池"，依其在乌那水北面的方位判断，即今杭锦旗巴音乌素镇东侧的盐海子（亦称哈日芒乃淖尔，清代称锅底池）。道路经过胡洛盐池东侧北去。纥伏干泉，是库结沙南缘一处地下水出露点，成为行旅中途取水解渴的重要地点。依据记载，自纥伏干泉往北，才进入库结沙区域。其位置应在杭锦旗巴音乌素镇北部乌顶布拉村北的无名小湖。自乌那水北行48里抵达的"库结沙"南缘，相当今巴音乌素镇北部的乌顶布拉村北和名盖格拉村的东西一线。①

库结沙南缘至宁远镇段路程，长约97里。道路再往北穿行于沙漠之中，步行28里跨越横水。横水，是唐代一条自西向东流的小河，汇注今毛布拉格孔兑河，因处于库布齐沙漠腹地而其中上游河道已湮塞。经实地考察与地图判读，可知横水位置大致如下：源出今杭锦旗赛音乌素苏木东南的赛乌素水利村附近，向东偏南穿过215省道，流经迈勒沟、道劳乌素嘎查、大陶格利、陶格利等村一线，至今图古日格苏木驻地——乌兰额日格庙附近，汇入毛布拉格孔兑河。②过去，学界长期不明"横水"的真实位置与流向，或指

---

① 《内蒙古自治区交通图册》，第92页"杭锦旗"图，中国地图出版社，2007年。
② 内蒙古自治区地图制印院编制：《内蒙古自治区地图册》，图幅55"杭锦旗"，中国地图出版社，2002年。

为今黄河、或指为今毛布拉格孔兑河，皆属不妥之臆断。①

什贲故城，即汉代朔方县城，南距"横水"59里，其位置当在今沙日召苏木（乌兰敖都村）西南、那林霍拉霍村东的沙漠中汉代遗址（被流沙掩埋，详情不明）。宁远镇，坐落在屯根水（唐代黄河后套平原段南支派，今黄河干流后套平原段）南岸，南距什贲故城10里；其故址在今杭锦旗独贵特拉镇西北的沙圪堵淖尔村西南。②

据上考述可知，乌那水至宁远镇段道路全部分布在今杭锦旗境，呈南北纵贯格局。由于须穿越库结沙（早期库布齐沙漠），遂成为这条交通干线路况最差的区段。

（三）屯根水至古长城段道路

据《新唐书·地理志七》载，夏州城通向丰州的屯根水以北段路程是：

宁远镇至安乐戍段路程，长约50里。自宁远镇北行，"又涉屯根水，五十里至安乐戍。戍在河西壖，其东壖有古大同城。今大同城，故永济栅也。北经大泊，十七里至金河。又经故后魏沃野镇城，傍金河，过古长城，九十二里至吐俱麟川。"如前所论，屯根水即今黄河干流河道后套平原段。过屯根水后北行50里抵达黄河（唐代黄河干流河道，今乌加河及其尾闾湖——乌梁素海）西岸的安乐戍。自宁远镇（今杭锦旗沙圪堵淖尔村西南）向北五十里约当今乌拉特前旗新安镇，因此推断安乐戍故址当在今新安镇东隅、乌梁素海西滨。③

安乐戍至吐俱麟川段路程，长约110里。在安乐戍东偏北，正是今乌拉特前旗额尔登布拉格苏木西北五里的唐永济栅（或称永清栅）、旧天德军城所在（今乌梁素海东缘湖底土城子遗址）。道路经此循黄河东壖北上至大

---

① 黄银洲、何彤慧：《再论唐六胡州城址的定位问题》，见《中国历史地理论丛》2011年第1期。王北辰：《唐代长安—夏州—天德军道路考》，载《王北辰西北历史地理论文集》，学苑出版社，2000年，第81—100页。

② 艾冲：《公元7—9世纪鄂尔多斯高原人类经济活动与自然环境演变研究》，中国社会科学出版社，2012年，第321—323页。

③ 内蒙古自治区地图制印院编制：《内蒙古自治区交通图册》，第100页"乌拉特前旗"图幅。

泊。大泊，乃唐代后套平原东北部的湖泽，位于今乌拉特中旗德令山镇东部，接纳从东北流来的金河水。金河，即指源出今乌拉特中旗新忽热苏木北部的色尔腾山区、向西南流的牧仁河（其上游称摩楞河），穿过秦汉长城，西南流注乌加河；今因该河谷上游建有哈布齐勒水库、二牛湾水库，河水已断流。北魏沃野镇镇城遗址，位于今乌拉特前旗苏独伦乡东部、根子场村南侧。① 道路经由大泊之畔（今德令山镇东部）转向东北，经沃野镇镇城旧址（今根子场古城），溯金河（今牧仁河）河谷而上，至今乌拉特中旗巴音哈特太苏木东南隅的查汗温都尔村东侧，穿越秦汉古长城。自此东北行九十余里而至的吐俱麟川，当在今达尔罕茂明安联合旗境，于此从略。

宁远镇至西受降城段主干道路，长约235里。这条主干道路的终点站应是丰州都防御使司（天德军都防御使司）的驻地——西受降城（简称西城）。西受降城故址即今乌拉特中旗乌加河镇奋斗村古城，位于今乌加河北侧。② 自宁远镇（今沙圪堵淖尔村西南）向北涉过屯根水（今黄河）后，道路伸至安乐戍（今乌拉特前旗新安镇东隅）。在此转向西北抵达丰州城。③ 据《太平寰宇记》载，天德军旧城西渡黄河至丰州城160里，其中西至黄河5里。因此，安乐戍城西北至丰州城实为155里。而自丰州城西北渡黄河而往西受降城（奋斗村古城）的里程为80里。④ 至西城，夏州城通向丰州地区的干线道路才抵达终点站。

丰州城则是唐代后套平原的州级政区行政中心。由丰州城西去100余里，可达永丰县城（今临河区联丰三社古城址），西至黄河（今乌加河）135里。东南行40里，抵丰安县城（今乌拉特前旗西部的屈家圪旦村古城址）；正北至黄河40里。自丰州城东行，过安乐戍，东渡黄河，经永清栅（今乌拉特前旗乌梁素海渔场附近），可抵达元和九年（814）后的丰州都

---

① 国家文物局主编：《中国文物地图集·内蒙古自治区分册》，第270—271页"五原县、乌拉特前旗文物图"。
② 《中国文物地图集·内蒙古自治区分册》，第272页"乌拉特中旗文物图"。
③ 《中国历史地图集》第五册"京畿道 关内道"图幅，第40—41页。
④ 《元和郡县图志》卷四《关内道四·丰州》，第112页。《太平寰宇记》卷三十九《关西道十五·天德军》，第829—830页。

防御使司驻地——天德军城（今额尔登布拉格苏木西北、乌梁素海近岸湖底土城子遗址）。东南至夏州城750里。①

天德军城则是北疆军事交通线的节点。由天德军城傍黄河左岸向西偏北180里，抵达西受降城（今乌拉特中旗奋斗古城）；而向东南傍黄河左岸经牟那山钳耳嘴（今乌拉山西山咀）而行200里，可达中受降城，南至牟那山钳耳嘴（今乌拉山西山咀）30里。②

三、结语

《元和郡县图志》曰：天德军"西取宁远镇、故落盐池，经夏州［城］至上都一千八百里"。（第115页）《太平寰宇记》亦称：天德军"东取宁远镇、故落盐池，经夏州［城］至上都一千八百里"。（第829页）需要说明的是，两部地理总志的首字"西"和"东"皆误，都应改为"南"字。这就表明：夏州城是沟通北部边疆的天德军都防御使司与京师长安交通联系的枢纽。作为南北交通的关键节点，夏州城处在南北东西交通要冲之地，既发挥军事行政管理职能，又起到控制、调节交通运输的重要职能。正因如此，夏州城在历史时期交通地位的重要性就凸现出来。夏［州］丰［州］干道遂成为唐代北部边疆重要的交通线路之一。

本文仅考述夏州城通往丰州区域的干线道路的位置与走向，其他交通线路情尚待继续探考。

---

① 《太平寰宇记》卷三十九《关西道十五·天德军》，第826页。《元和郡县图志》卷四《关内道四·丰州》，第113页。
② 《太平寰宇记》卷三十九《关西道十五·天德军》，第829—830页。《元和郡县图志》卷四《关内道四·天德军》，第115—116页。

第五章 唐朝后期治理北部边疆的军政举措

由于安史之乱的挫折及藩镇割据的掣肘,唐朝在北部边疆治理方面的控制实力大大降低。这个时期,唐朝对契丹、奚、室韦诸族所在地区不能有效管理,也失去了管治北疆西段的能力,无力恢复陇山、六盘山以西的陇右、河西的政治秩序。唯有漠北的部族藩属政权——回纥汗国与唐朝基本保持着政治上的从属关系,但在唐文宗开成五年(840)后,漠北地区因回鹘藩属政权的崩毁而出现巨大的变化。从宏观上观察,唐朝在后期实力下降的状态下保持着漠南地带的有效管治,其所推行的政治、军事和经济诸多举措,值得我们深切关注和思考。

第一节 唐朝后期北疆的行政建制与管理措施

唐朝后期,地方高层行政建制是节度使司管区及其管理机构。这种变化是由于安史之乱突发导致的。那么,唐后期推行的节度使司建制与唐前期的都督府建制存在什么关系呢?在此先略论如下。

一、节度使司制与都督府制的关系

节度使制是在都督制的基础上经中央政府特别授权发展起来的,有着深刻的历史背景。都督府是唐代前期的地方高级权力机关,节度使司则是唐代后期的地方管理体系的最高层级，两者的更替是显而易见的。问题是两者是如何更替的，又是怎样的关系？依据唐代史料分析，都督府和节度司是承继与并存的双重关系。

（一）节度司制与都督府制的前后承继关系

就管理职权而言，节度司制孕育于都督府制度的母体中，并因此得以定型和发展，进而取代了都督府的主导地位。如前节所论，节度使制的萌芽和成长，乃因唐朝中央政府向边疆地带的一些都督府（包括都护府）的主官特授军事专制权力所致。都督（都护）是授权的对象，因为他们是地方政府的首脑。例如：武周圣历中，凉州都督府都督唐休璟被特别授予"持节陇右诸军州大使"。"节度"之名始见于景云中，遂与"诸军州大使"名结合为一体，形成"节度使"职名。开元中，一些边地的都督、都护因接受朝廷颁赐的"旌节"（或曰"节钺"）而侧重于"专制军事"遂改称节度使。但是，都督府、都护府的建制依然存在，只是其重要性在军事活动频繁时期有所下降。节度使的管区是军事区域，都督的管区是行政区域，两者是不重合的。由于军事活动常发，节度使司就成为当地常设的主要权力机关，行政体制必须围绕军事活动这个中心任务运转。也正是在这样的形势中，在这样的地方，都督的职权逐渐被节度使所取代，两者不露声色地完成了权力的转移。这种关系表现在行政主官兼任军职，权限扩大，且渐以军职为主。如：安西大都护府副大都护兼任碛西节度使、北庭大都护府副大都护兼充伊西节度使、凉州都督府都督兼任河西节度使、鄯州都督府都督兼任陇右节度使、灵州都督府都督或单于大都护府大都护兼任朔方军节度大使、并州大都督府长史或太原府尹充天兵军（后称"河东"）节度使、幽州都督府都督兼任幽州节度使、营州都督府都督兼任平卢军节度使、益州大都督府长史兼充剑南节度使、广州都督府都督兼任岭南五府经略使。此时的节度司管区实际上是边地军事职能区域（一般可包括几个都督府管区在内），并不是行政区域。后来安史之乱爆发，促使节度司建制向全国范围推广，因其数量大增，且因地方不靖而战乱时起时伏，很快代替了都督府的高级行政区之地位，成为州级政区的上级。这就表明：节度使制诞生于都督体制之中，两者在职权方面是前后承继的关系。

（二）节度司制与都督府制的同时并存关系

如前所述，依两者的权力主次轻重的变化，它们之间呈现出前后承继关系。但是，就两者的机构实体而言，当节度使司取代都督府成为总揽地方多种事权的管理机关后，都督府虽然丧失昔日的主导地位，仍与之长期共存，并未被撤销。尤其是在唐代后期（安史之乱后），节度司管区成为地方高级行政区之后，不仅原有的都督府得以保留，还有新的都督府建立。终唐之世，从来未曾明文宣布废除都督府制度，都督府在建制上始终存在，甚至到五代犹存。

至德之后，节度使和都督之职名并存、兼于一人之身的情况相当普遍，显然唐前期的惯例延续了下来。例如唐肃宗上元二年（761），邢济受任"桂州都督，……充桂管防御都使"。贞元十七年（801）六月，成德军节度使王武俊卒，其生前的职任是"成德军节度使、恒冀深赵德棣（诸州）观察等使、恒州大都督府长史"。同年七月，唐廷任命前成德军节度副使、知恒府事王士真为恒州大都督府长史、充成德军节度使。① 元和二年（807）八月，建王李审出任郓州大都督府都督、淄青等州平卢节度使，且兼其他五个使衔。元和十二年（817），辛秘受任潞州大都督府长史、昭义军节度使。② 再如开成五年（840）十二月，以福王李绾为魏州大都督府大都督，充魏博等州节度使，兼观察处置诸使。唐武宗时期（会昌元年至六年），何重顺担任魏州大都督府长史、天雄军节度使。会昌二年（842）正月，抚王李纮受任幽州大都督府长史，充幽州卢龙军节度使，兼其他五种使衔。③ 如此史例甚多，不必逐一列举。可见至唐后期，节度使司建制早已推广于内地，成为正规的地方高级行政管理机关。而此时尚在的诸多都督府建制单位无疑是两者并存的最有力的实证。

迄今出土的唐代后期墓志铭，也证明节度使制与都督制并存的客观情

---

① 《旧唐书》卷十三《德宗本纪下》，第395页。
② 《旧唐书》卷十五《宪宗本纪下》，第460页。
③ 《唐会要》卷七十八《诸使中·亲王遥领节度使》，第1436页。

况。据1979年出土于河北省正定县城北6公里木庄村的唐成德军节度使王元逵墓志铭文可知：王庭凑、王元逵、王绍鼎祖孙三代世袭成德军节度使和镇、冀、深、赵等州观察处置等使，兼任镇州大都督府长史。这里，镇州大都督府是地方高级行政机构，志文简称为"镇府"，它是原先的恒州大都督府之更名。其地位虽被节度司侵夺，但其实体（建制与官号）犹存，历唐朝穆宗、敬宗、文宗、武宗、宣宗、懿宗诸帝，有五十年左右。这表明迟至9世纪60年代，都督府与节度司仍保持共存之格局，甚至在某些地方还增立了都督府。唐朝偶尔也把"都督"作为名誉头衔追赠给逝世的重要官员，犹如唐前期一样。然而毕竟政治形势已大为变化，节度、观察、经略、都防御、都团练等使司业已成为地方的权力中心，"方镇"已是地方上的第一级行政区域，其管内诸州刺史与上述诸"使司"形成上下隶属关系。都督不再是主要的行政管理官员。

二、唐后期节度使司建制在北疆地带的配置

天宝十四载（755）十一月，范阳鼙鼓震动了数千里外的唐都长安城，安禄山叛变了。突如其来的打击，使沉醉于歌舞升平、美酒佳酿中的唐玄宗惊慌失措，在军政安排上接连失误。

唐玄宗接到叛乱之消息后，很快在河南、河东地区划分新的军事区域，以应对安史叛军。相继任命张介然为河南节度使、永王李璘为山南节度使。[①] 就这样，由于安史之乱的突然爆发，节度使司体制在很短时间内推广至内地。至唐肃宗乾元元年（758）三月，唐朝在"山南东道、河南、淮南、江南皆置节度使"。[②] 于是，唐朝的腹地，包括河北、河南、淮南、山南、江南，以及河东与关内的南部诸地域，皆置节度使司。推广这种军事体制，本意是适应战时形势的需要而建立的军区建制，但因叛乱历时七八年之久，更由于唐廷的因循苟且，未能及时改革其敝，遂被延承下来。当时人们习惯称之为"节镇""方镇"或"使司"。

---

① 《旧唐书》卷九《玄宗本纪下》，第230页、第234页。
② 《旧唐书》卷十《肃宗本纪》，第251页。

节镇逐渐遍布于内地，开始干预地方行政事务，而且因其数量增多而导致管区缩小，一般包括几个州域，其管区也就由军区性质转化为行政区域。同时，节度使皆兼任管内观察处置使，行使监察权力。这就导致监察区、行政区和军事区的重叠。正因如此，我们就看到唐代后期地方管理体制又向过度集权模式发展，凡出任节度使者（包括观察、都防御、都团练、经略等使职）必兼掌军事、行政、监察、财经、运输诸大权，即节度使、都督、观察使、支度使、转运使等职务集于一人之身。都督府作为行政建制虽未被废除，但其职权已被节度使司侵夺，形同虚设，名存实亡。唐后期地方上过度集权的行政格局，致使唐晚期地方主官的权力失去制约，无限膨胀，专横跋扈，乃至对抗中央政府，进而发展成为军事割据的局面，最终颠覆了唐王朝的统治。

具体到唐后期的北部边疆，地方行政建制单位前后存在数量、名称等变化。其略况如下。

（一）至德元载至元和八年（756—813）的五十八年间

在唐后期的第一阶段（至德元载至元和八年），唐朝北疆东段仅存幽州节度使司、河东节度使司，原先的平卢节度使司南迁至今山东境内；而北部边疆中段的节度使司数量较前有所增加，达到4个；北疆西段（河西）则因为失去有效管治，行政建制暂缺。其总数为7个方镇，不计淄青平卢节度司，则为6个。

1.淄青平卢节度司（专名别称：青密、淄青）

至德元载（756），创立青密节度司，治北海郡（即青州，今山东益都）。管治北海、高密、东牟、东莱四郡。乾元元年（758），恢复州名，增管滑、濮二州。二年，增领淄、沂、海三州。稍后，析去滑、濮、海三州，别置汴滑节度司。上元元年（760），复领海州。共管七州，即青、密、登、莱、海、淄、沂诸州。

至上元二年（761），平卢军节度使侯希逸受到史朝义逼迫，引兵离开本管区，退保青州。唐廷遂授之以青密节度使，同时撤销此年新置的淄沂节度司，以淄、沂、沧、德、棣五州改属青密节度司，并更名为"淄青平卢节度司"。增领齐州，共管11州。宝应元年（762），加领泗州，共有12州。广德元年（763），析去沧、德二州，别属魏博节度司。大历十年（775），复领德州，凡有11州。十一年，增领郓、兖、曹、徐、濮5州，析去泗州，共管15州。

建中二年（782），改置淄青观察使司，治青州，管7州：淄、青、登、莱、齐、兖、郓；别置曹濮观察使司。兴元元年（784），复置淄青节度司，管13州，即淄、青、登、莱、齐、兖、郓、徐、海、沂、密、曹、濮诸州；撤销曹濮观察使司。贞元四年（788），析去徐州，改属徐泗节度司。淄青平卢节度司迁治郓州。迄元和八年（813），管12州（见上述，除徐州外），总领73县。

元和十年后，淄青平卢节度司再一分为三，行政区划格局又发生变动。

2. 幽州节度司（专名别称：范阳、卢龙）

最初作为军事职能区，幽州节度司管区形成于开元二年，治幽州，包括幽、易、妫、檀、平、燕6州之地。十八年（730），增领蓟、沧二州。二十年，增领卫、相、洺、贝、冀、魏、深、赵、恒、定、邢、德、博、棣、营、莫16州，共统24州，以及安东都护府。节度使还兼任管内诸军州经略、镇守大使。十五年，兼任河北支度、营田使。二十年，兼河北道采访处置使。二十七年，兼领河北海运使。天宝元年，更名为范阳节度司。增领归顺、顺德2郡，共管26郡（即州）。

安史之乱后，幽州节度司的管区急剧缩小。上元二年，以沧、德、棣三州改属淄沂节度司，以卫、相、贝、魏、博5州改属滑卫节度司。宝应元年（762），幽州节度使又兼卢龙军节度使；以恒、定、易、赵、深5州改属成德军节度司，以邢州更属泽潞节度司。广德元年（763），以冀州改属成德军节度司，停领顺、易、归顺三州。建中二年（781），废除燕州。幽州节度司管7州，即幽、妫、檀、蓟、平、瀛、莫7州。至元和八年，管制10州，即幽、妫、檀、蓟、平、瀛、莫、涿、营、顺诸州，其总领县数待考查。兴化三年（900），幽州节度司所管州数略同。

3. 河东节度司（专名别称：保宁军）

作为军事职能区，河东节度司形成于景云二年，初名"持节和戎、大武等军州大使"，由并州大都督府长史充任。开元五年（717），在并州城增置一个天兵军，遂改称"天兵军大使"。八年（720），改称"天兵军节度使"。十一年，再度更名为"太原以北诸军州节度使"，兼任北都留守、河东道支度营田使，治太原府（今山西太原市西南），统管十个府州，即太原、辽、石、岚、汾、代、忻、朔、蔚、云诸州。十八年，更名为"河东节度"，兼领大同军使。

至唐后期，河东节度司的管区有所缩小。兴元元年（784），改称"保宁军节度"。贞元三年（787），复称河东节度司。至元和八年（813），管11州，即太原、仪（原名"辽"）、石、岚、汾、代、忻、朔、蔚、云、沁诸州，总领47县。

4. 夏州节度司（专名别称：夏绥、夏绥银、定难军）

唐德宗贞元三年（787），创立夏州节度使司，治夏州城，管3州，即夏、绥、盐州。稍后，停领盐州，增领银州。元和八年（813），增领新宥州。至此，夏州节度司管治夏、绥、银、宥4州，总领14县。

5. 朔方节度司（专名别称：灵州、灵武、九原朔方）

开元九年（721），创置朔方节度使司，治灵州城。当时其军事职能区域包括夏、盐、绥、银、丰、胜6州，安北大都护府、单于大都护府，定远、丰安二军（后增置天德军），东、中、西三受降城。十年，增领鲁、丽、契三蕃州。在开元中，朔方节度的兼职不断增加，地方集权的倾向日益明显。如开元十四年，朔方节度使兼关内道支度营田使。十五年，兼任关内盐池使。十六年，又因废除"达浑都督府"，而兼任"检校浑部落使"。其后数年，更增领若干使职。二十二年（734），朔方节度兼任关内道采访处置使。二十九年，兼任六城转运使。特别应注意的是，开元二十二年，朔方节度的军事职能区扩大到泾、原、宁、庆、陇、鄜、坊、丹、延、宥、麟、会12州之地，南接京畿地区。可见，此节度管区跟监察区基本重合。天宝元年，增领邠州。十三载（754），朔方节度司迁治丰州城，改称九原朔方节度使司。

至德元载，唐肃宗在灵武郡城即皇帝位，割出朔方节度区南部九州，别置关内节度使司，治安化郡（即庆州，今甘肃庆阳）。乾元二年（759），将泾、原、宁、庆、鄜、坊、丹、延8州改属邠宁节度使司。上元二年（761），停领单于大都护府，废关内节度使司。唐代宗宝应元年（762），增领镇北都护府（原属振武节度司）。广德二年（764），复领单于都护府。其后几经析并，大历十四年（779），朔方节度司统领灵、盐、夏、丰四州，西受降城，定远、天德二军。其余分别划归振武、邠宁两节度司。贞元十二年（796），析出丰州、西受降城、天德军，别立丰州都防御使司。迄元和八年（813），管3州：灵、盐、会，定远军，总领10县，治灵州城。

大中八年（854），增领威州，共管4州。

6. 振武军节度使司

唐肃宗乾元元年（758），初立振武军节度使司，治单于都护府城，管领单于府、镇北府（原称安北府）、胜州、麟州、东受降城、中受降城。唐代宗宝应元年（762），析镇北府别属朔方节度司。广德二年（764），撤销振武军节度司，属地全部并入朔方节度司。大历十四年（779），恢复振武节度使司建制，仍旧治单于府城，管二府、二州、二城之地。① 贞元十二年，割出东、中两受降城改属天德军都防御司。其后，复领东受降城。至元和八年（813），振武军节度司管治单于府、胜州、麟州、东受降城，总领6县。

7. 天德军都防御使司（专名别称：丰州）

天德军都防御使司，建置于唐德宗贞元十二年，初治西受降城，元和九年（814）迁治天德军城，其管区包括丰州、天德军、西受降城，振武军节度司的东、中二受降城一度也属之，其都防御使兼任都团练使。至元和八年（813），管丰州、天德军、中受降城、西受降城，总领2县。

---

① 《新唐书·地理志》谓其领有绥、银二州，似误。

（二）元和九年至兴化三年（814—900）约八十七年间

在唐朝后期的第二阶段（元和九年至兴化三年），随着大中年间（847—860）陇右、河西的收复，唐廷在北部边疆西段建立了两个地方高级军政管理单位——归义军节度使司、凉州节度使司。而淄青平卢节度司实际已脱离北部边疆东段，不可计入。截至光化三年（900），北部边疆地带正规的高级行政管治单位数量为9个，较前有所增加。

在此八十七年间，北疆碛北地区的回纥部族藩属政权于唐文宗开成五年（840）前后接连遭受内部动乱、自然灾害、外部势力突袭等打击而迅速解体。回纥贵族及其牧民四散逃亡，从此彻底迁离漠北草原地区。唐廷此时忙于应对突然涌至碛南地区的回纥难民，对于碛北地区未能采取积极而有效的经略行动。

1. 幽州节度使司

幽州节度使司名称、治所、管区依旧。至唐昭宗光化三年（900），仍旧管理幽、妫、檀、蓟、平、瀛、莫、涿、营、顺10州。①

2. 代北节度使司（专名别称：大同军、雁门）

唐武宗会昌三年（843），自河东节司分出云、朔、蔚3州，别置大同军都团练使司，治朔州城。四年，升为大同军都防御使司，管云、朔、蔚3州。乾符五年（878），再度改为大同军节度使司。至中和二年（882），更名为"雁门节度使司"，增领忻、代2州；同年，迁治代州城。其节度使兼任左神策军使、天兵军镇遏观察使。中和三年（883），唐廷定名为"代北节度使司"。四年，忻、代2州（按：原文误作"云、蔚"）改属河东节司。至公元900年，仍管云、朔、蔚3州。②

3. 河东节度使司

唐穆宗长庆元年（821），河东节度使兼任押北山诸蕃使。会昌三年（843），析去云、朔、蔚3州，别属大同都团练使司，实管8州。中和二年（882），析出忻、代2州，别属雁门节度使司，增领麟州（原隶振

---

① 《旧唐书》卷三十八《地理志一》，第1391页。
② 《旧唐书》卷三十八《地理志一》，第1390页。

武节度司），实管7州。中和四年（884），复领忻、代2州（原文误作"云、蔚"），共计9州。龙纪元年（889），增领宪州。至公元900年，河东节度司管10州，即管太原、仪、石、岚、汾、沁、麟、忻、代、宪10府州。

4. 定难军节度使司（夏绥银）

定难军节度使司，乃夏州节度使司的改名，仍治夏州城，管夏、绥、银、宥4州。开成三年（838），节度使兼任采造、供军、银川监牧诸使。大中十年（856），兼任抚平党项等使。中和二年（882），改名为"定难军节度使司"。此后至唐亡，管区如旧。

5. 灵州节度使司（灵威）

灵州节度使司仍旧治灵州城。大中八年（854），增领威州（故治即今宁夏同心县韦州镇）。至光化三年（900），共管灵、盐、会、威4州。

6. 振武军节度使司

振武军节度使司仍旧治单于府城，管单于府、胜州、麟州、东受降城诸地。会昌三年（843），单于大都护府改名"安北大都护府"。中和二年（882），析出麟州，划归河东节度司。至光化三年，管安北府（单于府）、胜州、东受降城等地方。至五代后唐时期，振武军节度使司管区于公元916年被契丹政权攻占，其建制遂废除。

7. 天德军都防御使司

在此期间，天德军都防御使司的名称、管区保持未变。但是，其驻地发生变迁。元和八年（813），其治城——西受降城外城遭到黄河洪水持续猛烈地冲刷，南城墙崩塌殆尽，城市安全已受到严重威胁。经朝廷讨论批准，天德军都防司迁回东方的已经修缮竣工的天德军旧城。仅在西受降城的内部小城留驻一千名士卒，其他人马全部迁至天德军城。此后，曾于会昌二年（842）更名为"归义军节度使司"。天德军都防御使司直至唐朝灭亡之年（907）犹在。至五代时契丹政权攻占其管区，其建制才消失。

8. 归义军节度使司（沙州）

唐宣宗大中五年（851）正月，张义潮夺取吐蕃控制的沙州，遂发兵继续收复瓜、伊、西、肃、甘、兰、鄯、河、廓、岷10州。在沙州居民张义潮发动武装起义而驱逐吐蕃军事势力后，唐廷于大中五年十一月置归义军节度使司，治沙州城（今甘肃敦煌市）。所谓"十一月，置归义军于沙州，以（张）义潮为节度使"是也。① 起初，归义军节度使司统管沙、瓜、伊、西、肃、甘、岷、鄯、廓、河、兰11州。咸通六年（863），割去鄯、河、兰（原文作"西"）3州。实管8/7州，即沙、瓜、伊、西、肃、甘、岷、廓诸州。颇疑原著的"兰"字应作"西"字，原著的"岷"州应是"凉"州，因为对归义军节度使司而言，那二州无疑是两块飞地，无法实施行政管理。而原文所谓11州，唯独没有"凉州"，当属笔误。

9. 凉州节度使司

凉州节度使司重建于唐朝咸通六年（865），系归义军节度司析置，治凉州城。"咸通二年（861），[张]义潮奉凉州来归。"② 凉州节度使司管凉、兰（原文作"西"）、河、鄯、洮、临6州，光化三年当亦如此。颇疑原著的"西"州应作"兰"州，《新唐书》的记载有误。因为对于凉州节度使司而言，西州与凉州节度司尚隔着归义军节度司的大片土地，距离过于遥远，无法实施有效的军政管理。

第二节　唐朝后期北部边疆的军事驻防体系与战守活动

唐朝后期北部边疆地带的军事驻防体系依旧继承前期的基础，驻防据点数量较前有一定的增长，其类别也有所变化，表现在基本驻防单位——城、栅、关的新建设。在北疆各个方镇管域，驻防单位呈现出四层结构，即军城、守捉城、镇城、栅（戍）。本节仍然依照三个区段的划分，即北疆东段——河北道与河东道北部、北疆中段——关内道北部、北疆西段——陇右道北部三个区段，探讨驻防体系的时空特征（建置与分布）。

---

① 《资治通鉴》卷二百四十九《唐纪六十五》"宣宗大中五年（851）"，第8049页。
② 《新唐书》卷二百一十六下《吐蕃传下》，第6108页。

一、北疆东段——河北道与河东道北部

在唐后期的河北道北部与河东道北部，仅存在幽州、代北两个北疆节度司。据记载，其境内的各级驻防单位较唐前期都有所增加。

（一）幽州节度使司管内

在幽州节度司管域，存在十六个军级单位、十个守捉级单位、二十六个镇级单位、十五个戍栅级单位。

其中，在幽州地界，存在四个军级单位、五个镇级单位、四个戍栅单位。

《新唐书》载："〔幽州〕城内有经略军，又有纳降军，本纳降守捉城，故丁零川也。西南有安塞军，有赫连城。有宗王、乾涧、殄寇三镇城，召堆、车坊、蒿城、河旁四戍。"昌平县，注曰："北十五里有军都陉。西北三十五里有纳款关，即居庸故关，亦谓之军都关。其北有防御军，古夏阳川也。有狼山。"①

据此，四个军级单位分别是：经略军，驻在幽州城内；纳降军，由纳降守捉城升置，位于故丁零川中；安塞军，位于幽州西南部；防御军，位于军都关北方的夏阳川中。

五个镇级单位包括：宗王镇、乾涧镇、殄寇镇、赫连城、军都关（纳款关）城。

四个戍栅单位则是：召堆、车坊、蒿城、河旁四戍，确切地望待考。

在妫州地界，存在四军、五镇、二戍、三关、

"妫州妫川郡，上。……县一。（注：有府二，曰密云、白檀。有清夷军，垂拱中置。有淮北、白阳度、云治、广边四镇兵。有横河、柴城二戍。有阳门城。永定、窑子二关。又有怀柔军，在妫、蔚二州之境。）""怀戎〔县〕，上。……妫水贯中。北九十里有长城，开元中张说筑。东南五十里有居庸塞，东连卢龙、碣石，西属太行、常山，实天下之险。有铁门关。西有宁武军。又北有广边军，故白云城也。"②

---

① 《新唐书》卷三十九《地理志三》，第1019—1020页。
② 《新唐书》卷三十九《地理志三》，第1021—1022页。

据此，四军包括：清夷军，武则天垂拱中始置，位于妫州北部；怀柔军，在妫州西部和蔚州东境；宁武军，也在妫州西部；广边军，位于妫州北部地区的故白云城内。

五镇分别是：淮北镇、白阳度镇、云治镇、广边镇和阳门城。

二戍、三关包括：横河、柴城二戍，铁门关、永定关、窨子关三关。

在檀州地界，存在二军、二守捉、七镇、三城、二戍。

史载："檀州密云郡，……县二。（注：有威武军，万岁通天元年置，本渔阳[军]，开元十九年更名。又有镇远军，故黑城川也。有三叉城、横山城、米城。有大王、北来、保要、鹿固、赤城、邀虏、石子头七镇。有临河、黄崖二戍。）""密云[县]，燕乐[县]，（注：东北[一]百八十五里，有东军、北口二守捉。北口，长城口也。又北八百里，有吐护真河，奚王牙帐也。）"①

据此，二军包括：威武军，原称渔阳军，万岁通天元年（696）置，开元十九年（731）更名；镇远军，位于故黑城川中。二守捉，即东军、北口二守捉，位于今北京市密云区北部。七镇、三城，包括大王、北来、保要、鹿固、赤城、邀虏、石子头七镇，三叉城、横山城、米城三城，全部配置在今潮河流域。二戍，即临河、黄崖两戍。

在蓟州地界，配置二军、二守捉、二镇、一城、七戍。

《新唐书》谓："蓟州渔阳郡，下。……县三。（注：有府二，曰渔阳、临渠。南二百里有静塞军，本障塞军，开元十九年（731）更名。又有雄武军，[在]故广汉川也。东北九十里有洪水守捉，又东北三十里有盐城守捉，又东北渡滦河有古卢龙镇，又有斗陉镇。自古卢龙[口]北经九荆岭、受米城、张洪隘，度石岭，至奚王帐六百里。又东北行傍吐护真河五百里至奚、契丹衙帐（牙帐）。又北百里至室韦帐。）……玉田[县]。（注：有豪门、米亭、三谷、礓石、方公、白杨等七戍。）"②

二军，包括：静塞军，原名障塞军，在蓟州以南200里处，开元十九年

---

① 《新唐书》卷三十九《地理志三》，第1022页。
② 《新唐书》卷三十九《地理志三》，第1022页。

（731）改名：雄武军，位于故广汉川中。

二守捉指的是：洪水守捉，在蓟州城东北90里；盐城守捉，在蓟州城东北120里。

二镇、一城包括：古卢龙镇、斗陉镇，皆处在滦河河谷中；受米城也在滦河谷地。

七戍包括豪门、米亭、三谷、礓石、方公、白杨等戍，当在燕山山区，其具体位置不可考。

在营州地界，存在着四军、六守捉城。

史称："营州柳城郡，上都督府。……县一。（注：有平卢军，开元初置。东有镇安军，本燕郡守捉城，贞元二年为[镇安]军城。西四百八十里有渝关守捉城。又有汝罗、怀远、巫闾、襄平四守捉城。）柳城[县]。（注：西北接奚，北接契丹……又东有碣石山。）""安东，上都护府。……（注：有安东守捉。有怀远军，天宝二载置。又有保定军。）"①

四军包括：平卢军，置于开元初年（713），在营州城内；镇安军，在营州城以东，原为燕郡守捉城，贞元二年（786）升格为镇安军城；怀远军，天宝二年（743）置于辽河西侧的怀远城内；保定军，治所不详，当在营州北境。

六守捉城包括渝关、汝罗、怀远、巫闾、襄平、安东守捉城。渝关守捉城安置在临渝关城内，巫闾守捉城当在今医巫闾山区，汝罗、怀远、襄平三守捉城当在辽河下游河道东西地带，安东守捉当在今辽宁省锦州市附近。

（二）代北节度使司管内

在代北节度使司管域，存在五军、三守捉、一镇城、六关和戍栅诸驻防单位。

其中，在代州地界，存在三军、一守捉、三关。

《新唐书》载："代州雁门郡，中都督府。……县五。（注：有府三，曰五台、东冶、雁门。有守捉兵。其北有大同军，本大武军，调露二年曰神

---

① 《新唐书》卷三十九《地理志三》，第1023页。

武军，天授二年曰平狄军，大足元年复更名。其西有天安军，天宝十二载置。又有代北军，永泰元年置。）雁门［县］，（注：上。有东陉关、西陉关。）……崞［县］，（注：中。有石门关。）"①

据此，三军包括大同军、天安军、代北军。大同军在代州北方的朔州境内，初名大武军，调露二年（679）改称神武军，天授二年（691）再改称平狄军，大足元年（701）第三度更名为大同军。开元五年（717），于大同军城置善阳县。天安军，天宝十二载置。代北军，永泰元年置，当在今恒山山脉以北。"守捉"即指一个阙载其名的守捉城。三关指的是东陉关、西陉关和石门关。西陉关在今山西省代县西北的恒山山区。石门关在今忻州市北境。

在蔚州地界，有两个军级单位、一镇、二关。

史载："蔚州兴唐郡（安边郡），下。……县三。（注：东北有横野军，乾元元年徙天成军合之，而废横野军。西有清塞军，本清塞守捉城，贞元十五年置。）灵丘［县］，（注：中，有直谷关，其北有孔岭关，有大安镇。）"②

据此，两军包括横野军和清塞军。横野军位于蔚州城东北130里处，开元十二年（724）于横野军城子城南置安边县，就以横野军城为县府驻地；天宝元年，仍自灵丘县城迁蔚州治安边县城；至德二载（756），更名为兴唐县；至乾元元年（758），徙天成军合之，而废横野军，仅存天成军。清塞军位于蔚州西部，原为清塞守捉城，贞元十五年（799）升置清塞军。③

一镇、二关，是指大安镇、直谷关、孔岭关，位于蔚州灵丘县北部。

在云州地界，置有二守捉城、一关。

《新唐书》："云州云中郡，下都督府。……县一。（注：有云中、楼烦二守捉。城东有牛皮关。）云中［县］，（注：中。……有阴山道、青坡

---

① 《新唐书》卷三十九《地理志三》，第1006页。
② 《新唐书》卷三十九《地理志三》，第1007页。
③ 《元和郡县图志》卷十四《河东道三·蔚州》，第405页。

道，皆出兵路。）"①

可见，两守捉城即云中、楼烦二守捉，当在云州北部。一关即牛皮关，位于云州城东侧，在今桑干河北侧。

二、北疆中段——关内道北部

在关内道北部，唐后期相继增置3个方镇，共存在4个节度司级建制单位——振武军、天德军、夏绥银、灵盐会。由于此地区是拱卫京城的战略重地，因此其下属驻防单位数量众多。但是，因历史文献记载不全，目前尚难于窥其全貌。

（一）振武军节度使司管内

在此方镇管内——一府、一城、二州，存在二军、一城、三关及诸多戍栅驻防设施，烽堠系列则伸达碛南草原地带。

《新唐书》载："单于大都护府，……县一。金河。（注：……有云伽关，后废，大和四年复置。）""胜州榆林郡，……县二。（注：有义勇军。）榆林［县］，（注：……东有榆林关，贞观十三年置。）""河滨［县］，（注：……东北有河滨关，贞观七年置。）""麟州新秦郡，……连谷［县］，（注：……贞观八年以隋连谷戍置。）"②

据此，二军是指：振武军，驻单于府城；义勇军，驻胜州城。一城是指东受降城，故址有两处，其一是初址——今内蒙古托克托县黄河东侧，其二是后迁城址——今内蒙古托克托县东沙岗古城。三关是指云伽关、榆林关、河滨关。云伽关，大和四年（830）复置，当在今内蒙古呼和浩特市北方的大青山蜈蚣坝沟。榆林关，开皇三年（583）初置，贞观十三年（639）复置于胜州东境，西距胜州城30里，东、北临河，故址在今内蒙古准格尔旗北境黄河南侧的城坡村古城。河滨关，贞观七年置于河滨县城东北、黄河西岸，故址位于今准格尔旗大路乡东侧、黄河西岸。

至于戍栅级驻军据点，配置于今前套平原北缘的阴山一线。在阴山之北

---

① 《新唐书》卷三十九《地理志三》，第1006—1007页。
② 《新唐书》卷三十七《地理志一》，第975—976页。

的碛南草原，尚有众多城堡和烽堠群体分布。

（二）天德军都防御使司管内

在此方镇管区，存在一军、三城、一镇、四戍栅。

史称："丰州九原郡，……县二。九原［县］，……东受降城……中受降城……"横塞军，本可敦城，天宝八载置，十二载废。天德军，天宝十二载置。永济栅，故大同城也。北（应作"西"）有安乐戍。①

据此，一军是指天德军，天宝十二载置，初治天德军城，安史之乱期间该城被叛将宋星星攻破，天德军遂迁治西受降城；延至元和九年（814），方迁回天德军故城。

所谓三城是指中受降城、西受降城、横塞军故城。中受降城，景龙二年（708）筑城，位于今内蒙古包头市九原区敖陶窑子古城址；西受降城，景龙二年（708）筑城，在丰州城西北八十里，即今内蒙古乌拉特中旗乌加河镇奋斗村古城址；横塞军故城，原本称可敦城，天宝八载置横塞军，十二载（753）废军，而城存。

一镇即指宁远镇，位于屯根水南岸，北距安乐戍50里。

四戍栅是指安乐戍、永济栅、呼延栅、归唐栅。安乐戍，位于天德军故城西南方、黄河西墺，即今内蒙古乌拉特前旗乌梁素海西南部。永济栅，亦名永清栅，即隋代大同城也，位于天德军故城西南3里、黄河东、大同川南侧。呼延栅，位于中受降城北偏东80里、呼延谷南口，即今内蒙古包头市北部、昆都仑沟南口处。归唐栅，位于中受降城北偏东、呼延谷北口，即今内蒙古固阳县南部、昆都仑沟北口处。②

（三）夏州节度使司管内

在夏州节度使所管夏、绥、银、宥四州境内，唐后期存在二军、五城、一戍、一关。

《新唐书》载："夏州朔方郡，……县三。（注：有府二，曰宁朔、顺化。……有天柱军，天宝十四载置，宝应元年废。长庆四年，节度使李

---

① 《新唐书》卷三十七《地理志一》，第976页。
② 《新唐书》卷四十三下《地理志七下》，第1148页。

祐筑乌延、宥州、临塞、阴河、陶子等城于芦子关北，以护塞外。有木瓜岭。）""宥州宁朔郡，……县二。延恩［县］，（注：……有经略军，在榆多勒城，天宝中王忠嗣奏置。）"①

二军是指天柱军、经略军。天柱军，天宝十四载（755）始置，延至唐代宗宝应元年（762）撤销。经略军，天宝中（742—756），经王忠嗣奏请而置于榆多勒城，在夏州城西北300里处，即今内蒙古鄂托克旗东北部的水泉古城址。元和九年（814），于军城复置宥州，遣军驻守。

五城是指：乌延、宥州、临塞、阴河、陶子，其地理位置后文有述。

一戍、一关则指木瓜岭戍和芦子关。木瓜岭戍，故址在今陕西省靖边县南部的木瓜岭。芦子关，位于夏州宁朔县南部白于山区，故址在今陕西靖边县南界的镰刀湾附近。

（四）灵威节度使司管内

在灵州节度使司所管灵、盐、会、威诸州境内，唐后期存在五军、三城、一守捉、二关。

威州，置于大中三年（849）。此年，"灵武节度使李钦［率众攻］取安乐州［地］，诏为威州"。②

史载："灵州灵武郡，大都督府。……县四。（注：有［折冲］府五，曰武略、河间、静城、鸣沙、万春。有朔方经略军。黄河外有丰安、定远、新昌等军，丰宁、保宁等城。）""雄州，在灵州西南百八十里。中和元年徙治承天堡为行州。""定远［军］城，在灵州东北二百里，先天二年，朔方大总管郭元振置。……景福元年，灵威节度使韩遵（依注一〇，"遵"当作"逊"）表为［警］州。"（注：其羊马城幅员十四里，信安王［李］祎所筑。）"

"盐州五原郡，……（注：……有保塞军，贞元十九年置。）"

"会州会宁郡，……县二。（注：有新泉军，开元五年，废为［新泉］守捉。）会宁［县］，（注：……东南有会宁关。）乌兰［县］，

---

① 《新唐书》卷三十七《地理志一》，第973—975页。
② 《新唐书》卷二百一十七下《吐蕃传下》，第6107页。

（注：……西南有乌兰关。）"①

据此可知，五军包括朔方经略军、丰安军、定远军、新昌军、保塞军。朔方经略军，驻灵州城。丰安军，万岁通天元年（696）筑城，在灵州城西南180余里、黄河北侧，故址在今宁夏中卫市东部。定远军，初称定远城，先天二年（713），朔方大总管郭元振督筑定远城；其羊马城幅员14里，乃开元中信安王李祎督筑；唐后期置定远军，景福元年（892），灵威节度使韩遵奏置警州；位于灵州东北200里、黄河西侧，故址在今宁夏贺兰县姚伏镇。新昌军，故址待考。保塞军，置于贞元十九年（803），位于盐州城西方大道上，即今宁夏盐池县南部营盘台村附近。

三城是指丰宁城、保宁城、承天堡。丰宁城故址在今宁夏中宁县鸣沙镇。保宁城，即唐代灵州保宁县城，故址在今宁夏黄河西侧。承天堡，中和元年（881）徙雄州治承天堡，为行州，其确址待查。

一守捉是指新泉守捉，故址当在今宁夏中卫市西南、黄河东岸。

两关则指会宁关、乌兰关。会宁关，位于会宁县城东南180里处。乌兰关位于乌兰县城西南、黄河东岸，即今甘肃靖远县西南部。②

三、北疆西段——陇右道北部

唐后期，陇右地区一度失去有效控制。正如《旧唐书》所云："上元年后，河西、陇右州郡，悉陷吐蕃。大中、咸通之间，陇右遗黎，始以地图归国，又析置节度［司］。"即秦州、凉州、瓜沙三节度司。③"上元年"，即公元760年—761年；上元年后，实际是指唐代宗时期。大中年间，是指唐宣宗统治时期，即公元847年—860年；咸通年间，是指唐懿宗统治时期，即公元860年—874年。唐代宗即位后，陇右河西地带相继失陷。例如：凉州于"广德二年陷于西蕃"，广德二年即公元764年；甘州于"永泰二年陷于西蕃"，永泰二年即公元766年；肃州于"大历元年陷于西蕃"，大历元年即

---

① 《新唐书》卷三十七《地理志一》，第972—973页。
② 《元和郡县图志》卷四《关内道四·会州》，第98页。
③ 《旧唐书》卷三十八《地理志一》，第1392—1393页。

公元766年（此年由"永泰"改为"大历"）；瓜州于"大历十一年陷于西蕃"，大历十一年即公元776年；沙州于"建中二年陷于西蕃"，唐德宗建中二年即公元781年。①

历经失陷70年后，唐宣宗大中五年（851）正月，张义潮夺取吐蕃控制的沙州（治今甘肃敦煌市），遂发兵收复瓜、伊、西、肃、甘、兰、鄯、河、廓、岷10州。是年十月，遣其兄张义泽奉11州图籍重新归唐，"于是，河、湟之地尽入于唐。十一月，置归义军于沙州，以[张]义潮为节度使"。②在大中五年（851）张义潮起兵沙州并相继收复河西地带之后，唐朝在河西走廊建置凉州、沙州（归义军）两个节度使司，以管控北疆西段。史载："明年，沙州首领张义潮奉瓜、沙、伊、肃、甘等十一州地图以献。始，[张]义潮阴结豪英归唐，一日，众擐甲噪州门，汉人皆助之，虏守者惊走，[张义潮]遂摄州事。缮甲兵，耕且战，悉复余州。以部校十辈皆操挺，内表其中，东北走天德城，防御使李丕以闻。帝嘉其忠，命使者赍诏收慰，擢[张]义潮沙州防御使，俄号归义军，遂为节度使。其后，河、渭州虏将尚延心以国破亡，亦献款。秦州刺史高骈诱降[尚]延心及浑末部万帐，遂收二州，拜延心[为]武卫将军。[高]骈收凤林关，以延心为河、渭等州游弈使。咸通二年，[张]义潮奉凉州来归。……[咸通]八年，[张]义潮入朝，为右神武统军，赐第及田，命族子[张]淮深守归义[军]。十三年，[张义潮]卒。沙州以长史曹义金领州务，遂授归义[军]节度使。"③

（一）凉州节度使司管内

在凉州节度使司所管凉、甘、肃三州地区，唐后期存在着五军、六守捉、一镇、四戍栅、一墩诸驻防单位。

在凉州地界，有三军、三守捉、一镇、三戍。

---

① 参见《元和郡县图志》卷四十《陇右道下·凉州、甘州、肃州、瓜州、沙州》，第1018页、第1021页、第1023页、第1027页、第1025页。
② 《资治通鉴》卷二百四十九《唐纪六十五》"宣宗大中五年（851）"，第8044—8049页。
③ 《新唐书》卷二百一十六下《吐蕃传下》，第6107—6108页。

史载:"凉州武威郡,中都督府。……县五。(注:有府六,曰……又有赤水军,本赤乌镇,有赤青泉,因名之,幅员五千一百八十里,军之最大也。西二百里有大斗军,本赤水[军]守捉,开元十六年为军,因大斗拔谷为名。东南二百里有乌城守捉。南二百里有张掖守捉。西二百里有交城守捉。西北五百里有白亭军,本白亭守捉,天宝十四载为军。)姑臧[县],(注:中下。北百八十里有明威戍。西北百六十里有武安戍。……)昌松[县],(注:中。东北百五十里有白山戍。)"①

据此,三军是指赤水军、大斗军、白亭军。赤水军,在凉州城内,原为赤乌镇,其附近有赤青泉,因名之;其防区幅员5180里,乃唐代"诸军"之最大者。大斗军,位于凉州城西200里处,原为赤水军守捉城,开元十六年(728)升格为大斗军,因大斗拔谷而得名。白亭军,位于凉州城西北500里处(或谓在凉州姑臧县北300里马城河东岸),原先置白亭守捉;天宝十四载(755),河西节度使哥舒翰升之为军,"因白亭海为名也"。

三守捉城包括:乌城守捉,位于凉州城东南200里处;张掖守捉,位于凉州城南200里处;交城守捉,在凉州城西200里处。

一镇指通化镇,三戍包括明威戍、武安戍、白山戍。通化镇在天宝县境内。明威戍在姑臧县北180里,武安戍在姑臧县西北160里,白山戍位于昌松县东北150里处。②

在甘州地界,存在二军城、一守捉城、一墩。

史载:"甘州张掖郡,下。……县二。(注:西北百九十里祁连山北有建康军,证圣元年,王孝杰以甘、肃二州相距回远,置军。西百二十里有蓼泉守捉城。)张掖[县],(注:上。……西有巩笔驿。)删(山)丹[县],(注:中下。北渡张掖河,西北行出合黎山峡口,傍河东壖屈曲东北行千里,有宁寇军,故同城守捉也,天宝二载为军。军东北有居延海,又

---

① 《新唐书》卷四十《地理志四》,第1044页。《元和郡县图志》卷四十《陇右道下·凉州》,第1018页。

② 《元和郡县图志》卷四十《陇右道下·凉州》,第1018—1019页。

北三百里有花门山堡,又东北千里至回鹘衙帐。)"①

据此,二军城是:建康军(或作建昌军),位于甘州城西北190里、祁连山北;证圣元年(695),王孝杰以甘、肃二州相距回远,频被贼抄,遂置此军。宁寇军,在山丹县北1000里、居延水两汊中,原为同城守捉,天宝二年(743)升格为军。

一守捉城、一墩包括:蓼泉守捉城,位于甘州西120里处;花门山堡,位于居延海北300里处,实乃北疆西段的驻防前哨。

在肃州地界,分布着二守捉城、一戍堡。

史称:"肃州酒泉郡,下。……县三。(注:有酒泉、威远二守捉城。)酒泉[县],(注:中下。……)福禄[县],(注:下。……东南百二十里有祁连戍。东北八十里有盐池。)玉门[县],(注:中下。……开元中[玉门县]没吐蕃,因其地置玉门军。天宝十四载[哥舒翰奏]废军为县。)"②

据此,酒泉、威远二守捉,应分布在酒泉县境。祁连戍,在福禄县城东南120里处。

(二)沙州节度使司管内

在大中五年(851)张义潮起兵沙州后,遂奉瓜、沙、伊、肃、甘等十一州地图以献,唐廷遂于同年十一月在沙州城建立归义军节度使司。在沙州节度使司管区,存在着二军城、二守捉城、一镇城、二关城。

在沙州地界,配置一军、二关。

《新唐书》载:"沙州敦煌郡,下都督府。……县二。(注:有府三,曰龙勒、效谷、悬泉。有豆卢军,神龙元年置。)敦煌[县],寿昌[县],(注:下。……西有阳关,西北有玉门关。)"③

据此,豆卢军,神龙元年,置于沙州城内。玉门关,位于寿昌县城西北

---

① 《新唐书》卷四十《地理志四》,第1045页。又见《元和郡县图志》卷四十《陇右道下·甘州》,第1018—1019页、第1022页。
② 《新唐书》卷四十《地理志四》,第1045—1046页。《元和郡县图志》卷四十《陇右道下·肃州》,第1024—1025页。
③ 《新唐书》卷四十《地理志四》,第1045页。

118里处；阳关，位于寿昌县城之西60里处。①

在瓜州地界，存在一军、二守捉、一镇、一关。

《新唐书》载："瓜州晋昌郡，下都督府。……县二。（注：有府一，曰大黄。西北千里有墨离军。）晋昌［县］，（注：中下。本常乐［县］，武德四年更名。东北有合河镇，又百二十里有百帐守捉，又东百五十里有豹文山守捉，又七里至宁寇军，与甘州路合。）""玉门关，在县东二十步。"②

据此，一军指墨离军，位于瓜州城西北1000里处。二守捉包括：百帐守捉，位于晋昌县城东北120里处；豹文山守捉，位于晋昌县城东偏北270里处。一镇指的是合河镇，亦称合河戍，在晋昌县城东北80里处，神龙元年置之。一关指唐代玉门关，在晋昌县东20里处，即今甘肃瓜州县双塔堡附近。

四、唐代后期防御重心南移而引发的"河曲"南部筑城活动

唐后期，在中受降城西南的"河曲"北部曾建置一座军事要塞，遗憾的是其关名未流传至今。《新唐书》所谓中受降城"有拂云堆祠。接灵州境有关，元和九年置"即指此也。③

唐代后期，在"河曲"地域南部曾经掀起一阵筑城高潮。盐州城、夏州城的重建及扩建（指增筑夏州城的外廓城）出现于此期间。天宝十四载（755）十一月安史之乱爆发后，吐蕃乘虚攻占河西、陇右地区，逼近关中。唐代宗宝应年间（762—763），吐蕃武装占据陇山、原州弹筝峡、长乐山（今宁夏同心县东北境的大罗山）一带，东窥"河曲"南部地区。此后，不断向盐州、夏州一带侵袭。唐朝在北疆"河曲"地域军事驻防格局，随政治军事形势的变化而出现变动。夏州节度使司的军事地位迅速上升，成为防御吐蕃武力东进的重心区域。

---

① 《元和郡县图志》卷四十《陇右道下·沙州》，第1027页。
② 《新唐书》卷四十《地理志四》，第1045页。《元和郡县图志》卷四十《陇右道下·瓜州》，第1028页。
③ 《新唐书》卷三十七《地理志一》，第976页。

（一）盐州城、夏州城的重建

贞元二年（786），吐蕃先后攻陷盐、夏、银、麟诸州，形势极度紧张。盐州城（今陕西定边县沙场村古城址），于唐德宗贞元二年十一月被吐蕃攻占。同年十二月，吐蕃又进逼夏州城。唐朝夏州刺史托（拓）跋乾晖率部撤离夏州，拱手让出该城。吐蕃"又寇银州，州素无城，吏民皆溃；吐蕃亦弃之，又陷麟州"。① 贞元三年（787），吐蕃之军从盐、夏二城撤退，并大肆破坏，"悉焚其庐舍，毁其城，驱其民而去。灵盐节度使杜希全遣兵分守之。"② 吐蕃在这次向东侵扰过程中破坏了盐、夏二州城，成为此后重建二座城池的根本原因。

盐州城重建于贞元九年（793）。其时，盐州处在抵御吐蕃东侵的最前线，即所谓"盐州地当冲要，远介朔陲，东达银、夏，西接灵武，密迩延庆，保捍王畿。"史称"初，盐州既陷，塞外无复保障"。这种状况延续达六年之久。至贞元九年二月，唐朝决定重建盐州城，"辛酉，诏发兵三万五千人城盐州，又诏泾原、山南、剑南各发兵深入吐蕃以分其势，城之二旬而毕。命盐州节度使（按：当作刺史，参见同书贞元二年十一月）杜彦光戍之，朔方都虞候杨朝晟戍木波堡，由是灵、夏、河西获安"。③

值得注意的是，《资治通鉴》在此段记述中夹注着考异之文，即"《邠州志》：[贞元]'八年，诏追张公议筑盐、夏二城。张公奏曰……上遣之。张公以［魏］芄为邠宁马军兵马使。三月，师及诸军赴于五原，去城百里而军。芄独以其骑径至城下，陷城而入，逐吐蕃，召诸军城之；更引其军西掠境上，往复走望，为师耳目。蕃众距境而不敢入。官军城二郡而归。'……而《实录》在九年二月。盖去岁诏使城之，今年因命杜彦光等而言之"。考异谓"议筑盐、夏二城""官军城二郡而归"，"二郡"即二州

---

① 《资治通鉴》卷二百三十二《唐纪四十八》"德宗贞元二年（786）"，第7475页。
② 《资治通鉴》卷二百三十二《唐纪四十八》"德宗贞元三年（787）"，第7489页。
③ 《唐大诏令集》卷九十九。《全唐文》卷五十二。《资治通鉴》卷二百三十四《唐纪五十》"德宗贞元九年（793）"，第7540页。

之变称，指盐、夏二州城。《新唐书·张献甫传》对此也有相同记载。① 毫无疑问，贞元八至九年，盐、夏二州城防同时得到修复与加固。换言之，被吐蕃毁坏的夏州城内城在贞元八至九年间得到重建。

夏州城的外廓城也当在此后添建。具体地说，夏州城的外廓城大致始建于贞元九年至长庆四年（793—824）间，旨在加强夏州城的防御功能，以抵御吐蕃军队的东侵。据《新唐书》的记载：天宝十四载（755），唐朝在夏州城组建天柱军，标志着夏州城军事地位的上升。至宝应元年（762），天柱军被撤销。但因其时吐蕃从长乐山（今宁夏同心县大罗山）一线不断向盐州、夏州一带侵袭。唐德宗贞元三年六月，"甲子，割振武（节度使）之绥、银二州，以右羽林将军韩潭为夏、绥、银节度使，帅神策之士五千，朔方、河东之士三千镇夏州。"② 夏州节度使司的正式建立，标志着"河曲"地域成为防御重心所在，其管辖区域之南部——无定河上游流域在抵御吐蕃之军东侵上的重要性。而筑城活动随后出现，也就不足为奇了。夏州城增加驻军达八千之多，因此拓展城区、添筑外廓城就显得非常必要。

（二）芦子关北诸驻防城的构筑

长庆四年（824），夏州"节度使李祐筑乌延、宥州、临塞、阴河、陶子等城于芦子关北，以护塞外"③。此次在芦子关以北地区构建的五座驻防城，有重建者，有新筑者。芦子关城，亦称作芦关，故址位于今陕西安塞北境、延河上源的白于山之土门山谷镰刀湾、塞门堡。关北五堡，分布在白于山脉以北的无定河上游，遏阻吐蕃之军东下银、麟、绥、延诸州之途。

1. 宥州城　早已存在，此次仅系修葺重建。它的前身就是夏州长泽县城，宥州政府于元和十五年（820）九月自经略军城南迁入此城，遂有宥州城之号。同年稍后，宥州城被吐蕃攻陷而毁废。长庆四年，夏州节度使李祐主持重建之，作为芦子关北五城之一。宥州城故址经北京大学侯仁之先生调查

---

① 《资治通鉴》卷二百三十四《唐纪五十》"德宗贞元九年（793）"，第7540页。
《新唐书》卷一百三十三《张守珪传附张献甫传》，第4551页。
② 《资治通鉴》卷二百三十二《唐纪四十八》"德宗贞元三年（787）"，第7492页。
③ 《新唐书》卷三十七《地理志一》，第973—974页。

考定，即今内蒙古鄂托克前旗东南部、红柳河西侧的"城川古城"。①

2. 乌延城 应系新筑之城，据北京大学王北辰教授考证，其故址相当今陕西靖边县南部芦河西侧的镇靖乡政府驻在的"镇靖古城"。扼处在无定河南支流——芦河流出白于山的山口。北距今靖边县城约7.5公里，南距塞门镇约45公里。②

3. 临塞城 亦系新筑之驻防城，故址当在今陕西靖边县东部的龙洲乡龙洲村，即明代龙州堡的位置，西距乌延堡（今镇靖堡旧址）约20公里。唐朝亡后，西夏在此置龙州。③

4. 陶子城 亦属新筑之驻防城，据王北辰教授考证：故址即今内蒙古乌审旗南部、红柳河东侧的河南乡三岔河村古城（或作"大石砭古城"）。东迄今陕西靖边县境。④

5. 阴河城 亦系新筑之驻防城，故址应在今陕西靖边县东部高家沟乡北境的惠桥水库大坝附近、明代清平堡所在地。明初被称作"砖营儿"，表明此处是唐宋元时期一座城堡聚落遗址，当与唐后期的阴河城有关联。西距临塞城（今龙洲堡村）约20公里。⑤

芦子关北五城的地理分布格局表明：宥州、陶子与夏州三城构成鼎立之势，扼制无定河干流谷地；而乌延、临塞、阴河三城也相互配合，肩负着无定河南侧的芦河河谷一带的防务。

第三节 唐朝后期北疆地带交通道路的开辟与维护

唐朝对北部边疆的道路交通相当重视，因为交通线是唐朝治理边疆、

---

① 侯仁之：《从红柳河上的古城废墟看毛乌素沙漠的变迁》，见《历史地理学的理论与实践》，上海人民出版社，1984年，第47—68页。
② 《王北辰西北历史地理论文集》编辑组：《王北辰西北历史地理论文集》，学苑出版社，2000年，第10页、第54页。
③ 艾冲：《西北城市发展与环境演变研究》，西安地图出版社，2004年，第107页。
④ 《王北辰西北历史地理论文集》编辑组：《王北辰历史地理论文集》，学苑出版社，2000年，第10页、第55页。
⑤ 艾冲：《西北城市发展与环境演变研究》，西安地图出版社，2004年，第132—133页。

处理边政的基础设施。路况良好、交通顺畅，中央政府的军令、政令就可顺利地传达至边疆地带各地方行政单位、各民族的部落区域，而北部边疆的碛北、碛南各地方军政信息也能快速上报中央政府，以便及时采取应对措施。因此，交通设施的优劣关系着隋唐时期治边军政措施能否及时到位与发挥有效作用。

一、北疆东段的干线道路

北部边疆东段的南北交通干道分布在河北道、河东道两个地域，主要分作三条，即卢龙口道、军都关道、雁门关道。前两道皆以幽州城为出发地，伸往北疆地带的漠南、漠北区域；后者则以并州（后称太原府）城为其出发地。

（一）卢龙口道

此道从幽州城向东经行蓟州，"东北九十里有洪水守捉，又东北三十里有盐城守捉，又东北渡滦河有古卢龙镇，又有斗陉镇"，东北行经今河北迁西县喜峰口，穿越燕山山脉，东北抵达营州城。"自古卢龙［口］北经九荆岭、受米城、张洪隘，度石岭，至奚王帐六百里。又东北行傍吐护真河五百里至奚、契丹衙帐。又北百里至室韦帐。"① 此道经由营州北上，过奚、契丹游牧区域，渡潢水，北上今大兴安岭以西的蒙古高原东部，即至室韦诸部游牧的草原。

（二）军都关道

此道从幽州城向西北，经由昌平县，北行十五里进入军都陉（今居庸关关沟南口）。西北旅行三十五里，出纳款关（居庸故关），亦谓之军都关。再转北行九十里，穿越长城，经过妫州北部的"广边军（故白云城也）"，经由独石口，北上漠南草原区域。

（三）雁门关道

雁门关位于代州城西北方的句注山（今山西北部的恒山山脉）间，分作

---

① 《新唐书》卷三十九《地理志三》，第1022页。

东陉、西陉，是控制南北交通线的咽喉之地。北去的大路自太原府而来，经由忻州、代州，出雁门关，过朔州、云州，穿越阴山白道，前往漠南草原牧区。再经由碛口，穿越大漠，前往漠北区域。

二、北疆中段的干线道路

唐代后期，尤其是元和八年之后，以夏州城、灵州城为交通中转站的北去道路有三条，即中受降城道、西受降城道，以及经由灵州城北去的定远城道。

（一）中受降城道

来自夏州城的道路，北渡黄河，抵中受降城，继续北上经过呼延栅，进入呼延谷，经过其北口的归唐栅，再北去漠南草原，经过诺真水汊（今内蒙古达茂旗北部的艾不盖河两条支流汇合处）而至碛口。穿越大碛后，通往郁督军山东侧的草原。再循鄂尔浑河而下，可抵达北海侧畔。

（二）西受降城道

来自夏州城的道路，经由什贲故城、宁远镇，西北经丰州城，西北行80里渡黄河，抵中城；再由此北行穿越阴山高阙谷，经由鹈鹕泉旁，穿行大漠而北去，可抵回纥部族牙帐所在地（今杭爱山脉东侧）；再由此地向西北方旅行，可达黠戛斯部族所在地——今蒙古国西北部唐努山、俄罗斯图瓦地区。

自宁远镇北行，经由安乐戍，东渡黄河，经过永清栅而抵达天德军城，继续东北行进，也可前往诺真水汊、碛口。

（三）定远城道

来自灵州城的道路，北渡黄河，经由定远城、丰州丰安县故城（今内蒙古巴彦淖尔市临河区八一古城），继续北行，穿过阴山高阙谷道，通往漠南、漠北区域。此道在唐代前期是"参天可汗道"的重要路段，交通地位甚高；至唐后期，因为民族、军事、政治和经济因素的影响，其重要性趋于下降。

三、北疆西段的干线道路

唐代后期，北疆西段，即河西地区的交通道路跟前期略同，并无明显变动。大中五年（851），张义潮收复河西地区后，唐廷在河西重建地方行政管制体系，即凉州节司、归义军节司，恢复道路交通活动。自河西通向碛北地域的道路大体有三条，就是宁寇军道、白亭军道和豹文山守捉城道。

（一）宁寇军道

据《新唐书》记载：此道自凉州城向西偏北延伸，经番禾县（今甘肃永昌县），至甘州东部的删丹县，傍删丹河、张掖河北侧西北行，至合黎山峡口（今甘肃高台县西北）转向北，傍张掖河（今称额济纳河、弱水河）东岸而去，一直伸延至宁寇军城（今内蒙古额济纳旗南部马圈古城）。再北行300里，经过花门山堡，转向东北方趋1000里外的郁督军山东麓，即回鹘部族政权牙帐驻地。即"北渡张掖河，西北行出合黎山峡口，傍河东壖屈曲东北行千里，有宁寇军，故同城守捉也，天宝二载为军。军东北有居延海，又北三百里有花门山堡，又东北千里至回鹘衙帐"①。

（二）白亭军之道

白亭军城，位于凉州城东北五百里、白亭海旁，原先置白亭守捉，天宝十四载升格为军。白亭海是隋唐时期河西地区的一个大型内流湖泊，其周边形成一个大范围的绿洲，位于今甘肃民勤县东北境。因其宜农亦宜牧，因而受到突厥部落的扰略。该道自凉州城而来经过明威戍（今民勤县城南侧20公里处），伸至白亭军城；由此通向碛南地区（今阿拉善高原北部区域），继而伸往碛北地域。②

（三）豹文山守捉城之道

据前人研究，瓜州北境的豹文山守捉城，位于今内蒙古额济纳旗西部的公婆泉东侧。此道南端起于瓜州城，向北偏东伸至合河镇，再北行120里，抵百帐守捉城，继续北行150余里至豹文山守捉城。由此可继续向北伸向金山东北的碛北区域，也可转向东方行700里而抵达宁寇军城，与中线道路汇合而转往碛北。正所谓：自瓜州往"东北有合河镇，又百二十里有百帐守捉，又东百五十里有豹文山守捉，又七［百］里至宁寇军，与甘州路合。"

---

① 《新唐书》卷四十《地理志四》，第1045页。
② 《新唐书》卷四十《地理志四》，第1044页。

即指豹文山守捉城道。①

至于北部边疆地带的横向交通道路的建设与分布，在此从略。

第四节　唐朝后期北疆的重大事变及应对方略

在唐后期的北部边疆，最为重大的事件就是碛北地域的回鹘部族政权于开成五年（840）突然解体而部众四散逃亡，致使唐朝北疆一度陷入混乱状态。幸而朝廷采取有效的应对方略，及时而有效地处置了这一事变，恢复了北疆的安宁。

一、唐贞元中吐蕃武装袭掠盐、夏、银、麟诸州与唐朝应对方略

安史之乱后，吐蕃次第攻占陇右、河西等地。至唐德宗贞元年间（785—805），吐蕃多次从其占据的长乐山出发，向东袭掠盐、宥、夏、银、麟5州地区，致使这些地方遭受劫掠。

据《新唐书》记载，天宝十四载（755），唐朝在夏州城组建天柱军，标志着夏州城军事地位的上升。至宝应元年（762），天柱军被撤销。但在此时，吐蕃侵占陇山、原州弹筝峡、长乐山诸地，不断向盐州、夏州地区侵袭。唐德宗贞元三年（787）六月，"甲子，割振武（节度使司）之绥、银二州，以右羽林军将军韩潭为夏绥银节度使，帅神策之士五千，朔方、河东之士三千镇夏州"。夏州节度使司的正式建立，标志着其防御地位的上升。

（一）唐德宗贞元年间吐蕃武装之东掠事件

唐德宗贞元二年十一月，吐蕃攻占盐州城。同年十二月，吐蕃进占夏州城，又攻陷银、麟二州。贞元三年，吐蕃从盐、夏二城撤军，并大肆破坏，即"悉焚其庐舍，毁其城，驱其民而去。灵盐节度使杜希全遣兵分守之"②。

至贞元十七年，吐蕃再度东犯盐、麟诸州地区。《新唐书·吐蕃传》载：贞元"十七年，［吐蕃］寇盐州，陷麟州，杀刺史郭锋，湮隍堕陴，

---

① 《新唐书》卷四十《地理志四》，第1045页。
② 《资治通鉴》卷二百三十二《唐纪四十八》"德宗贞元三年（787）"，第7489页。

系居人，掠党项诸部，屯横槽烽"①。此记载显然过于简略。《旧唐书·吐蕃传》对此事件记载较为详细，即贞元"十七年七月，吐蕃寇盐州，又陷麟州，杀刺史郭锋，毁城隍，大掠居人，驱党项部落而去。次盐州［城］西九十里横槽烽顿军。呼延州僧延素辈七人，称徐舍人召。其火队吐蕃没勒遽引延素等［人］疾趋至帐前，皆马革桍手，毛绳缧颈。见一吐蕃年少，身长六尺余，赤髭大目，乃徐舍人也。命解缚，坐帐中，曰：'师［父］勿惧，余本汉人，司空英国公五代孙也。……此蕃、汉交境也，复九十里至安乐州，师无由归东矣。'……适有飞鸟使至，飞鸟，犹中国驿骑也，云：'术者上变，召军亟还。'遂归之"②。《旧唐书》这段文字为我们显示出此次劫掠盐、麟诸州的基本过程。其中提及的"横槽原"是唐朝盐州驻军防区的西缘，依其文意，横槽烽位于盐州城西九十里处"横槽原"畔，再往西九十里则为吐谷浑部落居住的安乐州城所在地。再据《元和郡县图志》可知：唐代安乐州城位于今宁夏同心县的大罗山东侧苦水河上游谷地，即今宁夏同心县东部的韦州镇附近。若以大罗山东南侧的韦州镇为起始点，向东偏北行九十里，抵达横槽烽所在横槽原，再由横槽烽东行90里，则到达盐州城。依里制推算，安乐州至横槽烽约48.6公里，略当今盐池县中部的惠安堡镇杜窑沟村东南之地。该村东南至青山乡西境的吴家小口子村一带应是横槽原所在。由杜窑沟村附近再往东48.6公里，到达盐州治城，相当今陕西定边县红柳沟镇沙场子村一带。因此，唐代盐州城遗址应在今陕西定边县红柳沟镇北部沙场子村古城址。宥州城，故址即今内蒙古鄂托克前旗城川镇东北侧的城川古城。夏州城，即今陕西靖边县北境的白城子古城。银州城，即今陕西横山东境的党岔古城。麟州城，即今陕西神木县北部的杨家城村古城。③

吐蕃几次东犯盐、夏、宥、银、麟诸州，波及地域相当今陕西省榆林市大部和内蒙古鄂尔多斯市南缘。

---

① 《新唐书》卷二百一十六《吐蕃下》，第6099页。
② 《旧唐书》卷一百九十六《吐蕃下》，第5259页。
③ 艾冲：《唐蕃争夺的盐州治城新考》，见《唐史论丛》第十六辑，陕西师范大学出版总社有限公司，2013年，第18—28页。

（二）唐朝应对吐蕃东犯的补救措施

在吐蕃东犯期间，因为唐朝政府军驻军实力虚弱，盐、夏、银、麟四州相继陷落。其后，唐廷致力于各州治城城防的修复与强化、驻防城群体的建设，以有效控制这些地方。

夏州节度使司对其治城城防的加固与扩建，应在长庆四年（824）以前。唐德宗贞元二年（786）十一月，吐蕃攻占盐州城。同年十二月，吐蕃进占夏州城，又陷银、麟二州。贞元三年，吐蕃从盐、夏二城撤军，并大肆破坏，即"悉焚其庐舍，毁其城，驱其民而去。灵盐节度使杜希全遣兵分守之。"①

显然，盐州城处在抵御吐蕃东犯的前沿，重建盐州城就成为当务之急。史称"初，盐州既陷，塞外无复保障"。至贞元九年（793）二月，唐朝方修复盐、夏二州城。是年二月"辛酉，诏发兵三万五千人城盐州，又诏泾原、山南、剑南各发兵深入吐蕃以分其势，城之二旬而毕。命盐州节度使（按：当作刺史）杜彦光戍之，朔方都虞候杨朝晟戍木波堡，由是灵、夏、河西获安。"② 值得注意的是，《资治通鉴》在此段记述中夹注着考异之文。即"考异曰：《邠志》：'八年，诏追张公（按：指张献甫）议筑盐、夏二城。张公奏曰……上遣之。张公以[魏]芫为邠宁马军兵马使。三月，师及诸军赴于五原，去城百里而军。[魏]芫独以其骑径至城下，陷城而入，逐吐蕃，召诸军城之；更引其军西掠境上，往复走望，为师耳目。蕃众距境而不敢入。官军城二郡而归。'白居易《乐府·城盐州》注亦云'贞元壬申岁，特诏城之。'而《实录》在九年二月。盖去岁诏使城之，今年因命杜彦光等而言之"。其考异之文谓"议筑盐、夏二城""官军城二郡而归"，"二郡"即二州之异称，指盐、夏二州治城。毫无疑问，贞元八年至九年（792—793），盐、夏二州城同时得到修复与加固。夏州城的外廓城当在此时增建而成。被吐蕃毁坏的夏州城内城同时得到重建。③

---

① 《资治通鉴》卷二百三十二《唐纪四十八》"德宗贞元三年（787）"，第7489页。
② 《资治通鉴》卷二百三十四《唐纪五十》"德宗贞元九年（793）"，第7540页。
③ 艾冲：《唐蕃争夺的盐州治城新考》，见《唐史论丛》第十六辑，陕西师范大学出版总社有限公司，2013年，第18—28页。艾冲：《隋唐时期的夏州城新论》，见《陕西历史博物馆馆刊》第十八辑，三秦出版社，2011年，第104—114页。

唐穆宗长庆四年，夏州节度使李祐在夏州城与白于山间地带构筑五座军事城堡，以阻遏吐蕃东下之途。即夏州"节度使李祐筑乌延、宥州、临塞、阴河、陶子等城于芦子关北，以护塞外"①。通过唐廷和地方封疆大吏的努力，唐朝恢复与加强了盐、夏、银、麟诸地的驻防实力，稳定了区域军政形势。

二、唐武宗开成五年回鹘部众南徙与唐朝应对方略

回纥部族藩属政权在漠北自唐天宝三载（744）回纥部酋长骨力裴罗被唐朝册立为"怀仁可汗"起，至唐文宗开成五年（840）回纥汗国被黠戛斯攻破为止，在漠北生存近百年之久。元和四年（809），回纥部改称回鹘。

（一）唐武宗开成五年回鹘部众逃离碛北地域

开成元年至四年（836—839），回鹘部族政权内讧相踵，同时漠北又连续遭受旱灾、瘟疫、大雪等自然灾害的打击，即"方岁饥，遂疫，又大雪，羊、马多死"，回鹘部族政权遂趋于衰弱。②开成五年（840）九月，回鹘部族政权内部"有将军句录末贺恨掘罗勿，走引黠戛斯领十万骑破回鹘城，杀馺馺，斩掘罗勿，烧荡殆尽。回鹘[部民]散奔诸蕃"。于是，回鹘部族政权崩溃，诸部四散逃亡。

各部落逃亡的路线与方向各不相同，大概分成五股逃离碛北地域：两股西迁，三股南迁。由鄂尔浑河上游西迁的两股回鹘部众，分别是：由其贵族成员薎职率领的第一股回鹘部民，"拥外甥庞特勤及男鹿并遏粉等兄弟五人、一十五部西奔葛逻禄"，即迁往葱岭以西地区（今中亚地区的哈萨克斯坦、吉尔吉斯斯坦之境），后来建立喀剌汗政权（1212年灭亡）。③第二股回馺部众则西迁"投安西"，乃迁往唐代旧安西都护府境内；迄咸通七

---

① 《旧唐书》卷十七上《敬宗纪》，第509页。《新唐书》卷三十七《地理志一》，第973—974页。《册府元龟》卷九百九十四《外臣部·备御七》。艾冲：《隋唐时期的夏州城新论》，见《陕西历史博物馆馆刊》第十八辑，三秦出版社，2011年，第104—114页。

② 《新唐书》卷二百一十七下《回鹘传下》，第6130页。《资治通鉴》卷二百四十六《唐纪六十二》"文宗开成四年（839）"，第7942页。

③ 林幹：《突厥与回纥史》，内蒙古人民出版，2007年，第182—188页。

年（866）春季，回鹘首领仆固俊击败吐蕃武装，攻取庭州、西州、轮台诸城，以西州（治今新疆吐鲁番高昌古城）为居住中心，后称西州回鹘（高昌回鹘）。

由鄂尔浑河上游南迁的三股回鹘部众，第一股南下"投吐蕃"，即途经居延海绿洲而迁至吐蕃控制下的河西走廊地区，后以甘州（治今甘肃张掖市）为中心区域，史称"甘州回鹘"（或河西回鹘）。有的学者认为这一股回鹘部民属于西迁的一股，应是误解。河西走廊位于鄂尔浑河上游的南方，由回鹘牙帐驻地逃往河西走廊属于向南迁徙。① 第二股回鹘部民则是"又有近可汗牙［帐］十三部，以特勤乌介为可汗，南来附汉"。即乌介特勤（或作乌希特勒）为首的回鹘牙帐附近十三部落向南逃亡，于会昌元年（841）二月"南保错子山"，继而迁至漠南阴山。第三股回鹘部民则由回鹘部族政权的丞相赤心、仆固、特勤那颉啜等各率其属部，于开成五年九月度漠南迁至天德军防区北界附近，"各帅其众抵天德塞下，就杂虏贸易谷食，且求内附"，却"不宾乌介"。② 于是乎，乌介可汗为首的回鹘部众与赤心等首领率领的回鹘部众互不统属，在碛南草原时起冲突。

在此重点论述南迁的乌介可汗所率十三部落和赤心等人为首的其他回鹘部落，以及唐朝的安置方略。黠戛斯袭破回鹘城后，获得唐朝太和公主（唐穆宗第十妹），遂派人专程护送公主归唐。史载："黠戛斯自称李陵之后，与国同姓，遂令达干十人送公主至塞上。"孰料途中被逃亡的乌介可汗劫掠，"乌介途遇黠戛斯使，达干等并被杀，太和公主却归乌介可汗。乃质公主同行，南渡大碛，至天德［军］界，奏请天德城与太和公主居"。

会昌元年（841），乌介可汗遂以太和公主为人质，要挟唐廷让出天德军城。乌介可汗又欲吞并赤心、仆固、那颉啜所领回鹘部众，遂施计诱杀赤心、仆固二人。但是，那颉啜击败乌介，遂尽领赤心、仆固之部众，离

---

① 林幹：《突厥与回纥史》，内蒙古人民出版社，2007年，第188页。
② 《旧唐书》卷一百九十五《回纥传》，第5213—5214页。《新唐书》卷二百一十七下《回鹘传下》，第6131页。《资治通鉴》卷二百四十六《唐纪六十二》"武宗会昌元年（841）"，第7949页。

开阴山东移，即"那颉［啜］战胜，全占赤心［属］下七千帐，东瞰振武［军］、大同［军］，据室韦、黑沙、榆林，东南入幽州雄武军西北界"。阴山，在此具体指今狼山；振武军，即今内蒙古和林格尔县北部的土城子古城；大同军，即今山西朔州市；雄武军，即今河北省北部燕山山区，据《新唐书》载：雄武军，位于蓟州（今天津蓟州区）北境的故广汉川中。具体位置当在今河北省兴隆、滦平两县间，所谓"幽州雄武军西北界"，指的是雄武军驻防区西北界，当在今河北滦平县西部。显然，那颉啜为首的回鹘流民已从狼山下向东迁移至今内蒙古东部与河北省北部地带。乌介可汗为首的回鹘流民仍然活动在阴山地带。

（二）唐朝应对和安置回鹘部落的方略

唐朝针对南迁的两股回鹘部众在碛南地区的抢掠行径，采取坚决的军事打击方针；同时，对于归附的回鹘贵族成员和普通民众采取妥当的安置政策。

以那颉啜为首的回鹘部众在漠南草原的劫掠行为，给漠南草原诸族带来极大的灾难，遂遭到唐朝幽州节度司驻军的征剿。幽州节度使张仲武"大破那颉［啜］之众，全收七千帐，杀戮收擒老小近九万人"。那颉啜在战斗中负伤逃脱，却被"乌介获而杀之"。① 唐朝妥善地安置了俘获的回鹘部民。

至会昌二年（842）秋季，乌介可汗挟持太和公主为人质已有两年。在此期间，剽掠漠南诸族牧畜，造成社会秩序严重混乱。史载："乌介诸部犹称十万众，驻牙［于］大同军北闾门山，时会昌二年秋，频劫东陕已北，天德、振武、云、朔，比罹俘戮。""明年，回鹘奉［公］主至漠南，入云、朔，剽横水［栅］，杀掠甚众，转侧［于］天德、振武间，盗畜牧自如。[朝廷］乃召诸道兵合讨"。至会昌三年春，乌介可汗所管回鹘十一部落共三万人，"相次降于幽州［节度司］，诏配诸道"。所谓"大同军北闾门山"，大同军城即今山西省朔州市城区，闾门山指今山西右玉县北境杀胡口两侧山区。回鹘贵族嗢没斯等五部落则降于振武军节度使司，唐武宗皇帝

---

① 《旧唐书》卷一百九十五《回纥传》，第5213—5214页。《新唐书》卷二百一十七下《回鹘传下》，第6131页。

"诏拜嗢没斯为右金吾卫大将军，爵怀化郡王，以天德［军］为归义军，即拜归义军使。……加赐嗢没斯［以］牙旗、豹尾、刀器诸物，给其属冠带。""嗢没斯请留族［于］太原，率昆弟为天子扞边，帝命刘沔为［之］列舍［于］云、朔间处其家"。乌介的部分亲信、亲属等也归降于振武军节度司。另有两部南奔吐蕃、两部东北奔大室韦。①

尽管众叛亲离，乌介在会昌三年犹有五六万部众，东移至"去幽州界八十里下营"。但是，很快就遭到政府军的奔袭。"是夜，河东［节度使］刘沔率兵奄至乌介营。乌介惊走东北约四百里外，依和解室韦下营，不及将太和公主同走。丰州刺史石雄［率］兵遇太和公主帐，因迎归国。"《新唐书》称此战"降特勒以下众数万，尽收辎帑及所赐诏书"。乌介遭到最惨重的损失。至会昌六年，乌介的大多数部众诣幽州［节度司］，归降唐廷。此后，仅有两千余人仍追随乌介，而且"留者漂流饿冻"，"所存止三千以下"。在众叛亲离的窘境中，乌介可汗投奔室韦黑车子部酋长。会昌六年七月，其部下逸隐啜袭"杀乌介于金山"，其弟特勤遏捻被余众拥立为可汗，依附于奚族首领，即"复有众五千以上，其食用粮羊皆取给于奚王硕舍朗"。大中元年（847）五月，幽州节度使张仲武大破奚族部众，遏捻可汗为首的回鹘部众失去生活资料供给源，日益耗散。"至［大中］二年春，唯存名王贵臣五百人已下，（转）依室韦。"②可见，大中二年春天，遏捻可汗为首的回鹘余众已不到五百人。

然而就在大中二年春，回鹘余众再度遭受黠戛斯部族的沉重打击。"黠戛斯相阿播领诸蕃兵称七万，从西南天德［军］北界来取遏捻及诸回鹘，大败室韦。回鹘在室韦者，阿播皆收归碛北。"③迄此年，乌介率领的南迁回鹘流民，大多数已经归降唐朝，唯极少数被黠戛斯掠往漠北地区。

---

① 《新唐书》卷二百一十七下《回鹘传下》，第6131—6132页。《旧唐书》卷一百九十五《回纥传》，第5214页。
② 《旧唐书》卷一百九十五《回纥传》，第5214—5215页。《资治通鉴》卷二百四十八《唐纪六十四》"武宗会昌六年（846）"，第8025页；"宣宗大中元年（847）"，第8030页；"宣宗大中二年（848）"，第8032页。
③ 《旧唐书》卷一百九十五《回纥传》，第5215页。

总括而言，归降唐朝的南迁回鹘流民，赤心为首的诸部约九万人、乌介为首的部众也达九万多人，合计十八万之多。唐朝对归降的回鹘降民实行"诏配诸道"，"分其兵赐诸节度"，即安置在各个方镇管区；对其首领则"给其属冠带""皆赐李氏"的优惠待遇政策。这部分回鹘降民其后成为编户齐民，或逐渐融入其他族群，不再成为一个部族群体。

南迁河西走廊的回鹘诸部，牙帐驻甘州，起初蒙受吐蕃役属十余年。唐宣宗大中五年正月，张义潮夺取吐蕃控制的沙州，遂发兵收复瓜、伊、西、肃、甘、兰、鄯、河、廓、岷十州。是年十月，张义潮遣其兄张义泽奉十一州图籍归唐。"于是，河、湟之地尽入于唐。十一月，置归义军于沙州，以[张]义潮为节度使"。于是，甘州回鹘遂回归大唐统治。① 自大中六年起，甘州回鹘通过灵州与唐朝保持交通、朝贡联系，其首领被唐廷册立为"怀建可汗"，② 却"无复昔时之盛"。延至五代，甘州回鹘与五代中原王朝的关系仍很密切，接受五代的册封、授官与回赠，仍旧"遣使入朝，进玉、马二物及本土所产，交易而返"③，且"时时以玉、马与边州相市云"④。

宋仁宗天圣六年（1028），西夏将领、皇子李元昊率军突袭河西，攻破甘州城，甘州回鹘部族政权灭亡。其后数年间，西夏军队继续攻占河西走廊诸州。至宋景祐三年（1036），肃、瓜、沙三州陷落。甘州回鹘大部遂降于西夏；其余部落则逃入祁连山区或青海境内。甘州回鹘在11世纪始信奉佛教，并在其后的岁月与党项、汉、藏等其他民族不断交流与融合，部分人口演变为新的民族。⑤

唐代铁勒族回纥部的迁徙历程反映出边疆游牧民族与中原农耕民族间的紧密联系，各民族水乳交融的历史脉络。古代如此，当代也是如此。⑥

---

① 《资治通鉴》卷二百四十九《唐纪六十五》"宣宗大中五年（851）"，第8044—8049页。
② 《新唐书》卷二百一十七下《回鹘传下》，第6133页。
③ 《旧唐书》卷一百九十五《回纥传》，第5215页。
④ 《新唐书》卷二百一十七下《回鹘传下》，第6134页。
⑤ 林幹：《突厥与回纥史》，内蒙古人民出版社，2007年，第188—197页。
⑥ 艾冲：《论唐代铁勒族回纥部的三次内迁》，见《唐史论丛》第十四辑，陕西师范大学出版总社有限公司，2012年，第349—358页。

第六章　唐朝治理北部边疆的经济举措

有唐一代，在北部边疆实行的经济治理措施包括营田（屯田）、和籴、长途转运、移民实边、发展边地社会经济、民族贸易等。[①] 本章论述的重心放在营田与和籴两大举措上，以此展开来探讨唐朝治理北疆的经济方略和实践过程。

唐朝在北疆推行营田、和籴两种经济政策，主要是为了解决北疆驻防军的粮食供给问题。最初，边地驻防军的粮食由政府从内地长途运输而来，但是，由于路途遥远、运输成本过高，费时费力却仍然无法正常保障驻防军的后勤供给。因此，要拓展边疆、稳定边疆，首先要有效地解决驻军的日常生活保障问题。唐朝政府解决此重大现实问题的途径主要是两个：一是在边地发展营田（屯田）式农业经济，二是向近边农村收购粮食作为军粮储备。这两项措施后来形成两种边地经济政策，或同时实行，或交替应用，较为成功地解决了北疆驻军的粮食问题。正因为如此，唐朝才在较长时段内有效地控制着北部边疆地区。

第一节　唐朝北疆"营田"经济的发展与管理

据实而论，唐朝政府在北部边疆地带组织营田式农业经济活动早在唐

[①] 唐代文献所谓"营田"，亦即屯田。

高祖李渊统治时期就开始运作了。此后，北部边疆逐步收复，由于治理北疆的现实需要，唐朝政府主导的边地营田式农业经济活动空间逐渐扩大，相继在北疆东、中、西段展开；直到唐后期依然如此。营田农业发挥着支持驻防军控制边疆的基础作用。政府的强力组织、管理和奖惩措施，则成为保证营田经济正常存在与发展的前提条件。唐前期是如此，唐后期亦然。

一、北疆营田农业的组织与管理

唐朝政府在组织北疆屯田农业过程中逐渐形成其固定的经济组织和管制模式，透过特定的屯田组织和管理，发展起北疆地带的屯田农业经济，在一定时段有效地保障着北疆驻防军的后勤需要。

据史书记载，唐朝在北疆的屯田组织系统前期与后期有所变化。唐前期，中央政府内部主掌"营田"机构的是尚书省，地方主管边疆"营田"的高级职官称"知营田事"，由中央政府任命专人负责各大驻防区屯田农业的组织、监督和奖惩。其下设置"屯官"，主持各个屯田区域的具体管理事务。《新唐书》载："唐开军府以扞要冲，因隙地置营田，天下屯［田区］总九百九十二。司农寺每屯三十顷，州、镇诸军每屯五十顷。水陆腴瘠、播殖地宜与其功庸烦省、收率之多少，皆决于尚书省。苑内屯以善农者为屯官、屯副，御史巡行苞苴。上地五十亩，瘠地二十亩，稻田八十亩，则给牛一［头］。诸屯以地良薄与岁之丰凶为三等，具民田岁获多少，取中熟为率。有警，则以兵若夫千人助收。隶司农［寺］者，［每］岁三月，［司农］卿、少卿循行，治不法者。凡屯田收多者，褒进之。［每］岁以仲春籍来岁顷亩、州府军镇之远近，上兵部，度便宜遣之。开元二十五年，诏屯官叙功以岁丰凶为上下。镇戍地可耕者，［每］人给十亩以供粮。方春，屯官巡行，谪［农］作不时者。天下屯田收谷百九十余万斛。"①

至天宝年间，北疆地区形成数个节度使司驻防区，地方主管边疆"营

---

① 《新唐书》卷五十三《食货志三》，第1372页；卷四十八《百官志三》，第1263页。

田"的高级职官改称"营田使",由各节度使兼任,负责本地区屯田农业经济的管理。于是,唐前期北疆地区的屯田组织构成呈现出"尚书省(具体为兵部)——营田使(其前身为"知营田事")——屯官——屯田军卒"的结构。

二、北疆营田农业的时空进程

唐朝武德年间,东突厥的军事威胁尚未解除,战乱导致农民流散,唐廷为了保障北部实际控制区域驻防军的粮食需求,率先在并州地区兴办了官方主导的屯田农业。

(一)唐前期的屯田农业

唐朝北疆屯田事业兴起于武德五年,兴办屯田解决军队粮食供应的主张是由并州大总管府主官窦静首先向中央政府提出的。是年,鉴于"突厥数为边患,并州大总管府长史窦静表请于太原[县]置屯田以省馈运;[朝廷]议者以为烦扰,不许。[窦]静切论不已,[唐高祖]敕征静入朝,使与裴寂、萧瑀、封德彝相论难于上前,[裴]寂等不能屈,乃从静[之建]议,岁收谷数千斛。上善之,命检校并州大总管。静,[窦]抗之子也。"①窦静兴办屯田的建议被唐高祖采纳后,作为国家的经济决策付诸实施,当年就取得显著的经济成效,达到了"以省馈运"的目标。因此,秦王李世民于武德六年建议扩大并州的屯田规模和区域范围,即武德六年"十一月,辛巳,秦王[李]世民复请增置屯田于并州之境,从之"。②唐高祖采纳秦王的请求,在并州地区的屯田农业随之快速发展起来。换言之,经过地方官员窦静的奏请和实施,唐朝屯田农业发展拉开了序幕。

贞观四年后,唐朝相继收复北部边疆的漠南、漠北地区。驻防军防区向北推进,屯田农业经济也向北扩展至阴山南侧宜于耕作的平原地区,以就近

---

① 《资治通鉴》卷一百九十《唐纪六》"高祖武德六年(623)",第5974页。
② 《资治通鉴》卷一百九十《唐纪六》"高祖武德六年(623)",第5974页。

供给驻军所需粮秣。贞观四年三月庚午，突厥思结俟斤率众四万来降。① 同年九月，"思结部落饥贫，朔州刺史新丰张俭招集之，其不来者，仍居碛北，亲属私相往还，俭亦不禁。及俭徙胜州都督，州司奏思结将叛，诏俭往察之。俭单骑入其部落说谕，[南]徙之[于]代州，即以俭检校代州都督，思结卒无叛者。俭因劝之营田，岁大稔。俭恐虏蓄积多，有异志，奏请和籴以充边储。[思结]部落喜，营田转力，而边备实焉"。至贞观十五年，居住在五台县境的突厥思结部叛走，代州兵追之，适逢李世勣击败薛延陀骑兵于诺真水后凯旋，两军夹击而悉诛之。② 其他的思结部居民仍旧居住在代州境内，从事屯田经济活动。

唐高宗至中宗统治时期，娄师德相继出任陇右河西地区、朔方地区的营田主管官员。上元元年（674），娄师德因从军西讨吐蕃，频有战功，被提升为殿中侍御史，兼河源军司马，并"知营田事"。天授初年（690），累授左金吾将军，兼检校丰州[都督府]都督，仍"知营田事"。经过娄师德在丰、灵、盐、夏诸州的持续经营，屯田农业经济取得巨大成功，满足北疆中段区域驻防军的粮食需求后，还储存了大量的粮食，可供北疆驻军数年支用。娄师德因此受到武则天的慰劳。史载："则天降书劳曰：'卿素积忠勤，兼怀武略，朕所以寄之襟要[之地]，授以甲兵。自卿受委北陲，总司军任，往还灵、夏[诸州]，检校屯田，收率既多，京坻遽积。不烦和籴之费，无复转输之艰，两军及北镇兵数年咸得支给。勤劳之诚，久而弥著。览以嘉尚，欣悦良深。'"③ 长寿二年（693），夏官侍郎娄师德再次作为中央政府的特遣代表，巡行陇右地区屯田农业。史载："明年，同凤阁鸾台平章事。则天谓师德曰：'王师外镇，必藉边境营田，卿须不惮劬劳，更充使检校。'又以为河源、积石、怀远等军及河、兰、鄯、廓等州检校营

---

① 《资治通鉴》卷一百九十三《唐纪九》"太宗贞观四年（630）"，第6073页。原文"突厥思结"误，应作"铁勒思结"。
② 《资治通鉴》卷一百九十三《唐纪九》"太宗贞观四年（630）"，第6082页；卷一百九十六《唐纪十二》"太宗贞观十五年（641）"，第6172页。
③ 《旧唐书》卷九十三《娄师德传》，第2975页。

田大使。稍迁秋官尚书。"①至神功元年,"寻诏[娄]师德充陇右诸军大使,仍检校河西营田事"。圣历二年九月,娄师德殉职于检校并州大都督府长史、天兵军大总管任上。史称,娄师德为人宽厚,待人平和,勤于本职工作,所谓"师德颇有学涉,器量宽厚,喜怒不形于色。自专综边任,前后三十余年,恭勤接下,孜孜不怠。虽参知政事,深怀畏避,竟能以功名始终,甚为识者所重"。②

至唐睿宗、玄宗统治时期,随着边疆军区制度——节度使司建制的确立,保障军需供给的营田事务管理权就交由各个军事驻防区主官节度使行使,在其兼任官职中出现"营田使"的职务名称。例如天宝六载(747)冬天,哥舒翰应召至华清宫觐见唐玄宗,受命接替被弹劾的王忠嗣,即天宝六载,"其冬,玄宗在华清宫,王忠嗣被劾。敕召[哥舒]翰至,与语悦之,遂以为鸿胪卿,兼西平郡太守,摄御史中丞,代王忠嗣为陇右节度、支度、营田副大使,知节度事"。③

边疆地区驻防军数量不断增加,北疆地带的屯田农业也继续维持和发展。正如《资治通鉴》所载:"先是,西北边数十州多宿重兵,地租营田皆不能赡。"④这条记载从侧面反映出发展边地营田农业经济是支撑驻军戍边的长期国策。

唐中宗、睿宗和玄宗时期,宋庆礼受命在河北、河东两道管理督导营田农业经济多年,成效卓著。《新唐书》载:宋庆礼"以习识边事,拜河东、河北[两道]营田使。善骑,日能驰数百里。性甘于劳苦,然好兴作,滨塞掘阱植兵,以邀虏径,议者訾其不切事。稍迁贝州刺史,复为河北[道]支度营田使。初,营州都督府治柳城,扼制奚、契丹。武后时,赵文翙失两蕃情,攻残其府,更治东渔阳城。[至]玄宗时,奚、契丹款附,帝欲复治[营州]故城,宋璟固争不可,独庆礼执处其利,乃诏[庆礼]与太子詹事

---

① 《旧唐书》卷九十三《娄师德传》,第2976页。《资治通鉴》卷二百零五《唐纪二十一》"则天后延载元年(694)",第6493页。
② 《旧唐书》卷九十三《娄师德传》,第2976页。
③ 《旧唐书》卷一百零四《哥舒翰传》,第3212页。
④ 《资治通鉴》卷二百一十四《唐纪三十》"玄宗开元二十五年(737)",第6830页。

姜师度、左骁卫将军邵宏等为使，筑［营州城］裁三旬毕［功］。俄兼营州［都督府］都督，开屯田八十余所，追拔渔阳、淄青没户还［归营州］旧田宅，又集商胡、立邸肆。不数年，仓廪充，居人蕃辑"。①宋庆礼督导营州地区屯田农业之时，是在他于开元五年（717）二三月被任命为"河北［道］支度营田使"后，特别是在兼任营州都督府都督期间，具体而言，大致为开元六至八年间（718—720）。宋庆礼在营州都督府都督任上，主要做了稳定北疆东段的四件大事，即重建营州治城，开垦屯田80余所，召还早年流落于淄、青、平诸州的营府难民回归故土，振兴营州地区的北疆互市市场。几年间，营州地区很快恢复了昔日的经济繁荣景象，呈现出粮食仓库充溢、市场贸易兴旺、百姓安居乐业的盛况。

对这一恢复营州旧治城的事件，《资治通鉴》所载存在着微观差异。开元四年八月，契丹、奚两族首领李失活、李大酺各率其族来降。②开元五年二月，"奚、契丹既内附，贝州刺史宋庆礼建议，请复营州。三月，庚戌，制复置营州［都督府］都督于柳城，兼［任］平卢军使，管内州县、镇戍皆如其旧；（注：武后万岁通天元年营州陷，至是乃复。）以太子詹事姜师度为营田、支度使，与［宋］庆礼等筑之，三旬而毕［役］。庆礼清勤严肃，开屯田八十余所，招安流散［民户］，数年之间，仓廪充实，市里浸繁"。③《资治通鉴》和《新唐书》记载的差异在于谁首先提出恢复营州旧治城的主张。前者称"贝州刺史宋庆礼建议，请复营州"；后者则认为"帝欲复治［营州］故城，宋璟固争不可，独庆礼执处其利"。其次，当时，谁担任"营田、支度使"，前者认为是"姜师度为营田、支度使"，而后者则称是"宋庆礼复为河北［道］支度、营田使"。两部史书对同一历史事件在叙述上虽略有差异，但是所述内容在宏观上基本一致。

宋庆礼在北疆东段的治理业绩得到时任礼部员外郎的张九龄高度称赞和肯定。在宋庆礼去世后，关于其谥号问题发生分歧。史载：宋庆礼"卒，赠

---

① 《新唐书》卷一百三十《宋庆礼传》，第4493—4494页。
② 《资治通鉴》卷二百一十一《唐纪二十七》"玄宗开元四年（716）"，第6720页。
③ 《资治通鉴》卷二百一十一《唐纪二十七》"玄宗开元五年（717）"，第6727页。

工部尚书。庆礼为政严，少私，吏畏［其］威不敢犯［法］。太常博士张星以好巧自是，［议］谥曰'专'。礼部员外郎张九龄申驳曰：'庆礼国［家之功］劳臣，在边垂三十年。往［年］城营州，士才数千，无甲兵强卫，指期而往，不失所虑；遂罢海运，收岁储，边亭晏然。其功可推，不当丑谥。'庆礼兄子［宋］辞玉亦自诣阙诉。改谥［号］曰敬"。①

解琬于武后至玄宗初期任职北疆和西北疆达二十年，大多以保障驻军供给、训练备战为要务。《新唐书·解琬传》曰："景龙中，［解琬］迁御史大夫，兼朔方行军大总管。前后乘边积二十年，大抵务农习战，多为长利，华房安之。"换言之，解琬无论任职北部边疆，抑或奉命西北边疆，皆以屯田及备战为要，且卓有成效。其后于"景云二年，复为朔方军大总管，分遣随军要籍官河阳［县］丞张冠宗、肥乡［县］令韦景骏、普安［县］令于处忠料三城［屯］兵，省其戍［卒］十万人"。②

北部边疆西段的屯田经济在原有基础上继续维持与发展。长安元年（大足元年，701），郭元振出任凉州都督府都督、陇右诸军州大使。"先是，凉州南北境不过四百余里，突厥、吐蕃频岁奄至［凉州］城下，百姓苦之。元振始于南境硖口置和戎城，北境碛中置白亭军，（注：杜佑曰：白亭守捉在凉州城西北五百里。……）控其冲要，拓州境［至一］千五百里，自是寇不复至城下。"郭元振在治理凉府期间，大力发展屯田农业经济，取得显著成效。即"［郭］元振又令甘州刺史李汉通开置屯田，尽水陆之利。旧［时］凉州粟麦斛至数千［钱］，及汉通收率之后，（注：收率者，收民而率其耕。）［数年丰稔，乃至］一缣籴数十斛，积军粮［可］支数十年。元振善于抚御，在凉州五年，夷、夏畏慕，令行禁止，牛羊被野，路不拾遗"③。据此可知，李汉通在甘州地区开置的屯田农业是民屯类型。屯田农业收获之后，由官府收购屯田农民家中的余粮以备军需。官府向农户支付

---

① 《新唐书》卷一百三十《宋庆礼传》，第4494页。
② 《新唐书》卷一百三十《解琬传》，第4500—4501页。
③ 《资治通鉴》卷二百零七《唐纪二十三》"则天后长安元年（701）"，第6557—6558页。《旧唐书》卷九十七《郭元振传》，第3044页。

方式分为两种，其一是流通的货币，其二是贵重的丝绸（诸如缣绢类丝织品）。其后，河西、朔方、河东、幽州、平卢诸边地驻防区屯田农业皆有所发展。

（二）唐后期的屯田农业

在安史之乱后的较长一段时间，北疆地带东段、中段的屯田农业渐次恢复。由于地方行政体制的方镇化，北疆各节镇主官仍旧普遍兼任"营田使"之职。例如：唐肃宗乾元二年（759）八月，李光弼"兼［任］幽州大都督府长史、河北节度支度营田经略等使，余如故"①。唐代宗大历三年（768）以前，路嗣恭"历工部尚书，兼御史大夫、灵州大都督府长史，充关内副元帅郭子仪副使，知朔方节度、营田、押诸蕃部落等使，嗣恭披荆棘以守之"②。唐德宗建中元年（780），李怀光受任为"检校刑部尚书，兼河中尹、邠州刺史、邠宁庆晋绛慈隰［诸州］节度、支度、营田、观察、押诸蕃部落等使［职］。"建中二年（781），李怀光"迁检校［尚书省］左仆射，兼灵州大都督、单于镇北大都护、朔方节度支度营田观察盐池押诸蕃部落六城水运［等］使，实封四百户。邠宁节度等使如故"③。唐宣宗大中八年（854）八月，司农寺卿郑助受命"兼夏州刺史……夏绥银宥等州节度、营田、观察、处置、押蕃落、安抚平夏党项等使"④。大中十一年二月，右金吾卫将军田在宾受命"兼夏州刺史，代郑助为夏绥银宥节度等使"。其中，就包括"营田使"之职。郑助则被调任"为检校工部尚书、邠州刺史，充邠宁庆［三州］节度、管内营田观察处置［等使］，兼充庆州南路救援、盐州及当道沿路镇寨粮料等使"。⑤诸如此类记载，表明唐代后期北疆方镇主官皆兼任"营田使"之职。

在唐后期，天德军都防御使司驻防区域位于阴山地带（今内蒙古后套平原及狼山与乌拉山区域），成为北疆驻防体系最为重要的环节。因此，其驻

---

① 《旧唐书》卷一百一十《李光弼传》，第3306页。
② 《旧唐书》卷一百二十二《路嗣恭传》，第3499—3500页。
③ 《旧唐书》卷一百二十一《李怀光传》，第3492页。
④ 《旧唐书》卷十八下《宣宗本纪》，第632页。
⑤ 《旧唐书》卷十八下《宣宗本纪》，第636页。

军的后勤供给保障,就成为中央政府关注的重要事项。由于长途转运劳费过高,而且难于保证充足供应。唐廷遂考虑在当地恢复屯田农业经济。唐德宗建中初年(780),宰相杨炎就建议在丰州区域兴办屯田,报请皇帝同意后付诸实施,并于建中三年征"发关辅民凿陵阳渠以增溉",即"又请开丰州陵阳渠,发畿县民役作,闾里骚然,渠卒不就。"①当时,京兆尹严郢曾在北疆任职,较为了解北部边疆实际情况,提出不同意见,认为可以在丰州地区兴办屯田,但不必从内地大规模征调民夫开凿新的灌渠,利用原有渠道即可。史载:"京兆尹严郢尝从事朔方,知其利害,以为不便,疏奏不报。郢又奏:'[朔方]五城旧屯,其数至广,以开渠之粮贷诸城,约以冬输;又以开渠功直布帛先给田者,据估转谷。如此则关辅免调发,五城田辟,比之浚渠利十倍也。'时杨炎方用事,郢议不用,而陵阳渠亦不成。然振武、天德良田,广袤千里。"②显然,建中年间,开凿陵阳渠之工程失败了,但北疆中段的屯田活动取得巨大的成效。

至唐德宗贞元十二年(796)九月甲午,唐廷"以河东行军司马李景略为丰州刺史、天德军丰州西受降城都防御使"③。李景略上任后为发展屯田农业,在后套平原开凿了两条灌溉渠道。据史书记载:"岁余,风言回纥将南下阴山,丰州宜得其人。上素知景略在边时事。上方轸虑,[窦]文场在旁,言景略堪为边任。乃以景略为丰州刺史、兼御史大夫、天德军西受降城都防御使。迫塞苦寒,土地卤瘠,俗贫难处。景略[至而]节用约己,与士[卒]同甘苦,将卒安之。凿咸应、永清二渠,溉田数百顷,公私利焉。廪储备,器械具,政令肃,智略明。二岁后,军声雄冠北边。回纥畏之,天下皆惜其理未尽景略之能。贞元二十年,卒于镇,年五十五,赠工部尚书。"④史载:贞元二十年(804)"春正月丁丑朔,丙申,天德军[都]防御团练使、丰州刺史李景略卒"⑤。

---

① 《新唐书》卷五十三《食货志三》,第1372页;卷一百四十五《杨炎传》,第4724页。
② 《新唐书》卷五十三《食货志三》,第1372—1373页。
③ 《旧唐书》卷十三《德宗本纪下》,第384页。
④ 《旧唐书》卷一百五十二《李景略传》,第4074页。
⑤ 《旧唐书》卷十三《德宗本纪下》,第399页。

天德军——丰州地区屯田农业的劳动力来源不同，除驻军士兵外，还有中央政府流放至该地区的罪犯。关于这一来源，史书记载明确。在唐前期，越王贞武力反抗武则天失败后，受到谋反罪牵连的数千人被流放至丰州地区。而至唐后期，朝廷明文规定，凡违犯宫禁、走私食盐等罪者，皆流放天德军地区。例如：唐德宗"贞元中（785—805），盗鬻两池盐一石者死。至元和中（806—820），减死［刑］流天德五城，铸奏论死如初"①。唐穆宗长庆四年（824）三月，"编氓徐忠信阑入浴堂门，杖四十，配流天德［军地区］"。同年四月，丙申，发生张韶等百余人作乱事件。"夏四月……辛丑，染坊使田晟、段政直流天德［军地区］，以张韶［乃］染坊役夫故也。"② 至唐宣宗大中三年六月癸未，"敕：先经流贬罪人，不幸殁于贬所，有情非恶逆，任经刑部陈牒，许令归葬，绝远之处，仍量事官给棺椁"③。大中四年，对流放至天德军区域以及其他地区的犯人之时间做出较为明确的规定，即所谓："春正月，以追尊二圣，御正殿，大赦天下。徒流比在天德者，以十年为限，既遇鸿恩，例减三载。但使循环添换，边不阙人，次第放归，人无怨苦。其秦、原、威、武诸州、诸关，先准格徒流人，亦量与立限，止于七年，如要住者，亦听［其便］。"④

至唐宪宗元和年间（806—820），振武军节度使司的驻军出现粮食供给紧张的问题，亟待解决。宰相李绛提出在振武军地区大规模发展屯田农业，以舒缓粮荒。史载："元和中，振武军饥，宰相李绛请开营田，可省度支漕运及绝和籴欺隐。宪宗称善，乃以韩重华为振武、京西营田、和籴、水运使，起［于］代北，垦田三百顷，出赃罪吏九百余人，给以耒耜、耕牛，假［之以］种粮，使偿所负粟，二岁大熟。"在取得初步成功之后，韩重华继续扩大屯田农业规模。"因募人为十五屯，每屯［一］百三十人，人耕百亩，就高为堡。东起振武，西逾胜州，极于中受降城，凡六百余里，列

---

① 《新唐书》卷五十四《食货志四》，第1379页。
② 《旧唐书》卷十七上《敬宗本纪》，第509页。
③ 《旧唐书》卷十八下《宣宗本纪》，第622页。
④ 《旧唐书》卷十八下《宣宗本纪》，第626页。

栅二十，垦田三千八百余顷，[每]岁收粟二十万石，省度支钱二千余万缗。"①韩重华打算进一步扩大营田规模，却因得不到朝廷的继续支持而止步。即"[韩]重华入朝，奏请益开田五千顷，法用人七千，可以尽给五城。会李绛已罢，后[任]宰相持其议而止"②。李绛担任宰相的时间是在元和六年十二月己丑至元和九年二月癸卯，历时约两年零两月。③韩重华主持振武军节度使司地区屯田农业的发展也应在此期间。虽然韩重华欲扩大屯田规模至五千顷的设想未能实现，但就以取得的屯田农业成就而言，已经非常显著。"垦田三千八百余顷，[每]岁收粟二十万石，省度支钱二千余万缗"，完全满足了振武军节度使司驻军的粮食需求，稳定了北疆地带驻防体系。

在屯田农业发展过程中，也出现若干新的问题。例如："宪宗末[年]，天下营田皆雇民或借庸以耕，又以瘠地易上地，民间苦之。穆宗即位，诏还所易[之]地，而耕以官兵。耕官地者，给三[分]之一以终身。"④显然，唐穆宗时期，朝廷纠正了此前出现的屯田农业劳动者来源和以贫瘠屯地换取民间沃地诸问题。当然，解决了屯田领域出现的偏差，就扫除了其发展的障碍。

在灵州节度使司管区（今宁夏平原与河套高原西部），屯田农业具有悠久的历史（早在北魏时期就已兴办屯田），是该区驻防军的重要的经济支柱。唐后期，该区的农业灌溉渠道工程继续受到重视，保障了屯田农业的再生产和可持续发展。其中，薄骨律渠，在灵州回乐县城南六十里，溉田一千顷。⑤汉渠，在灵武县城南五十里。从汉渠北流四十余里始为千金大陂。其左右又有胡渠、御史、百家等八渠，溉田五百顷。千金陂，在灵武县

---

① 《新唐书》卷五十三《食货志三》，第1373页。原著作"西逾云州"，误，应作"西逾胜州"为妥。因为唐代后期云州（治今山西大同市）位于振武军（治今内蒙古和林格尔县北部土城子古城）南方，不可能"西逾"。而胜州恰好处在振武军之西、中受降城之东的位置，符合原文记述的空间范围。
② 《新唐书》卷五十三《食货志三》，第1373页。
③ 《新唐书》卷七《宪宗本纪》，第212页、第213页。
④ 《新唐书》卷五十三《食货志三》，第1373页。
⑤ 《元和郡县图志》卷四《关内道四·灵州》，第94页。

城北四十二里，长五十里，阔十里。黄河自回乐县界流入。"①唐代灵武县位于灵州治城西北八十八里处。②唐人李吉甫认为："贺兰山，在［保静］县西九十三里。……山之东、河之西，有平田数千顷，可引水溉灌，如尽收地利，足以赡给军储也。"保静县城，西南至灵州城六十里。③唐宪宗元和十五年六月，李听改任灵州大都督府长史、朔方灵盐节度使。④灵州"境内有光禄渠，废塞岁久，欲起屯田以代转输，［李］听复开决［光禄渠］旧渠，溉田千余顷，至今赖之。就加检校工部尚书"⑤。唐穆宗长庆四年"秋七月戊申朔。……辛酉，疏［浚］灵州特进渠，置营田六百顷"⑥。唐文宗大和四年（830），户部尚书、判度支王起"以西北边备，岁有和市以给军，劳人馈挽，奏于灵武、邠宁起营田"⑦。唐宣宗大中三年八月，朝廷仍然推行鼓励屯田的经济决策，即"制曰：……凤翔、邠宁、灵武、泾原守镇将士，如能于本戍处耕垦营田，即度支给赐牛粮子种，每年量得斛斗，便充军粮，亦不限约定数"⑧。

在夏绥银宥节度使司境内的屯田数量较少，仅有两屯。唐德宗贞元七年，由夏州地方官员主持在朔方县境开凿一条灌溉渠道，命名为"延化渠"，导引乌水（今内蒙古乌审旗纳林河）流入库狄泽，溉田二百顷。⑨显然，这是为维持屯田农业稳定再生产而开发水资源。

安史之乱后的一段时间，唐朝失去对河西地域旧疆（北疆地带西段）的有效控制，实际控制线向东退至陇山、六盘山、大罗山、贺兰山一线。在这种背景下，泾原节度使司、邠宁庆节度使司、凤翔节度使司成为重要的驻防区域，跟灵盐威节度使司一样。史载：在较长时段中，"灵武、邠宁，土

---

① 《元和郡县图志》卷四《关内道四·灵州》，第95页。
② 《元和郡县图志》卷四《关内道四·灵州》，第94页、第119页注一九。
③ 《元和郡县图志》卷四《关内道四·灵州》，第95页。
④ 《旧唐书》卷十六《穆宗本纪》，第478页。
⑤ 《旧唐书》卷一百三十三《李听传》，第3683页。
⑥ 《旧唐书》卷十七上《敬宗本纪》，第510页。
⑦ 《旧唐书》卷一百六十四《王起传》，第4278—4279页。
⑧ 《旧唐书》卷十八下《宣宗本纪》，第623—624页。
⑨ 《新唐书》卷三十七《地理志一》，第973页。

广肥而民不知耕。大和末，王起奏立营田。后党项大扰河西，邠宁节度使毕诚亦募士开营田，岁收三十万斛，省度支钱数百万缗"①。在此需要说明的是，引文中的"灵武"为误，应作"灵州"或"灵盐"；而且"灵武"（即灵州）实际上并非"土广肥而民不知耕"的状况，唐代灵州地区的屯田农业呈现持续存在和发展的势头。《新唐书》在此"灵武"一说显然不当。但其所指"邠宁"地区"土广肥而民不知耕"却是符合客观情况的，因为邠宁地区在唐前期是官营畜牧业分布地、党项羌诸部牧业人口迁入地，至唐后期自然是呈现出"土广肥而民不知耕"的状况。王起、毕诚两人在《旧唐书》皆有传，可窥见其经营屯田之事迹。唐文宗大和四年正月，王起"入拜尚书左丞。居［其兄王］播之丧，号毁过礼，友悌尤至。迁户部尚书、判度支。以西北边备，岁有和市以给军，劳人馈挽，奏于灵武、邠宁起营田。［大和］六年，检校吏部尚书、河中尹、河中晋绛节度使"②。唐宣宗大中元年，毕诚出任"邠宁节度使、河西供军安抚等使。诚至军，遣使告喻叛徒，诸羌率化。又以边境御戎，以兵多积谷为上策。乃召募军士，开置屯田，岁收谷三十万石，省度支钱数百万。诏书嘉之，就加检校工部尚书，移镇泽潞，充昭义［军］节度使"③。据此可知，灵盐、邠宁两区皆是唐朝后期兴办屯田经济的重要场域。

第二节　唐朝保障北疆驻军粮食供给的"和籴"政策

唐朝政府在持续发展屯田农业的过程中，间断性或补充性地运用"和籴"政策工具，从多方面保证北疆地带驻防军的后勤尤其是食粮需要，从而达到构建长期可持续的稳定的驻防组织体系之目的。"和籴"政策从根本上看，并非解决边军粮食供给的主要方式，但也是不可缺少的途径。

《资治通鉴》载：开元二十五年（737）"九月，壬申……先是，西北

---

① 《新唐书》卷五十三《食货志三》，第1373页。
② 《旧唐书》卷一百六十四《王起传》，第4278—4279页。
③ 《旧唐书》卷一百七十七《毕诚传》，第4609页。

边数十州多宿重兵，地租营田皆不能赡，始用和籴之法。有彭果者，因牛仙客献策，请行籴法于关中。戊子，敕以岁稔谷贱伤农，命增时价什[分之]二三，和籴东[都]、西[京]畿粟各数百万斛，停今年江、淮所运租。自是关中蓄积羡溢，车驾不复幸东都矣。癸巳，敕河南、北租应输含嘉、太原仓者，皆留输本州。"①这表明，唐廷曾将服务于边疆驻军后勤供给的"和籴之法"推行至京畿、都畿两个区域，而且获得巨大成功。同时这也表明，解决北疆驻防军粮食需要的途径之一——"和籴之法"，在唐玄宗之前，就已作为唐朝的国策而付诸实施。

一、唐前期的"和籴之法"

"和籴之法"究竟开始实施于何时呢？依据历史文献记载，"和籴"政策最早应实行于唐太宗贞观年间。《新唐书》载："贞观、开元后（按：应作时期），边土西举高昌、龟兹、焉耆、小勃律，北抵薛延陀故地，缘边数十州戍重兵，营田及地租不足以供军，于是初有和籴。牛仙客为相，有彭果者献策广关辅之籴，京师粮廪益羡，自是玄宗不复幸东都。"②这就表明，自贞观至开元年间（627—741），"和籴"政策作为屯田农业的补充措施被唐朝中央政府所经常运用。为什么说"和籴"是屯田农业的补充措施呢？原因很简单，那就是在中央政府组织人力远途运输其征收的土地实物租税——粮食成本过高、耗费太大，且屯田农业因为管理不善而收成无多以致无法满足驻军需求的情况下，实行"和籴之法"不失为一种短期有效解决北疆驻军粮食供给的补充途径，甚至在特定时期成为保障北疆地带驻军需求的主要途径。

至唐玄宗天宝年间（742—756），随着北疆各节度使司驻防军数量的增长，屯田无法满足驻军消费需求时，"和籴"政策运用的力度进一步加强。史载："天宝中，[每]岁以钱六十万缗赋[之于]诸道和籴，斗增三钱，每岁短递输京仓者百余万斛。米贱则少府加估而籴，[谷]贵则贱价而

① 《资治通鉴》卷二百一十四《唐纪三十》"玄宗开元二十五年（737）"，第6830页。
② 《新唐书》卷五十三《食货志三》，第1373页。

巢。"① 唐朝中央政府每年通过支付国库现金以优惠价格购买民间粮食，再短递输送至各个节镇驻防区域，供给驻军消费。因此，唐廷每年需要支付粮款达"六十万缗"。和籴政策的贯彻，既保障了北疆地带驻军的粮食需要，又具有平抑内地市场粮价的重要作用。当然，能否达到令人满意的"和籴"成效，还要视政府管理是否得当而定夺。执行与管理有方，成效就较为显著，或者非常显著；倘若执行与管理混乱或粗暴，其成效就会大打折扣，甚至违背政府"和籴"之初衷，同时给农业社会造成较大损害。

二、唐后期的"和籴"措施

自平定安史之乱至唐德宗建中元年（780）之前，"初，度支［每］岁市粮于北都，以赡振武、天德、灵武、盐、夏之军，费钱五六十万缗，溯河舟溺［者］甚众"②。换言之，唐肃宗、代宗统治时期（756—779），战乱导致北疆地带屯田农业衰落或者消亡，政局复不时变幻，屯田无法重新兴办。于是，在这二十四年间，"和籴"就成为唐朝政府解决北疆地带驻军军粮需求的短期有效措施。在此期间，推行"和籴"政策的区域主要是在唐朝的北都，即太原府属区域。政府所市粮食主要供给北疆地带中段的振武、天德、灵武、夏盐诸地驻防军，每年为此"费钱五六十万缗"。即便如此，由于溯黄河而上运输艰险异常，安全系数极低，短途运输效率不高。

至唐德宗贞元时期（785—805），唐朝与吐蕃的清水会盟遭到后者的劫持而失效后，唐廷调集十七万军队驻防于陇山、六盘山、大罗山和贺兰山脉东侧地带，为保障后勤供给，大力推行和籴政策，购买关中地区的粮食以供军。史载："贞元初，吐蕃劫盟，召诸道兵十七万戍边。关中为吐蕃蹂躏者二十年矣，北至河曲，人户无几，诸道戍兵月给粟十七万斛，皆籴于关中。"可见，京畿地区成为唐朝中央政府推行"和籴"政策的重心区域。是时，"宰相陆贽以'关中谷贱，请和籴，可至百余万斛。计诸县船车［递输］至太仓，谷价四十有余，米价七十，则一年和籴之数［相］当转运之二

---

① 《新唐书》卷五十三《食货志三》，第1373—1374页。
② 《新唐书》卷五十三《食货志三》，第1372页。

年，一斗转运之资［相］当和籴之五斗。减转运以实边，存转运以备时要。江淮米［运］至河阴［仓］者罢八十万斛，河阴［仓］米［运］至太原仓者罢五十万［斛］，太原［仓］米［运］至东渭桥［仓］者罢二十万［斛］。以所减米粜江淮水灾州县，［每］斗减时［价］五十以救乏。京城东渭桥［仓米］之籴，［每］斗［米］增时［价］三十以利农。以江淮粜米及减运直市绢帛送上都。'帝乃命度支增估籴粟三十三万斛，然不能尽用［陆］贽［之］议。宪宗即位之初，有司以岁丰熟，请畿内和籴"①。所谓"宪宗即位之初"，即元和元年（806）。而此次"和籴"出现诸多弊端，造成较为严重的影响，主要是由地方官员的粗暴所致。"当时府、县配户督限，有稽违［者］则迫蹙鞭挞，甚于税赋，号为和籴，其实害民。"②显然，在实际执行过程中，府、县各级官吏强行向民户摊派"和籴"的粟米数量，并规定了完成期限；若有民户因各种原因延迟、违背期限，则要遭受官吏的威胁、鞭打。京兆府及其属县官吏的强行和籴行径比征收国家规定的赋税还要强横与粗暴，致使本属于买卖粮食的商业活动演变为残害农民的暴力行径。

另一则史料则从侧面反映出唐朝政府在实行和籴政策中存在的严重问题，即"元和中，振武军饥，宰相李绛请开营田，可省度支漕运及［杜］绝和籴欺隐。宪宗称善"③。当朝宰相李绛指明，在政府推行"和籴"政策过程中存在着严重的"和籴欺隐"等不良现象。其中，"欺"即指前文所谓"府、县配户督限，有稽违［者］则迫蹙鞭挞"，欺压农民的问题；"隐"则指的是府县官吏在收购农民粮食过程中低价购买、截留粮款、中饱私囊、欺上瞒下的行径。

因此，唐朝中央政府就经常交替运用"营田"与"和籴"两种政策工具，通过兴办屯田农业以实现北疆驻防军的食粮自给自足，或者通过政府"和籴"方式以满足北疆驻防军的粮食需求，进而达至控制、治理、稳定北部边疆的终极目的。

---

① 《新唐书》卷五十三《食货志三》，第1374页。
② 《新唐书》卷五十三《食货志三》，第1374页。
③ 《新唐书》卷五十三《食货志三》，第1373页。

第七章 隋唐治理北部边疆的思想与方针的形成及变化

在隋唐两朝历时三百二十七年的时间段中，中央政府治理北部边疆的思想、方针和政策也因应不同阶段的政治形势而有所变化。从宏观视域观察，隋唐两朝在治理北部边疆的思想观念上既有继承，也有变革；在经略与管理北疆的大政方针上，两个皇朝也存在着一定的差异；在管理北疆的具体政策上，两朝则因时因势而做出适当的调整。

第一节 隋朝治边思想与方针的形成及变化

隋朝建立伊始，就面临着来自北疆突厥势力的严重军事威胁，因此，如何打败或消灭敌对军事势力，夺取北疆的军政控制权，就成为决策者必须考虑的头等大事。隋文帝接受大臣长孙晟的建议，确立"远交近攻、离强合弱"的经略北疆之战略思想。与此同时，也制定出管理北疆的政治方针，即推行"总管府、州、县"三级行政管理体系，并确立中央政府与突厥族的宗藩政治隶属关系。隋炀帝继位后，基本继承了这种政治遗产。但隋炀帝沉湎享乐、喜好离京巡游，既耗费大量人力、物力和财力，又疏于对北疆进行管控与驻防，尤其是改变了隋文帝时期军政合一的管控模式，导致北疆政治形势最终失控。

一、开皇、仁寿时期"远交近攻、离强合弱"的北疆治理思想

长孙晟最早提出"远交近攻、离强合弱"的治理北疆的思想,被隋文帝采纳。之后,这一思想得到贯彻与实施,指导了开皇、仁寿时期经略北部边疆的实践活动,而且取得了巨大成功。主要是因为这一治边思想来源于实践,是得到提炼与升华后形成的思想,又能回到治边实践中去。最终,它被治理北疆的军事政治实践证明是正确的思想。

说到它来源于治边实践,主要是指长孙晟在西魏、北周时期多次受朝廷的派遣、沟通中央政府与突厥的关系期间,特别注意观察与收集突厥内部各种信息,掌握了北部边疆的第一手资料。这就是今天我们所说的调查研究。正因为长孙晟通过实地调研掌握了突厥内部各政治派别间的矛盾与冲突,他才能够向隋文帝实事求是地分析突厥的内部情势,从而形成"远交近攻、离强合弱"的治理北疆的思想。而这一思想成为隋朝治理北疆的指导思想后,隋朝就有计划有步骤地推行控制北疆的各种措施。

于是,"远交近攻、离强合弱"的治边思想就成为经略北疆的指导方针,又回到治边实践中去。隋朝推行"远交近攻"的方略,在军事上毫不手软地打击南犯抢掠的突厥部落武装,而对于远方的突厥部落则采取政治联系、交往、招抚的政策。其目的就是利用突厥势力的内部矛盾,采取分化、瓦解的手段,使之不能形成强大的军事合力,从而免除对隋朝的严重威胁。在治边实践中发挥指导思想作用并接受治边实践检验的过程中,长孙晟十分有效地利用了突厥的内部矛盾,在政治上招降了远在蒙古高原北部的突厥部落首领——小可汗阿史那染干,同时有目的地游说南犯内地的突厥部落首领,激化突厥各派势力的矛盾。其结果是,突厥大可汗——沙钵略可汗阿史那摄图因怀疑小可汗——阿波可汗、堂弟大逻便(木杆可汗之子)怀贰,遂发兵袭击大逻便的后方基地,致使大逻便无家可归,西奔投靠达头可汗阿史那玷厥。于是,突厥内部矛盾公开化,并愈演愈烈,出现政治裂隙。大逻便、玷厥和其他部落首领联合成一支突厥内部的军政派别,直接攻击其大可汗沙钵略。在突厥内部政治分崩离析的形势中,沙钵略可汗被孤立,再也无

法号令突厥所有部落采取统一行动去南下劫掠。在势力减弱的状态下，沙钵略可汗于开皇四年归附隋朝。当他于开皇七年病逝后，其继承人莫何可汗阿史那处罗侯、都蓝可汗阿史那雍虞闾依旧接受隋朝领导。但在隋朝于开皇九年（589）统一南方地区后，突厥可贺敦——北周千金公主感时伤怀的诗作引起隋文帝的警觉，判断突厥可能出现政治上的反复。① 于是，继续实施"远交近攻、离强合弱"治边思想与战略方针，继续扶持远方的小可汗染干、支持突厥西部派别。突厥大可汗雍虞闾遂对染干产生强烈的仇恨，他于开皇十九年与西部敌对派别首领阿史那玷厥暂时解仇息兵，联合攻击北部小可汗染干。后者被打败后，在长孙晟的引导下投奔内地，被隋文帝妥善地安置在大利城地区，并册封之为启民可汗，以招徕突厥民众。②

此后，原为敌对双方的雍虞闾和玷厥重新展开厮杀。在交战过程中，雍虞闾身亡，玷厥控制大碛南北，自封为突厥大可汗——步迦可汗。在开皇二十年至仁寿二年间（600—602），隋朝出动大军支持启民可汗北伐，铲除以步迦可汗玷厥为首的突厥势力。至仁寿三年，步迦可汗遭到碛北地区铁勒诸部的武装反抗，致其部众溃散，迫不得已逃亡吐谷浑（今青海省境）地区，不知所终。随着突厥汗国最后一任大可汗——步迦可汗于仁寿三年失踪，突厥再无大可汗出现。于是，以金山为地理界限，突厥分化为北突厥（东突厥）、西突厥两部分。③ 隋朝扶持的启民可汗成为东突厥的统治者，东突厥成为隋朝北疆的藩属政权。隋朝的治边实践证明，"远交近攻、离强合弱"的治边思想符合当时北部边疆复杂的军政形势，经过长孙晟为代表的隋朝文官武将的努力实践，最终被证明是正确而成功的。

从开皇三年始，隋朝就将已在内地实施的"总管府、州、县"三级行政管理体系推行至北部边疆地带，通过军政集权的总管府建制单位，分区控制、驻防、管治北部边疆。其后，又确立中央政府与北疆突厥部族的宗藩型政治隶属关系。因此，在治边思想指导下，隋朝推行的治边战略方针与政策

---

① 《隋书》卷八十四《突厥传》，第1868—1871页。
② 《隋书》卷八十四《突厥传》，第1871—1873页。
③ 《隋书》卷八十四《突厥传》，第1873—1874页。

取得成功。

二、大业年间巡察、安抚的治边思想及其得失

仁寿四年，隋炀帝继位后，总体上继承了其父的治边思想。但是，北疆形势已发生巨大变化，即突厥不再构成军事威胁，边疆政局趋于稳定。另一方面，隋炀帝即位之初发生了其弟杨谅武力叛乱事件，因此他一刀切式地撤销地方高级管理机构——总管府建制，改而推行地方分权体制与机制。这对北疆的长期政治稳定构成潜在的负面影响。

在大业四年前，隋朝中央政府与北疆东突厥藩属政权间维系着稳定的政治隶属秩序。隋炀帝于大业三年、四年连续两年巡视北部边疆、安抚东突厥及其他游牧族群民众。但是，这样大规模出巡的成本是巨大的，耗费了大量人力、物力、财力和时间，导致地方政府经济实力削弱，地方民众穷于应付各种差役，荒废了农事。当然，内地与突厥的政治、经济、文化和人员交流则得到加强。例如：启民可汗仰慕内地华夏服饰风俗文化，请求朝廷允许其变服易装。隋炀帝起初耐心地说明如此做没有必要，经启民可汗三番五次请求，遂于大业四年夏四月允其所请，调派人力在万寿戍城内为之建造住宅，屋内陈设全部采用内地产品。① 启民可汗逝世后，其长子咄吉世继位为东突厥始毕可汗，仍旧维持与中央政府的正常关系，直至大业十一年八月"雁门之围"发生前。

"雁门之围"是隋朝改变治理北疆政策的转折点。这个事变为何发生呢？隋炀帝从大业八年（612）起连续发动三次征辽东的军事行动可能是重要影响因素。隋朝君主欲收复失陷多年的辽东地区无可厚非，但预先在思想、军事部署、后勤保障、战略战术上皆无充足的准备，就仓促发起军事行动，紧急调发各地的物力、财力和人力，给广大的劳动人民带来巨大的伤害。更未能预先做好协调工作，导致突厥不安。在此情势下，突厥始毕可汗突然发难，袭击在汾阳宫避暑的隋炀帝。幸而有义成公主提前通风报信，隋

---

① 《隋书》卷三《炀帝纪上》，第71页。

炀帝快速撤至雁门郡城，虽被围困一段时间，但最终幸免于难。①

此后，安抚思想及其指导下的政策归于失败。隋炀帝在接连遭遇三次征辽东失利和雁门之围后，遂失去昔日的锐气和作为，于大业十二年蛰居江都郡城，精神颓废、生活腐化。他疏忽国事，失去对国家的有效管治，直到宇文化及发动宫廷政变被杀死。② 在此二、三年间，全国陷入政治混乱状态。不仅在北部边疆出现诸多割据势力，在内地同样呈现短期的政治分裂、武力割据乱象（如前所述）。

第二节　唐朝前期治边思想与方针的确立与变化

唐朝成立之初（武德年间），首先致力于内地的政治统一，北部边疆的收复与拓展尚未提上议事日程。唐高祖李渊对于北疆的东突厥割据势力采取退让妥协的指导思想与方针。一个突出的实例就是，唐高祖错误地屈从东突厥的无理要求而杀害归降的西突厥部落首领——曷萨那可汗。在江都政变发生后，宇文化及率众北走河北，被窦建德集团击败。此时，早已归降隋朝的西突厥曷萨那可汗乘机脱离宇文化及集团，西走长安，投靠李唐王朝。东突厥获悉消息后，遣使至长安城，要求处死曷萨那可汗。唐高祖在东突厥威逼之下，于武德二年八月用酒将曷萨那可汗灌醉，派人送至东突厥使者所在的中书省，纵其杀死。③ 由此可知，唐朝在武德年间尚无经略北疆的强烈愿望。

唐太宗登基后，东突厥问题被提上议事日程。在解决东突厥军事威胁问题的过程中确立了时代特色鲜明的治理北疆的指导思想与战略方针。

一、贞观年间继承"远交近攻、离强合弱"的治边思想

早在武德年间（618—626），东突厥首领——启民可汗诸子始毕、处罗、颉利三可汗多次发动南下攻略的战争。其铁蹄远达河东地域的并、辽

---

① 《隋书》卷八十四《突厥传》，第1876页。
② 《资治通鉴》卷一百八十五《唐纪一》"高祖武德元年（618）"，第5775—5783页。
③ 《资治通鉴》卷一百八十七《唐纪三》"高祖武德二年（619）"，第5865页。

（仪）、晋、潞、沁、泽诸州，甚至抵达长安城北侧的渭水之滨。在这种严重形势下，唐朝奉行妥协退让的思想路线，大多实施有限的军事防御。其时，秦王李世民成为抗击突厥南犯的主要将帅。他在抵抗突厥军事侵略的同时，暗中与突厥各部建立联系，经过笼络、争取，从内部抵消颉利可汗威胁唐朝安全的决策。至贞观元年，唐朝的政治笼络举措成效显著：在漠南，东突厥东偏的突利可汗（始毕可汗之子）倒向唐朝一方，拒绝颉利可汗的军事调遣；在碛北，分化了铁勒诸部与突厥统治阶层的关系，成功地扶持起薛延陀部族藩属政权，孤立了东突厥颉利可汗。与此同时，突厥诸部游牧的碛北地区接连遭受天灾，经济实力被削弱。①

在此有利形势下，唐朝抓住时机消灭了北疆地带尚存的汉族割据势力，诸如梁师都割据政权等，剪除了突厥的羽翼。至贞观三年，唐太宗已做好军事上击溃盘踞在北疆的东突厥敌对势力的各种准备，等待适宜时机。贞观三年底，战机到来。李靖、李勣两位将军相互配合，一举击溃颉利可汗的武装力量。于贞观四年初生擒颉利可汗。至此，唐朝扫平了东突厥的贵族势力，重新控制了北部边疆的碛南、碛北地区。

二、唐太宗的朴素"民族平等"思想及其实践

唐朝在贞观四年平定东突厥贵族割据势力后，妥善地安置了归降的突厥诸部牧民。这种就地安置的举措，体现了以唐太宗为首的中央政府决策层"华夷一家""各族平等"的政治思想。在讨论安置突厥降民方案的御前会议上，唐太宗面对大臣们提出的不同主张，经过反复权衡，最终采纳就地安置的建议。他认为：威胁唐朝政治安全的势力主要是始毕、处罗、颉利为首的突厥贵族，而非普通的突厥牧民。如今突厥民众归降，也就是大唐的臣民。②唐廷将突厥牧民与汉族编户齐民同等看待，赋予他们必要的生存空

---

① 《资治通鉴》卷一百九十二《唐纪八》"太宗贞观二年（628）"，第6049页；卷一百九十三《唐纪九》"太宗贞观二年（628）"，第6061页；卷一百九十三《唐纪九》"太宗贞观三年（629）"，第6065页。

② 《资治通鉴》卷一百九十三《唐纪九》"太宗贞观四年（630）"，第6077页。

间、生存资料（生产、生活资料）。

在"华夷一家""各族平等"的思想指导下，唐太宗建立起时代特色鲜明的管制北疆诸民族的行政管理体系，即将内地实行的"都督府、州、县"行政管理体制因地制宜地推广至北部边疆地带，从而创建起新的边疆管治制度——羁縻府州建制。在突厥诸部游牧的碛南地区，相继建立8个羁縻都督府、24个羁縻州。虽然在贞观十三年（639）发生"结社率事件"，唐朝在短期内曾改变管制方式，但过后仍然推行着羁縻府州体制。贞观十九年，唐朝平定碛北地区薛延陀部族的离心势力后，又将羁縻府州建制推广至大漠以北直至北海附近地方。在铁勒诸部游牧的碛北地区，唐朝最初创置了6个羁縻都督府、7个羁縻州，之后，羁縻府州数量逐步增加。于是，羁縻行政体制在唐朝北部边疆地带被广泛推行。这些羁縻都督府、羁縻州分别隶属单于都护府、安北都护府监管。

在北疆各族的强烈要求下，唐朝布设了一条用于加强各地区、各民族、各部落与中央政府联系的"参天可汗道"。此道从碛北回纥部族所在地度碛南下，穿越突厥诸部游牧的碛南地区，直达京都长安城。这是唐前期由京都长安城通往北疆碛北区域的重要交通干线之一，在治理北部边疆的过程中发挥着重要的基础作用。

在羁縻行政体制内，突厥诸部、铁勒诸部获得更宽松的政治、经济环境。各级行政区域的府都督、州刺史全部以部族首领担任，在遵守唐朝军令、政令、历法、年号的同时，依照本族的习惯法管理本部牧民。羁縻行政体制因应着北疆的实际情况，成为唐朝国家机器的重要组成部分。而羁縻行政体制其后更被推广到其他边疆区，诸如东北边疆（略当今我国黑、吉、辽三省和朝鲜之境）、西疆（今青藏高原东部）、西南边疆（今云贵高原及其西部）、南疆（今岭南地区及越南中北部）和西北边疆（今中国新疆及中亚地区诸国）。

唐太宗确定的治边思想及其方针、政策，得到其继任者唐高宗的承继与发扬。至总章元年（668）九月，唐军在多年消耗高句丽政权的实力后一举平定之。其年十二月，唐朝中央政府在东北边疆地区继续推广羁縻行政体制,即划"分高丽地为九都督府,四十二州,一百县,置安东都护府于平壤城以统之。用其酋渠为都督、刺史、县令,令将军薛仁贵以兵二万镇安东府"。① 可见,唐太宗贞观年间创建的羁縻行政体制得到切实的推行,其建制是率先在北疆地带发展起来的。

三、东突厥贵族的叛乱与武周的姑息退让思想与消极防御政策

经过数十年的和平生活,北部边疆的突厥族牧民人口数量有所增加,游牧经济得到长足发展。但是,少数东突厥贵族人物也萌生出政治离心倾向。唐朝统治阶层未能预先探知此种潜在的动向,也就未能提前采取有效的预防措施。

唐高宗调露元年,碛南地区爆发东突厥贵族成员阿史德温傅、奉职等人煽动的暴乱。唐高宗采取坚决镇压叛乱的军事方针,派遣礼部尚书、将军裴行俭率军平叛。唐军运用恰当的战略战术,迅速地平定了突厥贵族的第一次武装叛乱。当其余孽于永隆元年死灰复燃后,裴行俭再次奉命迅速出兵,平定其第二次叛乱。但是,此时的唐高宗一反常态地放弃此前宽待俘虏的政策,而将裴行俭招降的叛乱首领阿史那伏念在长安城东市处决。显然,唐高宗缺乏敏锐的战略判断力和灵活的政治策略。

当突厥叛乱残余分子在阴山山区积蓄力量以图再起之时,在唐朝皇族内部,武则天开始其夺取统治权的进程,内部矛盾激化,因而严重忽略了第三度清剿突厥叛乱武装残余分子的行动。在骨咄禄、默啜为首的叛乱残余势力于永淳二年(683)在北疆第三次发动叛乱并渐次坐大期间,武则天全神贯注地清除其登上帝位的障碍,无暇顾及北疆的政局安定与否。因此,在其姑息退让思想主导下,只要突厥叛乱武装不大规模南犯内地,官军就不主动出击。官军出击时,只要突厥叛乱武装后撤,就不予追击。且用将非人,毫无军事素养与经验,诸如白马寺僧人薛怀义之流;其他将领则畏敌怯战,不敢进击,如沙吒忠义辈。由于武周奉行消极防御的军事对策,致使东突厥叛乱

---

① 《旧唐书》卷三十九《地理志二》,第1526页。《新唐书》卷三十九《地理志三》,第1023页。

武装多次深入内地烧杀抢掠，给内地居民造成极其重大的伤害。①

四、唐中宗、睿宗和玄宗时期的积极防御思想及其实践

唐中宗再度即位后，开始关注北部边疆的防御体系，其主导战略思想是积极布防、加强军事基础设施建设。在此思想指导下，中宗朝先后筹划几次大规模的北征军事行动，并强化阴山地区的驻防力量。最为后人称道者，就是由朔方军大总管张仁愿督造的三座受降城工程，成为唐中宗朝积极防御思想的典型实践案例。景龙二年（708），张仁愿沿着北河（今内蒙古管境西东流向的黄河河段，其西段即今乌加河）北岸选定三个交通渡口，建立军事聚落——三座受降城。三座受降城筑竣后，发挥着极其重要的军事防御作用。不仅使得政府军拥有更广大的防御空间，更取得控制交通要冲的优越军事地位。因此，唐朝一举改变了过往武周时期被动防御的不利格局。在唐睿宗统治期间，依旧沿承"积极防御"的战略思想及实际举措。

但是，在唐中宗、睿宗时期，其母武则天篡权的负面影响犹在。这主要是指唐中宗韦皇后、其女安乐公主和唐睿宗时皇妹太平长公主相继干预朝政的行为，致使李唐皇族内部出现新的矛盾和不团结，制约着唐中宗、睿宗二帝处置北疆政务的强度和注意力。

唐玄宗于先天元年（712）继位后，在积极防御思想主导下，致力于北部边疆防务的调整、改善与升级，从而形成相对完整的北疆驻防体系（包括驻防组织体系和驻防工程体系）。就北疆驻防组织体系而言，开元、天宝年间（713—756），在北疆地带配置着平卢、幽州、河东、朔方、河西五个节度使司，相应地划分为五个大型镇戍区域；在其下，逐层配置着军（城）、守捉、镇（关）、戍（栅）驻防单位。在驻防工程体系上，则相应地构筑各级驻防单位驻扎的军事聚落，包括节度使司治城、军城、守捉城、镇（关）城、戍（栅）城等驻防城群体，应自然地形而配置在北疆地带。

---

① 《旧唐书》卷一百九十四上《突厥传上》，第5166—5173页。

与此同时，唐朝在政治上重新恢复因突厥叛乱而大受挫折的与碛北地区铁勒诸部的政治联系，瓦解突厥叛乱集团与铁勒诸部的关系。开元四年六月癸酉，东突厥叛首默啜被铁勒族拔曳固部民颉质略袭杀后，唐朝派往该部的使者、大武军子将郝灵荃迅速将此信息报告中央政府，就是明证。^①唐朝在开元中支持北迁碛北的铁勒族回纥部成立藩属政权——回纥汗国，通过回纥部争取其他部落，以孤立突厥叛乱势力。其结果就是在天宝四载，突厥叛乱势力最终被彻底消灭。

然而，由于唐玄宗在天宝年间赋予节度使过多的职事权，同时缺乏有效的监督机制，致使节度使的权力得不到有效制约。最终酿成安史之乱的爆发，连带引发吐蕃势力北进。于是，导致唐朝北疆地带的东部、西部在一段时间内失去有效的管治。

第三节　唐朝后期治边思想与方针的形成及变化

天宝十四载（755）爆发的安史之乱造成的直接后果就是导致唐朝改变了地方高层行政管理体系，极大地削弱了边疆地带的羁縻行政管治体系，以及中央政府管控边疆地区的实力下降。在这种宏观的政治背景中，唐朝决策层丧失了先前积极进取的姿态，转而确立保守现状的治理边疆的思想。

一、唐后期保守现状的治边思想与方针

在唐肃宗（756—761）、代宗（762—779）、德宗（780—805）三帝统治时期（包括唐顺宗），由于安史之乱带来了政治军事资源的巨量消耗，唐朝军政掌控能力大大削弱。中央政府已无实力收复被吐蕃占据的北疆西段——河西走廊及阿拉善高原，以及管控燕山北侧的营州与两蕃地区——今西辽河流域。因此，保守现状的治边思想抬头，成为唐廷处理北疆事务的国家意志。唐朝后期治理北疆的过程大致可分为两个阶段，即唐肃宗至顺宗的相对紊乱时期

---

① 《资治通鉴》卷二百一十一《唐纪二十七》"玄宗开元四年（716）"，第6719页。

（756—805）、唐宪宗至昭宗的相对稳定时期（806—907）。

唐朝治理内地的实力下降，藩镇割据战争此起彼伏，随之而来的就是管控北疆的强度下降。当然，地方集权体制的建立与推广，也能使地方政府及时处治边疆事务。

首先，从地方高层行政管理体系的变化观察。经过肃、代、德三朝的混乱与调整，北疆地带的高级行政建制单位演变为节度使司建制，而且随着政局的演进其数量有所增加。比如唐宪宗元和八年（813）北疆地带的节度使司数量为6个，包括：幽州节司、河东节司、振武军节司、天德军都防司、夏州节司、灵州节司，共计六个方镇。其后经过陆续的调整与增置，截止光化三年（900），北疆地带的节度使司数量增加至9个，包括幽州节司、代北节司、河东节司、振武军节司、天德军都防司、夏州节司、灵州节司、归义军节司、凉州节司。其下属的行政管理单位和军事驻防单位也有一定的变动。从总体上评析，在保守现状思想主导下的唐后期，虽然北疆个别方镇存在桀骜不驯的征象，唐朝仍旧有效地维持着对碛南地区的实际治理，而对于碛北地区则委托给北疆藩属政权——回鹘汗国管理。

其次，从边疆地带的羁縻行政管治体系来看。安史之乱后，唐朝边疆地带的羁縻府州大多数消失，尤其是北疆地带的两蕃区域、碛北地区和碛南地区，羁縻府州已不复存在，只有"河曲"地区党项羌族部落的羁縻府州尚存。与此同时，"押使"建制却在一些地方出现。同时期的西北边疆、西部边疆、西南边疆、南部边疆，羁縻府州莫不如此。

再次，从中央政府管控边疆地区的实力下降方面观察。其一，唐后期对北疆地带驻防单位的经济支持力度明显不够，包括资金、物资、人力等后勤资源供给都欠缺。其主要原因是朝廷财力枯竭，捉襟见肘，无法提供充足的军事后勤保障。这就促使唐朝继续奉行保守现状的主导思想与战略方针，无力刻意地去经略边疆地区。例如：唐宪宗朝在致力于平定内地的藩镇叛乱的同时，也重视北疆军事城镇建设，但由于中央政府财政困难，仅天德军修缮被黄河洪水冲毁的西受降城之预算资金都无力拨付。由此可见，其时唐朝财政困难多么严重。其二，唐后期长安城与北疆地带的馆驿干道长期失修，制约着治理北疆的实际效果。唐肃宗至德年间（756—758）以后，灵州道、夏州道因为无人维护导致交通效率下降，碛北地区与京师长安城的交通活动主要（甚至完全）依赖经由河东地区的朔州道维系。正因为如此，唐后期中央政府再无主动进取之心态，更无经略北部边疆的实际行动。

二、唐后期治理北疆的思想特点及其影响

唐朝后期保守现状的治边思想成为处理北疆事务的国家意志。因此，中央政府决策层由于受到皇帝个性、内地藩镇割据、财政困难的掣肘和边疆诸族接受汉文化滋养而逐渐壮大的影响，并未能主动地收复失陷的边疆土地。这是其特点之一。无力（也不想）恢复唐前期羁縻行政管制体系，对于北疆地带边吏提出发展农业经济的建议未能给予热情的肯定与响应。这是其特点之二。忽视了解失陷地区居民的政治动向，未能给予大力的支持与鼓动，进行积极的引导与组织，而是被动地等待失陷地区居民主动奉图回归。此乃其特点之三。

唐后期诸帝的上述保守现状治边思想带来的影响大体分为如下三点。

其一，唐朝政府无力稳定内地政治秩序，也就难于稳定既有边疆、收复原有边疆。主要是内地藩镇割据战争分散了国家的大量精力。

其二，唐廷对于北疆地方政府（方镇）缺乏持久而强力的财政经济支撑与交通基础设施保障，影响到北疆防务的改善与加强，只能勉强维持现有的驻防条件。

其三，正因为前两个方面的长期弱化，其结果就是难于消除新的政治安全威胁。比如黄巢起义被镇压后，移居"河曲"的党项羌族拓跋部构成新的不安定因素；契丹族在西辽河流域崛起。唐朝显然无力消弭这个威胁其政治安全的重大隐患。延至五代初期，振武军、天德军两个方镇最终被契丹割据政权所攻占。

此后，中国历史翻过唐代一页，进入新的阶段。唐朝北部边疆地带随着新的王朝（政权）兴起，也形成分别被辽、西夏控制的政治格局。此是另一个专题的研究内容，在此不赘述。

第八章　隋唐两朝治理北部边疆的历史启示

隋唐两朝治理北部边疆的思想观念与实践活动，既蕴含着丰富的治边理念与政治智慧，也存在用以警示后人的深刻失误。隋唐治理北部边疆的政治行为，无疑给今人提供了可资借鉴的历史经验与反面教训。在本章，作者着重对隋唐两朝治理北疆的得失及其背后隐藏的原因进行分析。

第一节　隋朝治理北疆的历史遗产

隋朝虽然国祚短促，但是其治理北疆的思想、举措及其效果给后人留下深刻的印象。其治边思想及其方针、政策，不仅被唐朝继承与发扬，对于今人来说，也是一笔宝贵的历史财富。依据前述内容，在此试做梳理与分析。

一、因应北疆客观形势的"远交近攻、离强合弱"之战略思想

隋朝建立之初，周边政治环境复杂。其北方有强大的突厥势力，西方与吐谷浑政权相接，东方毗邻高句丽政权，南与陈朝隔江相望。其中，最大的军事威胁来自北部边疆的突厥势力。俗话说："知己知彼，百战不殆。"隋朝决策者在对敌方充分了解后，制定出"远交近攻、离强合弱"的战略思想，以指导北部边疆的政治军事实践。经过数年军事上的严厉打击、政治上的分化瓦解，突厥内部原来就已存在的潜在矛盾逐渐显露、激化，从而使突

厥失去了军事上的合力优势，不再对隋朝构成严重的安全威胁。隋朝因此取得治理北疆的巨大成功。

二、在北疆建立有效的军政兼管的地方治理系统

自北周建立起的军事、行政合一的地方管治体系，在长期的治理实践中被证明是行之有效的地方组织系统。隋文帝在继承这个政治遗产的基础上，于开皇三年（583）将原先的四级行政组织减少至三级，即总管府、州、县三级制。军政合一的总管府制推行于北部边疆后，事权趋于统一，也有利决策应变，有效地实现了北疆军事驻防、行政管制和后勤保障的目标。

配合着总管府建制的推行，隋朝在选用北部边疆的地方军政长官时，特别注意任用军事将领，以适应多变的边疆形势。这也是北朝至唐代的政治传统，即多以"武人"出任地方行政长官。因此，无论从组织架构上，还是抉择人选上，都因应着北部边疆的现实需要。

正因为总管府制管治地方具有明显优势，虽经隋炀帝废除其制，但唐朝建立伊始，就立即恢复总管府制度。这就表明，总管府建制在快速应对地方，尤其是边疆区域突发事件上具有无可替代的重要作用。

三、在北疆建立严密的军事驻防组织与工程体系

隋朝为了达到控制北部边疆社会秩序的战略目的，建立起由高至低的层级驻防体系，分地段守御。表现在两个方面：其一是驻防组织体系，即总管府、镇（关）、戍（城）系统，以镇为主体，上承总管府之命、下统诸戍之驻防。其二是因应自然地形构筑北疆地带的线状军事防御工程——隋代万里长城与点状军事聚落——驻防城镇，以跟驻防组织相配合，从而在北疆形成较为严密的军事管控工程群体，有效地管控着北部边疆。军事是政治活动的延伸与特殊手段，也是北部边疆政治稳定的前提与保障。强大的军力是维持边疆长治久安的基石。隋朝的决策者在这方面保持着清醒的政治头脑。

四、因应北疆具体政治局势而建立藩属管治实体

隋朝在"远交近攻、离强合弱"的战略思想指导下,取得北疆的管控权。同时,因应不断变化的北疆政情,采用适当的方式实现内地与边疆的统一。这就是对于归降的突厥部落酋长予以及时而适当的册封、拜职、召见和赐予。特别是建立藩属型地方政权,诸如开皇四年至十七年间以沙钵略为首的突厥藩属政权、开皇十九年至大业十一年间的东突厥藩属政权,皆属此类。

藩属政权是隋朝稳定北部边疆民族地区的特殊政治治理模式。此种政治模式符合特定的时间与空间条件,是可行的政治举措。因此,唐朝在继承其政治遗产基础上又有所创新。

五、隋朝经略、管治北疆成功的原因分析

隋朝中央政府经过十多年的努力,其"远交近攻、离强合弱"的治边思想、军政兼管的地方治理系统、严密的驻防体系和北疆藩属管治实体获得成功。个中原委十分值得探究。

(一)隋朝开国君主隋文帝头脑清醒、决策正确

隋文帝是一位励精图治、善于集中大臣建议的君主。正因为能集思广益、集中群体智慧,他才能够做出正确的战略决策。诸如采纳长孙晟的建议、委任地方军政长官、建立驻防组织、安抚归降的突厥酋长等,都显示出其作为隋朝决策者的政治英明和策略灵活。这是经略、管控北疆的关键因素。

(二)隋朝统治集团内部团结一致形成强大合力

隋朝是继承北周而兴起的王朝,开国伊始就面临北方突厥势力的军事威胁。在面对复杂的周边形势时,隋朝统治集团内部保持了高度的团结,同心协力,共赴时艰,有条不紊地依照部署展开应对,与突厥进行政治、军事的较量。团结就是力量,团结才能争取胜利。隋朝君臣、军民的空前团结,是反击突厥南犯的坚强保障。

(三)隋朝拥有久经沙场而效忠国家的武将群体

在与周边强敌的多年征战中,隋朝开皇年间锻炼、涌现出一大批拥有实战经验的军事将领。诸如窦荣定、达奚长儒、杨爽、杨谅、杨弘、杨素、史万岁、于仲文、叱李长叉、豆卢勋、贺若谊、李晃、李充、李彻、阴寿、周摇、李景、段文振、周罗睺、鱼俱罗、韩僧寿、史祥、韩洪、杜彦、梁默等等。他们政治立场坚定、作战勇猛顽强,成功地抵御了突厥骑兵武装的南犯,并猛烈地反击了突厥诸部。正是这些效忠隋朝的武将群体不怕牺牲,英明指挥,隋朝在军事上才能最终战胜敌方,赢得反击突厥军事威胁的最后胜利。

(四)以长孙晟为代表的政治智库发挥着重大作用

隋朝开国君主网络了众多的政治人才,拥有丰富的政治人力资源。诸如高颎、虞庆则、裴矩、长孙晟等人,是隋文帝身边的重要谋划人员,总体上掌持着隋朝治理边疆的大政方针。

长孙晟提出的"远交近攻、离强合弱"的战略思想被隋文帝采纳后,成为隋朝经略、管治北疆的指导思想。高颎作为隋文帝治国理政的主要辅助,发挥着无可替代的作用。后来,唐太宗曾对高颎予以高度评价。史载:贞观二年二月,"上谓房玄龄等曰:'为政莫若至公。昔诸葛亮窜廖立、李岩于南夷,亮卒而立、岩皆悲泣,有死者,非至公能如是乎!又高颎为隋相,公平识治体,隋之兴亡,系[诸高]颎之存没。朕既慕前世之明君,卿等不可不法前世之贤相也!'"①隋朝治理北疆的重要决策,高颎皆参与其中。

隋文帝能够知人善任,充分发挥其各自的特长,文臣武将形成政治军事的强大合力,成为克敌制胜、稳定北疆的法宝。

(五)制定激励军队士兵的奖励优抚政策

隋朝中央政府制定出激励军队士兵英勇作战的奖励政策,凡是建立军功的将士,皆依其军功的大小而予以奖赏,包括记功、封爵、升职、授勋、食户、赏赐等方式。受到政府军功政策的引导,广大将士在战场上冲锋陷阵、

---

① 《资治通鉴》卷一百九十二《唐纪八》"太宗贞观二年(628)",第6048页。

奋勇杀敌，愿意为捍卫国家的政治安全做出自己的贡献。

隋朝制定了为国捐躯之阵亡者的优抚政策，对于阵亡将士的抚恤包括袭爵、赠赙、赠谥、免税、免徭、赡养遗属等举措。在稳定军心、民心，激励将士保卫边疆的决心与意志方面起到了一定作用。

六、隋朝治理北疆的历史教训

"以史为鉴，可知兴替。"隋朝在治理北疆的过程中，也有应被后人引为鉴戒之处。大致可剖析为四点，在此陈述于下。

其一，隋炀帝即位之初，因为皇族内部矛盾激化而废除了军政合一模式的总管府建制，从而削弱了地方政府在北疆的管治实力，诸如权利分解、行事掣肘、难于及时应对突发事件等。

其二，隋炀帝继位后，大规模地连续巡视边疆，给地方政府和基层百姓带去沉重的赋税、徭役，耽误农时，影响广大人民正常的农耕生产、生活秩序，致使民力凋敝，实属不当。

其三，隋炀帝未预先做好充分的筹备，就连续地发动收复辽东的三次军事行动，遂劳而无功。这既给内地人民带来深重的灾难，引起各地民变；同时也影响到北疆的政局。大业十一年"雁门之围"，各地民变迭发，就是显明实证。

其四，隋炀帝晚期失去昔日的政治锐气，意志极度消沉，荒废国政，未能及时恢复北疆政治秩序；也无自我觉悟之明，反而蛰居江都，生活颓废，花天酒地，直至被弑。其身后留下一个分裂割据的纷乱政局，等待新的政权去重整河山。

第二节　唐朝治理北疆的历史经验与教训

唐朝建立之初，面临的北疆政治局势与三十五年前隋朝所临形势非常相似。东突厥启民可汗的继承者始毕可汗于大业十一年八月反叛后，东突厥成为隋末唐初约十五年间北部边疆最大的割据势力。直到贞观四年春季，唐军扫平东突厥贵族的割据势力，重新统一北部边疆漠南地区，继而统一漠北地区。此后，唐朝推行治理北疆的创新性制度与政策。直至千年之后的今天，唐朝治理北部边疆的诸多举措仍有其历史价值。

一、继承隋朝"远交近攻、离强合弱"思想及各族平等的理念

继承隋朝"远交近攻、离强合弱"治边思想与军政合一的总管府（都督府）建制，同时形成朴素的各族平等之民族思想与治边理念。早在唐高祖武德八年五月，侍中裴矩就重新提出"远交近攻、离强合弱"的经略边疆总体思想。当时，"西突厥统叶护可汗遣使请婚。上谓裴矩曰：'西突厥道远，缓急不能相助，今求婚，何如？'[裴矩]对曰：'今北狄方强，为国家今日计，且当远交而近攻，臣谓宜许其婚以威颉利。俟数年之后，中国完实，足抗北夷，然后徐思其宜。'上从之。遣高平王[李]道立至其国，统叶护大喜。道立，上之从子也"。① 可见此时，唐高祖李渊尚未认识"远交近攻、离强合弱"战略思想的重要性。然而就在此时，秦王李世民已树立这一思想，并开始贯彻其理念。在唐军与突厥骑兵武装的军事对抗中，暗地着手展开东偏小可汗突利的政治笼络工作，收集突厥内部信息，争取铁勒诸部脱离突厥颉利集团的羁绊，瓦解其军事实力。

在贞观二十年铁勒九姓诸部归降唐朝后，唐朝的北部疆域伸达北海之北和青山（今俄罗斯西萨彦岭山脉）区域，拥有漠南、漠北两大地域。是时，唐太宗皇帝曾经归纳其取得拓边成就的五大原因，表达出这位君主的朴素的民族平等思想。正是在这一民族思想的主导下，唐朝在恢复北部边疆政治秩序和管治上都取得巨大成就。据史书记载：贞观二十一年五月，"庚辰，上（唐太宗）御翠微殿，问侍臣曰：'自古帝王虽平定中夏，不能服戎、狄。朕才不逮古人而成功过之，自不谕其故，诸公各率意以实言之。'群臣皆称：'陛下功德如天地，万物不得而名言。'上曰：'不然。朕所以能及此者，止由五事耳。自古帝王多疾胜己者，朕见人之善，若己有之。人之行

---

① 《资治通鉴》卷一百九十一《唐纪七》"高祖武德八年（625）"，第5995页。

能，不能兼备，朕常弃其所短，取其所长。人主往往进贤则欲置诸怀，退不肖则欲推诸壑，朕见贤者则敬之，不肖者则怜之，贤不肖各得其所。人主多恶正直，阴诛显戮，无代无之，朕践阼以来，正直之士，比肩于朝，未尝黜责一人。自古皆贵中华，贱夷、狄，朕独爱之如一，故其种落皆依朕如父母。此五者，朕所以成今日之功也。'顾谓褚遂良曰：'公尝为史官，如朕言，得其实乎？'对曰：'陛下盛德不可胜载，独以此五者自与，盖谦谦之志耳。'"① 这种对各民族皆"爱之如一"的朴素的民族平等思想，成为唐太宗处理北疆民族关系的主导思想。对各民族平等相待，给予同等的生产、生活权力，同等的政治身份待遇。特别是在如何安置突厥降民的问题上，"爱之如一"的民族平等思想，展现出唐太宗鲜明的处理边疆民族关系的政治原则和立场。

对于一位专制君主而言，能秉持这种较为开明开放的民族思想应该说是难能可贵的，这是一个显著的政治进步。历史发展至当代，这种思想遗产随着时代的变迁被赋予新的内容而发扬光大。

二、创建与推广因应边疆情势的地方羁縻型行政管治体制

如果说隋、唐两朝在北疆行政管治体系上有何不同，那就是唐朝创造性地因应边疆情势而建立了羁縻府州体系，并统之于正规型都护府建制之下。这无疑是唐朝在地方行政制度方面的创新。

贞观四年及其后，唐朝政府在漠南地区相继创立了8个羁縻都督府、24个羁縻州（一说14州），统诸单于都护府。还有若干羁縻型地方行政单位，划归正规型都督府（诸如灵州都督府）领导。贞观二十一年，在漠北地区率先创立6个羁縻都督府、7个羁縻州；其后，又陆续增加其数量，并划归安北都护府统辖。推行羁縻行政管治建制后，北疆政局稳定达数十年之久。

当然，此种羁縻型地方行政管理体系其后也在其他边疆地区推广开来，成为唐朝管治边疆的基本政治制度和特殊的行政管制模式。据《唐书·地

---

① 《资治通鉴》卷一百九十八《唐纪十四》"太宗贞观二十一年（647）"，第6247页。

理志七》记载，其总数有800多个，即"大凡府州八百五十六，号为羁縻云"。①

三、构建更为严密的北疆军事驻防体系

在恢复北疆行政管制体系的同时，唐朝在北疆的驻防体系较隋朝更加严密，表现在驻防组织单位和驻防城镇数量的增加、常驻军兵员规模增大两个方面。通过常驻军而形成的镇兵系统逐渐替代原先的征行系统。在驻防组织体系层面，常驻军事单位——"军"建制的出现，成为一个新的军事现象；节度使司建制的创立，使北疆地带形成分工明确的军事驻防区划。

在驻防设施（聚落或城镇）体系层面，形成相对完整的都督府城、州军城、守捉城、镇（关）城、戍栅系列，与驻防组织体系相互配套。在唐朝北疆东端，营州都督府（后为平卢节度司）管区成为北疆和东北疆的结合部，具有重要的军事战略地位。其下隋朝建设的驻防城被唐朝继承沿用，并且有新建部分；营州城既是唐前期潢水流域及附近地区最大的工商业城市，其周边又是归降的北疆诸族（例如契丹、奚、室韦）部落和东北诸族（诸如靺鞨、高丽）部落聚居区。在唐朝北疆西端，瓜州都督府（间称沙州都督府）管区成为北疆和西北疆的结合部、西去商路（今称丝绸之路）的咽喉，同样具有极其重要的军事战略地位。其下的驻防城群体建设受到唐朝政府的高度重视，向北伸至今额济纳旗西部荒漠腹地。

与此同时，唐朝在北疆地带大规模地实行屯田（营田），以实现军镇后勤保障的稳定，即实现自给自足，避免长途运输带来的高成本消耗和后勤供给无法持续的窘境。

四、适时建立北疆藩属管治建制

在创建北疆羁縻行政管治体系后，唐朝政府还因应不同时期北疆客观情势的变动，适时构建藩属管治特殊模式。主要表现在：贞观二年十二

---

① 《新唐书》卷四十三下《地理志七下》，第1120页。

月，册封薛延陀部落酋长夷男为真珠毗伽可汗；① 贞观十三年秋七月，册封东突厥贵族成员阿史那思摩为俟利苾可汗；② 天宝三载秋八月，册封回纥部落酋长骨力裴罗为怀仁可汗。③ 通过建立藩属政权的方式，先后将漠北铁勒诸部地区委托给其中强大的部落首领统治，将漠南东突厥诸部地区委托给忠诚于唐朝中央政府的突厥族官员统领。唐朝政府因应不同时期具体的北疆政情运用相对灵活的管治模式，保证了中央政府对北疆的统一和管治。

五、强化军队的实战技术训练

唐太宗出于反击东突厥的军事需要，特别重视中央政府直属军队的实战训练。君主的亲自督导起到切实的表率作用，带动唐朝各支军队加强战术训练。史载：武德九年九月，唐太宗即位伊始就开始狠抓军队的军事训练，为反击东突厥做军事准备。即"〔九月〕丁未，上引诸卫将卒习射于显德殿庭，谕之曰：'戎狄侵盗，自古有之，患在边境少安，则人主逸游忘战，是以寇来莫之能御。今朕不使汝曹穿池筑苑，专习弓矢，居闲无事，则为汝师，突厥入寇，则为汝将，庶几中国之民可以少安乎！'于是〔每〕日引数百人教射于殿庭，上亲临试，中多者赏以弓、刀、帛，其将帅亦加上考"。针对一些大臣出于皇帝安全考虑的劝谏，唐太宗说："王者视四海如一家，封域之内，皆朕赤子，朕一一推心置其腹中，奈何宿卫之士亦加猜忌乎！"由此人思自励，数年之间，悉为精锐。④

战前苦练杀敌本领，战时则可最大限度地保存自己、消灭敌人，夺取战争的最后胜利。这正是唐太宗所要达到的终极军事目的。

---

① 《资治通鉴》卷一百九十三《唐纪九》"太宗贞观二年（628）"，第6061—6062页。
② 《资治通鉴》卷一百九十五《唐纪十一》"太宗贞观十三年（639）"，第6147页、第6148—6149页。
③ 《资治通鉴》卷二百一十五《唐纪三十一》"玄宗天宝三载（744）"，第6860页。
④ 《资治通鉴》卷一百九十二《唐纪八》"高祖武德九年（626）"，第6021—6022页。

六、构建和发展北疆交通路网体系

唐朝是古代中国传统社会发展的鼎盛时期。唐朝为能及时有效地治理疆土，遂在全境开展水陆交通线建设，并布设驿馆群体。于是，以京都长安城为道路网络中心，条条大道通向国家的四面八方，连通着政治版图的各个角落，尤其是北部边疆地带。

如前所述，从京都长安城出发，通往北疆的大道约有六条，分别经行于河北、河东、关内、陇右四大地区伸向漠南与漠北。其中，经行于关内地区的北去大道就有三条——东城路、中城路和西城路，它们分别穿越阴山山脉，伸至漠南区域；再越过大碛，延伸至郁督军山东麓；继续北行循嘔昆水而下，歧出两道，分别到达骨利干部所在的北海和黠戛斯部所在的青山；从郁督军山麓西去，抵达金山之北区域。其中，所谓西城路，就是原先的"参天可汗道"。① 在北疆内部，各区域、各部落、各驻防城镇之间形成相互联通的交通线，于是交通干线与支线交互组成一张庞大的陆路交通网络。这些基础交通设施的存在，为唐朝顺畅地推行军令、政令以及运输、行军、人员往来提供了前提，在经略北疆上发挥着重要作用。

七、唐朝治理北疆的历史教训

如果说隋朝治理北疆活动留给后人的教训是渐进式的变化，那么唐朝留给后人的教训则是突发式的大变动。

（一）武则天时期未及时戡平东突厥贵族叛乱而遗祸匪浅

唐高宗在位晚期，坚决镇压了漠南东突厥少数贵族的叛乱活动。但是由于唐高宗去世，武则天加快夺取李唐统治权的步伐，致使北疆的再次叛乱被忽视，使之坐大，形成一股相当强大的军事势力。历经武周、唐中宗、唐睿宗和唐玄宗四朝才最终被回纥联合其他部落所消灭。

可见，唐朝统治集团内部的权力争夺严重影响到国家内部的团结，无力

---

① 《新唐书》卷二百一十七《回鹘传下》，第6144页、第6148页。《资治通鉴》卷一百九十八《唐纪十四》"太宗贞观二十一年（647）"，第6245页。

消除北部边疆的敌对割据势力，遂使中央政府控制北疆的程度与能力大为削弱。不仅突厥叛乱势力盘踞在北疆漠南、漠北地区，还连带引起潢水流域的契丹、奚两蕃的叛乱。于是，唐朝北部地区居民经常遭到叛乱军事集团的武力掠夺，社会秩序严重失稳。

（二）唐玄宗朝赋予北疆个别节度使的权力过大而失去制约

至唐玄宗朝，在北疆地带相继划分出几个大型驻防区，分别组建了五个节度使司——平卢、幽州（范阳）、河东、朔方和河西，专司分段镇守北疆。

但是，唐玄宗未能做好节镇权力的制衡与监督，过分宠信少数节镇将帅，赋予其过大的军权。例如：曾经将陇右、河西两节镇交由一个官员皇甫惟明节制，朔方、河东两镇交由一个统帅王忠嗣节制；甚至将河西、陇右、朔方和河东四节度司交给王忠嗣控制。最为严重者莫过于将平卢、范阳和河东三个节镇交给安禄山控制。后者手握三镇兵马，成为当时国内实力最为雄厚的节镇。而国家承平日久，内地军队实力太弱。当安禄山野心膨胀、突然发动叛乱之时，竟无一支军队可与之抗衡。

安史之乱的后果，就是唐朝对北疆部分地方失去持续有序的控制，并形成了内地藩镇割据局面。

（三）唐玄宗在安史之乱初期处置失当而延误战机

安史之乱于天宝十四载在北疆爆发之初，唐玄宗的应对之策接连出现失误。其表现就在于：

其一，唐玄宗个人沉湎于享乐，疏于朝政。因此，未能及时部署军力予以压制、阻击。

其二，遣将镇守潼关，又偏信杨国忠等人谗言，临阵处决封常清、高仙芝两员驻军统帅。致使叛军来攻，潼关守军竟无大将指挥，作鸟兽散。

其三，在潼关关门洞开之后，唐玄宗未能迅速组织军队坚守京都长安城，也未及时组织长安城居民有序疏散撤离，而是自己带着极少数随从仓皇逃离京城，弃关中黎民于不顾，失去作为国家君主的基本品格。

其皇太子、唐肃宗李亨即位于灵武郡城后，开始策划平定安史之乱的军事行动。但是，他将西北地区的安西、北庭、河西与陇右数个方镇的主力军队东调，加入平叛战斗之中。这一举措导致上述四区的驻防兵力严重不足，不久就被吐蕃武装所攻占。此种在兵力调配上拆东墙补西墙的做法实在是军事安排的重大失误。正因为此种失误，导致唐朝只能被动地保守陇山、六盘山、大罗山一线，其以西区域就被吐蕃武装盘踞约六十余年。这很可能是安史之乱带动的连锁反应。

（四）唐后期奉行保守现状思想而未主动收复原有北疆区域

安史之乱以后，唐朝国力因此大为消耗，国势衰落。唐后期诸帝也未展现出收复失地的政治魄力与战略决心，秉持保守现状的思想观念，未曾主动地采取恢复原有边疆的政治军事动作。最为显著的史例就是，张义潮领导的沦陷区地方武装夺取河西地区后奉11州地图回归唐朝，后者才予以认可和任命。在此前，唐朝并未采取主动的措施鼓动或组织沦陷区居民发动武装起义，驱逐吐蕃势力。

无论是唐肃宗、代宗和德宗时期，还是宪宗、文宗、武宗、宣宗、懿宗和僖宗时期，藩镇割据都制约着中央政府，使之无法主动地经略北部边疆地区。

（五）唐朝未能及时撤销"节镇"建制而弱化了中央政府实力

自天宝十五载始，唐朝出于平叛的军事需要，将原先布设在边疆地带的军区制度——节度使司建制推行至内地，以对抗安史叛军。但在戡定安史之乱后，唐朝未能及时撤销节度司制，反而广泛推行于非叛乱地区，从而在全国形成节度使司统州、州领导县的行政管理网络体系。虽然郭子仪等将帅在平定安史之乱后曾经主动建议交出个人兵权，提请唐廷撤销战时节度使司建制。但是，此举牵扯到其他军事将领的利益，唐廷并无撤销节镇的政治魄力与勇气，遂不了了之。"节镇"建制便被保留下来，而且数量愈来愈多。

历史进程表明：节度司制原是边疆地带的军区制度，呈现出集权的特点；当其被推广于内地后，其权力更为集中，出任节度使的官员执掌着地方的军事、行政、司法、财政、经济、监察和部分人事权。在如此集权的体制和机制下，部分节度使在地方上自行其是，拒绝执行中央政府的号令，形成割据兼并的政治态势。其中，最为著名的藩镇就是跋扈于河北地区的三个节度司——魏博节度司、恒冀节度司、幽州节度司，还有元和年间的蔡州节度司等。他们给地方社会造成相当大的秩序振荡。

唐朝无法制服桀骜不驯的方镇，在许多情况下只得听之任之、姑息忍让。中央政府的权威逐渐下降、实力衰落，至唐昭宗、哀帝时，国家呈现出藩镇割据的分裂态势。因此，节度司建制未能及时废除，实乃唐后期政治走向的一个重要影响因素，同时影响到北部边疆的恢复与稳定。

如何制约军事统帅的权利，如何建构稳定可持续的政治、军事制度框架，如何建立制衡军事、行政首脑权力范围的体制、机制就成为唐朝留给治国者不断思考的重要问题。

后 记

　　本书定稿于两年之前，由于某些客观原因而延迟至今日。"隋唐时期北部边疆治理研究"课题于2011年被正式确立为国家社会科学基金西部项目。原先计划至2014年完成其研究任务，但是，因为作者忙于其他同样重要的工作而有所延误。至2016年12月，才终于完成全部研究工作，定名为《隋唐北部边疆治理研究》。此后，经过约一年的成果鉴定，本书得到鉴定专家的充分肯定。至2018年初，正式收到该项目的结题证书。然而由于自己的行动迟缓，又延宕约两年之久。至2019年秋季，才着手联系出版社，欲将其付梓，公之于世。

　　在本书的撰写过程中，作者得到诸多人士的支持和帮助，至今难以忘怀。本单位的领导同志为课题研究提供了必要的工作环境与良好条件，保障了课题研究的顺利推进；在各地调研期间，得到许多地方文化、文物管理部门的同志和当地居民的热心指引或信息帮助；我指导的硕博士研究生诸如李振华、马军、王兴锋、吴丰享、孟洋洋、余倩、董学浩等人，或做过前期专题研究，或做过阶段性专题探索。在此向他们表示诚挚的感谢。多年来，我每天早晨六点半出发，离开雁塔校区的家前往长安校区工作，至傍晚方归。家中事务全部交由我的爱人李永健主任医师操持，事无巨细全搁置在她的肩上，而她任劳任怨，耐心细致；尤其是小外孙来到我家之后，她更是无微不至地抚养与教导，全心全意，一丝不苟。正因为有她的鼎力支持，我才得以集中思想、精力和时间于历史学课题研究中。可以说，我取得的点滴成就，都蕴含着爱人背后默默的支撑与从不言表的奉献。我在此特向她表示衷心的感谢！

现在，在以习近平同志为核心的党中央领导下，我国社会经济处在高速发展的阶段。经过几代人的努力建设，国家综合实力持续增强，人民生活水平较前大幅提升，处在1949年以来最好的时期。在社会主义市场经济快速发展的同时，社会主义文化建设也呈现蓬勃发展的态势。继承优秀的中华传统文化与建设当代中国文化实际相结合，推陈出新，创造性地建设中国现代新文化。同时，加强国际文化交流，吸收其他民族的优秀文化元素，并向世界奉献中国的文化产品，建立中国文化话语体系与话语权威。这成为当代中国知识分子的重要责任，成为中国人文社会科学领域学人义不容辞的社会担当。倘若在这积极进取的伟大时代，能为国家文化建设与发展贡献个人微薄之力或些许成果，那将是快乐之事。

陕西师范大学出版总社承担了本书的出版工作，刘定同志不辞辛苦，忙碌于本书的策划、编辑、校对和付印等工作，付出大量的劳动。在本书付样之际，特在此致以深深的谢意。

受作者学识、时间所限，本书难免会出现不足。谨请广大读者批评指正，以便作者在再版前及时补缺、堵漏与纠错，继续完善其内容。

著者

2020年6月30日